新中国农村发展60年丛书

丛书主编 李良玉

DANGDAI ZHONGGUO DE LINYE JIANSHE YU KAIFA

当代中国的林业建设与开发

■ 胡运宏 贺俊杰 著

江苏大学出版社
JIANGSU UNIVERSITY PRESS

镇 江

图书在版编目(CIP)数据

当代中国的林业建设与开发/胡运宏,贺俊杰著
.—镇江:江苏大学出版社,2013.10
(新中国农村60年)
ISBN 978-7-81130-594-4

Ⅰ.①当… Ⅱ.①胡…②贺… Ⅲ.①林业经济—经
济发展—研究—中国②林业资源—资源开发—研究—中国
Ⅳ.①F326.23

中国版本图书馆CIP数据核字(2013)第251957号

当代中国的林业建设与开发

著　者/胡运宏　贺俊杰
责任编辑/张　平
出版发行/江苏大学出版社
地　址/江苏省镇江市梦溪园巷30号(邮编:212003)
电　话/0511-84446464(传真)
网　址/http://press.ujs.edu.cn
排　版/镇江文苑制版印刷有限责任公司
印　刷/丹阳市兴华印刷厂
经　销/江苏省新华书店
开　本/700 mm×960 mm　1/16
印　张/23.25
字　数/345千字
版　次/2013年10月第1版　2013年10月第1次印刷
书　号/ISBN 978-7-81130-594-4
定　价/40.00元

本书如有印装质量问题请与本社营销部联系调换(电话:0511-84440882)

总　序

　　去年 8 月,江苏大学出版社邀我主持编写一套新中国农村发展 60 年的丛书,力求体现新中国成立以来农村发展的整体面貌,希望我尽快拿出总体设想和具体的编写计划。经过陆续的几次洽谈和商榷,编写与出版计划均顺利地落实了下来。

　　中国是具有悠久农业文明的人口大国,农民是中国人口的主体,农业是国民经济的基础,农村稳定是全社会稳定的关键,应该说这是人们理解中国社会和历史的三个正确的视点。也许,今天这三个视点仍然具有相当的正确性。新中国农村的发展,虽然至今才 60 年的时间,但却是自古以来的一个非常重要的历史阶段。它的重要性,体现在以下 4 个方面:

　　第一,农村的土地关系,在这个阶段发生过,并且将继续发生深刻的变化。在一个以农立国的国度里,土地关系是所有社会关系的主轴。自春秋时期土地私有化以来,地主土地所有制逐渐成为中国沿袭不变的基本的土地形态,直到 20 世纪 20 年代末期才开始动摇。1950 年前后的短短 7 年中(包括 1949 年前的 3 年多时间),全国范围内进行了土地改革,2 000 多年的地主阶级土地所有制被摧毁。这个变革,其深刻的社会意义,至今还有解读的空间。20 世纪 50 年代先后形成的农业合作社和人民公社土地集体所有制,才是中国历史上真正牢固的土

1

地公有制。相应地,它的解体,在保持土地集体所有形式下的
"大包干",即土地所有权与使用权分离政策的推行,其积极意
义、历史价值和未来走向,也许又是一个需要长时间实践才能
充分认识的问题。

第二,农民与国家的关系,在这个阶段发生过,并且将继续
发生深刻的变化。在农业经济的条件下,所谓土地关系,并不
仅仅是封建领主与农民、地主与农民的关系,而且包括土地所
有者、农民与国家的关系。在封建时代(暂时沿用这个说法),
农民除了直接面对与地主的土地租赁关系以外,还间接面对着
与国家的赋税关系。所以,每当封建帝王头脑清醒,实行轻徭
薄赋政策,并且能适当抑制土地兼并和地主阶级剥削的时候,
常常就是生产力发展,社会相对稳定繁荣的时候。中国的民主
革命,把废除地主土地所有制作为社会解放的主要目标之一,
有其合理性。但是,如何在废除了农民与地主的土地租赁关系
之后,建立恰当的农民与国家的关系,却是一个新的历史课题。
在农业集体化时代,理论上有"正确处理国家、集体、个人三者
关系"的原则,而实际上,由于国家综合经济能力、农业生产力、
城乡关系、工农关系的局限,由于全国区域经济的不平衡,特别
是由于社会积累与消费之间的巨大矛盾,要根本改善这个关
系,难度依然很大。21世纪以来,农业税的免征和一系列惠农
政策的实行,开辟了农民与国家关系的新阶段,也揭开了现代
农业的新篇章。

第三,农业作为一个社会经济行业,其社会价值在这个阶
段发生过,并且将继续发生深刻的变化。所谓农业的社会价

值,有三个含义:一是它的产品对于社会的重要性;二是农民生活的幸福指数在社会各界生活幸福指数排序中的位置;三是农民的自我社会评价。从生产力的角度研究夏、商、周三代以来的中国农业史,我倾向于把它划分为传统农业、现代农业和发达农业三种类型。所谓传统农业,是指农业的种植技术、生产工具和产出水平大致处于传统时代。所谓现代农业,是指由于现代科学技术的采用,农业的种植技术和生产工具与传统时代相比有了大幅度的改良,从而使农业的产出水平有了大幅度的提高。所谓发达农业,是指农业充分现代化,达到了世界先进水平。

从局部地区来看,中国现代农业的开端是在民国时期。但是,正规地进入现代农业的阶段,应该是在1949年之后,特别是在1978年之后。直到20世纪50年代初,即使高产的苏南地区,粮食亩产年平均也只有500斤左右的水平。就全国大部分地区来说,化肥、农药的广泛使用,农业机械化的迅速发展,粮食产量的大幅度提高,完全是在20世纪50年代之后,特别是20世纪80年代之后的事情。直到今天,对于农业的重要性,或者说,对于粮食问题的重要性,从来没有人提出过疑问。经常有人自豪地说,我们以占世界7%的土地,养活了世界20%以上的人口,就是一个有力的证明。但是,农民生活的幸福指数和农民的自我社会认同这两个指标,无疑至今仍然处在很低的水平上。根本的出路在哪里呢?我认为,在于农业的继续进步,从现代农业向发达农业转化。

根据目前的实际状况,发达农业的具体指标,应该包含科技农业、生态农业、集约化农业和幸福农业 4 项内容。所谓科技农业,是指农业的总体科技含量、科技普及程度和前沿科技、尖端科技的应用率,达到一定的水平,并且发挥着相当的经济拉动效应;所谓生态农业,是指应用于农作物生长促进环节的诸种物质成分充分参与自然循环,充分实现了无害化、有机化,从而最大限度地提高了农业的绿色程度;所谓集约化农业,是指农业直接连接国内外市场,实现了经济产出的专业性、批量性和收益性,具有相当高的规模经济的特点;所谓幸福农业,是指由于前三者的综合影响,导致农业生产的轻松度、农民物质生活与精神生活的丰富性、农民作为一个生产者阶层的生活幸福指数和自我社会评价指数的大幅度提高,与其他社会阶层没有明显差异,甚至优越于其他社会阶层。经过几十年的努力,现在中国农村中的极个别富裕村庄,已经开始进入幸福农业的阶段。但是,绝大多数的农村,目前还是处于现代农业甚至传统农业的阶段。我估计,再经过半个世纪左右的努力,将会有相当地区的相当数量的农村能够接近幸福农业阶段。

第四,农民的社会角色,在这个阶段发生过,并且将继续发生深刻的变化。尽管中国是个以农立国的国家,尽管中国传统时代始终实行重本抑末的政策,尽管中国传统时代从来维护士农工商的社会阶级结构,甚至,尽管当代中国长期坚持工农联盟的政治路线,但是,农民的社会角色却变化不大。从根本上说来,这是由国家的整体生产力水平和农业的生产力水平所决定的。20 世纪 70 年代末以来的改革开放,经济结构的极大变化,经济的强劲发展和城市化运动的提速,才使农民的社会角色开始发生转换。最显著的变化，是千百万农民不断加入城市建设者、现代产业和城市移民的行列，短期地、长期地、永久地脱离了农村，以新的身份出现在社会生活的舞台上。随着现代化事业的继续推进，农民阶级不断被消解的时代必将到来；而随着幸福农业时代的必将到来，一个与国民经济需求相适应的、需要保持必要数量的农场主阶层和农业蓝领阶层，将成为充满现代气息的新的社会阶层。尽管距离这一天还有十分漫长的道路要走，但是，认定改革开放是这个过程的真实起点，是不应该有疑问的。

新中国成立以来，中国农村已经有了60年的发展经历。道路是曲折的，前途是光明的。其间，憧憬过美好的理想，也体验过严峻的现实；获得过成功的喜悦，也付出过失败的代价；收获过巨大的荣誉，也品尝过沉重的挫折。现在，面对历史，特别需要冷静和理智，"真实、比较、全面、辩证"8个字，是我们必须贯彻始终的科学方针。

今年，正值新中国60周年华诞。用一种学术性大众读物的形式，客观地总结当代农村60年来的政治变革、经济变革、社会变迁及其历史脉络，叙述党和国家一系列发展农村的思想、理论、路线和政策，反映农村政治、经济、文化、科技、教育和各项社会事业的面貌，考察广大农民的境况、愿望以及当前现代化、城市化浪潮中的状态和未来动向，无论对于决策者、各级农业主管部门、关注"三农"问题的专家学者，乃至广大的农民朋友，都是十分必要和非常及时的。

社会效益和经济效益的一致，是我们始终考虑的问题。受读者欢迎，受市场欢迎，受同行研究人员欢迎，是衡量这套丛书的三条根本标准。必须坚持严肃的学术立场和面向大众的写作方针，坚持学术性与可读性的统一，坚持贯彻实事求是的严谨态度，全面收集资料，科学分析归纳，力求做到思想平实、思路开阔、内容丰富、文字生动。

本丛书付印前，我还要感谢全体编委：苏州大学王玉贵教授、江苏大学出版社社长吴明新先生、美国北卡罗莱那大学威尔明顿校区历史系陈意新教授、徐州师范大学周棉教授、安徽师范大学房列曙教授、江西财经大学温锐教授、江苏大学董德福教授；感谢江苏省哲学社会科学界联合会廖进研究员、陈晓明先生、程彩霞女士给予本人项目资助，本丛书已列为"江苏社科学术文萃"。

是为序。

李良玉

2009 年 8 月于南京大学港龙园

目 录

第一章

我国森林资源的历史分布与民众生活

第一节　我国历史上的森林资源①

一、我国史前的森林

人类最早产生于约距今 700 万年前,大约相当于地质时期(见表1)的新生代新近纪(距今约 2 400 万 ~250 万年)后期。而森林却远在古生代泥盆纪(距今约 4.1 亿 ~3.55 亿年)晚期就已产生,当时我国南方、西北和内蒙古等地的滨海地带出现了早期的小型森林。泥盆纪森林主要由石松纲原始鳞木类树种组成。泥盆纪之后的石炭纪、二叠纪是蕨类森林大发展时代,树种仍以鳞木类为主。古生代末期,造山运动使得陆地扩大,湿地缩小,地形分异明显,气候趋于炎热干燥,因而促使森林植被向旱生发展,蕨类森林逐渐被裸子植物森林替代。

中生代三叠纪早、中期,我国南方普遍被海水淹没,北方气候干旱,因此森林稀疏、树种单调,局部地区出现一些裸子植物森林。三叠纪晚期,我国出现以昆仑山—秦岭—大别山为分界的两个植物区:南方沿海区和北方内陆区。南方区森林以树干粗短的苏铁类植物为主,林中散生树蕨;北方区森林则以银杏类植物为多,其次是松柏类、有节类植物,树种种类比南方区少。侏罗纪时,我国南方热而偏旱,北方温暖湿润,森林树种仍以苏铁类、银杏类和松柏类为主。在侏罗纪早、中期,苏铁类树种在南方略占优势,并比北方繁盛,而银杏类则在北方较多出现;侏罗纪晚期,松柏类树种在南、北方都比较繁盛,苏铁类和银杏类明显减少。白垩纪时,我国大部分地区气候干旱、森林稀疏,唯有华北北部和东北地区气候暖湿、森林繁茂。

---

① 中国森林编辑委员会:《中国森林》第 1 卷,中国林业出版社,1997 年;董智勇主编:《中国森林史资料汇编》,中国林学会林业史学会,1993 年;熊大桐主编:《中国近代林业史》,中国林业出版社,1989 年。

白垩纪早期森林树种与侏罗纪晚期一样以松柏类为主,苏铁类和银杏类进一步减少,并开始出现被子植物。

表1　地质年表

地质年代			距今时间
太古宙			46 亿~25 亿年
元古宙			25 亿~5.7 亿年
显生宙	古生代	寒武纪	5.7 亿~5.1 亿年
		奥陶纪	5.1 亿~4.38 亿年
		志留纪	4.38 亿~4.1 亿年
		泥盆纪	4.1 亿~3.55 亿年
		石炭纪	3.55 亿~2.95 亿年
		二叠纪	2.95 亿~2.5 亿年
显生宙	中生代	三叠纪	2.5 亿~2.03 亿年
		侏罗纪	2.03 亿~1.37 亿年
		白垩纪	1.37 亿~6 500 万年
	新生代	古近纪	6 500 万~2 400 万年
		新近纪	2 400 万~250 万年
		第四纪	更新世	250 万~1 万年
			全新世	1 万年前至今

　　新生代是被子植物大发展时代。我国新生代植物群大致可分三个发展阶段,即古近纪木本植物阶段、新近纪草本植物阶段和第四纪杂种与多倍体植物阶段。森林的类型和分区也逐渐复杂。在古近纪时期,森林树种以被子植物占绝对优势,种类繁多,草本则很少;被子植物中绝灭类型减少。古老的蕨类和裸子植物也占有一定数量。全国森林基本属亚热带类型,大致可以分为:(1) 北部和东北部暖温带亚热带针阔叶混交林区,包括东北、华北、内蒙古大部和新疆最北部的阿勒泰地区;(2) 东部沿海亚热带落叶常绿阔叶混交林区,其范围西以南京至杭州一线为界,东到靠近日本古海岸地带;(3) 中部和西部亚热带干旱半干旱疏林区,包括长江、淮河流域以及新疆、甘肃、青海等地;(4) 滇藏热带南亚热带常绿阔叶林区,包括

云南和西藏的大部地区;(5)华南南亚热带常绿落叶阔叶混交林和热带红树林区,包括南岭以南的广东、广西、海南及北部湾等地。

新近纪时期森林更趋复杂,古老的森林植物减少,草本种类激增,北方落叶阔叶林繁衍,针叶林范围扩大,西北草原形成并向东部扩展。全国森林大致可分为:(1)东北华北温带暖温带落叶阔叶林和森林草原区,包括东北全部、华北北部和黄土高原的东南部地区;(2)东部中部亚热带常绿落叶阔叶混交林区,包括黄淮平原及长江流域地区;(3)西北温带暖温带疏林草原、荒漠草原及山地针叶林区,包括新疆、内蒙古、青海北部和甘肃西部等地;(4)川西滇北青藏亚热带常绿落叶阔叶林区,包括青藏高原、云南北部和四川西部地区;(5)华南南亚热带常绿阔叶林和滨海红树林区,包括广东、广西及福建大部、浙江东部、云南南部和台湾岛及南海诸岛。

第四纪全球普遍降温,我国亚热带北界继新近纪之后再度退缩,暖温带南移至秦岭—淮河一线,加上山地和高原的进一步隆升,气候的分异更加显著,森林植被的分区更加复杂而与今天接近。第四纪更新世是冰期、间冰期频繁交替的时代,同一地区冰期、间冰期的冷暖变化达 6~15℃,由此引起植物群在南北方向和垂直高地上的往复迁移,以至于同一地区在不同的冷暖阶段出现不同的植被类型,如华北地区从冰期到间冰期,依次出现草原—针叶林—针叶阔叶混交林—阔叶林等类型。同时,每经过一次往复前迁移之后,整个植物带一般都要下降一定高度或南移一定距离,如寒温带针叶林每一次大致要向南移动 2~3 个维度。植被带的这种移动,使我国在第四纪期间温带范围不断加宽,热带、亚热带范围不断变窄,森林范围也随之缩小。全新世时期气候相当于间冰期。在距今 9 000~5 000 年前的全新世中期,我国地区森林植被广泛分布,气温也一般较今高 2~3℃,黄河中下游地区的气候和今天长江流域一样,长江流域中下游地区分布着中、南亚热带常绿落叶阔叶林。全新世时期我国境内的森林树种、植被分区与现今基本一致。

全新世后期,人类社会跨入文明时期,进入历史年代。这一时期我国森林资源极其丰富。

二、我国古代的森林资源

（一）夏商周时期（前 21 世纪—前 221 年）

夏商周时期,我国森林覆盖率约为 60% ~ 46%。[①]

西周以前,黄河下游今山东、河南地区是当时古人活动的主要区域。尽管古人的活动对森林植被产生一定程度的破坏,但总体来说,森林保存完好,仍然处于草木茂盛、野生动物活动频繁的状态。春秋战国时期,由于农业垦殖、林木砍伐、战火焚毁等因素的影响,黄河中下游的森林植被破坏开始加剧。但总体来说,这一时期我国仍有大面积的森林,有较高的森林覆盖率,特别是南方地区,森林覆盖率甚至高达 90%。

这一时期我国森林资源的状况,从《尚书》《诗经》等古代经典的记载中可窥一斑。《尚书》是我国第一部上古历史文件和部分追述古代事迹著作的汇编,它保存了商周特别是周代的一些重要史料。其中的《禹贡》篇,大约成书于战国时期,以山脉、河流为标志,将全国划分为九州,并对每州的疆域、山脉、河流、植被、土壤、物产、贡赋、少数民族、交通等自然和人文地理现象,作了简要的描述。虽然《禹贡》不无理想色彩,但记载各地自然地理特征大体可信。如兖州"厥草惟繇,厥木惟条……厥贡漆丝"。兖州大约相当于今山东北部和西部,这里草丛茂盛,树木修长,土地适宜漆树生长,适宜桑蚕。青州"厥贡……岱畎丝、枲、铅、松、怪石。莱夷作牧,厥篚檿丝"。青州相当于今山东中部和胶东半岛,这里泰山山谷有桑树（丝）、麻（枲）、山桑、檿,莱夷之地还可以放牧。徐州"草木渐包……羽畎夏翟,峄阳孤桐"。徐州相当于今山东南部和江苏、安徽二省北部,这里草木不断滋长,丛生得很茂盛,羽山山谷有大山鸡（夏翟）,峄山之南有特产的桐木（孤桐）。扬州"筱簜既敷,厥草惟夭,厥木惟乔……厥贡……筱簜、齿、革、羽、毛、惟木……厥包橘柚锡贡"。扬州相当于今江苏、安徽二省南部和浙江、福建、江西等省,这里小竹（筱）、簜（大竹）遍布各地,草丛茂盛（夭）,树木

[①]　樊宝敏、董源:《中国历代森林覆盖率的探讨》,《北京林业大学学报》,2001 年第 4 期。

高大(乔),盛产小竹、大竹、象牙(齿)、犀皮(革)、鸟羽和旄牛尾(毛)和其他木材及橘、柚等果树。荆州"厥贡羽、毛、齿、革,惟金三品,杶、干、栝、柏,砺、砥、砮、丹,惟箘簵、楛……包匦菁茅"。荆州相当于今湖南、湖北南部,这里盛产鸟羽、旄牛尾、象牙、犀皮,并且生长有椿树(杶)、柘树(干)、桧树(栝)、柏树、楛树、杨梅(匦)、青茅及箘、簵(两种丛生竹)等竹类。豫州"厥贡漆、枲,绨、纻"。豫州相当于今河南省和湖北省北部,这里重要的林木是漆树。梁州"厥贡……熊、罴、狐、狸"。梁州相当于今四川省和云南、贵州省的一部分,这里有黑熊(熊)、棕熊(罴)、狐、狸猫(狸)等森林动物,可见当地森林非常茂密。

《诗经》是我国第一部诗歌总集,为我国文学的两大源头之一,其所搜集的 305 篇诗歌,反映了西周初年至春秋中叶 500 多年的社会历史。《诗经》中有大量的植物描写。《邶风·简兮》:"山有榛,隰有苓。"邶国在今河南省汤阴县境,当时那里的山上生长着榛树。《卫风·淇澳》:"瞻彼淇奥,绿竹猗猗……瞻彼淇奥,绿竹青青……瞻彼淇奥,绿竹如箦。""淇"即淇水,位于今河南省北部,那里的竹子长得婀娜(猗猗)、青翠(青青)、整片成林(如箦)。《小雅·斯干》:"秩秩斯干,幽幽南山。如竹苞矣,如松茂矣。"这里的"南山"特指秦岭山,具体来说指的是秦岭山的终南段,即终南山。当时那里竹林繁盛(竹苞),松树茂密(松茂),有着丰富的森林资源。《秦风·晨风》:"郁彼北林……山有苞栎,隰有六驳……山有苞棣,隰有树檖。"秦国约位于今陕西中部和甘肃东南部地区,这里有葱郁的北边森林,山上有茂盛的栎树和唐棣,山谷湿地有梓榆(六驳)和山梨(檖)。《小雅·南有嘉鱼》:"南有嘉鱼,烝然罩罩……南有嘉鱼,烝然汕汕……南有樛木,甘瓠累之。"这里的"南",指的是江汉之间,这里有丰富的鱼类和广茂树木。《小雅·南山有台》:"南山有台,北山有莱……南山有桑,北山有杨……南山有杞,北山有李……南山有栲,北山有杻……南山有枸,北山有楰。"这里的"南山"指终南山,"北山"指岐山,都位于今陕西省境内,分别生长有桑树(桑)、枸杞(杞)、山樗(栲)、枸树(枸)和白杨(杨)、李树(李)、檍树(杻)、楸树(楰)。这些都是记载的天然的森林资源。此外,还有人工栽种植物,如《鄘风·定之方中》:"定之方中,作于楚宫。揆之以日,作于楚室。树之榛栗,椅桐梓漆,爰伐琴瑟。"这里出现了6种植物,即榛树(榛)、板栗(栗)、楸树(椅)、泡桐(桐)、梓树(梓)、漆树(漆)。营造楚宫之时,它们被种植在楚宫周围,长成之后还能制作琴瑟,表明这一时期的先民已经知道利用植物来绿化环境和制造器物。

总之,在夏商周时期,随着人口的增加和活动的日渐频繁,森林受到的人类影响越来越大,森林面积日趋减少。特别是先民活动最为频繁的黄河中下游地区,森林破坏最为严重,大面积的森林被砍伐,林地变成农田和城邑。

(二)秦汉魏晋南北朝时期(前221—589年)

秦汉魏晋南北朝时期我国森林覆盖率从46%降至37%。[①]

西汉司马迁《史记·货殖列传》:"夫山西饶材、竹……;山东多鱼、盐、漆、丝、声色;江南出枏、梓、姜、桂……"这里的"山西"指崤山以西的秦地,"山东"指秦地以东的中原地带。"山西"地区富产木材、竹材,"山东"地区则多产漆树;江南地区则丰产楠木(枏)、梓树、桂树。《货殖列传》又载:"安邑千树枣;燕、秦千树栗;蜀、汉、江陵千树橘;淮北、常山已南,河济之间千树萩;陈、夏千亩漆;齐、鲁千亩桑麻;渭川千亩竹。"从这段文字可见西汉时期各地不同的树林:安邑,位于今山西境内,有枣林;燕、秦,分别为今京津地区和陕西地区,有栗林;蜀、汉、江陵,大致相当于今四川、重庆、湖北地区,有丰富的橘林;淮北、常山(即恒山)以南,黄河、济水之间的广大区域,则有萩林;陈、夏位于今河南省境,有大面积的漆树林;齐、鲁为今山东地区,有大面积的桑树林;位于今陕西中部的渭水流域,有大面积的竹林。

东汉班固《汉书·地理志下》载:"(秦地)有鄠、杜竹林,南山檀柘,号称陆海,为九州膏腴……天水、陇西,山多林木,民以板为室屋。"鄠、杜分别指鄠县和杜陵,位于今陕西省西安市境内,那里竹林丰富[②];南山即终南山,那里有茂密的檀林、柘林;天水、陇西地区当时森林茂盛,人们以树木为

① 樊宝敏、董源:《中国历代森林覆盖率的探讨》,《北京林业大学学报》,2001年第4期。
② 鄠杜竹林是古渭河流域的著名生态资源。徐泳,等:《鄠杜竹林纵横谈》,《竹子研究汇刊》,2007年第2期。

材,建造房屋。《司马相如传》载:"云梦泽……其北则有阴林巨树,梗枏豫章,桂椒木兰,檗离朱杨,楂梨楟栗,橘柚芬芳。"云梦泽位于今湖北省境,其地"阴林巨树",森林繁茂且林木高大,树种有榆榉(梗)、楠树、樟树(豫章)、桂树、黄檗(檗)、杜梨(离)、赤杨(朱杨)、山楂(楂)、梨树、楟枣、栗树、橘树、柚树,品种十分丰富。《严助传》载:"越非有城郭邑里也,处溪谷之间,篁竹之中……阻险林丛……夹以深林丛竹……越人欲为变,必先田馀干界中,积食粮,乃入伐材治船……越人逃入深山林丛,不可得攻。"这里的"越"指的是今福建、广东等闽越地区。从以上所载可见当地森林资源极其丰富,越人甚至可以以之为天险来保护自己不受汉军攻击。《西域传(上)》载:"鄯善国……多葭苇、柽柳、胡桐、白草。"鄯善即楼兰古国,位于今新疆塔克拉玛干大沙漠东部的鄯善地区。今天该地虽然是沙漠,但汉代时却是一片富饶的绿洲,那里生长着丰富的芦苇、柽柳、胡杨(胡桐)和白草。今楼兰古城遗址有一株仡立3 800余年的胡杨,似乎在向人们诉说着当地昔日的绿色生机。《西域传(下)》又载:"乌孙国……山多松、樠。"乌孙国地处天山北麓,位于今新疆西北部,该地当时亦生长有丰富的松树和樠树(也是一种松树)。

西晋陈寿《三国志·魏书·梁习传》载,建安十八年(213年)"于上党取大材供邺宫室"。上党位于今山西省的东南部,为群山包围起来的一块高地。能够采伐出巨大的林木(大材),说明当时该地有非常茂盛的森林。《乌丸鲜卑东夷传》载:"挹娄在夫余东北千余里,滨大海,南与北沃沮接,未知其北所极。其土地多山险……处山林之间,常穴居。"范晔《后汉书·东夷列传》亦载:"挹娄,古肃慎之国也……处于山林之间,土气极寒,常为穴居,以深为贵,大家至接九梯。"挹娄(肃慎)是中国古代东北民族,为南北朝以后的勿吉、靺鞨、女真及今满族和赫哲族的祖先,大体分布在今长白山以北,西至松嫩平原,北至黑龙江中下游,东滨日本海的广大地域内。汉晋时期那里的先民"处山林之间",说明当时我国东北地区森林茂盛。

西晋嵇含的《南方草木状》是我国现存最早的植物志。此书记载了生长在我国华南、西南及域外的植物共80种,其中草类29种、木类28种、果类17种和竹类6种。例如,树木有枫香、榕、桂、桄榔、苏枋、水松、刺桐、槟椰、椰、海枣等,竹子有思劳竹、思摩竹和箪竹等,其中很多是热带和亚热带植物。

南朝刘宋戴凯之的《竹谱》是我国第一部竹类专著。该书记载了我国南方地区的40多种竹子,指出竹类"九河鲜育,五岭实繁"。这说明,竹子在我国北方地区不多,是因其不能耐当地的寒冷,南方地区温度较高,因此竹子生长较为繁盛。书中记载了桂竹、般肠竹、甘竹、筼筜竹、筇竹、鸡胫竹、箭竹等。

北魏郦道元《水经注》中也有很多关于汉魏时期我国森林资源情况的记载。如《河水注》载:"按段国《沙州记》,吐谷浑于河上作桥,谓之'河厉',长百五十步,两岸垒石作基陛,节节相次,大木纵。横,更相镇压,两边俱平,相去三丈,并以大材以板横次之……"吐谷浑为我国西北少数民族之一,东晋十六国时期控制了青海、甘肃等地。《水经注》所引的段国《沙州记》记载,魏晋南北朝时期吐谷浑用"大木""大材"等巨木作为架桥的原料,说明当地附近肯定有较为繁盛的森林。《原公水注》又载:"《司马子政庙碑》文云:西河旧处山林。"西河即西河郡,位于今山西省境内。从记载可知,当地秦汉至魏晋南北朝时期是有森林的。《汶水注》又载:"莱芜县在齐城西南……有别谷在孤山……谷中林木致密,行人鲜有能至者。"莱芜县位于今山东省中部。从该处记载可知,魏晋南北朝时期山东省中部地区有茂密的、常人不能去的森林。

总之,在秦汉魏晋南北朝时期,我国森林覆盖率仍较高,达到37%~46%,但黄河流域的森林在继续减少。同时,随着"永嘉之乱"后北方汉人大量移居南方,南方森林也开始遭到人为的破坏,许多林地被都开垦为农田。

(三) 隋唐五代辽宋金元时期(589—1368 年)

隋唐五代辽宋金元时期,我国森林覆盖率从37%降至26%。[①]

1. 东北地区

据宋富弼《行程录》载:"(辽代)自中京正北至松山馆。皆多以松处得名。而临潢西之千里松林,为平地松林。"中京位于今内蒙古宁城西大明

---

① 樊宝敏、董源:《中国历代森林覆盖率的探讨》,《北京林业大学学报》,2001 年第 4 期。

城,松山馆位于今克什克腾旗附近,临潢位于今巴林左旗。可见,辽代从今内蒙古宁城至巴林左旗一带,有绵延不绝的平地松林。《辽史·太宗纪》《景宗纪》《圣宗纪》《兴宗纪》《道宗纪》等文献中多次出现"平地松林",即帝王经常狩猎、游玩的地方,森林资源丰富。

宋洪皓的《松漠纪闻》是一部记载作者于南宋初年出使金国时所见所闻的书籍,书中有关于当时金国森林资源的记载。如"嗢熟者……饮食皆以木器"。嗢熟为女真部落之一,其时人们饮食器皿都是木制,说明当地木材丰富。又如"宁江州去冷山百七十里,地苦寒,多草木,如桃李之类,皆成园"。宁江州治混同县,即今吉林省扶余县东。那里草木"成园",可见森林资源丰富。《松漠纪闻续》又载:"长白山在冷山东南千余里……其俗刳木为舟,长可八尺。"当时可将整根木条当中挖空,制成长达2米多的木舟,可见原木之粗大,也可知当地有茂盛的森林。

2. 华北地区

太行山南段森林破坏严重,到北宋末年,太行山南段的松柏已经全部消失了。[①] 太行山北段,据北宋乐史《太平寰宇记》载:"(北宋时)满城西北有松山,因松林遍布而得名。"满城,即满城县,位于河北省中部,当地有松林。宋欧阳修《新唐书·裴延龄传》载:"开元时,近山无巨木,求之岚、胜间。"岚即岚州,位于今山西省岚县;胜即胜州,位于今内蒙古准格尔旗、伊金霍洛旗、东胜、达拉特旗及托克托一带。从记载可知唐时该地有巨大的林木,应有茂盛的森林。唐沈佺期《邙山》诗中有"山上惟闻松柏声"句。邙山位于今河南省洛阳市北,从诗句可知唐时也有茂盛的松柏林。

3. 西北地区

西北地区的森林在减少,但仍有零星的遗存。唐钱起《游辋川至南山寄谷口王十六》有:"独鹤引过浦,鸣猿呼入林。"又《抄秋南山西峰题准上人兰若》有:"松下闻山磬。"可见,唐代终南山(南山)一带仍有森林。元脱脱《宋史·宋琪传》载:"自鄜延以北,多土山柏林。"鄜延即鄜延路,治延州,位于今陕西省延安市。可见唐宋时期陕北高原地区也有森林。又《宋

---

① 董智勇主编:《中国森林史资料汇编》,中国林学会林业史学会,1993年,第59页。

史·吴延祚传》载:"秦州夕阳镇西北接大薮,多材植……"《温仲舒传》载:"秦州……有两马家、朵藏、枭波等部,唐末以来,居于渭河之南,大洛、小洛门砦,多产良木,为其所据……二砦后为内地,岁获巨木之利。"《刘兼济传》记载,宋徽宗时刘兼济知笼干城,"夏人寇边,众号数万,兼济将兵千余,转战至黑松林,败之"。秦州位于今甘肃天水,笼干城位于今宁夏隆德东北,可见唐宋时期那里均有茂密的森林。

4. 华东地区

唐宋金元时期,江南地区的森林遭到大量破坏,面积减少,但仍保留有一些森林。如李白《江行寄远》中有"刳木出吴楚"句,可见江南一带当时仍有能够刳挖舟船和器物的巨木。又《秋浦歌十七首》中有"千千石楠树,万万女贞林"句。秋浦河位于今安徽省境,河两岸当时也是森林茂密。华东地区这一时期通过人工造林,营造了一些森林,如《宋史·河渠志七》记载,宋代在扬州江都至楚州淮阴和兴化至盐城两条堤岸旁开新河,保留旧堤,并植柳10多万株。又据《八闽通志》记载,建安有马鞍山,又名瑞峰山,南宋淳熙年间(1174—1189年),建安太守韩元吉曾种万株松树于山麓。

5. 华中地区

这一时期,华中地区遗留下来的天然森林已较前大为减少,但仍有部分森林遗存。例如今湖北省西北地区,据《房县志》载:房县"多山林,少原隰,故俗多猎山伐木";《郧阳府志》载:郧县"纵横千里,山林巩固";《随州志》载:随州"松盖山,山多大松,远望如盖","青林山,茂林远望,蔚然而青";《光化县志》载:老河口市的崇岩山上"多秽草恶木,树以青松,间以杂草"。湖北省中部地区,《江夏县志》载:武昌县"茂林高峻","江汉在下,茂树万里";《黄陂县志》载:黄陂县甘露山"林木蔚然",鲁台山"古木乔翠";《武昌县志》载:鄂州樊山"青松绿竹,常自蔚然",西山"山上佳木相荫"。又宋洪迈《容斋随笔》载:"丁谓,玉清昭应修宫使,所用潭、衡、鼎之梌、楠、楮、永、澧之槐、樟、潭之杉……"可见唐宋时期湖南地区有丰富的森林资源。《太平寰宇记》载:"龙泉县,本吉州泰和县龙泉乡什善镇地,伪唐保大元年……置龙泉场,以乡为名,采择林木之故也。"从中亦可见江西赣西南高山地区产优质木材。

6. 华南地区

这一时期,华南地区的森林仍未大面积开发。唐修《隋书·地理志》载:"自岭以南二十余郡,大率土地下湿,皆多瘴疠。"唐刘恂《表岭录异》载:"岭表山川盘郁结聚,不易疏泄,故多岚雾作瘴。"地多瘴疠,可见森林茂密。《岭表异录》又载:"广之属郡潮、循州多野象";宋洪迈《夷坚志》也载:潮州仍"多野象,数百为群"。有象群存在,据此可推知当时当地有密集热带丛林存在。宋王象之《舆地纪胜》载:合浦百良山"林木深广,工匠求良材百无一失",可见当时当地仍保存了大面积的森林。

7. 西南地区

这一时期西南地区森林也很丰富。唐李吉甫《元和郡县志》载,南川萝缘山"山多楠木"。宋司马光《资治通鉴》载,唐太宗贞观时"遣右领左右府长史强伟,于剑南道伐木造舟舰"。可见,四川地区仍有不少原始森林。又《贵阳府志》载:宋初,桂阳黑菁菁、水西等地有森林分布;青岩司飞云山林木葱茏,四季常青。可见,贵州地区也有不少森林。

总之,隋唐五代辽宋金元时期,由于人口的增长和经济的发展,我国黄河中下游和长江中下游地区的森林被砍伐得最多。东北、西南地区尚未大规模开发,因而森林保持较为完整。我国森林开始形成东北、西南多,西北、华北少的格局。同时,这一时期有些统治集团号召民众植树造林,因而有些被砍伐的林地因得到休养生息而重新恢复成林,但总体趋势仍然是普遍的大面积的森林被砍伐,我国森林继续减少。

(四) 明清时期(1368—1840 年)

明清时期[1]森林分布的格局与唐宋时期相比无大的变异[2],但是森林覆盖率从26%降至15%。[3]

---

[1] 清代大体可以 1840 年鸦片战争为界分为前后两个时期。本小节的明清时期,实际指的是明代和清代前期,鸦片战争之后清代后期 70 年的历史,归入近代时期探讨。

[2] 中国森林编辑委员会:《中国森林》第 1 卷,中国林业出版社,1997 年,第 148 页。

[3] 樊宝敏、董源:《中国历代森林覆盖率的探讨》,《北京林业大学学报》,2001 年第 4 期。

1. 东北地区

明清时期东北地区的森林仍未进行大规模开发。清初统治者对东北的"龙兴之地"施行"四禁"制度，即禁止采伐森林、禁止农垦、禁止渔猎和禁止采矿，对东北地区的森林施行了一定程度的保护，因此东北一带森林茂盛，禽兽众多。据吴桭臣《宁古塔记略》载：康熙时期，他随父母从宁古塔（位于今黑龙江宁安市）返回北京时，"进大乌稽，古名黑松林，树木参天……绵绵延延……不知纪极。车马从中穿过，且六十里。初入乌稽，若有门焉。皆大树数抱，环列两旁，洞洞然不见天日。唯秋、冬树叶脱落，则稍明……其中多峻岭巉岩，石径高低难行，其上鸟声咿哑不绝，微风震撼，则如波涛汹涌，飕飕飒飒，不可名状……穿过小乌稽，经过三十里，情景亦相似。"这是对东北原始森林的一段生动描写。曾经随康熙北巡的南怀仁在《满洲旅行记》中也有过类似的描写："辽东及迤东的全部山岭，古树繁茂，郁郁苍苍，为最大森林。已经几世纪时间从未采伐，全不知刀斧之声。各种树木，丛生茂密，蔽天盖地。经数月间的旅行，并通过沿途密生榛实的矮林。惟余自生以来，如此茂密丛生的大森林，实所未见。"这些均表明，明清时期我国东北地区的原始森林依然基本保存完好。

2. 华北地区

明朝中后期，太行山北段的森林开始遭到大规模的砍伐。《明史·食货志》载："采造之事，累朝侈俭不同。大约靡于英宗，继以宪、武，至世宗、神宗而极。其事目繁琐，微索纷纭。最钜且难者，曰采木。"明政府还专门在北京设立了神木、大木二厂，存放收购的木材。《明会典》载："嘉靖三十六年营建朝门午楼，议准材木，先尽神木厂。次差御史、郎中各一员，挨查先年沿途遗有大木解用，又令川贵、湖广四省采木，山西、真定才松木。"可见到明嘉靖时期（1522—1566 年），太行山北段的原始森林已经采伐殆尽，京城所要木材需从别处调用了。北岳恒山一带仍有森林，明成化年间（1465—1487 年），马文升《为禁伐边山林木以资保障事疏》载："复自偏关、雁门、紫荆，历居庸、潮河川、喜峰口，直至山海关一带，延袤数千余里，山势高险，林木茂密，人马不通。"可见，当时当地还有茂密的森林。燕山一带，清代也仍有森林，今北京密云北部司马台"山之左右峰峦拱列，深松茂柏，内地之民多取材焉"，表明当时森林相当茂密，有松树、柏树生长，并可伐取木材。

3. 西北地区

明清时期，终南山仍有森林。清严如熤《三省边防备览》载，从周至到洋县逶迤数百里有森林，入山伐木者不下数万。但清道光时期，周至黑水河上游老林已退缩到老君岭，辛峪、黑峪和西驼峪的森林都已经伐光。又据清《秦州直隶州新志》记载，陕甘两省交界处的终南山西段至清代还有森林，吴山"山麓有吴镇，入南山采木之路，有木厂。又有柏林山，多产柏"；仙人山"松柏邃密"；石门山"苍翠欲滴"；麦积山"为秦地林泉之冠"。清《狄道州续志》载，终南山西段的翠屏山"林木森郁"，锁林峡"林木森郁，宛若交锁"。六盘山还有森林。清《隆德县志》载，六盘山附近高山有"万树苍松"，泾源有桦木和青枫。贺兰山也有森林。明《朔方新志》载，贺兰山深山区仍是"深林隐映""万木茏青"。祁连山也有森林。清《民乐县志》载，清代祁连山"森林很多，峰峦突出，松林葱蔚"。天山地区的森林至清末也未进行过大规模的采伐。据清末《新疆图志》记载，天山"南麓多童，北麓……冈峦继续，森森然皆松也"；天山西段"伊犁果子沟多林檎诸果。自松树头至山麓六十里，遮岩蔽谷，皆松桦也……频年樵采渐稀"。

4. 东南地区

明初，南京的朝阳门紫金山南坡曾建立了油桐、棕榈、漆树三个林场，分别造林千万株，作为获得桐油、棕缆、漆的原料。这三个林场是我国国营林场的先例。清代，江苏人工林仍进一步发展。《句容县志》载，鉴于桑、麻、丝、茶为民利所在，因此督促地方官大力提倡造林及果树、桑苗的栽植。浙江人工林也有发展。自明代起，浙南、浙西山区开始种植杉树，义乌、吴兴、萧山、余姚等县开始种植女贞树。江山、东阳、浦江、开化等县边远山区仍有松、杉、槠、竹等天然林。安徽地区仍有较多森林。明丁津《游芳岩寺》载，芳岩寺附近"参差万树随风转，松花茗叶伴僧餐"；清《凤阳县志》载，凤阳观音山"旧多栎树；雍正间犹有六千株，树皆合抱，遍布山谷，郁然阴森"。

5. 华中地区

明清时期,湖北地区天然森林面积明显减少,但鄂西北及鄂西南还有部分森林。如清严如煜《三省边防备览》载,鄂西北的神农架至房县一带,"计程三百五十余里……沿途山大林深,险峻异常……均为千百年来未辟老林,青葱连天";房县、兴山、巴东三县交界地韭菜垭,"均五百里……高山峻岭,穹隆幽邃,古木丛篁";竹溪县核桃园、凤凰岭"崇山峻岭,路以老林行走……丛竹生山中,遍岭漫谷,最为茂密,令人不能展步,为自南宋至乾隆五百年未开辟之老林"。湖南地区的森林也相对较丰富。如湘北区,据清《乾隆一统志·湖南省·岳州府》载:临湘县境内,东部黄皋山"峰峦耸拔,林木葱倩",金竹山"上有小竹,枝干纯黄,过冬愈鲜润,色黄类金",石珠山"山势甚峻拔,草木翁蔚",东南有旋风山"山势高峻,多林木"。湘中区,《乾隆一统志·湖南省·长沙府》载:岳麓山"古渡登岸夹岸乔松,泉涧盘绕,诸峰叠秀,下瞰湘江",罗详山"峦峰秀拔,水流环带,为一县之胜",昭山"怪石磅礴,异木层荫",陶公山"旧多古木"。湘南区,据清康熙《零陵县志》载,当地木类41种,竹类18种,野生兽类29种,物产货类19种,"邑山木利最大者杂木,不中屋材者蒸而为炭,贫者贩以为利,又沤竹造纸,转运他省,获利犹胜"。湘西区,地处边陲,山高岭大,腊耳山"万峰丛错""菁木插天",八面山"山深木古,无径可通",雪峰山系"绵亘数十里,高数千仞,高山夹峙","林木荫翳""密篁蒙茸"。[①]

6. 华南地区

明清时期,广东地区森林依旧丰富。据康熙《新修广州府志》载:"番禺以东至从化,皆深山大林,或穷日行无人迹。至于香山、新会、新宁……林木之多,不可胜计。"清屈大均《广东新语》载,"自英德至清远有三峡,一曰中宿,一曰大庙,一曰浈阳……蓊丛茂密,临危飞石与古木互相撑拒","二禺,在中宿峡……其巅最高峰林木益深,希见天日,官富山在新安急水门东……山林木蔽天,人迹罕至","西宁在万山中,树木丛翳,数百里不见

---

① 董智勇主编:《中国森林史资料汇编》,中国林业学会林史学会,1993年。

峰岫,广大皆薪蒸其中……其古木数百年不见斤斧……多水系于多林木也,亿水生于木,有木之所,其水为木所引,则溪涧长流,故易曰木上有水井"。广西地区也有较为完好的大面积森林,如据《徐霞客游记》载,全州县"古松连云接嶂",阳朔县"林木翠然"。清《龙胜厅志》载:"龙胜处万山之中,丛篁深菁。"清《象州志》载,象州县的甘视山"森林阴遂"。清《岭溪县志》载,在岭溪县东北界苍梧、藤县之间的上下七山皆"丛林修树环数百里无日色",城南大雍山"林木森秀",城西绿袍山"树木丛茂"。清《西林县志》载,西林县潺巴山"茂林幽蔚",样山"深林叠嶂"。清《容县志》载,容县东南天堂山"树木轮囷离奇,蔚然深秀,多千百年古物",县东北桂殿山和西南陆使山均"林木丛杂"。

7. 西南地区

明清时期,四川地区是政府大规模修建京城宫殿时所需林木即所谓"皇木"的主要供应地。明清两朝官府采办"皇木"开始于明永乐初年,结束于清道光年间,历时长达500年左右。采办地点主要集中于四川地区的屏山、沐川、马湖、永乐、蔺州、雷波、叙永、重庆、播州等长江上游的金沙江段和赤水河畔。[①] 云南地区的森林,在清代以前基本上处于原始状态。清代学者赵翼曾在云贵两省为官多年,他在《林海歌》中对云南东南部森林做了生动、细微的描述,反映了清代滇南森林的实况。歌中写道:"我行远道交趾边,放眼忽惊看树海。山深谷邃无田畴,火烟断绝林木稠……肩排枝不得旁出,株株挤作长身撑。大都瘦硬干如铁,斧劈步入其声铿……绿荫连天密无缝,那辨乔峰与深洞。但见高低千百层,并作一片碧云冻……"可见当地森林之郁密。明清时期,贵州地区的森林也很茂密。据清《黎平府志》载:"自清江以下至茅坪二百里(清江水)两岸,翼云蒸日,无隙土、无漏阴。"清《续黔书》载:"思南有甑峰,盘互铜仁、思州、石阡数百里,大木硕山,莫不茂者,胜林拂云。幽烟冥缅,穿崖造垒,亢石无阶,杳无人居,人迹亦不能到。"清《大定县志》载:"大定辟处西南深林巨菁之处也。"

总之,明清时期,我国森林面积明显减少。东北地区森林基本仍处于

---

① 李良品、彭福荣:《明清时期四川官办皇木研究》,《中国社会经济史研究》,2009 年第 1 期。

原始状态,较少受到破坏。西北、华北地区的森林相较于上一时期更少,原始森林丧失殆尽,仅一些深山区有零星森林遗存。东南、华中地区森林也遭到大规模砍伐,但人工造林发展较快。华南和西南地区森林也遭到破坏,但总体上仍保留有大面积森林。

三、我国近代森林资源

(一) 晚清时期(1840—1911 年)

晚清时期,我国除东北地区森林有较大变化外,森林面貌基本上延续明清时期的格局。鸦片战争前后,我国森林主要分布在外兴安岭、大兴安岭、小兴安岭,松花江、图们江、牡丹江、鸭绿江等流域,天山、祁连山、秦岭、洮河、岷江、雅砻江、金沙江等流域,阿里山、八仙山、太平山等处,全国森林面积约为 15 900 万公顷①,森林覆盖率从 17%降至 15%。② 降低的主要原因在于帝国主义对我国东北地区森林的疯狂掠夺和破坏。俄国是对我国东北森林掠夺最多的国家。据清何秋涛《朔方备乘·艮维窝集考》载:"东北方曰艮维,吉林、黑龙江两省实属艮维之地,山水灵秀,拱卫陪京,其间有大窝集者,盖大山老林之名,良田地气浓厚,物产充盈,木材不可胜用。"文中载东北这一地区的森林被划为 48 个窝集(即大森林),其中 22 个在外兴安岭和锡霍特山。咸丰时期,清政府与俄国签订《瑷珲条约》和《北京条约》,将这 22 个窝集(大森林)割让给了俄国,造成了我国森林资源的严重损失。

日本也对我国东北地区森林进行了大面积的采伐和破坏。1905 年,日本设立鸭绿江采木公司。公司虽然名义上是中日合办,但实质是日本强迫中国与之合作的,且实际控制权在在日本手里。在短短不到 25 年的时间里,日本通过这一公司将鸭绿江沿岸 100 多公里范围内的原始森林全部砍伐殆尽。1933 年,日本又成立所谓的日满共荣企业株式会社,大肆采伐大

① 熊大桐,等:《近代中国林业史》,中国林业出版社,1989 年,第 14 页。
② 樊宝敏、董源:《中国历代森林覆盖率的探讨》,《北京林业大学学报》,2001 年第 4 期。

兴安岭森林。日本东拓会社设立的海林公司,则采伐小兴安岭森林。据统计,日本帝国主义在侵占我国东北地区的 14 年里,共掠夺木材 1 亿多立方米。①

总之,晚清时期,之前森林资源保存较为完好的东北地区森林也开始受到严重破坏,东北北部森林被大规模砍伐,东北南部森林加速消亡。

(二) 民国时期 (1911—1949 年)②

民国时期,我国森林覆盖率由 15% 降至 12.5%。③

民国北京政府时期 (1911—1927 年),没有做过全国性的森林勘查。民国南京政府时期 (1927—1949 年) 做过两次调查。1934 年,南京国民政府实业部公布各省森林资源情况,全国林地面积合计 659 375.86 万亩 (折合 43 958.39 万公顷),森林面积 136 631.84 万亩 (折合 9 108.79 万公顷),森林覆盖率为 8.0%。1947 年,南京国民政府农林部汇总各林区勘查报告统计得出,中国森林资源总面积为 126 182.9 万亩 (折合 8 412.86 万公顷④),林木储蓄量为 1 581.44 亿立方尺 (折合 585 718.77 万立方米⑤)。同时,将全国划分为东北、西北、西南、东南、华中、华北等 6 个林区:

1. 东北林区

据 1947 年国民政府农林部统计,东北地区森林总面积 976 000 千亩 (折合 6 500 万公顷),林木蓄积量 1 007.06 亿立方尺 (折合约 372 985.67 万立方米)。林区范围包括东三省,即今辽宁、吉林、黑龙江三省和内蒙古自治区东部。森林主要分布在鸭绿江流域、图们江流域、松花江流域、牡丹

---

① 熊大桐,等:《中国近代林业史》,中国林业出版社,1989 年,第 66 页。

② 陈嵘:《中国森林史料》,中国林业出版社,1983 年,第 233–237 页。

③ 樊宝敏、董源:《中国历代森林覆盖率的探讨》,《北京林业大学学报》,2001 年第 4 期。

④ 以 960 万平方公里的国土面积来计算的话,当时我国森林覆盖率为 8.8%,但当时 8 412.86万公顷的森林面积是在一些林区数据空缺的情况下计算出来的,也就是说,当时实际的森林覆盖率肯定大于 8.8%。据樊宝敏等推算,1949 年我国森林覆盖率为 12.5%;何凡能等则推算 1949 年我国森林覆盖率为 11.4%。樊宝敏、董源:《中国历代森林覆盖率的探讨》,《北京林业大学学报》,2001 年第 4 期;何凡能,等:《近 300 年来中国森林的变迁》,《地质学报》,2007 年第 1 期。

⑤ 1 立方米 = 27 立方尺。

江流域、拉林河流域、三姓地区①、中东铁路东部地区、中东铁路西部地区、大兴安岭和小兴安岭等地区(见表2)。该林区为我国森林最集中区域,林木蓄积量占当时全国的三分之二,且水路运输都很方便,为我国最为重要的林区。

表2　1947 年东北林区概况

林区	森林面积 (千亩)	林木蓄积 (千立方尺)
鸭绿江林区	23 800	2 404 709
图们江林区	21 900	2 790 270
松花江林区	37 900	5 861 610
牡丹江林区	9 700	2 793 840
拉林河林区	18 800	1 994 410
三姓林区	139 800	17 357 930
中东铁路东部林区	64 300	3 579 450
中东铁路西部林区	26 600	3 526 540
大兴安岭林区	370 000	37 167 530
小兴安岭林区	264 000	23 229 850
总计	976 000	100 706 130

2. 西北林区

据1947年国民政府农林部统计,西北地区森林总面积 17 940 千亩(折合 119.6 万公顷),林木蓄积量 47.55 亿立方尺(折合 17 609.89 万立方米)。林区范围包括今陕西、甘肃、青海、新疆和四川的一部分。森林主要分布在秦岭、祁连山、贺兰山、天山和洮河、白龙江、大通河、黄河上游等区域(见表3)。林区大多不完整,且交通不方便,因此未能充分开发利用。

---

① 三姓地区指松花江、乌苏里江、黑龙江之间的地带。

表3 1947年西北林区概况

林区	森林面积 （千亩）	林木蓄积 （千立方尺）
秦岭林区	3 231	2 198 395
大巴山林区	不详	不详
黎坪林区	2 614	130 000
小陇山林区	45	15 948
洮河白龙江林区	3 000	2 317 680
黄河上游林区	1 600	73 000
罗山林区	15	1 026
贺兰山林区	112	11 050
克鲁伦河上游林区	不详	不详
弱水流域林区	760	7 560
祁连山林区	1 085	不详
天山林区	5 487	不详
阿尔泰山林区	不详	不详
总计	>17 940	>4 754 669

3. 西南林区

据1947年国民政府农林部统计,西南地区森林面积94 464千亩(折合629.76万公顷),林木蓄积量426.34亿立方尺(折合157 903.76万立方米)。林区范围包括今四川、西藏、贵州、云南、广西等省区,森林分布于岷江、青衣江、大渡河、金沙江、雅砻江、澜沧江、怒江、元江、乌江、清水江、渠江、赤水河、都柳河等流域之山谷地区(见表4)。林区所蕴藏的森林资源丰富,仅次于东北林区,但由于交通堵塞,因而也未能开发。

表4　1947年西南林区概况

林区	森林面积 （千亩）	林木蓄积 （千立方尺）
岷江上游林区	13 369	17 230 190
青衣江林区	5 394	7 818 018
大渡河林区	1 390	384 055
雅砻江林区	29 900	5 950 000
金沙江林区	24 712	6 352 207
澜沧江和怒江林区	13 584	2 716 800
滇南林区	不详	不详
大围山林区	4 125	1 000 000
渠江林区	53	39 200
峨眉山林区	3	不详
大小凉山林区	562	不详
赤水河林区	50	200 000
乌江林区	383	576 600
清水江林区	343	176 000
榕江林区	48	120 000
十万大山林区	不详	不详
大崇山林区	45	15 772
瑶山林区	不详	不详
大明山林区	84	25 174
三防林区	202	不详
桂东北林区	216	不详
总计	>94 464	>42 634 016

4. 东南林区

按 1947 年国民政府农林部统计,东南地区森林面积 144 363 千亩(折合 962.42 万公顷),林木蓄积量 7 267 635 千立方尺(折合 26 917.17 万立方米)。林区范围包括浙江、福建、台湾、广东等省,森林分布于鄞江流域、钱塘江流域、瓯江流域、闽江流域、九龙江流域、汀江流域、浈江流域、莽山、五指山、阿里山等处(见表5),除台湾省外,林区森林面积均比较小,且散布于各地。

表 5   1947 年东南林区概况

林区	森林面积 (千亩)	林木蓄积 (千立方尺)
鄞江林区	不详	不详
钱塘江林区	不详	不详
瓯江林区	不详	不详
闽江林区	112 000	1 575 000
九龙山林区	900	13 320
汀江林区	3 000	42 300
浈江林区	不详	不详
莽山林区	150	18 000
滑水山林区	6	3 024
海南岛林区	1 546	23 450
台湾林区	26 743	5 592 540
总计	>144 363	>7 267 635

5. 华中林区

据 1947 年民国政府农林部统计,华中地区森林面积 24 075 千亩(折合 160.5 万公顷),林木蓄积量 2 776 390 千立方尺(折合 10 282.93 万立方米)。林区范围包括湖北、湖南、江西、安徽等省,森林分布于神农架、沅江流域、资江流域、湘江流域、赣江流域、青弋江流域等地区(见表6)。森林资源除湖北神农架及湖南、江西两省较为丰富外,其余皆成零星分布。

表6 1947 年华中林区概况

林区	森林面积 （千亩）	林木蓄积 （千立方尺）
神农架林区	1 875	5 967
沅江林区	8 500	170 000
资江林区	100	25 000
湘江上游林区	13 600	1 394 146
赣江上游林区	13 050	不详
青弋江林区	不详	不详
总计	>37 125	>1 595 113

6. 华北林区

据1947 年国民政府农林部统计,华北地区森林面积为 5 987 千亩(折合 39.91 万公顷),林木蓄积量 5 219 千立方尺(折合 19.33 万立方米)。林区范围包括山西、山东、河南等省,森林主要集中在河南嵩山、山西宁武山及山东蒙山、崂山等名山胜地(见表7)。

表7 1947 年华北林区概况

林区	森林面积 （千亩）	林木蓄积 （千立方尺）
宁武山、方山林区	592	不详
蒙山林区	4 125	不详
崂山林区	不详	不详
嵩山林区	1 270	5 129
洛河上游林区	不详	不详
总计	>5 987	>5 219

四、我国森林资源变化的原因

我国森林覆盖率从夏朝初期的 60% 降至民国末年的 12.5%，森林资源损失严重。造成森林资源变化的主要原因有如下几方面：

1. 开垦农田

进入农业文明后，人们对土地的重视程度提高。在早期"刀耕火种"式的农业生产活动中，先民们为了获得土地，往往将森林全部砍倒或者烧掉以在林中获得一片土地，从而在土地上面种植粮食。通过这种方式，我国的农业逐渐地发展并成熟起来。但随着人口的增加，人们对耕地的需求量也在增加，在农田面积日趋增大的同时，越来越多的森林被砍伐殆尽。《汉书·地理志》载，至西汉末年，"定垦田八百二十七万五百三十六顷。民户千二百二十三万三千六十二，口五千九百五十九万四千九百七十八"。汉末人口近 6 000 万，已垦田 8 270 536 顷（约折合 3 811 万公顷①），这些已经开垦出来的农田，原先很多都是森林。西汉桓宽所说的"伐木而树谷，燔莱而播粟"（《盐铁论·通有》），正是对古人毁林垦殖过程的写照。

秦汉时期开始实行屯垦戍边政策。西汉晁错曾建议汉文帝，在北方边境之地"选常居者，家室田作"（《汉书·晁错传》）。汉武帝时期大规模经营西域时更是广泛屯垦。据《汉书·西域传下》载："自武帝初通西域，置校尉，屯田渠犁。"渠犁位于今新疆库尔勒市。《史记·匈奴传》载：元封六年（前 105 年），"又北益广田至眩雷（今新疆伊犁）为塞"，屯田到了今新疆伊犁地区。汉武帝时还曾屡次向边疆移民。据《汉书·武帝纪》载：元朔二年（前 127 年），"募民徙朔方十万口。又徙郡国豪杰及訾三百万以上于茂陵"；元狩四年（前 119 年）"有司言关东贫民徙陇西、北地、西河、上郡、会稽凡七十二万五千口"；元狩五年（前 118 年）"徙天下奸猾吏民于边"；元鼎六年（前 111 年）"乃分武威、酒泉地置张掖、敦煌郡，徙民以实之"。

---

① 汉代 6 尺等于 1 步，1 亩等于 240 步。又汉 1 尺 = 23.1 厘米（丘光明编著《中国历代度量衡考》，科学出版社，1992 年，第 54 页），那么 1 步 = 1.92 平方米，1 亩 = 460.8 平方米，1 顷 = 46 080 平方米 = 4.608 公顷。

如此众多的移民迁往当地，必然首先需要争取生存下来。他们或者官屯（政府组织的以军队为主的屯田），或者私屯（私人自己毁林开荒），于是大规模的森林被砍伐垦殖为农田。

唐代也曾有大规模的屯田活动。据《新唐书·食货志三》载，当时全国共有992屯，且规定"州、镇、诸军每屯50顷"，全国共计屯田49 600顷。《新唐书·黑齿常之传》载，黑齿常之也在西宁"垦田五千顷，岁收粟斛百余万"。《新唐书·哥舒翰传》载，哥舒翰"以赤岭为西塞，开屯田，备军实"。《新唐书·李元谅传》载，李元谅曾"辟美田数十里"。所开垦的屯田，尤其以黄河上游为甚，这对当地的生态环境造成了极其恶劣的影响。唐代夏州治所朔方县本是水草丰美之地。据《元和郡县志》载，"赫连勃勃北游契吴，叹曰'美哉，临光泽而带清流。吾行地多矣，自马岭以北，大河以南，未之有也'"，可见魏晋时期当地生态良好，肯定有森林存在。但是到了唐穆宗长庆二年（822年），却出现了"夏州大风，飞沙为堆，高及城堞"（《新唐书·五行志二》）的景象，由此可推见夏州森林已经全部砍光，以致生态受到极大破坏，沙尘暴肆虐。

唐宋时期流行畲田。宋范成大《劳畲畬·并序》载："畲田，峡中刀耕火种之地也。春初斫山，众木尽蹶。至当种时，伺有雨候，则前一夕火之，藉其灰以粪。日雨作，乘热土下种，即苗盛倍收。无雨反是。"较为详细地描述了畲田的开垦、耕种形式。当时，畲田在四川、湖南、湖北、江西、浙江、福建、广东等南方地区较多，这是因为唐宋时期北方战争较多，而南方却相对较少兵燹，因此北方人口纷纷南下，造成了南方人多地少的局面，当平原地带的耕田严重不足时，人们便将眼光投向了山林，开始伐木开荒，开垦畲田。这种畲田在种植作物几年后，地力便开始衰退，于是需要重新开垦，所以宋王禹偁《畲田词》中有"北山种了种南山"的诗句，当一块块的畲田被开垦出来的同时，一片片的森林也被毁掉。

明清时期仍有屯田。据《明史·太祖纪》载，洪武四年（1371年），"又徙沙漠遗民三万二千户屯田北平"；洪武七年（1374年），"都督金事王简、王诚、平章李伯升屯田河南、山东、北平"；洪武十三年（1380年），"景川侯曹震、营阳侯杨璟、永城侯恭显屯田北平……诏陕西卫军以三分之二屯田"。《明史·成祖纪》载,永乐十九年(1421年),"令交阯屯田"。《明史·景帝纪》载,景泰二年(1451年),"诏贵州各卫修举屯田"。清朝"沿明卫所之制,以屯田给军分佃,罢其杂徭"(《清史稿·食货志三》)。据《清史稿·圣祖纪》载,康熙二十一年(1682年),"建木城于黑龙江、呼马尔,分军屯田"。《清史稿·高宗纪》载,乾隆三十七年(1772年),"建乌鲁木齐城,驻兵屯田"。《清史稿·金铨传》载,金铨"以汛兵少,粤土芜不治,奏开屯田,与民牛,招之耕,教以技勇"。明清时期,"东自辽左,北抵宣大,西至甘肃,南尽滇蜀,极於交阯,中原则大河南北,在兴屯矣"(《明史·食货志二》),可见全国各地都有屯田。这些屯田不一定全部都是伐林后垦殖出来的,但肯定有相当数量的森林在屯垦过程中被毁掉。

2. 建造宫殿

我国古代建筑的特点之一是使用木材。人们在建造房屋的过程中,为了得到木材,必然会毁坏森林,特别是历代帝王所建造的规模巨大的宫殿,更是大量地消耗木材,这也必然使得森林大面积遭到破坏。如秦代所修的宫殿,"关中计宫三百,关外四百余……咸阳之旁二百里内,宫观二百七十"(《史记·秦始皇本纪》)。其中的阿房宫,"东西五百步,南北五十丈,上可以坐万人,下可以建五丈旗",超过了秦代以前任何时期的宫殿。杜牧《阿房宫赋》形容它:"覆压三百余里,隔离天日……五步一楼,十步一阁。廊腰缦回,檐牙高啄……一日之内,一宫之间,而气候不齐",虽不无夸张,但规模之巨大是无疑的。如此规模的建筑,所用的木材数量也是惊人的。"蜀山兀,阿房出",一座阿房宫的建成,其代价是一座山的树木全部砍光。然而就是这样一座规模宏大的建筑,却在秦末毁于战火,因此汉代重新修建宫殿,又要砍伐木材。据《三辅黄图》记载,汉代著名的宫殿有长乐宫、未央宫、建章宫、桂宫、北宫、甘泉宫等。其中,长乐宫,"秦始皇造,汉修饰之,周回二十里,前殿东西四十九长七尺,两杼中三十五丈,深十二丈";未央宫,汉初由萧何主持建造,"周回二十八里,前殿东西五十丈,深十五丈,高三十五丈";建章宫,"周回三十里。东起别风阙,高二十五丈,乘高以望远。又于宫门北起圆阙,高二十五丈";桂宫,"周回十余里";北宫,"周回十里";甘泉宫,"周十九里"。这么多规模巨大的宫殿建筑群,必然需要数量惊人的木材,于是大面积森林被毁。

隋唐时期修建宫殿的规模也很巨大。唐代宫殿分为太极宫、大明宫和兴庆宫三大建筑群。太极宫为隋代修建,据清徐松《唐两京城坊考》载,太极宫包括太极殿、三清殿、昭庆殿、观云殿、弘文殿、观德殿、新殿、相思殿、飞霜殿、昭德殿、临湖殿、长乐殿、嘉寿殿、临照殿、望仙殿、翔风殿、乘龙殿、文思殿等众多殿阁;大明宫始建于贞观年间,包括含元殿、宣政殿、弘文馆、待诏院、史馆、少阳院、紫宸殿、蓬莱殿、清晖阁、金銮殿、长安殿、仙居殿、拾翠殿、含冰殿、承香殿、紫兰殿、含凉殿、玄武殿、绫绮殿等众多殿阁;兴庆宫修建于开元年间,包括兴庆殿、文泰殿、长庆殿、南薰殿、新射殿、大同殿等殿阁。据相关研究,唐代长安以殿、堂为主体的木构建筑至少用了大约200万立方米的木材,再加上其他建筑,用材量至少400万立方米。这还只是建筑的用材量,从树木到原木、从原木到建筑各构件这两个阶段又会消耗一定的木材,其比例可达3:1,那么耗材量当是1 200万立方米。当然,这还只是史籍记载建筑的估量,实际数字应该比这要大得多。① 这么巨大数量的木材,大多来自长安城南的终南山。② 以每公顷蓄积量100立方米计算③,1 200万立方米耗材量所占森林面积约12万公顷。

元明清时期,统治者为了营建宫城也消耗了大量的木材,特别是历经明清两朝的朝廷"皇木"采办,对西南地区的森林造成了极大的破坏。据蓝勇的研究④,明代从永乐四年(1406年)开始,宣德、景泰、正德、嘉靖、万历直至明末崇祯年间,进行了20次大的采办,其中嘉靖、万历两朝最多。采办的对象主要是高大笔直的楠木和杉木。采伐的地点主要集中在今四川南部和东部、贵州东南部、湖北西部等地区。采办的规模也是巨大的,例如嘉靖三十六年至三十七年(1557—1558年),四川、湖广、贵州共采得楠、杉11 280株、15 712根块,其中围逾一丈的大楠杉达2 000多株,一丈四尺五围的大楠杉也有117株;万历二十四年(1596年)采办的楠、杉等木达

---

① 王天航:《建筑与环境:唐长安木构建筑用材定量分析》,陕西师范大学硕士论文,2007年。
② 中国森林编辑委员会:《中国森林》第1卷,中国林业出版社,1997年,第146页。
③ 我国林分目前平均每公顷蓄积量83.65立方米,世界平均每公顷蓄积量为114立方米。
④ 蓝勇:《明清时期的皇木采办》,《历史研究》,1994年第6期。

5 600根块,到万历三十六年(1608 年)则达 8 000 多株、24 601 根块。清朝采办皇木的规模也较大,采办地区涉及今四川、贵州、湖北、湖南、江西、浙江、江苏、安徽、福建、广东、广西等省区。由于明清时期长期的大规模采伐,我国西南地区的森林资源特别是楠木资源遭到极大的破坏。明代西南地区皇木采办的主要地区实际上只局限于当时四川的马湖、遵义、铜仁、黎平、镇远和湖广的辰州、永顺、保靖等地。至清代,这些地方的楠、杉资源受到致命摧残,以至于再也找不到合适的皇木了。今天在西南地区仍有一些以楠木命名的地名,如楠木沟、楠木坪、楠木坝、楠木园、楠木寺、楠木庄等,却多不见楠木,可见当年采伐之剧。

3. 乱砍滥伐

除了建筑需要大量的木材之外,为取得木材的其他用途而滥砍滥伐森林也是造成我国森林面积减少的重要原因。木材的其他用途主要有三种:燃料、原料和薪炭。我国先民很早就掌握了用火,《韩非子·五蠹》就记载有燧人氏"钻燧取火"的传说,因此燃烧木材成为古人们获得热能的主要途径。在烧陶、采矿、冶炼等古代手工业中,往往需要燃烧大量的木材。《史记·封禅书》载:"黄帝采首山铜铸鼎于荆山。"考古工作者发现了很多大型的古矿冶遗址,如湖北铜绿山铜矿遗址、江西铜陵铜矿遗址、河南汉荥镇冶铁遗址等。湖北铜绿山遗址,总面积约 8 平方公里,地表积存了约 40 万吨古代炼铜渣;江西铜岭铜矿遗址,采矿区分布面积 7 公顷,冶炼区分布范围约 20 公顷,炼渣堆积层厚约 0.6 ~ 3.4 米不等;河南汉荥镇冶铁遗址,面积约 12 公顷。这些均是规模很大的冶炼场所,为了获得热能,必然要砍伐大量森林来供应木材、木炭以作燃料。又如,我国古代陶瓷业也很发达。宋元时期涌现出了一大批的名窑,如汝窑、官窑、哥窑、均窑、定窑、建窑等,所生产的瓷器,不仅自销,而且还大规模地出口到国外。烧制陶瓷必然要以木材为燃料。

木材作为薪炭直接为人们取暖所用。例如据相关研究,唐代长安城内盛时约 80 万人,每年宫中所需薪柴约 3 万吨左右,京官及其随从所需约 7 万吨左右,市民所需约 30 万吨,三者相加共需薪柴 40 万吨,人均每年消耗薪柴 0.5 吨。假使唐代每公顷森林可获薪材 10 ~ 20 吨,那么每年需要樵采 200～400 平方公里的森林,若每年有 10% 的森林被过度樵采,则每年有 20～40 平方公里的森林化为乌有。如果整个唐代都以此速度减少,则 300 年将减少森林面积 6 000 平方公里。[1] 元明清时期北京城也与唐代的长安城情况类似,700 年来都以薪柴为主要燃料,对森林的破坏极大。作为金元明清四朝国都的北京城,盛时人口也都在 80 万以上。以唐长安城人均消耗 0.5 吨柴薪计算,金元明清 700 多年内将消耗森林面积 15 000 平方公里[2],可见毁林之严重。

木材还是制作木器的原料。造船业是一项用材量巨大的活动。我国古代造船业相当发达,汉代已能制造楼船,即多层船,"高十余丈"。据《史记·平准书》载,汉武帝元鼎五年(前 112 年),"因南方楼船率二十万人击南越"。《史记·朝鲜传》载,为了进攻朝鲜,汉朝"遣楼船将军杨朴从齐浮渤海,兵五万人",均是能承载几万人、几十万人的船队。东汉时期,马援伐岭南,"将楼船大小二千余艘,战士二万余人"(《后汉书·马援传》)。三国时期,"刘表治水军,蒙冲、斗舰乃以千数"(《三国志·吴书·周瑜传》),动辄以上千艘的船只组成舰队,所消耗的木材量亦可想象。唐宋时期,造船规模也很大。据《资治通鉴》载,唐贞观二十一年(647 年),伐高丽,"发兵万余人,乘楼船自莱州泛海而入",同年"敕宋州刺史王波利等发江南十二州工人造大船数百艘",第二年又"遣右领左右府长史强伟于剑南道伐木造舟舰,大者或长百尺,其广半之"。宋代的海船更是巨大,据宋周去非《岭外代答》载,当时的船只,"舟如巨室,帆若垂天之云,柁长数丈,一室数百人,中积一年粮豢"。据《宋会要辑稿·食货五十》载,"温州、明州岁造船以六百只为额,淮南、两浙各三百只",又"两浙路转运司,各打三百料三百只。江南东西路、荆州南北路转运司各打造五百料三百只"。明代著名航海家郑和于永乐年间曾屡次率船下西洋,据《明史·郑和传》载,永乐三年(1405 年),郑和所带领的船队,大船 62 艘,均"修四十四丈,广十八丈"。当时 44 丈折合今天 137 米,18 丈折合今天 56 米,可见船只的规模之大。

① 龚胜生:《唐长安城薪炭供销的初步研究》,《中国历史地理论丛》,1991 年第 3 辑。
② 龚胜生:《元明清时期北京城燃料供销系统研究》,《中国历史地理论丛》,1995 年第 1 辑。

造船需要的大量木材,必然取之于森林。

4. 战争、狩猎、火灾毁林

我国森林资源持续减少的原因还有战争和火灾的破坏。在古代战争中,必须修营搭寨和制作战车、战船及其他兵器,因此需要砍伐森林以获得木料。如《左传·僖公二十八年》载,楚晋城濮之战时,晋文公"遂伐其木,以益其兵",即砍伐树木,制造兵器,以增加军队的战斗力。在古代战争过程中,有时为了便于行军,往往还"伐山开道";为阻止敌军,还要"伐木塞道",这都是对森林的破坏。此外,我国古代战争还非常注重火攻,往往会烧毁大面积的森林。例如《左传·桓公七年》载,鲁攻邾时,"焚咸丘"。《公羊传》解释:"焚者何,樵之也。樵之者何,以火攻也。"为了取得战争的胜利,咸丘的森林被烧毁。又如《左传·襄公十八年》载,齐晋平阴之战,"刘难、士弱率诸侯之师焚申池之竹木"。三国时期,蜀吴夷陵之战,陆逊"以火攻拔之"(《三国志·吴书·陆逊传》),烧掉刘备从巫峡、建平到夷陵设置的40多座营寨。由于军营驻扎在深山密林之中,因此也被烧掉了大面积的森林。《清史稿·福康安传》载,福康安率兵镇压湘、黔苗民起义时,"焚贼寨四十……焚寨五十六……焚寨四十……焚巴沟等二十余寨……焚其寨三百……焚牧牛坪等大小寨七十"。这些苗寨建造于山林之中,放火焚烧寨子的同时,肯定会引起山林大火,焚毁掉大片的森林。

古代帝王在打猎时,常常采用火猎法,同样会造成大片森林焚毁。例如,《诗经·郑风·大叔于田》就曾记载:"火烈具举……火烈具扬……火烈具阜……"这是最早关于火猎的记载。《韩非子·难一》中有对"焚林而田,偷取多兽"行为的批评,说明火猎行为在先秦已经引起有识之士的反对。不过,帝王的火猎行为似乎一直在延续。如明刘侗《帝京景物略》载,金章宗曾游昌平,曾在驻跸山"下观野燎而猎",至金代仍在进行火猎。

此外,还有其他的森林大火。据清《延庆县志》记载,明弘治十三年(1500年),京郊燕尾山至居庸关的石峰山发生森林火灾,火场东西40公里,南北70公里,延烧达7昼夜。清《光绪昌平州志》载,明万历四十三年(1615年),怀柔黄花镇柳沟发生森林火灾,延烧数十里,大片森林被毁。

清光绪十九年(1893年),绥远乌拉山森林发生火灾,延烧达半年之久,数十里内森林化为灰烬。[1]

5. 国外势力的掠夺

国外势力的入侵掠夺也是造成我国森林资源减少的原因。1858年,清政府与沙俄签订《瑷珲条约》,割去黑龙江以北、外兴安岭以南60多万平方公里的土地。1860年,清政府又与沙俄签订《北京条约》,割去乌苏里江以东40多万平方公里的土地。前后两次,沙俄侵占我国100多万平方公里的领土。据有关统计资料,这100多万平方公里土地上,林地面积约为72.1万平方公里,森林面积约为54.7万平方公里,为同期东北森林面积的1.8倍。[2] 此外,沙俄还在我国东北地区大肆乱砍滥伐森林。据统计,从1916年到1929年,俄国人控制的中东铁路公司所属东线林场,共采伐原木474 695平方米、枕木777 890根、板材2 473 505立方米。由于采伐无度,到1931年,中东铁路两侧20~30公里范围内的森林已被砍伐殆尽。[3] 此外,日本帝国主义也掠夺我国东北地区森林。从1931年"九一八"事变占领我国东北开始至1945年抗日战争胜利,日本在侵占东北的14年里,共掠夺木材1亿多立方米。[4]

第二节　森林对人类生产生活的影响

森林对人类生产生活来讲,具有经济、生态和社会三大效益。森林的生态效益是经济效益的基础,也是实现社会效益的保障;森林的经济效益是手段,只有经济发展了,物质文化、生活水平才能提高,才能更好地保护生态环境;社会效益是目标,因为生态经济效益的提高是社会物质文明和

---

[1]　中国森林编辑委员会:《中国森林》第1卷,中国林业出版社,1997年,第159-160页。

[2]　董智勇主编:《中国森林史资料汇编》,中国林学会林业史学会,1993年,第50页。

[3]　王长富:《沙皇俄国掠夺中国东北林业史考》,吉林人民出版社,1986年,第57-58页。

[4]　熊大桐,等:《中国近代林业史》,中国林业出版社,1989年,第66页。

精神文明提高的自然物质基础。[①]

一、森林的经济效益

森林的经济效益,也是森林的直接效益,主要包括以下几个方面:

1. 产出木材

木材是森林的主要产品,也是林业的传统产品。木材是国家经济建设重要的原料,与钢铁、煤、石油等经济原料不一样的是它能够降解,是绿色环保的原材料。木材可制作原木、锯材、三板材(纤维板、胶合板、刨花板)和削片,这些都广泛运用于人类生产生活各个领域,如建筑房屋、修建道路、国防施工、制作家具、制造车船等都需要木材。

目前我国木材的供需矛盾十分突出。2007 年,我国进口林产品折合原木达到 1.55 亿立方米,占全国年木材消费量的一半左右。随着经济的发展,我国木材需求量还将进一步增加,而世界各国保护森林资源的意识越来越强,许多国家和地区开始限制甚至禁止原木出口,国家木材安全的形势越来越严峻。在我国粮食能够自给自足、粮食基本安全的同时,我们必须努力使木材也能自给自足,改变木材主要依靠国外进口的局面,以保障国家的木材安全。

2. 供应能源

木材还是一种能源,长期以来人们都把木材作为主要燃料。据专家测算,每立方米木材可产生热量约 1 670 万千焦。世界每年作为薪炭燃烧而耗费的木材约有 12 亿立方米,占世界木材总产量的 46.9%。在发展中国家,薪炭能源占总能源的比重达 84.7%。在化石能源日益枯竭的情况下,发展森林生物质能源已成为世界各国能源替代战略的重要选择。据国际能源机构统计,全球天然气可采年限为 50 多年,石油可采年限为 70 多年,煤炭可采年限为 200 多年。我国是世界第二大能源消耗国,对外石油依存

---

① 范大路:《生态农业投资项目外部效益评估研究》,西南财经大学出版社,2001 年,第 132－134 页。

度已超过 40% ,大力发展生物能源迫在眉睫。我国现有森林中,每年可用于工业能源原料的生物量有 3 亿多吨,可替代 2 亿吨标准煤。利用现有宜林荒山荒地,我国每年可培育能源林 0.13 亿公顷,每年可提供生物能源折合标准煤 2.7 亿吨。

3. 获得食物、药品等副产品

森林植物中,很多可以用来食用,如松子、榛子、榧子、板栗、银杏、枣等;有的如油茶①、核桃、油橄榄、木蓼、文冠果等可以用来榨取食用油;其他如蘑菇、木耳、银耳等林下生物也是餐桌上常见食品。森林中的动物也能出产大量肉、皮、毛、羽、骨、蛋、角等。森林中还生长着药用植物,如杜仲、金鸡纳、黄连、刺五加、人参、天麻、灵芝、三七、砂仁、毛冬青、猪苓、平贝母以及来源于动物的熊胆、鹿茸、麝香、五灵脂等,这些都是名贵中药。据统计,我国共拥有野生药用动植物和矿物约 1 万种,许多具有药用价值的资源尚未被充分开发利用。

4. 提取化工原料

林产的松香、烤胶、紫胶、松脂、单宁、木酒精、活性炭、糖醇、香料、香精、橡胶、生漆、桐油等都是重要的化工原料。如松香是工业的重要原料,具有 400 多种用途。每生产 100 吨肥皂需要用松香 10～15 吨,生产 100 吨纸需要松香 2 吨;用松香软化橡胶可增加胶的弹性;制造军用炸药要用松香作助燃剂;生产油漆、油墨、塑料、药品、胶卷、高级水泥等都离不开松香。再如桐油,为我国所特产,每年产量占世界总产量的 90% 左右。桐油具有耐酸、抗热、防湿、耐腐蚀等特性,在工业中有多种用途,制造油漆、防水剂、油墨、防腐剂、医药等都需要用到它。

5. 贮存物种基因资源

森林是生物多样性的最大储存库。地球上有 500 万～5 000 万种生物,其中一半以上在森林中繁衍生息,因此森林具有贮存物种基因资源的功能。地球上,热带森林虽只占陆地总面积的 7% ,但集中了全球 50%～

---

① 油茶是一种优良的油料树种。目前,我国食用植物油 60% 靠进口。如果种植和改造 9 000 万亩高产油茶林,就可年产茶油 450 多万吨,不仅可以使我国食用植物油进口量减少 50% 左右,还可腾出 1 亿亩种植油菜的耕地来种植粮食,这对于维护我国粮油安全具有战略意义。

70%的物种。我国热带森林面积只占国土面积的0.5%,却拥有全国25%的物种。地球上每种生物都是一个宝贵的基因库,地球上的每个物种都是在漫长的生物进化过程中形成的,生物种灭绝,其基因也就随之消失,因此保护森林也是保护生物遗传基因的重要途径。

二、森林的生态效益

森林具有巨大的生态效益,在实现生态良好、维护生态安全中发挥着决定性作用。所谓生态效益,指由于森林环境(生物与非生物)的调节作用而产生的有利于人类和生物种群生息、繁衍的效益。其主要包括以下几个方面:

1. 调节气候

森林是陆生生态系统中对气候影响最显著的部分。首先,森林具有强大的固碳功能。目前,由于温室效应而引起的地球气候变暖问题已经引起全世界的关注。温室效应是指大气通过对辐射的选择吸收而使地面温度上升的效应,产生该效应的主要气体是二氧化碳。森林作为地球主要的碳汇,能够通过光合作用吸收大气中的二氧化碳,生成有机物贮存在植物体内。每公顷森林可生产10吨干物质,平均可吸收16吨二氧化碳,释放12吨氧气。全球森林每年通过光合作用固定的碳约为1 000亿~1 200亿吨,占大气总贮量的13%~16%。在生态系统中,森林地上部分含碳约5 000亿~8 000亿吨,森林土壤约含碳15 000亿~16 000亿吨,分别占全球陆地植物和土壤中碳贮量的86%和73%。[1]

其次,森林能调节局部气温。在夏天和白天,由于林冠层阻挡和吸收了光和热,植物蒸腾作用也消耗了一定的太阳辐射能,从而降低了森林的最高气温,所以森林内部温度要比无林地低。在冬天和夜晚,由于林冠覆盖阻挡了空气对流和林内热量扩散,从而提高了最低温度,所以林内温度高于无林地。研究表明,夏季林区气温比非林区平均低0.6摄氏度,冬季

---

① 张培栋:《森林调节气候的功能》,《中国林业》,2005年第19期。

林区气温比非林区平均高 0.5 摄氏度。在同一地区,极端最高气温均随森林覆盖率的增加而降低,极端最低气温随着森林覆盖率的增加而升高。①通过降低最高温度和提高最低温度,可以使森林内部气温变动幅度比无林地要小,这种影响还能扩展到森林的周围地带。

再次,森林能增加空气湿度。在林地,由于树木的蒸腾作用,进入空气中的水汽要比非林地多。如 1 公顷阔叶林在夏季能蒸腾 2 500 吨水,比同面积无林地蒸发量要大 20 倍。同时,林地风速较小,空气的对流作用不大,这些蒸腾的水汽能够较多地保持在林内,所以林内相对湿度要比林外要高,一般可以高出 10% ~ 20%,有时甚至可以超过 40%。

2. 净化空气

森林还能吸收有害气体,吸附灰尘,杀灭有害细菌,从而净化空气。有害气体如二氧化硫、氟化物、氯化物等威胁着人类生命安全,一些树种具有吸收这些有毒气体的能力。如女贞、加杨、臭椿、海桐、广玉兰、冬青、梧桐、国槐、夹竹桃、柳杉等能吸收二氧化硫,大叶黄杨、梧桐、丁香、泡桐、女贞、榉树、桑树、垂柳等能吸收氟化物。据研究,每公顷柳杉每年可吸收二氧化硫 720 千克,每公顷华山松一个月内就可吸收二氧化硫 70 千克。

森林对灰尘的吸附能力也很大。森林一方面可以通过降低风速使空气中的大颗粒粉尘沉降,另一方面还可通过表面粗糙、多茸毛的树叶及其分泌的黏液和油脂,吸附大量微小灰尘。据测算,每公顷云杉每年可吸附灰尘 32 吨,每公顷松树每年可吸附灰尘 36 吨。一般的行道树减尘率可达 63% ~ 90%,乔木和绿篱结合的绿化带减尘率更是高达 96%。

森林植物还具有杀菌的功能。在城市空气中,通常存在杆菌、球菌、丝状菌、牙生菌等多种细菌,对人类生命造成危害。有些植物能够分泌杀菌素以杀死这些细菌,如白皮松、柳杉、悬铃木、地榆、稠李、冷杉、松树、景天等都具有强杀菌能力。经过测算,1 立方米空气中的菌量,闹市区为 400 万个,林荫道内为 58 万个,公园为只有 1 000 个,林区仅为 55 个。② 此外,

① 严平、宛志沪、陈爱林:《森林对区域温湿度的影响》,《安徽农业大学学报》,1995 年第 2 期。

② 张万钧:《园林绿化建"绿色银行"创三个效益》,《国土绿化》,1998 年第 5 期。

由于细菌多附着在灰尘等细小颗粒上,因而森林可以通过吸附灰尘而大大减少细菌依附的载体。

3. 涵蓄水源

森林还能通过其庞大的林冠、深厚的落叶层和发达的根系来涵蓄水源并且净化水质。降雨落到无林地,绝大部分水分会通过地表径流流失掉。森林则可以通过其林冠层、林下灌草层、枯枝落叶层和林地土壤层拦截、吸收、蓄积降水,使降落到森林中的雨水绝大部分渗透到地下,使之转化为地下径流,并促进水流均匀地进入河川和大海。因此,在枯水期森林也仍能维持一定量的水流流入河川和大海。森林这种涵养水源的能力很强,1 亩林地最少能多蓄水 20 立方米,5 万亩森林所贮的水量就相当于一个 100 万立方米的水库。据报道,目前我国森林的蓄水量相当于 12 个蓄水达 175 米的三峡水库。

4. 保持土壤

森林还能保持土壤。土壤是人类获取食物和其他再生资料的物质基础,在自然力作用下形成 1 厘米厚的土壤需要 100 ~ 400 年的时间。森林在减少地表径流、涵蓄水源的同时,能够防止土壤流失。当降雨落到林区时,林冠层会截留掉一部分雨水,降落到地面的雨水由于受到林冠的拦阻,冲刷和破坏土壤的能力也大大减弱了。同时,到达地面的雨水被死地被物层大量吸收,即使发生地表径流,也会因为受到树、草及枯枝落叶的阻挡而流速减缓,再加上植物的根系固结土壤,因而土壤不易于被雨水带走。据测定,在降雨 340 毫米的情况下,每公顷林地的土壤冲刷量为 60 千克,而无林地则高达 6 750 千克,流失量比林地高出 110 倍。

5. 防风固沙

风遇到森林,一小部分会进入林内,经过摩擦和碰撞,风速会很快降低,甚至基本消失,因此在森林内部人们往往能够听到风声却感觉不到有大风;大部分风由于林木阻挡被迫沿林冠上升,越过森林后再回到地面,由于消耗了一部分能量,风力也会降低。据测定,防护林带一般能减低风速的 39% ~ 48%,防护范围达林带的 24 ~ 28 倍。在疏透结构林带背风面相当于树高 20 ~ 25 倍的地方,风速才恢复到原来的 80%,如果遇到第二道防护林带,风力又会在同样的距离按照同样的比例递减。因此,如果林带和林网合理配置,就可以把灾害性的大风变成无害的小风。1981 年 5 月,在内蒙古昭乌达盟(今赤峰市),曾经发生历时 68 小时的风暴,阵风达到10 ~ 11 级(风速 29 ~ 30 米/秒),共出现 17 次,无林保护的农田都遭受了重大的损失。赤峰县哈拉道乡风前播种农作物 62 800 亩,全部遭灾,其中 47 100 亩耕地的活土层被风揭光,裸露出石块和犁底层一般揭走表土 20 厘米,严重的在 30 厘米以上。但是在同一风暴区有农田林网保护的太平地乡,65 000 亩农田安然无恙,未发现风蚀表土、刮走粪肥和种子以及沙打沙埋(压)幼苗现象。[1]

　　森林在能够有效地减小风速的同时,还能通过枯枝落叶和根系固着沙粒,可以将流沙变成固定沙。假以时日,被固定的沙土经过风化雨蚀和生物改良,就能成为具有一定肥力的土壤。

三、森林的社会效益

　　相对于经济效益和生态效益,森林的社会效益的内涵较难确定。目前国内外还没有形成得到普遍认可的森林社会效益的定义,多数都是对森林社会效益的内容描述和核算设计。例如,有人认为森林的主体是人,森林社会效益至少应包括:森林对人的体质的成长与健全的效益;森林对劳动器官、感觉器官和思维器官等充分发展与完善的效益;森林创造的社会公平、社会凝聚力和社会参与等;与森林有关的宗教、文化、习惯、传统、知识等。[2] 本书认为,森林的社会效益至少可以包括以下几个方面:

　　1. 林业能提供就业岗位,增加农民收入

　　农业、农村、农民"三农"问题是党和国家工作的重中之重,中国的社会主义现代化建设成功与否取决于农业、农村、农民问题的解决与否,解决"三农"问题是中国现代化建设的重要工作任务。2002 年党的十六大提出

　　① 中华人民共和国林业区划办公室:《中国林业区划》,中国林业出版社,1987 年,第 78 页。
　　② 张颖:《绿色核算:森林资源核算及纳入国民经济核算体系的理论、方法、实证研究》,中国环境科学出版社,2001 年,第 204 页。

全面建设小康社会的奋斗目标,中央对"三农"问题尤其重视,提出实现全面建设小康社会,必须解决"三农"问题。只有解决好"三农"问题,才能使改革开放和社会主义现代化建设继续深化下去,才能全面建设小康社会。林业作为大农业的组成部分,是妥善解决"三农"问题,促进农民增收的重要渠道之一。

我国林地资源丰富,为林业促进农民就业增收提供了广阔的舞台。我国共有林地 45 亿亩(其中集体林地 27 亿亩、国有林地 18 亿亩),是 18 亿亩耕地面积的 2.5 倍。据测算,我国耕地的亩均产出水平约为每年 500元,而林地亩均产出水平只有几十元,林地巨大的潜力没有释放出来。可以想象,林地生产力一旦得到更进一步释放,如林地亩产值提高到每年100 元,则可为农民创收 4 500 亿元。以全国 7 亿农民计算,可人均年增收600 多元,一家 3 口则年增收近 2 000 元。此外,我国森林资源丰富,拥有高等植物 3 万种、陆生脊椎动物 6 000 多种,许多物种都具有很高的开发价值,若能合理、有效地开发利用,必将为农民带来可观的经济收入。

林业产业是一项劳动密集型产业,吸纳农民就业能力较强。林业是一项横跨一、二、三产业的大产业,但基本都属于劳动密集型产业,对文化程度和技能要求不高,而吸纳农民就业的能力却很强,且用工灵活。如油茶产业,全垦新造油茶林 1 亩需 30 个工日,高标准垦复 1 亩需 8 个工日,若新造 30 万亩、高标准垦复 100 万亩,就可新增 1 700 万个工日的就业机会,可吸纳近 10 万农民就业。一般性造林 1 亩需 10 个工日,若造林 300 万亩,就可新增 3 000 万个工日的就业机会,可吸纳近 20 万农民就业。目前,我国林业正在进行的天然林保护、退耕还林工程等生态工程,以及林纸、林板、林药、林食、家具、林化等林业产业,都是能够提供大量就业岗位,吸纳农民就业的重要渠道。

森林生态旅游作为新兴产业越来越受到人们关注。我国森林旅游资源丰富,截至 2009 年底,我国共建立各级森林公园 2 458 处,总规划面积达1 652.5 万公顷。其中,国家级森林公园达 730 多处、国家级森林旅游区1 处,规划面积 1 151.9 万公顷,从黑龙江的北极村到海南的尖峰岭,跨越了寒温带、温带、暖温带、亚热带、热带等 5 个气候带。我国森林生态旅游资源类型极其丰富,以此为平台形成的森林生态旅游休闲产业,为农民创业增收提供了便利和平台,相当部分的农民离土不离乡、离乡不离县,就地就近从事林业第三产业。仅2009年,全国森林公园直接旅游收入达225.9亿元,其中的一部分就流入了农民的口袋,增加了农民的收入。

从2008年开始,我国正式全面实施了集体林权制度改革。由于林业产业链条长,市场需求大,就业空间广,因而实行集体林权制度改革能够使农民获得重要的生产资料,激发农民发展林业生产经营的积极性,有利于促进农民特别是山区农民脱贫致富,为促进林业发展、破解"三农"问题、推进社会主义新农村建设提供了基本制度保障。

充分挖掘我国丰富的林地资源的潜力,利用林业产业"高吸附"劳动力的特点,借着集体林权制度改革的春风,在广大山区、沙区和农村大力发展林业,因地制宜地发展各种林业产业,不仅是改善农业生产条件、调整农业结构、发展农村经济、增强农业发展后劲的有效办法,而且是吸纳农村剩余劳动力、增加农民收入的重要途径,对于促进社会的和谐稳定发展具有积极意义。

2. 森林能促进人们的身心健康

随着生活水平的不断提高,现代人的健康意识越来越强。森林作为人类曾经的家园,在现代人的生活中越来越受到重视,人们越来越认识到森林在很多方面有利于人体的身心健康。

森林能消除疲劳,使人心灵安谧。人们步入苍翠碧绿的森林之中,会骤然感到身心舒适。森林的绿色能缓解眼睛疲劳。据研究,绿色对光的反射率为30%~40%,对人的视网膜组织的刺激恰到好处。它可以吸收阳光中对人眼有害的紫外线,使视疲劳迅速消失,使人精神爽朗。森林的绿色还能通过人体感官,作用于人体的中枢神经系统,调节和改善机体的机能,给人以宁静、舒适的感觉。绿色的环境能在一定程度上减少人体肾上腺素的分泌,降低人体交感神经的兴奋性。它不仅能使人平静、舒服,而且还使人体的皮肤温度降低1~2℃,脉搏每分钟减少4~8次,还能增强听觉和思维活动的灵敏性。

森林能净化空气,产生负离子。森林中的植物,如杉、松、桉、杨、圆柏、橡树等能分泌出一种带有芳香味的单萜烯、倍半萜烯和双萜类气体"杀菌素",能杀死空气中的白喉、伤寒、结核、痢疾、霍乱等病菌。据调查,在干燥无林处,每立方米空气中含有 400 万个病菌,而林荫处只含有 60 万个病菌,森林中则只有几十个病菌了。绿色植物的光合作用能吸收二氧化碳,释放氧气,还能吸收有害气体。据报道,0.4 公顷林带,一年中可吸收并同化 100 000 千克的污染物。1 公顷柳杉林,每年可吸收 720 千克的二氧化硫。因此,森林中的空气清新洁净。森林还能产生一种对人体健康极为有益的物质——负离子,它能促进人体新陈代谢,使人呼吸平稳、血压下降、精神旺盛,并提高人体的免疫力。有人测定,在城市的房间里,每立方厘米只有四五十个负离子,林荫处则有一二百个负离子,而森林里则达到 1 万个以上负离子。

森林还能降低城市噪音,为市民创造安静的环境。噪音污染是城市综合环境的一大公害。声音从人耳听见微音到震耳发痛共分为 130 分贝,超过 70 分贝就会对人体产生危害。长期生活在高噪音环境下,不仅容易使人精神萎靡不振、疲倦不堪,严重的还会致人听力损伤、记忆力降低,引起头晕、失眠甚至休克。森林树木的粗糙枝节和茂密的叶片,具有散射和吸声作用。声波穿过林带时,各种树木的枝叶相互搭配成为无数弯曲的小孔,而树木叶片表面原本就有无数更小的小气孔,这些气孔能够吸收和减弱声波,从而起到消声防噪作用。据调查,没有行道树的城市主干道,其上空噪音要比种植树木的城市街道高 5 倍以上。在城市中栽植以乔木为主、灌木为辅的树木林带,4 米宽就可以减少噪音 5~7 分贝。林带树木越高、宽度越大,降低市区噪音的效果也就越明显。营造城市森林,加大城市绿地建设,利用植物消声降噪作用,可以让城市生活更安静、舒适。

总之,森林对人体的健康有着积极的促进作用。有专家对 2004 年北京市林业系统职工医疗费用做过调查,发现林业职工年均医疗费比其他行业职工低 74 元。① 假设全国有三分之一的人能够享受到森林带来的健康

---

① http://www.forestry.gov.cn/portal/slgy/s/2455/content-329114.html "中国的森林价值在哪里"。

收益,那么每年将会为社会节约近 3 000 亿元的财富。

3. 森林能促进社会文明的进步

森林是社会文明的标志。人类文明的发展与森林紧密相连,森林不仅承载着人类的过去,更支撑着人类的未来。森林是人类及其文明生存与发展的基本依托,许多具有辉煌灿烂历史的古文明,由于人们盲目开垦森林、过度损毁森林,最终衰落与消失。近代工业文明更是以其巨大的影响力,对包括森林在内的自然界毫无节制地掠夺、破坏,引起了诸多的生态和环境危机。人们开始意识到,以牺牲生态换取一时的经济增长,不能促进社会进步,只能带来灾难。人类必须结束对自然的无节制的索取、破坏,必须回归自然、珍爱自然,形成新的生态文明观,建设生态文明社会。发达的林业、茂密的森林是一个社会进步、文化昌明的标志。生态文明也将会是人类文明继渔猎文明、农耕文明、工业文明之后的第四个阶段,人类来源于森林,将来必将回归森林,重建人和自然和谐的局面。

森林是众多文艺作品的主题。森林文化作为人文科学的重要组成部分,是人类社会的一种特殊的文化现象。人类对森林的认识,最早是从对林木等森林资源的利用开始的,而后在长时间的接触之中,逐渐发展到能对森林有抽象理解,进而达到对森林及自然景象的喻物抒情的境地。森林本身包含着人类丰富多彩的生活,而这种生活的积累与提炼成为文学艺术创作的不竭之源。在我国古代文学作品中,最常见的是以草木花果、飞禽走兽作为抒发情感的意象,如松柏高洁、竹菊隐逸、杨柳惜别、芙蓉清廉、茱萸思亲、萱草忘忧、红豆相思、鸿鹄之志、灵龟长寿、鸣蝉清雅、猿啼凄凉、杜鹃啼血、鸿雁传情、鸳鸯戏水,以及沉鱼落雁羞花闭月之容貌、龙腾虎跃、莺歌燕舞之气派,等等。新中国的文艺工作者也创作了众多的以森林为题材的作品,如徐刚的《伐木者,醒来吧》《守望家园》《长江传》,陈桂棣的《淮河的警告》,陈建功的《放生》,张箐箐的《沙漠风云》,李青松的《林区与林区人》,哲夫的《环境文学选》,刘贵波的《中国水污染》,郭雪波的《大漠狼孩》,方敏的《大绝唱》,沈孝辉的《雪山寻梦》《碧波蓝天文丛》,等等。这些文艺作品不仅将森林和大自然作为创作的背景和题材,更为重要的是表达了作者对森林和大自然的热爱,以及对人和自然关系的一种更为深层次的思考。

森林科学技术知识是人类知识的重要组成部分。知识是人类的认识成果,在社会实践的世代延续中不断积累和发展。知识可分为自然科学知识和人文社会科学知识。人类在对森林生发情感意识的同时,也在不断地积累着关于森林的自然科学知识。火的使用是人类文明史上的重大事件。原始人最早使用火,可能是在打制石器或刮削木棒时逐渐察觉到燧石相撞会出现火星,木棒摩擦也会发热。经过了漫长岁月的劳动经验积累,人们终于掌握了钻木取火的方法,由此实现了人类历史上的一项伟大创造。在对森林的长期开发利用过程中,人类也逐步掌握了树木和野生动物的识别、分类和生理习性知识,林木、竹子、经济林、花卉等的栽培技术,木材加工、造纸等森林利用技术,森林防火、防治病虫害知识等自然科学知识。这些森林科学技术知识是人类知识的重要组成部分。

第二章

当代中国的林业方针与管理体制

第一节 我国保护和发展林业的方针政策

一、中共中央、国务院发布的林业文件

新中国成立以来,中共中央、国务院就保护森林和发展林业先后制定了一系列文件(见表8),体现了党和国家对林业的关注和重视。

表8 中共中央、国务院林业文件一览表

发布日期	发布单位	文件名称
1952.03.04	中共中央	关于防止森林火灾问题给各级党委的指示
1956.04.18	中共中央、国务院	关于加强护林防火工作的紧急指示
1958.04.07	中共中央、国务院	关于在全国大规模造林的指示
1958.09.13	中共中央	关于采集植物种子绿化沙漠的指示
1961.06.26	中共中央	关于确定林权、保护山林和发展林业的若干政策规定(试行草案)
1962.06.07	中共中央	关于南方五省、区林业问题的批示
1965.08.31	中共中央、国务院	关于解决农村烧柴问题的指示
1967.09.23	中共中央、国务院中央军委、中央文革小组	关于加强山林保护管理,制止破坏山林、树木的通知
1980.03.05	中共中央、国务院	关于大力开展植树造林的指示
1981.03.08	中共中央、国务院	关于保护森林发展林业若干问题的决定
1982.10.20	中共中央、国务院	关于制止乱砍滥伐森林的紧急指示
1984.03.01	中共中央、国务院	关于深入扎实地开展绿化祖国运动的指示

续表

发布日期	发布单位	文件名称
1987.06.30	中共中央、国务院	关于加强南方集体林区森林资源管理坚决制止乱砍滥伐的指示
2003.06.25	中共中央、国务院	关于加快林业发展的决定
2008.06.08	中共中央、国务院	关于全面推进集体林权制度改革的意见

二、我国林业方针与思想的变迁

在中共中央、国务院林业文件出台的背后,是党和国家对林业的认识程度的不断提高。新中国成立以来,党和国家的林业思想与方针的变迁大约经历了4个阶段:

1. 单纯注重木材生产阶段

新中国成立伊始至改革开放之初,我国林业处于以木材利用为主的阶段,这也是传统的林业思想在新中国的延续。在这一阶段,林业的首要任务是生产木材。几十年来,我国广大林区实际上都在实行"以原木生产为中心"的方针,形成了所谓的"大木头挂帅"局面。森林作为人类生存环境不可缺少的组成部分,本来具有调节气候、净化空气、涵养水源、保持水土、防风固沙、美化环境、生产木材、提供能源等多种功能,但"大木头挂帅"却只看到森林提供木材的功能,忽视了森林的其他功能,只重视林业的经济效益,忽视了林业的生态效益和社会效益,对森林资源实行了掠夺式的采伐,使得我国森林资源日益枯竭,茂林青山越来越少,荒山秃岭越来越多。据统计,1949 年至 1980 年,全国木材总产量达 106 907.5 万立方米。从"一五"时期到"五五"时期,除个别年份外,每年全国的木材产量基本上呈逐年上升趋势,1980 年的木材年产量(5 359.3 万立方米)几乎是 1949 年(567 万立方米)的 10 倍,而且所采伐的都是原始天然林。

这一阶段单纯地注重木材生产,对林木采伐过度重视,对森林营造则予以轻视。新中国成立以来,国家针对林业建设与发展制定了一系列的正确方针政策。如 1949 年中国人民政治协商会议通过的《共同纲领》制定的林业发展基本方针是:"保护森林并有计划地发展林业";1950 年政务院制定的全国性林业建设总方针是:"普遍护林,重点造林,合理采伐利用木材";1953 年"一五"时期林业方针是:"普遍护林护山,大力造林育林,合理采伐利用木材";1964 年提出的林业建设方针是:"以营林为基础,采育结合,造管并举,综合利用,多种经营";1979 年颁布的《森林法(试行)》更是以法律的形式明确规定:林业建设实行"以营林为基础,造管并举,造多于伐,采育结合,综合利用"。这些方针都带有保护和营造森林的理念,但无论是对森林的保护还是营造,其基本的目标却仍在于对森林木材的获取。如 1964 年林业部颁发的《更新跟上采伐的标准》中就明确规定,每年完成的更新面积相当于上年的采伐面积,其中人工更新面积要相当于上年的皆伐面积。更为严重的是,一些正确的理念,如林业建设要"以营林为基础",却没有得到实际地贯彻。由于人们在思想根源上没有意识到森林保护和营造的重要性,因而造林积极性远远跟不上伐木积极性。从新中国成立至 20 世纪 80 年代初,我国每年平均造林 315 万公顷,累计造林超过9 000 万公顷,但成林面积却只有 2 800 万公顷,保存率不到三分之一。①

总之,这一阶段林业建设的主要任务是以木材生产为主,林业建设重砍伐轻营造,没有坚持"以营林为基础"的方针,森林的生态效益和社会效益未能引起人们的普遍关注和重视。

2. 木材生产和生态环境并重阶段

从改革开放之初到 20 世纪末期,是我国林业木材生产和生态环境并重阶段。随着我国改革开放的不断深入,经济发展与生态环境之间的矛盾日益突出,从而迫使人们在注重发展经济的同时,不得不考虑生态环境的承受能力。林业建设在肩负着木材生产重任的同时,也逐步加强了森林营造和保护的力度。从"六五"到"九五"时期,我国木材产量基本上稳定在每年 5 000 万 ~6 000 万立方米的水平。20 世纪 80 年代末曾出现"森林资源危机、企业经济危困"的林业"两危"局面,于是国家下决心调减木材产

① 朱济凡:《论我国林业发展的新战略》,《南京林产工业学院学报》,1982 年第 3 期。

量,彻底改变"木材生产为中心"的状况,给林业以休养生息的机会。从1987年到1990年,我国木材年产量一度逐年递减,但1991年之后产量又迅速反弹,可见全国木材生产的压力依旧很大。

人们对森林的生态效益日趋重视,国家对森林营造和保护的力度逐步加大。1980年3月5日,中共中央、国务院联合发出《关于开展植树造林的指示》(简称《指示》),指出:大规模地开展植树造林,加速绿化祖国,是在实现四个现代化过程中的一项重大战略任务。这是首次将森林事业上升到国家战略的高度。《指示》也制定了绿化祖国的具体目标:将我国森林覆盖率提高到30%,并力争到20世纪末使全国森林覆盖率达到20%。1981年12月12日第五届全国人大第四次会议通过的《关于开展全民义务植树运动的决议》,更是将公民义务植树造林上升到国家法律层面予以固定。

国家还开展了防护林体系建设。1978年,国家决定在我国西北、华北北部、东北西部风沙危害和水土流失严重地区建设防护林体系,简称三北防护林体系。1986年开始又陆续开展绿化太行山、沿海防护林、长江中上游防护林、平原绿化、黄河中游防护林等工程。这些生态工程的建设,为我国建立完备的林业生态体系和发达的林业产业体系奠定了基础。

中共中央和国务院还多次发文,强调坚决制止乱砍滥伐和加强护林防火。20世纪80年代,我国林业出现了"南砍北火"两大事故。改革开放后,南方集体地区进行了一些改革,将部分林权下放给林农,不料却造成了严重的乱砍滥伐,甚至一些国营林场和自然保护区的林木也遭到哄抢。1980年12月5日,国务院发出《关于坚决制止乱砍滥伐森林的紧急通知》。1982年10月20日,中共中央、国务院再次联合发出《关于制止乱砍滥伐森林的紧急指示》,指出:保护森林、发展林业是我国社会主义建设中的一个重大问题,对森林的保护和管理必须加强,在任何时候都不能丝毫放松,对乱砍滥伐应当随起随剎,绝不能手软。1987年6月30日,中共中央、国务院又联合发布《关于加强南方集体林区森林资源管理坚决制止乱砍滥伐的指示》,再次强调保护和发展森林资源,要正确处理当前利益和长远利益、经济效益和生态效益的关系。乱砍滥伐是人祸,大火则是天灾。

1986年春,我国多个省区连续发生森林火灾1 200多起,烧林52万多亩,损失严重。国务院发出紧急通知,要求各地加强护林防火工作。然而不幸的是,1987年5月6日至6月2日大兴安岭林区又发生特大森林火灾,过火林地面积114万公顷,其中受害森林面积87万公顷,烧毁贮木场存材85万立方米,死亡213人,受伤226人。这是新中国成立以来最严重的一次森林大火,引起了党和国家对森林防火更高度的重视。1987年7月,国务院、中央军委批准成立了中央森林防火总指挥部,按照"预防为主,积极消灭"的方针,加强对森林防火工作的领导。

总之,在这一时期,经济、社会的发展对林业的要求尚未发生根本性的变化,林业以木材生产为主的特征并没有本质性的改变,但同时,国家对森林营造和保护的重视程度在不断提高。因此,一对矛盾的现象似乎并存着:一方面仍在砍伐森林、生产木材以求获得森林的经济效益,另一方面又在植树造林、保护森林以求获得森林的生态效益。旧的观点和新的理念并存成为这一时期的显著特点。

3. 三大效益兼顾、以生态效益为主阶段

1998年,我国三江(长江、嫩江、松花江)流域的特大洪灾引发了世人对生态危机的广泛关注,人们开始更加注重林业的生态效益。1998年6月入汛到8月底,汛期主雨带一直在我国长江流域徘徊,造成长江中下游干流长时间维持高水位,长江中游大部分江段超过警戒水位两个多月,超过历史上高水位达一个多月。与此同时,北方的嫩江、松花江流域也从6月上旬开始持续出现强降雨过程,多次发生超过历史记录的特大洪水。据国家权威部门统计,当时全国共有29个省(区、市)受到不同程度的洪涝灾害,受灾面积2 000多万公顷,直接经济损失1 666亿元。然而1998年长江流域降水量虽大,但在历史上并不是最高的,并未超过1954年的总降雨量。雨量虽然不是历史最大,但长江中下游的水位却达到了有史以来的最高值,也就是说洪水并不是历史最高纪录,却创造了最高水位记录。这就不得不令人深思:这场百年洪灾到底因何而起? 有识之士指出,洪灾与长江流域生态环境的破坏有直接关系。长期以来,长江流域上游无节制的森林采伐,使得当地的森林覆盖率急剧降低,流域内水土大量流失,同时长江沿江流域又大肆围湖造田,使得泄洪区面积显著缩小,因而降低了对洪水的调节能力。北方嫩江、松花江流域的洪灾成因也一样,由于流域内的森林被过度采伐,植被减少,水土严重流失,泥沙淤积于河流之中,因而蓄水能力大幅降低。在灾情还未结束时,1998 年 8 月 5 日,国务院就发布了《关于保护森林资源制止毁林开荒和乱占林地的通知》,指出:保护和发展森林资源,关系经济和社会的可持续发展,关系到人民生活水平的提高,关系到子孙后代的生存和繁衍,要正确处理好森林资源保护和开发利用的关系,正确处理好近期效益和远期效益的关系,绝不能以破坏森林资源、牺牲生态环境为代价换取短期的经济增长,决不能干那些急功近利而损害全局、贻害将来的事情。1998 年洪灾之后痛定思痛,人们迫切要求加强林业建设、改善生态环境,对森林生态效益的认识和需求达到了前所未有的高度。

21 世纪伊始,国家林业局和中国林业科学院组织专家开展了"中国可持续发展林业战略研究",提出确立以生态建设为主的林业可持续发展道路,建立以森林植被为主体、林草结合的国土生态安全体系,建设山川秀美的生态文明社会的"三生态"林业发展战略思想。"三生态"的战略突出了林业在我国可持续发展战略中的地位和作用,明确了我国林业要实现由以木材生产为主向以生态建设为主的历史性转变。

2003 年 6 月 25 日,中共中央、国务院作出《关于加快林业发展的决定》(简称《决定》),这是 21 世纪我国林业发展的纲领性文件,标志着我国林业开始了由以木材生产为主向以生态建设为主的历史性转变。《决定》明确指出林业不仅要满足社会对木材等林产品的多样化需求,更要满足改善生态状况、保障国土生态安全的需要,生态需要已成为社会对林业的第一需求。同时,《决定》确立了加快林业发展的指导思想:确立以生态建设为主的林业可持续发展道路,建立以森林植被为主体、林草结合的国土生态安全体系,建设山川秀美的生态文明社会,大力保护、培育和合理利用森林资源,实现林业跨越式发展,使林业更好地为国民经济和社会发展服务。《决定》明确了林业建设的基本方针:坚持全国动员,全民动手,全社会办林业;坚持生态效益、经济效益和社会效益相统一,生态效益优先;坚持严格保护、积极发展、科学经营、持续利用森林资源;坚持政府主导和市场调节相结合,实行林业分类经营和管理;坚持尊重自然和经济规律,因地制宜,乔灌草合理配置,城乡林业协调发展;坚持科教兴林;坚持依法治林。《决定》还提出林业建设的主要任务:力争到 2010 年使我国森林覆盖率达到 19%,全国生态状况整体恶化的趋势得到初步遏制;到 2020 年森林覆盖率达到 23%,全国生态状况明显改善;到 2050 年森林覆盖率达到 26%,基本实现山川秀美,生态环境步入良性循环。

4. 关系到国家战略全局的特殊地位阶段

科学发展观和构建和谐社会是进入新世纪以来,中国共产党提出的重要的发展理念和奋斗目标。2002 年中共"十六大"提出了全面建设小康社会的目标,将改善生态环境,促进人和自然的和谐,确定为全面建设小康社会的重要内容之一。2004 年,中共十六届四中全会提出了构建社会主义和谐社会的目标,将包括统筹人与自然和谐发展在内的"五个统筹"作为构建和谐社会的要求之一。2007 年,中共"十七大"将科学发展观写入了党章,要求坚持走包括生态良好在内的文明发展道路,建设环境友好型社会,使人民在良好生态环境中生产生活,实现经济社会永续发展。可见,无论是落实科学发展观还是构建和谐社会,以生态建设为主的林业都是必不可少的重要环节,林业建设好坏直接关系能否实现科学发展、能否构建和谐社会。林业在经济建设和社会发展全局中的战略地位日趋重要。

2009 年的哥本哈根大会令世人瞩目,人类从来没有如此一致地关注自己的未来。人们的焦点集中于如何应对全球气候变暖。引起气候变暖的主凶是排放到空气中的二氧化碳,因此减少二氧化碳排放量是应对气候变暖的重要途径。在这次会议上,我国政府庄严承诺,到 2020 年我国单位国内生产总值二氧化碳排放量比 2005 年下降 40%~45%。至于如何降低二氧化碳排放量,有两种途径:一种是直接减排,另一种是通过植树造林吸收二氧化碳间接减排。直接减排是减少二氧化碳排放量的当然选择,是处于转型时期的中国经济应该也必须做的。但是也应该看到,直接减排会从某种程度上影响经济发展,特别是作为发展中国家的中国,工业化和现代化尚未完成,发展仍然是首要任务,过量减排可能会阻碍甚至扼杀我国工业化和现代化的进程,因此直接减排空间有限且不可持续。如果是间接减排,通过植树造林提高森林覆盖率,以吸收更多的二氧化碳,就可以在不影响经济发展的同时实现减排目标。在哥本哈根大会上,我国政府在承诺减排的同时,也提出通过植树造林和加强森林管理,使我国实现2020年森林面积比2005年增加4 000万公顷,森林蓄积量比2005年增加13亿立方米的目标。通过增加森林覆盖率,提高森林储蓄量,不仅可以间接减排,还可赢得外交工作的主动权,提升国家在世界舞台上的形象。更为重要的是,植树造林还能促进国土绿化,维护生态安全,促进人和自然和谐,实现科学发展,如此就能获得减排、发展、生态三者兼顾的"三赢"效果。

在2009年6月召开的中央林业工作会议上,国务院总理温家宝明确指出,林业在贯彻可持续发展战略中具有重要地位,在生态建设中具有首要地位,在西部大开发中具有基础地位,在应对气候变化中具有特殊地位。国务院副总理、全国绿化委员会主任回良玉也指出,实现科学发展必须把发展林业作为重大举措,建设生态文明必须把发展林业作为首要任务,应对气候变化必须把发展林业作为战略选择,解决"三农"问题必须把发展林业作为重要途径。这"四个地位"和"四大使命"是新时期历史条件下,党中央、国务院对林业的最新概括,充分表明林业建设已经上升至事关国家发展战略全局的特殊地位。

第二节　林业的法律法规体系

依法治林是依法治国方略在林业建设中的体现,也是中央确立的加快林业发展的一项基本方针。法律是统治阶级意志的体现,有狭义和广义之分。狭义的法律专指由国家立法机关制定的规范性文件,在我国是由全国人民代表大会及其常务委员会制定的规范性文件。广义的法律是指由国家制定或认可,并以国家强制力保证实施,具有普遍约束力的行为规范的总和。林业法律法规体系既包括全国人大及其常务委员会制定的林业法律,也包括由国务院制定的林业行政法规,国务院各部委制定的林业部门规章,地方人大和政府制定的林业地方法规和地方规章,民族自治机关制定的地方条例、单行条例中的林业条例,以及有关国际条约和国际惯例中与林业相关的条款。

2004 年 9 月,全国林业依法治林工作会议召开,这是新中国林业发展史上第一次最高规格的林业法制建设专题会议。这次会议提出,到 2010年,我国要基本建立起"由《森林法》等 10 部法律、30 部法规、100 部部门规章、500 部地方法规和政府规章组成"的林业法律法规体系。

一、林业法律

林业法律由全国人民代表大会及其常务委员会制定,主要有以下几部:

1.《关于开展全民义务植树运动的决议》(1981 年公布)

1981 年 7、8 月,我国四川、陕西等省先后发生了历史上罕见的特大洪水灾害。长江、黄河上游连降暴雨,造成洪水爆发、山体崩塌,给人民群众生命财产和国家经济建设造成了巨大损失。专家学者以大量的数据和事实论证了森林植被遭到破坏、生态失去平衡是造成这次洪灾的主要原因。人们开始普遍意识到长期以来我国林业建设中出现的问题,即没有认真贯彻"以营林为基础"的正确方针,相反却有着以木材为中心、重采伐轻营造的错误倾向。水灾引起了中央的关注。邓小平对当时的国务院副总理万里表示:最近水灾问题涉及林业,涉及林木的过量砍伐,看来宁可进口一点,也要少砍一点。同时邓小平还建议全国人大通过议案,规定凡是有劳动能力的中华人民共和国公民每人每年都要种 3~5 棵树,包栽包活,多者受奖,无故不履行此项义务者受罚。中共中央书记处经过讨论,一致同意邓小平同志的意见,责成林业部代拟草案。林业部高度重视,经过充分调研讨论,拟定了《关于开展全民义务植树的决议(草案)》,在经过中共中央书记处讨论通过后,国务院将决议提交第五届全国人民代表大会常务委员会第二十一次会议讨论,并提请全国人民代表大会审议。1981 年 12 月 13

日,第五届全国人大第四次会议审议并通过了这个议案,从此植树造林成为我国公民的义务,并用法律的形式固定了下来。

五届全国人民代表大会第四次会议关于开展全民义务植树运动的决议

(一九八一年十二月十三日第五届全国人民代表大会第四次会议通过)

中华人民共和国第五届全国人民代表大会第四次会议,审议了国务院提出的关于开展全民义务植树运动的议案。会议认为,植树造林,绿化祖国,是建设社会主义,造福子孙后代的伟大事业,是治理山河,维护和改善生态环境的一项重大战略措施。为了加速实现绿化祖国的宏伟目标,发扬中华民族植树爱林的优良传统,进一步树立集体主义、共产主义的道德风尚,会议决定开展全民性的义务植树运动。凡是条件具备的地方,年满十一岁的中华人民共和国公民,除老弱病残者外,因地制宜,每人每年义务植树三至五棵,或者完成相应劳动量的育苗、管护和其他绿化任务。会议责成国务院根据决议精神制订关于开展全民义务植树运动的实施办法,并公布施行。会议号召,勤劳智慧的全国各族人民,在中国共产党和各级人民政府的领导下,以高度的爱国热忱,人人动手,年年植树,愚公移山,坚持不懈,为建设我们伟大的社会主义祖国而共同奋斗!

《决议》公布后不久,国务院就制定了《关于开展全民义务植树运动的实施办法》,同时成立了中央绿化委员会,统一领导全国全民义务植树运动。在中央的带动下,各省(市、区)绿化委员会相继成立,从组织上保证了对开展义务植树运动的领导。自《决议》公布至今,每年春天,党和国家领导人都会带头植树,履行自己的义务,全社会逐渐形成植树养树、护林兴林的良好风尚。至2010年底,全国参加义务植树人数累计达127.3亿人次,植树588.96亿株。

2.《中华人民共和国森林法》(1979年试行,1984年颁布,1985年施行,1998年修订)

《中华人民共和国森林法》是我国林业建设的根本大法。

1949 年,中国人民政治协商会议通过的、起着临时宪法作用的《共同纲领》中有"保护森林,并有计划地发展林业"的规定,这是新中国法律性文件中出现的关于林业建设的最早条文。1950 年,国务院公布的《中华人民共和国土地改革法》中,也有数条针对林业的条款。如规定大森林归国家所有,由人民政府管理经营;没收和征收的山林按适当比例,折合普通土地统一分配;土地所有者有自由经营、买卖及出租其土地的权利;等等。1963 年 5 月,国务院发布了《森林保护条例》。这是中华人民共和国成立以来制定的第一个保护森林的重要法规,分别从护林组织、森林管理、预防和扑救火灾、防治病害虫害以及奖惩制度等方面进行了规定。但这些林业法律,都不是由全国人大及其常务委员会制定的,而且有的还只是相关法律中的若干条款,因此离作为林业根本大法的森林法还有相当的距离。

1979 年 2 月 23 日,第五届全国人大常委会第六次会议原则通过了《中华人民共和国森林法(试行)》。这是十一届三中全会以后全国人大常委会通过的第一部经济法,也是新中国第一部林业根本大法,在我国林业立法史上具有里程碑的意义,它的出台标志着我国林业建设开始进入依法治林轨道。经过 5 年的试行和讨论,1984 年 9 月 20 日,第六届全国人大会常委会第七次会议审议正式通过了《中华人民共和国森林法》(简称《森林法》,1985 年 1 月 1 日起施行)。《森林法》是我国林业建设正式的根本大法,对林业建设的方针、森林的经营管理、保护、营造以及法律责任都作出了明确规定,使林业从人治走上了法治的健康道路,对我国林业发展起到了有力的推动作用。

1985 年正式实施的《森林法》共分 7 章、42 条,其基本内容包括:(1) 强调了稳定森林、林木、林地的所有权和使用权,保护所有者和使用者的合法权益;(2) 确定了林业建设实行"以营林为基础,普遍护林,大力造林,采育结合,永续利用"的方针;(3) 规定了对现有森林试行限额采伐,鼓励造林育林,并对造林育林的集体和个人给予经济扶持和建立林业基金制度等保护森林资源的措施;(4) 制定了森林经营管理、森林保护、植树造林、森林采伐的各项制度及违法毁林等应承担的法律责任。《森林法》的颁布适逢国内林业"三定"①工作开展之时，因而将部分林权下放给了农民。不料，一些农民担心政策会改变，林权会再次上收，于是"先下手为强"，纷纷将自家承包的山林砍掉换钱，以获取短暂和现实的经济利益，从而造成乱砍滥伐现象严重。《森林法》的实施，从法律层面保护了森林资源，规模较大而普遍的各种乱砍滥伐得到一定程度的遏制。此外，《森林法》颁布后，由于加强了森林防火的力度，因而我国森林火灾受害率大幅度降低。

随着经济社会的发展，至20世纪90年代，我国林业建设又出现了一些新的情况，《森林法》已经不能适应当时形势的发展需要。首先，林业的性质和定位发生了变化。《森林法》过分强调了林业的经济效益，对林业的生态效益和社会效益重视不够，而随着人类生存环境的恶化，森林在保护和改善生态环境方面的作用越来越突出，人们对森林生态效益要求也越来越高。其次，《森林法》产生于改革开放之初，计划经济的痕迹明显，一些地方明显不能适应建立社会主义市场经济的需要。如在市场经济条件下，森林、林木、林地是不是商品、能不能进入市场、可不可以转让等问题亟待解决。再次，在某些条款行文上本身存在缺陷和漏洞。如对违法毁林行为处罚力度不够，对倒卖、伪造运输证，倒卖野生动物驯养繁殖许可证等没有具体的处罚规定，等等。1998年4月29日，第九届人大常委会第二次会议审议并通过了《全国人民代表大会常务委员会关于修改〈中华人民共和国森林法〉的决定》，并于同日公布了根据《决议》修订后的《森林法》。

1998年新修订的《森林法》与原《森林法》相比，主要不同点在于：（1）设立了森林生态效益补偿基金。森林生态效益补偿基金用于提供生态效益的防护林和特种用途林的森林、林木的营造、抚育、保护和管理。这一规定有利于激发生态公益林生产者的积极性。（2）强化了有关林地的法律制度。在维持了原《森林法》关于森林、林木和林地确权发证规定的同时，增加了林业主管部门可以在国务院的授权下，对国务院确定的国家所有的重点林区的森林、林木和林地进行登记发证；针对征占用地特别规定，首先

---

① 1981年3月8日，中共中央和国务院联合发布《关于保护森林发展林业若干问题的决定》，把稳定山权林权、划定自留山、确定林业生产责任制（简称林业"三定"）作为保护森林、发展林业的首要任务。

要求不占或者少占林地,如果必须占用或者征用林地的,一定要经过县级以上人民政府林业部门审核同意,用地单位还要缴纳森林植被恢复费。(3)确保了林业生产者的利益。规定保障林农合法权益,减轻林农负担;任何单位和个人不得侵犯他人合法林木所有权及其他权益;用材林、经济林、薪炭林及其林地使用权可以合法转让、作价入股或者作为合资、合作造林的条件,但不得将林地转为非林地。(4)明确了森林执法的任务。森林公安的执法职责得到明确,并且规定为了履行好这一职责,森林公安机关在国务院林业主管部门授权的范围内,可以依法行使行政处罚权。

1998 年《森林法》的修订是 20 世纪末期我国林业建设的重大事情,也是国家实现可持续发展战略的重要法律保障,有力地推动我国林业建设迈向 21 世纪。时至今日,随着我国经济社会环境的变化、人们法治观念的不断增强以及对生态环境的日益重视,《森林法》与时代发展又产生了不合时宜之处。首先,1984 年制定《森林法》时处于计划经济时代,1998 年修订《森林法》时处于社会主义市场经济正在建立的过程之中,尽管当时对计划经济色彩有所淡化,但是仍然在诸如林业产权制度、林业资金管理、国有森林资源管理等方面保留了一些计划经济的遗痕。在社会主义市场经济体制框架已经基本成型的今天,有必要更进一步地修改,使《森林法》与社会主义市场经济更加协调。其次,今天人们对林业的地位又有了新的认识。林业不仅仅具有经济效益,而且还具有生态和社会效益。在生态建设日益重要的当下,林业在生态建设中具有首要地位。从国家经济和社会发展来看,林业还在贯彻可持续发展战略中具有重要地位,在西部大开发中具有基础地位。近些年全球气候变化越来越引人关注,林业在人类应对地球变暖问题上还具有其他行业难以替代的特殊地位。这一些新的思想和理念,应该反映到作为林业发展根本大法的《森林法》中。再次,现行《森林法》在某些概念表述和具体政策上有需要进一步完善的地方。例如,林业生态效益补偿机制,虽然在 1998 年修订的《森林法》中有所体现,但是还不够,目前公益林和商品林就没有截然分开,几乎仍然使用相同的法律。又如,《森林法》第三十九条规定:"盗伐森林或者其他林木的,依法赔偿损失;由林业主管部门责令补种盗伐株数数十倍的树木,没收盗伐的林木或者变卖所得,并处盗伐林木价值三倍以上十倍以下的罚款。"而《刑事诉讼法》第一百九十八条规定:"对被害人的合法财产,应当及时返还。"两者之间了产生了矛盾:按照《森林法》,被盗林木由林业主管部门予以没收;按照《刑事诉讼法》,被盗的合法林木要及时返还被盗者。① 这显然让林业执法者无所适从,因此亟待修改。目前,修订《森林法》的工作已经在2008年启动。

3.《中华人民共和国野生动物保护法》(1988年颁布,1989年施行)

森林资源不仅仅包括森林植物,还应该包括在森林中栖息的动物。《森林法》第二条规定,"从事森林、林木的培育种植、采伐利用和森林、林木、林地的经营管理活动"都必须遵守该法,没有涉及对森林动物的保护。因此,1988年11月8日第七届全国人民代表大会常务委员会第四次会议审议通过了《中华人民共和国野生动物保护法》(简称《野生动物保护法》,1989年3月1日起实施),旨在"保护、拯救珍贵、濒危野生动物,保护、发展和合理利用野生动物资源,维护生态平衡",对从事野生动物的保护、驯养繁殖和开发利用的活动进行了规范。野生动物包括陆生和水生动物,由国家林业和渔业主管部门分别管理。

《野生动物保护法》分5章、42条,其基本内容包括:(1)规定了野生动物资源归国家所有;(2)制定了国家在野生动物保护、管理方面的各项制度;(3)明确了国家保护依法开发利用野生动物资源,打击危害野生动物资源的非法活动,并规定了违法活动相应的法律责任。

由于长期以来非法捕杀野生动物对我国野生动物资源造成了极大破坏,一些珍禽异兽濒临灭绝,因此全国人大委员会在审议并通过《野生动物保护法》的同时,还专门作了《关于惩治捕杀国家重点保护的珍贵、濒危野生动物犯罪的补充规定》:"非法捕杀国家重点保护的珍贵、濒危野生动物的,处七年以下有期徒刑或者拘役,可以并处或者单处罚金;非法出售倒卖、走私的,按投机倒把罪、走私罪处刑。"1997年修订《中华人民共和国刑法》(简称《刑法》)时,将这一补充规定修改后纳入了新修《刑法》(第三百

---

① 陈国富:《〈森林法〉第三十九条应该修改》,《森林公安》,2008年第2期。

四十一条)之中,规定:"非法猎捕、杀害国家重点保护的珍贵、濒危野生动物的,或者非法收购、运输、出售国家重点保护的珍贵、濒危野生动物及其制品的,处五年以下有期徒刑或者拘役,并处罚金;情节严重的,处五年以上十年以下有期徒刑,并处罚金;情节特别严重的,处十年以上有期徒刑,并处罚金或者没收财产……违反狩猎法规,在禁猎区、禁猎期或者使用禁用的工具、方法进行狩猎,破坏野生动物资源,情节严重的,处三年以下有期徒刑、拘役、管制或者罚金。"原补充规定自新《刑法》施行之日起废止。

2004年8月28日,第十届全国人大常委会第十一次会议对《野生动物保护法》作了修改,将第二十六条第二款修改为:"建立对外国人开放的猎捕场所,应当报国务院野生动物行政主管部门备案。"目前,国家施行的是2004年修订的《中华人民共和国野生动物保护法》)。

4.《中华人民共和国防沙治沙法》(2001年颁布,2002年施行)

我国是世界上土地荒漠化和沙化危害最为严重的国家之一,土地荒漠化和沙化严重威胁着中华民族的生存空间,制约着我国经济社会的发展,影响着全面建设小康社会的进程。国家林业局第二次土地荒漠化和沙化土地监测结果表明,截至1999年底,我国共有荒漠化土地267.4万平方公里,占国土面积的27.9%,沙化土地174.31万平方公里,占国土面积的18.2%,而且土地荒漠化和沙化呈扩展趋势。为了防止土地荒漠化和沙化,早在新中国成立之初,我国就在沙区组织开展了农田防护林和防风固沙林建设;改革开放之后,又实施了三北防护林体系建设工程;20世纪90年代初,又启动了全国防沙治沙工程对全国防沙治沙工作进行专门部署。至20世纪末,我国防沙治沙工作尽管取得了一些成效,但是"沙进人退"的局面仍未改变,土地沙化扩展速度甚至由20世纪70年代每年1500多公顷发展到90年代末每年3400多公顷。造成土地荒漠化和沙化的原因有自然和人为方面的多种因素,自然因素(如全球气候变暖)难以在短时间内调节,但是人为因素(如开荒、过度放牧、乱砍滥伐、不合理用水等)却可以通过立法等手段加以控制。

为了更加有效地预防人为造成土地沙化,治理沙化土地,维护生态安全,促进国家经济和社会的可持续发展,2001年8月31日,第九届全国人大常委会第二十三次会议审议并通过了《中华人民共和国防沙治沙法》(简称《防沙治沙法》,自 2002 年 1 月 1 日起施行),这是我国也是世界上第一部关于防沙治沙的专门法律。《防沙治沙法》分 7 章、47 条,主要内容包括:(1)明确了立法目的、适用范围、防沙治沙应遵循的基本原则和管理体制;(2)制定了防沙治沙规划、土地沙化的预防、沙化土地的治理和防沙治沙保障措施等各项制度;(3)规定了违反防沙治沙应担负的法律责任。

《防沙治沙法》确立了我国开展防沙治沙工作的基本原则和各项制度,强化了各级政府部门防沙治沙各种责任,使社会各方面在防沙治沙上的责任和义务更加明确,让预防、治理和开发利用沙化土地有法可依,对我国防沙治沙事业有重要的推动作用。时至今日,我国的防沙治沙事业已取得重大进展。据 2005 年 6 月国家林业局公布的第三次全国荒漠化和沙化状况公报,截至 2004 年底,全国荒漠化土地总面积为 263.62 万平方公里,占国土总面积的 27.46%,与 1999 年相比,5 年内荒漠化土地面积净减少37 924 平方公里,年均减少 7 585 平方公里;全国沙化土地面积为 173.97万平方公里,占国土总面积的 18.12%,与 1999 年同监测范围内相比,5 年内沙化土地面积净减少 6 416 平方公里,年均减少 1 283 平方公里。2011年 1 月,国家林业局又公布了第四次全国荒漠化和沙化监测结果:截至2009 年底,全国荒漠化土地面积 262.37 万平方公里,沙化土地面积173.11 万平方公里,分别占国土总面积的 27.33% 和 18.03%,与 2004 年相比,5 年间全国荒漠化土地面积年均减少 2 491 平方公里,沙化土地面积年均减少 1 717 平方公里,这表明我国土地荒漠化和沙化整体得到初步遏制。

5.《中华人民共和国农村土地承包法》(2002 年颁布,2003 年施行)

土地是重要的生产资料,按《中华人民共和国宪法》规定,我国农村土地,除由法律规定属于国家所有的以外,属于集体所有。20 世纪 70 年代末,我国某些地方农村进行土地制度改革,即在农村土地集体所有权不变的前提下,农民通过承包可以获得土地的使用权和产品的经营权。1980年 9 月 27 日,中共中央下发了《关于进一步加强和完善农业生产责任制的几个问题》的通知,对农村这项制度创新予以肯定。从此,以家庭联产承包责任制为基础、集体统一经营和家庭分散经营相结合的统分结合双层经营体制,作为中央对农村的一项基本政策,成为我国农村的一项基本经营制度。① 到 1982 年底,全国农村 67% 的基本核算单位实行了包干到户,1984 年以后一直稳定在 99% 以上,实行家庭承包经营的耕地一直占耕地总面积的 97% 左右。但是在实行承包责任制之初,承包期一般都比较短,难以调动承包人增加投入、合理开发土地的积极性,甚至可能导致短期行为和对土地的掠夺式、破坏式经营。因此,1984 年 1 月 1 日,中共中央发出《关于 1984 年农村工作的通知》,明确了土地承包期限应适当延长,"一般应在 15 年以上"。根据这一精神,全国各地陆续将土地承包期确定为 15 年。1993 年,一些较早实行承包责任制的地方土地承包即将到期,为了及时指导,中共中央、国务院联合出台了《关于当前农业和农村经济发展的若干政策措施》,提出在原定的耕地承包期到期之后,"再延长 30 年不变",对于开垦荒地、营造林地、治沙改土等从事开发性生产的,承包期可以更长。此后,各地农村又陆续启动了第二轮土地承包(简称"延包")。截至 2000 年年底,全国 98% 左右的地方基本完成了延包。由于林业生产周期长,为了鼓励农民大面积承包荒山,早在 1984 年 3 月,中央就制定了林地"承包期限可以延长到 30 至 50 年"的政策。1984 年年底,全国各种形式的林业生产责任制林地面积 11.8 亿亩,给近 5 700 万农户划定自留山 4.7 亿亩。截至 2001 年年底,全国 70% 的集体林地已承包到户。

1993 年 3 月 29 日,第八届全国人大第一次会议通过修宪案,将农村"家庭承包经营为基础、统分结合的双层经营体制"载入了国家根本大法《宪法》。然而,总体而言,自 20 世纪 80 年代实施起至 21 世纪初,我国农村土地承包制的推行几乎全部依赖于中央不断出台政策指导。政策的频繁出台虽然满足了不断探索、不断变迁的现实需要,但某种程度上也容易引起"政策多变"的负效应。由于土地承包关系缺乏法律的规范和保护,一些基层干部和农民对"承包期 30 年不变"的政策心存疑虑,总是担心承

---

① 1982 年到 1986 年,中共中央连续发布了 5 个"1 号文件",强调"包产到户"和"包干到户"都是社会主义生产责任制,从理论上最终确立了家庭联产承包责任制的基本框架。

包政策会发生变化。更重要的是,中央政策在地方实行中往往容易被有意无意地误读和曲解,一些村干部甚至利用职权随意调整承包地,并通过调整承包地变相加重农民负担,损害农民承包权益,致使农民不敢在土地上做上长期投资。因此,亟待出台比中央政策更为规范、便于操作的国家法律来稳定农村土地承包关系。1998年10月14日,中共十五届三中全会作出了《中共中央关于农业和农村工作若干重大问题的决定》,明确要求坚定不移地贯彻土地承包期"再延长30年"的政策,同时要抓紧制定确保农村承包土地关系长期稳定的法律法规,赋予农民"长期有保障的土地使用权"。2002年8月29日,全国人大常委会第二十九次会议通过了《中华人民共和国农村土地承包法》(简称《农村土地承包法》2003年3月1日起施行),从此农村土地承包制成为法律上的正式制度,保障了中央在农村基本政策的长期稳定,维护了农民的合法权益,为加快农业现代化提供了法律和制度基础。

《农村土地承包法》的主要内容包括:(1)农村土地承包采取农村集体经济组织内部的家庭承包方式,不宜采取家庭承包方式的荒山、荒沟、荒丘、荒滩等农村土地,可以采取招标、拍卖、公开协商等方式承包;(2)关于土地承包期,耕地为30年,草地为30~50年,林地为30~70年,特殊林木的林地经国务院林业行政主管部门批准可以延长;(3)承包方有权依法自主决定土地承包经营权是否流转和流转方式,但未经依法批准不得将承包地用于非农建设;(4)在承包期内,发包方不得单方面解除承包合同,不得任意收回和调整承包地。

农村林地是农村土地的一种,《农村土地承包法》也是我国农村林地承包的基本法律制度。它以法律的形式赋予了广大林农长期的、有保障的林地承包经营权,是对20世纪80年代以来林业"三定"的完善和利于进一步调动林农的积极性,促使他们能够安心地投入资金用期较长的林业之中。另外,《农村土地承包法》规定的包括地流转制度、土地承包合同管理、承包方和发包方的权林业资源配置市场化、生产经营规模化,从而保障和加快一步发展。

6.《中华人民共和国种子法》(2000 年颁布、施行)

种子是农业和林业生产中最基本的生产资料之一。种子业的发展,直接关系到农业的增产、农民的增收,关系到森林覆盖率的提高、生态环境的改善,关系到经济和社会的可持续发展。早在 1989 年 3 月 13 日,国务院就颁布了《中华人民共和国种子管理条例》来规范种子行业的行为。但随着时间推移,这部作为行政法规的《种子管理条例》越来越不能适应时代的要求,不能满足现实的需要。我国是个农业大国,2001 年加入世贸组织后,农、林产品在国内外市场竞争上日趋激烈,产品的品种和质量成为竞争的主要方面,可以说新品种和优良品种决定着我国农业在国际市场上的竞争能力。另外,随着我国社会主义市场经济体制的逐步建立,种子的管理、生产、经营上的弊病越来越明显。如种子行业在技术、经营、管理上"三位一体",政、事、企不分,行政执法主体不明确,既当运动员又当裁判员,这种体制很容易带来执法管理上的不公正。更有甚者,由于政策法规不完善,管理调控不力,一些地方种子市场混乱,假冒伪劣种子坑农害农事件时有发生。人们迫切要求出台《种子法》来规范我国的种子市场和种子行业。

2000 年 7 月 8 日,第九届全国人大常委会第十六次会议通过了《中华人民共和国种子法》(简称《种子法》,2000 年 12 月 1 日起施行)。该法是在原《种子管理条例》实施十多年的基础上制定出来的法律,法律效力大为增强,内容也比《种子管理条例》的内容更加全面。《种子法》对种质资源保护,品种选育与审定,种子生产、经营、使用,种子质量管理以及进出口等方面进行了规范。其主要内容包括:(1) 调整对象既包括农作物和林木的种子,还包括苗木,意味着林木"种子"的概念包涵林木种子和林木苗木两者在内;(2) 强调了对种质资源的保护,明确规定国家依法保护种质资源,任何单位和个人不得侵占和破坏种质资源,国务院及地方林业行政主管部门根据需要建立种子资源库、种质资源保护区或种质资源保护地;(3) 规范了品种选育与审定工作,保护植物新品种权所有人的合法权益,主要林木品种在推广应用前应当通过国家级和省级审定,未通过的,不得作为良种经营推广;(4) 施行林木种子生产与经营许可制度,主要林木商种子的生产、经营实行许可制度,这有利于规范种子生产者和经营者的行为,并加重了种子生产、经营者的法律责任;(5)加强了对种子质量的管理,明确了种子质金机构的职责;(6)落实了政企分开原则,规定种子生产、经营机构不得参与和从事种子行政管理工作,解决了种子行业政、事、企不分的问题。

《种子法》的出台,是我国加强依法治林的又一重要举措。它结束了长期以来我国苗木生产、经营和管理无法可依的状况,有力地推动了林木种苗业发展,促进了包括林木种苗业在内的我国种业尽快与国际接轨并积极面对各种国际挑战和国际竞争,从而有利于在整体上提高我国种业的市场竞争力。

2004年8月28日,第十届全国人大会常委会第十一次会议通过了《关于修改〈中华人民共和国种子法〉的决定》,对《种子法》作如下修改:(1)第十七条第二款修改为:"应当审定的林木品种未经审定通过的,不得作为良种经营、推广,但生产确需使用的,应当经林木品种审定委员会认定。"(2)第三十三条修改为:"未经省、自治区、直辖市人民政府林业行政主管部门批准,不得收购珍贵树木种子和本级人民政府规定限制收购的林木种子。"目前,施行的是2004年修订的《中华人民共和国种子法》。

二、林业行政法规

林业行政法规是国务院为领导和管理国家林业行政工作,根据宪法和法律,按照法定程序制定的有关林业的规范性文件。林业行政法规的效力仅次于林业法律,主要有以下几部:

1.《关于开展全民义务植树运动的实施办法》(1982年发布)

1981年12月,第五届全国人大第四次会议通过《关于开展全民义务植树运动的决议》,规定全民植树的义务,并责成国务院制订具体实施办法。1982年2月27日,国务院常务会议通过了《关于开展全民义务植树运动的实施办法》,对全民义务植树运动作了进一步具体规定。例如,规定县级以上各级人民政府均应成立绿化委员会,统一领导本地区的义务植树运动和整个造林绿化工作;参加义务植树运动的公民年龄,男11~60岁,女 11～55 岁；义务植树的树木权属，在国有土地上的，归经营管理这些土地的单位所有，在集体土地上的，归集体单位所有；义务植树所需的苗木费、管护费由林权所有单位解决，等等。

2.《森林采伐更新管理办法》(1987 年发布)

《森林采伐更新管理办法》是我国关于森林采伐和森林更新的实施管理法则，1987 年 8 月 25 日由国务院批准，同年 9 月 10 日由林业部发布施行。在森林采伐更新方面，我国曾先后颁发过三个规程：1956 年由林业部颁发的《国有林主伐试行规程》、1960 年由林业部颁发的《国有林主伐试行规程》和 1973 年由农林部颁发的《森林采伐更新规程》。《森林采伐更新管理办法》是在总结上述三个规程的制定和实施经验的基础上制定的，共 5 章、27 条，对森林采伐的种类，林木采伐许可证的管理，用材林的主伐方式及其技术规程，水库和湖泊周围、大江大河及其主要支流两岸、铁路和公路干线两侧等特殊地带森林采伐的特殊要求，国营林业局和国营、集体林场采伐作业的技术规程，采伐作业质量检查验收，森林更新的原则，更新质量必须达到的标准，对违法违规行为的惩罚等，做出了明确具体的规定。

3.《中华人民共和国种子管理条例》(1989 年颁布，2000 年废止)

《中华人民共和国种子管理条例》由林业部与农业部共同起草，1989 年 1 月 20 日国务院第三十二次常务会议审议通过，1989 年 3 月 13 日以国务院第 31 号令发布，2000 年 12 月 1 日《中华人民共和国种子法》施行之日起废止。

4.《森林病虫害防治条例》(1989 年颁布)

森林病虫害与森林火灾、人工乱砍滥伐并称为森林三大害。20 世纪 50 年代，我国森林的生态系统相对良好，森林病虫害对林木的危害不甚突出。进入 60 年代，随着对森林的干扰程度加重，森林生态系统遭到破坏的程度加大，我国森林病虫害问题日趋显现，每年森林病虫害发生面积约 260 万～400 万公顷。此后，由于对森林的过量采伐，且人造林树种又过于单一，森林生态系统进一步恶化，再加上大量农药的滥用，因而森林病虫害进一步扩大。据 1987 年的统计数据，当年我国森林害虫达 100 多种，病害 30 多种，鼠害 12 种，森林病虫害发生面积达 937.5 万公顷。而且，森林病虫害还处于上升趋势,到 1988 年,全国森林病虫害发生面积升至 967.3 万公顷,比 1987 年增加了 3.2 个百分点。全国多个省份连续多年发生大规模的森林病虫害,引起了中央高度重视。为了控制森林病虫害,使森林病虫害防治逐步走向制度化、规范化,林业部起草了《森林病虫害防治条例》,并报请国务院审核。1989 年 11 月 17 日,国务院第五十次常务会议审议通过该《条例》,并于 12 月 18 日以国务院第 46 号令发布施行。这是我国第一部具有法律效力的全面防治森林病虫害防治行政法规,对我国森林病虫害的防治起到了规范和推动作用。

5.《植物检疫条例》(1983 年颁布,1992 年修订)

新中国成立后,我国的植物检疫工作在旧中国一片空白的基础之上逐步发展起来,曾经先后制定过若干有关植物检疫的规章制度和管理办法。如 1951 年对外贸易部颁布了《输出输入植物病虫害检疫暂行办法》,1954 年对外贸易部制定了《输出输入植物检疫暂行办法》及《输出输入植物检疫对象名单》,1957 年农业部颁布了《国内植物检疫试行办法》,1964 年林业部制定了《国内森林植物检疫暂行办法(草案)》,1966 年农业部和对外贸易部联合颁布了《关于执行植物检疫工作的几项规定(草案)》和《进口植物检疫对象名单(草案)》,1978 年农林部颁布了《国外林木检疫对象名单》和《进出口木材、林木种子、苗木检疫操作方法》等。但由于我国植物检疫工作基础薄弱,因而仍有不少危险性病虫害从国外转入和在国内蔓延。为了进一步规范和加强植物检疫工作,1983 年 1 月 3 日,国务院颁布了《植物检疫条例》,标志着我国植物检疫工作又进入一个新阶段。

随着我国经济的发展,应实施检疫的植物和植物产品数量大大增加,植物检疫工作出现了一些新情况和新问题,国家及时地修订了《植物检疫条例》。1992 年 5 月 13 日,新修订的《植物检疫条例》以国务院第 98 号令发布并施行。新《条例》在原来的基础上增加和调整了一些内容,如增加了设立植物检疫检查站,对检疫的地域范围作了适当调整,明确了国外引种审批的制度,对奖惩制度和法律责任作了更为具体的规定,等等。

6.《城市绿化条例》(1992 年颁布)

1992 年 5 月 20 日,国务院第一百零四次常务会议通过《城市绿化条例》,6 月 22 日以国务院令第 100 号发布,8 月 1 日起施行。《城市绿化条例》主要内容有:(1) 明确了城市政府应当组织城市规划行政主管部门和城市绿化行政主管部门等共同编制城市绿化规划,并将城市绿化纳入国民经济和社会发展计划之中;(2) 提出了城市绿化工程设计、施工的具体要求;(3) 规定了城市绿地保护和管理的责任单位及具体负责事项;(4) 强调了对城市古树名木的保护;(5) 制定了对违法者惩罚的制度。《城市绿化条例》是我国城市绿化事业规范化和法制化的重要保障,有力地推动了城市绿化事业的发展。至 2010 年年底,全国城市建成区绿化覆盖面积达 149.45 万公顷,绿地面积 133.81 万公顷,公园绿地面积 40.16 万公顷;建成区绿化覆盖率 38.22%,绿地率 34.17%,人均公园绿地面积 10.66 平方米。

7.《中华人民共和国陆生野生动物保护实施条例》(1992 年颁布)

1988 年 11 月 8 日,第七届全国人大常委会第四次会议通过了《中华人民共和国野生动物保护法》,1989 年 3 月 1 日起实施(2004 年 8 月 28 日修订)。陆生野生动物管理工作则由林业主管部门负责。1992 年 2 月 12 日,经国务院批准,3 月 1 日由林业部颁布了《中华人民共和国陆生野生动物保护实施条例》。这是我国在陆生野生动物保护方面的一个新条例,标志着我国陆生野生动物保护的法制建设迈上了一个新的台阶。

8.《中华人民共和国自然保护区条例》(1994 年颁布)

1985 年 7 月 6 日,经国务院批准,林业部颁布了《森林和野生动物类型自然保护区管理办法》。这是新中国较早的关于自然保护区的法规。随着时间的发展,这部法规已经不能适应现实的需要。1994 年 9 月 2 日,国务院第二十四次常务会议讨论通过,10 月 9 日以国务院第 167 号令颁布了《中华人民共和国自然保护区条例》(简称《自然保护区条例》),并于 12 月 1 日起施行。《自然保护区条例》包括总则、自然保护区的建设、自然保护区的管理、法律责任、附则等 5 章、44 条。《自然保护区条例》的公布和实施标志我国自然保护区工作进入了法制化轨道。

9.《中华人民共和国野生植物保护条例》(1996 年颁布)

1996 年 9 月 30 日,以国务院第 204 号令颁布了由林业部、农业部共同起草的《中华人民共和国野生植物保护条例》(简称《野生植物保护条例》),1997年1月1日起施行。这是我国第一部专门保护野生植物的行政法规,包括总则、野生植物保护、野生植物管理、法律责任及附则等5章、32条,从法律上明确了我国野生植物行政主管部门和对野生植物的保护政策,对重点保护野生植物的采集、出售、收购、进出口及违法活动的处罚作了相应规定。《野生植物保护条例》对于我国野生植物保护工作的法制化建设起到了促进作用。

10.《中华人民共和国植物新品种保护条例》(1997年颁布)

1997年3月20日,以国务院213号令颁布了《中华人民共和国植物新品种保护条例》(简称《植物新品种保护条例》),1997年10月1日起施行。《植物新品种保护条例》包括总则,品种权的内容和归属,授予品种权的条件,品种权的申请和受理,品种权的审查批准,品种权的期限、终止和无效,罚则,附则等8章、46条,对于保护植物新品种权,鼓励培育和使用植物新品种起到了积极作用。

11.《中华人民共和国森林法实施条例》(2000年颁布)

2000年1月29日,以国务院第278号令颁布了《中华人民共和国森林法实施条例》(简称《森林法实施条例》),自发布之日起施行。《森林法实施条例》是在1998年4月新修《森林法》出台后,对1986年5月由林业部发布的《森林法实施细则》进行修订的基础上形成的。《森林法实施条例》分为总则、森林经营管理、森林保护、植树造林、森林采伐、法律责任、负责等7章、48条。《条例》对原《细则》多有修改,特别是对新修《森林法》作了重要修改和补充,一方面使《森林法》规定的法制制度更加具体化,增强了法律的可操作性,另一方面也在《森林法》已有原则规定的基础上,在法规的权限内增加了相应责任条款,增加了法律法规的约束力,同时还进一步理顺了各方面关系,减少了执法上的困难。

12.《退耕还林条例》(2002年颁布)

2002年12月6日,国务院第六十六次常务会议通过了《退耕还林条例》,同年12月14日以国务院第367号令颁布,自2003年1月20日起施行。《退耕还林条例》包括总则,规划和计划,造林、管护与检查验收,资金和粮食补助,其他保障措施,法律责任,附则等7章、65条。《退耕还林条例》的颁布实施是我国生态建设的一件大事,将国家之前实施的退耕还林政策措施用法律形式固定了下来,也是实行退耕还林工程的法律保障,标志着退耕还林从此步入了法制化管理轨道。

13.《中华人民共和国濒危野生动植物进出口管理条例》(2006 年颁布)

2006年4月12日,国务院第一百三十一次常务会议通过了《中华人民共和国濒危野生动植物进出口管理条例》(简称《濒危野生动植物进出口管理条例》),同年4月29日以国务院第465号令发布,自2006年9月1日起施行。这是继《野生动物保护法》《森林法》《野生植物保护条例》等法律法规之后,我国制定颁布的一部专门规范濒危野生动植物及其产品进出口管理活动的行政法规。《濒危野生动植物进出口管理条例》共计21条,确立了我国濒危野生动植物进出口管理的法律地位,进一步提升了保护濒危野生动植物资源的重要性,有利于推动我国濒危野生动植物资源保护事业的发展,为我国野生动植物资源可持续发展奠定了法律基础,也极大地提升了我国保护濒危野生动植物种的国际地位,有利于树立我国良好的国际形象。

14.《森林防火条例》(1988 年颁布,2008 年修订)

1988年1月16日国务院颁布的《森林防火条例》,曾在预防和扑救森林火灾方面发挥了非常重要的作用。但随着森林防火事业的发展,森林防火工作出现了新情况、新问题,旧《森林防火条例》已不能适应森林防火工作。2008年11月19日,国务院第三十六次常务会议通过了新修订的《森林防火条例》,同年12月1日以国务院第541号令发布,自2009年1月1日起施行。新修《森林防火条例》包括总则、森林火灾的预防、森林火灾的扑救、灾后处置、法律责任、附则等6章、56条,进一步完善了森林防火责任制,强化了森林防火管理制度和措施,明确了森林火灾划分级别和标准,加强了应急管理机制,加大了处罚力度。新修《森林防火条例》对于规范森林防火工作,加强依法治火,促进森林防火事业健康发展具有重要意义。

三、林业部门规章

林业部门规章是指国务院林业行政主管部门根据法律和国务院行政法规,在本部门的行政管理权限内按照法定程序制定的规范性文件。自1989年林业部与农业部一起发布部令始,迄今已经发布林业相关规章40余件(见表9)。

表9　重要林业部门规章一览表

发布时间	发布单位	文件名称
1989.01.14	林业部、农业部	国家重点保护野生动物名录
1991.01.09	林业部	国家重点保护野生动物驯养繁殖许可证管理办法(2011年修改)
1992.12.19	林业部、财政部、国家物价局	陆生野生动物资源保护管理费收费办法
1993.08.30	林业部	林地管理暂行办法(2004年废止)
1994.01.22	林业部	森林公园管理办法(2011年修改)
1994.07.26	林业部	植物检疫条例实施细则(林业部分)(2011年修改)
1995.09.12	林业部	中华人民共和国种子管理条例林木管理实施细则(2004年废止)
1996.04.02	林业部	林业系统内部审计工作规定(2011年废止)
1996.09.27	林业部	林业行政处罚程序规定
1996.09.27	林业部	林业行政执法监督办法
1996.10.14	林业部	林业林地权属争议处理办法
1996.12.09	林业部	沿海国家特殊保护林带管理规定(2011年修改)
1997.01.06	林业部	林业行政执法证件管理办法
1997.06.15	林业部	林木良种推广使用管理办法(2011年修改)

续表

发布时间	发布单位	文件名称
1998.06.26	国家林业局	关于授权森林公安机关代行行政处罚权的决定
1999.04.22	国家林业局	中华人民共和国植物新品种保护名录（林业部分）（第一批）
1999.08.10	国家林业局	植物新品种保护条例实施细则（林业部分）
1999.09.09	国家林业局、农业部	国家重点保护野生植物名录（第一批）
2000.02.02	国家林业局	中华人民共和国植物新品种保护名录（林业部分）（第二批）
2000.03.13	国家林业局	林业工作站管理办法
2000.08.01	国家林业局	国家保护的有益的或者有重要经济、科学研究价值的陆生野生动物名录
2000.12.31	国家林业局	林木和林地权属登记管理办法（2011年修改）
2001.01.04	国家林业局	占用征用林地审核审批管理办法（2011年修改）
2001.06.01	国家林业局	中华人民共和国主要林木目录（第一批）
2002.11.02	国家林业局	林业行政处罚听证规则
2002.11.02	国家林业局	林木种子生产、经营许可证管理办法（2011年修改）
2002.12.02	国家林业局	中华人民共和国植物新品种保护名录（林业部分）（第三批）
2003.02.21	国家林业局	国家重点保护野生动物名录
2003.07.14	国家林业局	主要林木品种审定办法
2003.07.21	国家林业局	林业标准化管理办法（2011年修改）
2004.07.01	国家林业局	营利性治沙管理办法
2004.10.14	国家林业局	中华人民共和国植物新品种保护名录（林业部分）（第四批）
2005.05.23	国家林业局	突发林业有害生物事件处置办法

续表

发布时间	发布单位	文件名称
2005.05.27	国家林业局	林业行政处罚案件文书制作管理规定
2005.06.01	国家林业局	林业统计管理办法
2005.06.16	国家林业局	国家级森林公园设立、撤销、合并、改变经营范围或者变更隶属关系审批管理办法
2005.09.23	国家林业局	普及型国外引种试种苗圃资格认定管理办法
2005.09.23	国家林业局	松材线虫病疫木加工板材定点加工企业审批管理办法
2005.09.27	国家林业局	引进陆生野生动物外来物种种类及数量审批管理办法
2006.05.11	国家林业局	开展林木转基因工程活动审批管理办法
2006.11.23	国家林业局	林木种子质量管理办法
2007.09.08	国家林业局	林木种质资源管理办法
2007.09.28	国家林业局	森林资源监督工作管理办法
2007.11.30	国家林业局	国家林业局产品质量检验检测机构管理办法
2008.08.01	国家林业局	林业行政许可听证办法

根据 2004 年 4 月 11 日国家林业局第 10 号令发布的《国家林业局关于废止部分部门规章和部分规范性文件的决定》,《林地管理暂行办法》和《中华人民共和国种子管理条例种子管理实施细则》两部部门规章废止。2011 年 1 月 25 日,国家林业局第 26 号令发布《国家林业局关于废止和修改部分部门规章的决定》,《林业系统内部审计工作的规定》部门规章废止,并对《森林公园管理办法》等 10 部部门规章做了修改。至此,我国现行有效的林业部门规章共有 42 部。这些部门规章在细化林业法律、林业行政法规,填补相关领域法律空白,规范林业管理,保护发展和合理利用森林资源,维护生态安全,促进林业发展等方面起到了积极作用。

四、地方法规、地方规章、自治条例和单行条例

地方林业法规是由省、自治区、直辖市以及省、自治区人民政府所在地的市或经国务院批准的较大的市的人民代表大会及其常务委员会根据本地区的具体情况和实际需要,在不与宪法、法律、行政法规相抵触的前提下,按照法定程序制定的林业规范性文件。地方林业规章是指由省、自治区、直辖市及省、自治区人民政区所在地的市或经过国务院批转的较大的市的人民政府,根据法律、行政法规和地方性法规,按照规定程序制定的,普遍适用于本地区行政管理工作的林业规范性文件。林业自治条例和单行条例,是由民族自治地方的自治机关根据宪法和法律制定的适合本民族自治区域行政管理事务的林业规范性文件。

第三节　林业管理体制与职责

一、全国绿化委员会

全国绿化委员会为国务院议事协调机构。根据1982年国务院《关于开展全民义务植树运动的实施办法》的规定,县以上各级人民政府均应成立绿化委员会。1982年2月,国家成立了中央绿化委员会,1988年以后改称全国绿化委员会。全国绿化委员会统一领导全国全民义务植树运动和整个造林绿化工作。全国绿化委员会成立以来,基本上每年都开一次全体委员会议,截至2010年已经召开28次。每次会议主要听取有关全国绿化工作进展情况的报告,决议有关推动全民义务植树运动的措施和决定,研究解决绿化工作中的问题,部署下一阶段的工作任务。全国绿化委员会主

任由国务院副总理担任①,国家林业局局长担任副主任和办公室主任。

全国绿化委员会办公室设在国家林业局,作为常设办事机构,承担全民义务植树和国土绿化的宏观指导、宣传发动、组织协调、督促检查和评比表彰等日常工作。目前,全国绿化委员会下还设有治沙组、农村组、种草组、部队组、城市组、综合组等 6 个小组,分别负责各自的工作。在全国绿化委员会之下,各省、自治区、直辖市和有关部门也相继成立了相应的各级绿化委员会,设立了专门办公室,负责统一领导本地区、本部门的义务植树运动和造林绿化工作。

二、林业管理机构

(一) 国家林业行政主管部门

新中国成立以来,我国一直设有从中央到地方的各级林业行政主管部门,管理全国林业事业。中央林业行政主管部门的演变经历了 7 个阶段。

1. 林垦部(1949 年 10 月—1951 年 11 月)

1949 年 10 月新中国成立后,根据《中华人民共和国中央人民政府组织法》,设立了中央人民政府林垦部,管理全国营林、森林工业和垦殖工作。林垦部下设办公厅、林政司、造林司、森林经理司和森林利用司。②

林垦部作为中华人民共和国首届政府组成单位中主管林业的行政部门,对新中国的林业建设起着重要的开拓之功。在成立的两年多的时间内,林垦部主要工作及成就在于确定了新中国林业建设的基本方针。1950 年 2 月初,林垦部在北京召开的第一次全国林业工作会议上,确定了林业工作"普遍护林,重点造林,合理采伐和合理利用"的方针。之后不久,国务院总理周恩来和林垦部部长梁希联合署名发布了《关于全国林业工作的

---

① 历任全国绿化委员会主任为:万里(1982—1988 年)、田纪云(1989—1993 年)、陈俊生(1993—1998 年,时任国务委员)、温家宝(1998—2003 年)、回良玉(2003—2007 年)、汪洋(2007 年—)。

② 此外还有作为林业部办事机构的冀西沙荒造林局。

指示》,进一步明确规定林业建设的方针是:"普遍护林,选择重点有计划地造林,并大量采种育苗;合理采伐,节约木材,进行重点的林野调查;及时培养干部。"同时,《指示》还对林业机构设置等问题作了规定,要求地方各级政府设立相应的林业机构,如在大行政区设农林部(或林业部),各省设农林厅,行政专署和市县设农林科等。此外,林垦部还在 1950 年年末召开了全国木材工作会议,决定统一调配木材,管理木商,合理使用木材。总之,处于草创时期的林垦部初步建立了新中国林业管理机构,提出和制定了林业建设的总体方针任务。

林垦部时任部长为梁希①。

2. 林业部(1951 年 11 月—1956 年 5 月)

1951 年 11 月 5 日,经中央人民政府第十三次会议决定,林垦部改名为林业部,垦殖工作交农业部管理。1954 年 11 月 30 日,中央人民政府林业部改名为中华人民共和国林业部。

这一时期基本上处于新中国建设起步和社会主义改造时期,林业部的主要工作和成就在于:(1) 积极推进普遍护林林业方针,加强森林防火工作和禁止乱砍滥伐森林。(2) 根据《中华人民共和国土地改革法》,至1952 年在全国范围内确立了国有林和私有林两种林业所有制;1953 年进行社会主义改造后,又引导农民走上了合作化道路。(3) 重点营造了东北西部、冀中、陕北、苏北沿海等地的防护林和冀西、豫东、永定河下游的防沙林。(4) 提出有计划地开发新林区,并明确了森林工业部门的基本任务是:既要保证供应发展国民经济建设所需的木材,又要为森林更新、森林扩大再生产创造良好条件。(5) 初步确立了全国木材生产和管理工作体制:

---

① 梁希(1883—1959),浙江乌程(今湖州)人,字叔五。曾于东京帝国大学学习林科,1916年回国后任教于北京农业专门学校。1923 年赴德国塔朗脱高等林业学校(现为德累斯顿大学林学系)研究林产制造化学。1927 年回国,历任北京农业大学教授兼森林系主任、浙江大学农学院森林系主任、中央大学农学院教授。新中国成立后,历任南京大学校务委员会主席,林垦部、林业部部长,中国林学会首届理事长,中华全国科学技术普及协会主席,中国科学技术协会副主席等职。梁希是新中国林业建设的奠基人之一,提出了全面发展林业、发挥森林多种效益、为国民经济建设服务的思想,领导和制订了新中国成立初期的林业工作方针和建设规划,在全国范围内初步建立了林业行政、科研、教育及生产体系,促进了新中国林业的发展。1955 年选聘为中国科学院学部委员。有《梁希文集》行世。

由林业部统一布置全国国营木材生产,统一资金和财政管理,施行全国统一木材规格、木材检尺办法和木材材积表,根据国家分配计划统一组织调拨木材,对私有林区进行统一收购与管理。

林业部时任部长为梁希。

3. 林业部、森林工业部(1956年5月—1958年2月)

1956年5月12日,全国人大常委会议第四十次会议决定,成立中华人民共和国森林工业部(简称森工部)。新成立的森工部与林业部并列,林业部管理营林事业,重点抓造林,森工部管理森林工业,专管木材生产和利用。两个部的工作本来都是以森林为对象的,但是由于新中国成立初期重视森林工业而不太关心营林工作,因此将营林和森工两种职能分开,由不同的部门管理。其初衷在于希望能将营林工作做好,从而更有利于林业的长期发展。但是,由于这两个部的职能关系太密切,一个造林护林,一个伐木取材,分开管理不但没有解决矛盾,反而使这两个部门、两种工作之间的矛盾更为尖锐,因此不到两年,森工部便被撤销,并回了林业部。

在这两年内,由林业部主管的营林护林工作维持、继续了上一时期的规模,而森林工业发展迅速,木材产量由1955年的2 093万立方米猛增到1957年的2 786万立方米,1958年更是增加到3 579万立方米,而1950年的木材产量仅为664万立方米。

林业部时任部长为梁希,森工部时任部长为罗隆基。

4. 林业部(1958年2月—1970年5月)

1958年2月11日,第一届全国人大第五次会议决定撤销森林工业部,其机构和职能并入林业部。林业部重新主管营林和森林工业两项基本事业。这一时期,林业部的主要工作和成就在于:(1) 针对"大跃进"和人民公社化运动对森林资源的严重破坏和对农民林业生产积极性的严重挫伤,中央及时调整了林业方针政策,于1961年制定了以确定和保证山林所有权为核心内容的《林业政策十八条》。1964年中央又提出了"以营林为基础""采育结合"的林业建设方针。为了及时贯彻这些中央政策,林业部调整了山林所有权,规定造林"谁种谁有";山林归谁所有,林木的产品和收入就归谁支配。(2) 根据1957年制定颁发的《国营林场经营管理试行办法》和 1958 年国务院《在全国大规模造林的指示》,林业部主持兴办了大量的国有林场。至 1959 年,国营林场就达 3 959 处,是 1957 年 418 处的 10 倍。至 1965 年,全国国营林场经营面积达 6 800 万公顷,其中森林面积 2 930 多公顷。① (3)为了满足国家木材需求,加快了林区开发步伐。如 1964 年成立了大兴安岭特区,归林业部直接领导②,以供应国家所需木材。(4)在森林工业建设上,林业部制定了森林《更新跟上采伐的标准》,规定每年完成的森林更新面积相当于上年的采伐面积,其中人工更新面积要相当于上年的皆伐面积。

时任林业部部长相继为梁希(1958 年 2 月—12 月)、刘文辉(1959 年 4 月—1967 年 10 月)。1966 年"文革"开始,1967 年 10 月林业部开始实行军事管制(王云为军管会主任),原有的行政管理体制被打乱,林业建设基本陷入混乱之中。

5. 农林部(1970 年 5 月—1979 年 2 月)

1970 年 5 月,林业部撤销军事管制,与农业部合并为农林部。农林部下设林业组,后改为林业局。这一时期基本上继续了"文革"时期极"左"路线,林业建设总体上乏善可陈,唯有飞机播种造林可称亮点。在"文革"之前,我国南方一些条件优越的地区就已经试验成功了飞播造林,1972 年,南方各地开始大规模利用飞机播种,共造林 1 980 万亩,创造了历史最高纪录。20 世纪 70 年代初,北方飞播造林也开始恢复,播区面积逐步扩大。据统计,1967—1978 年,全国飞播总面积 1 000 万公顷,平均每年 83 万多公顷。1978 年一年飞播面积比 1967 年之前年份飞播总面积还大。③

1978 年 4 月,农林部分设出国家林业总局,为国务院直属机构,局长为罗玉川。国家林业总局的设立,说明国家开始意识到林业作为一项国家和社会事业,必须由专门的国家行政主管部门管理,将林业与农业事业合并起来归入农林部一起管理的做法不符合林业的发展。

---

① 国家林业局:《中国林业五十年》,中国林业出版社,1999 年,第 9 页。
② 此外还曾设过伊春特区。特区林业工作归林业部领导,地方工作归黑龙江省领导。
③ 同①,第 11 页。

6. 林业部(1979 年 2 月—1998 年 3 月)

1979 年 2 月 16 日,撤销农林部,重新设立林业部,下设办公厅、政策研究室、林业工业局、造林经营司、资源司、林政保护司、公安局、计划司、财务司、科学技术司、教育司、宣传司、外事司、人事司、行政司、老干部管理局以及三北防护林建设局(办公地设在银川)等司局。这是改革开放之后,我国林业事业开始拨乱反正、恢复发展的标志。

在恢复建制到改组为国家林业局的 20 年内,林业部作为国务院主管林业行政的组成部门之一,主要工作和成就有:(1)制定了新时期林业发展的目标。1993 年初,林业部阐述了走中国特色社会主义林业建设的基本内涵,提出林业工作要做到"该放的真正放开,挂抓得继续抓紧,该管的坚持管好",这是对新时期林业工作经验的总结。1994 年底,林业部又进一步针对当时的林业形势,明确了林业发展要"建立比较完备的林业生态体系和比较发达的林业产业体系"的奋斗目标。(2)推行林业"三定"工作,落实了中央林业政策。1981 年 3 月,中共中央、国务院发布了《关于保护森林发展林业若干问题的决定》,要求推行以"稳定山权林权,划定自留山,确定林业生产责任制"为主要内容的林业"三定"工作①。这项林业政策是农业生产承包责任制向林业领域的延伸,林业部加紧研究具体措施,部署落实。至 1984 年,全国绝大部分县市完成了林业"三定"工作,完成定权发证的山林面积达 14.5 亿亩,建立各种形式的林业生产责任制山林面积达 11.8 亿亩,给近 5 700 万农户划定自留山 4.7 亿亩。通过林业"三定",大多数地方林业生产关系得到适当调整,权、责、利得到进一步明确,这对于调动林农生产积极性起到了一定积极作用。但是由于一些农民担心下放的林权又会被收回,决定将眼前的林木换成直接的经济收益最为实际,因此造成一些地方乱砍滥伐盛行,这就违背了林业"三定"工作的初

---

① "三定"工作主要内容有:(1)国家所有和集体所有的森林、林木、林地,个人所有的林木和使用的林地,以及其他部门、单位所有的林木,要确定权属,由县以上人民政府颁发林权证,确认所有权或使用权。(2)划给农户自留山(或沙滩、沙荒)由农户植树种草,长期使用。种植的林木归农户所有,允许继承。(3)选择和确定林业生产责任制,把责任和报酬、整体利益与个人利益联系起来,因地制宜,允许多种多样。

衷。(3) 加快了林业立法,促进林业走上依法治林的发展道路。林业部于1979 年 2 月 16 日恢复建置,2 月 23 日,第五届全国人大常委会就通过了《中华人民共和国森林法(试行)》,这标志着我国林业建设开始走向依法治林的道路。在 1984 年《中华人民共和国森林法》发布并施行后,林业部立即组织起草与发布大量与森林法配套的林业法规草案。法规和部门规章为进一步建立林业法律体系奠定了坚实的基础。(4) 动员、鼓励全社会大搞植树造林运动。1981 年全国人大《关于开展全民义务植物运动决议》、1982 年国务院《关于开展全民义务植树运动的实施办法》相继出台后,植树造林成为新时期国民的一项义务。按照中央的部署,成立了全国绿化委员会领导全国植树造林运动。全国绿化委员会办公室设在林业部,因此林业部实际上承担了全民义务植树运动的总体宣传、部署和推进工作。(5) 陆续启动了“三北”防护林体系建设工程、长江中上游防护林体系建设工程、沿海防护林体系建设工程、平原绿化工程、太行山绿化工程、防沙治沙工程、淮河太湖流域综合治理防护林体系建设工程、黄河中游防护林工程、辽河流域综合治理防护林体系建设工程、珠江流域综合治理防护林体系建设工程等林业十大重点生态建设工程。(6) 先后主持开展了1977—1981 年第二次、1984—1988 年第三次、1989—1993 年第四次、1994—1998 年第五次全国森林资源清查工作,为政府掌握宏观的全国森林资源动态变化、制定合理的方针政策提供了依据。

时任林业部部长为:罗玉川(1979 年 2 月—1980 年 8 月)、雍文涛(1980 年 8 月—1982 年 4 月)、杨钟(1982 年 4 月—1987 年 6 月)、高德占(1987 年 6 月—1993 年 3 月)、徐有芳(1993 年 3 月—1997 年 7 月)、陈耀邦(1997 年 7 月—1998 年 3 月)。

7. 国家林业局(1998 年 3 月至今)

1998 年 3 月,根据国务院政府机构改革的部署,中华人民共和国林业部改为国家林业局,为国务院直属机构。国家林业局设办公室、政策法规司、造林绿化管理司(全国绿化委员会办公室)、森林资源管理司(木材行业管理办公室)、野生动植物保护与自然保护区管理司、农村林业改革发展司、森林公安局(国家森林防火指挥部办公室)、发展规划与资金管理司、科学技术司、国际合作司(港澳台办公室)、人事司等司局。其主要职责有:(1) 负责全国林业及其生态建设的监督管理;(2) 组织、协调、指导和监督全国造林绿化工作;(3) 承担森林资源保护发展监督管理的责任;(4) 组织、协调、指导和监督全国湿地保护工作;(5) 组织、协调、指导和监督全国荒漠化防治工作;(6) 组织、指导陆生野生动植物资源的保护和合理开发利用;(7) 负责林业系统自然保护区的监督管理;(8) 承担推进林业改革,维护农民经营林业合法权益的责任;(9) 监督检查各产业对森林、湿地、荒漠和陆生野生动植物资源的开发利用;(10) 承担组织、协调、指导、监督全国森林防火工作的责任和林业行政执法监管的责任;(11) 参与拟订林业及其生态建设的财政、金融、价格、贸易等经济调节政策,组织、指导林业及其生态建设的生态补偿制度的建立和实施;(12) 组织指导林业及其生态建设的科技、教育和外事工作,指导全国林业队伍的建设;(13) 承办国务院交办的其他事项。

国家林业局自 1998 年成立以来的主要工作和成就有:(1) 组织和领导开展了新世纪中国林业发展战略研究工作。21 世纪之后,我国进入全面建设小康社会新阶段,国家对林业和生态建设的重视日益提高。2001 年 3 月,第九届全国人大第四次会议通过的《关于国民经济和社会第十个五年计划纲要》中,将生态建设和林业重点建设工程纳入其中,赋予了新世纪林业建设新的历史使命。国民经济和社会发展对林业的需求发生重大转变,要求林业必须完成重大转型,中国林业的发展应当确定什么样的战略思想、战略目标、战略途径和战略措施,成为摆在人们面前一项亟待解决的问题。自 2001 年 6 月起,国家林业局组织了由近 60 位院士和资深专家领衔,来自林学、林业工程学、生态学、环境学、农学、生物学、法学、经济学和社会学等 40 多个学科的 300 多位研究人员组成的中国可持续发展战略研究项目组,历时两年,经过充分调研,站在中国可持续发展的战略高度,对新世纪的林业做出了科学定位,提出了"确立以生态建设为主的林业可持续发展道路,建立以森林植被为主体的国土生态安全体系,建设山川秀美的生态文明社会"的"三生态"战略思想和"严格保护、积极发展、科学经营,持续利用"的指导方针。(2) 整合和提升林业十大建设工程为六大林业重点工程。根据国家"十五"计划的部署和"三生态"的战略思想的要求,国家林业局将原来的林业十大生态重点建设工程整合和提升为天然林资源保护工程、退耕还林工程、三北及长江流域等防护林体系建设工程、京津风沙源治理工程、野生动植物保护及自然保护区建设工程、重点地区速生丰产用材林基地建设工程等六大林业重点工程。这六大工程不仅涵盖了原来工程中的森林资源保护、森林资源培育、防沙治沙等内容,还增加了退耕还林、野生动植物保护及自然保护区建设等新项目,是原十大林业生态重点建设工程的升级版。(3)落实国家集体林权制度改革政策。2008年6月,中共中央、国务院颁发了《关于全面推进集体林权制度改革的意见》,要求用5年左右时间基本完成明晰产权、承包到户的集体林权制度改革任务。即坚持集体林地所有权不变的前提下,依法将林地承包经营权和林木所有权,通过家庭承包方式落实到本集体经济组织的农户,确立农民作为林地承包经营权人的主体地位,林地的承包期为70年,承包期满,可以按照国家有关规定继续承包。这项改革是农村生产关系的重大变革,关系到稳定和完善农村基本经营制度和农民就业增收,关系到建设生态文明和发展现代林业发展,也关系到全面建设小康社会和落实科学发展观。国家林业局作为国务院林业行政主管部门,是《意见》的起草单位。《意见》以中共中央、国务院的名义颁布后,又继续宣传《意见》精神,部署改革的各项举措并深入调研,进一步完善推进改革的具体方式方法。截至2010年6月,福建、江西、辽宁、浙江、云南、河北、安徽、湖北、重庆、贵州、四川、湖南等12个省(区、市)基本完成了明晰产权、承包到户的改革任务,全国已完成确认权属的林地面积19.5亿亩,占全国集体林地面积的71.3%。(4)先后主持开展了1999—2003年第六次、2004—2008年第七次全国森林资源清查工作,为政府掌握宏观的全国森林资源动态变化,制定合理的方针政策提供了依据。

时任国家林业局局长为:王志宝(1998年3月—2000年11月)、周生贤(2000年11月—2005年11月)、贾治邦(2005年12月—2012年3月)、赵树丛(2012年3月至今)。

综上所述,我国国家林业行政主管部门从林垦部、林业部,到林业部与森林工业部并列,再到并入农林部,最后重新回归林业部、国家林业局,走了一条从对营林和森工统一管理到分开管理,从与农业合并经营再到单独经营的路程。事实证明,将森林营造和森林工业分开管理的做法不合理,将林业事业并入包括农业、林业在内的大农业部门中的做法也不科学,只有在林业各项事业归入国家林业主管部门统一管理的前提之下,对森林营造和森林工业等进行分类经营,走采育结合的路子,才是适合我国林业发展现实的科学选择。

（二）国家森林防火指挥部

国家森林防火指挥部既是全国森林防火工作的最高指挥机构,也是一个跨部门、跨行业、跨系统的重要议事协调机构。早在1987年大兴安岭特大森林火灾发生后,国务院和中央军委就曾于1987年7月18日批准成立过中央(国家)森林防火总指挥部。当时的中央森林防火总指挥部,是检查、监督、组织、协调社会各方面力量做好预防、扑救重大森林火灾的指挥机构,总指挥由国务院副总理田纪云担任,国务院副秘书长李昌安、林业部部长高德占、解放军总参谋部作战部副部长王守仁任副总指挥,成员单位包括林业部、总参作战部、国家计委、城乡建设环境保护部、公安部、财政部、铁道部、交通部、农牧渔部、邮电部、民政部、卫生部、商务部、民航局、国家物资局和国家气象局。总指挥部办公室设在林业部,同林业部森林防火办公室合署办公,承担总指挥部的日常工作,由林业部副部长刘广运兼任总指挥部秘书长及办公室主任。国家森林防火总指挥部每年召开1~2次全体会员会议,历年会议简表(见表10)。

表10　1987—1992年历次国家森林防火指挥部全体会议简表

时间	会议	内容
1987.08.24	第一次全体会议	讨论林业部给国务院的《关于加强森林防火工作的报告》,讨论并通过了中央森林防火总指挥部职责范围、工作制度和1987年秋季防火方案
1988.02.05	第二次全体会议	讨论和通过了1987年秋季森林防火工作情况和1988年春季森林防火安排

续表

时间	会议	内容
1988.08.23	第三次全体会议	调整和增补总指挥部成员,通过了关于1988年春季森林防火工作总结报告、关于处理特别重大森林火灾事故预案以及1988年秋季森林防火工作的部署意见
1989.02.15	第四次全体会议	总结1988年和部署1989年的森林防火工作
1989.09.07	第五次全体会议	总结春防、部署秋防工作
1990.02.19	第六次全体会议暨全国森林防火先进单位和模范表彰电话会议	表彰1987—1989年三年涌现出的先进单位和模范
1990.08.27	第七次全体会议	讨论通过了《关于进一步加强重点火险区森林防火工作的决定》,研究森林防火工作中的重大问题,部署下半年特别是秋冬季的森林防火工作
1991.03.09	第八次全体会议	总结1990年和部署1991年的森林防火工作,决定国家森林防火总指挥部建立联络员制度
1992.02.25	第九次全体会议	总结1991年和部署1992年的森林防火工作

1993年4月,国家精简机构,撤销了国家森林防火总指挥部。同年5月,国务院批转林业部《关于进一步加强森林防火工作报告》,要求国家森林防火总指挥部撤销后,地方各级人民政府要进一步负起森林防火的责任;同意由林业部组织有关部门建立部际联席会议制度,协调解决森林防火工作中的重大问题;原国家森林防火总指挥部的政策性、规范性文件仍然有效。

进入新世纪以来,由于全球气候持续变暖,极端气候增多,气候条件不利;加上我国实施林业六大工程以来,森林营造面积逐步扩大,进入林区活动的人员日益频繁;同时林区体制改革不断深化,部分地区森林防火工作力度有所减弱等因素影响,使得我国突发森林火灾的概率和不确定性增加,森林防火形势严峻、任务繁重。为进一步加强对全国森林防火工作的领导,完善预防和扑救森林火灾的组织指挥体系,充分发挥各部门在森林防火工作中的职能作用,2006 年 5 月,国务院决定成立国家森林防火指挥部。指挥部总指挥由国家林业局局长担任,成员单位包括外交部、发展改革委、公安部、民政部、财政部、铁道部、交通部、信息产业部、农业部、民航总局、广电总局、中国气象局、国务院新闻办、总参动员部、总参陆航部和武警森林指挥部。国家森林防火指挥部办公室设在国家林业局。

国家森林防火指挥部是全国森林防火工作的最高指挥机构,负责统一指挥、协调、检查和监督全国森林防火工作,其成立标志着全国森林防火指挥体系的进一步健全和完善。

(三)森林公安局

森林公安局是国家林业局和公安部的重要组成部分,受两者共同领导,是具有武装性质的兼有刑事执法和行政执法职能的专门保护森林及野生动植物资源、保护生态安全、维护林区社会治安秩序的重要力量。

1951 年,东北人民政府作出《关于建立森林公安机关的决定》,在森林工业总局下属的松江、黑龙江、伊春、牡丹江、吉林、辽东 6 个森林工业管理局设立森林公安处,在森林工业管理分局设立森林公安分局或派出所。这是我国最早的森林公安机构。1953 年,东北公安局、东北森林工业管理局联合指示,决定将森林工业管理局下设的森林公安分局、派出所改为森林工业公安局,在松江省、黑龙江省和吉林省公安厅增设森林工业保卫处、科,撤销松江、吉林、辽东等 6 个森林公安处。随着大面积国有林区的开发建设,又先后在内蒙古自治区牙克石林业管理局、黑龙江省林业总局以及所属的伊春、牡丹江、松花江等林业管理局和林业部大兴安岭林业管理局设立公安处,改吉林省公安厅森林工业保卫处为森林保卫处,在东北、内蒙古森林工业局普遍建立了公安局。20 世纪 60 年代初,华北、西北、华东、华南、西南林区也相继建立林业公安分局和派出所。"文革"期间,林业公安机构被撤销、削弱。

1979 年 1 月,国务院发布《关于保护森林,制止乱砍滥伐的布告》,要求"设立林区公安派出所,整顿林区社会治安",此后,在全国重点林区普遍建立了林区公安派出所。同年 2 月全国人大常委会通过的《中华人民共和国森林法(试行)》也明确规定:"应当根据实际需要,在重点林区设立公安局、派出所,配备森林警察,加强治安,保护森林。"1980 年 12 月,林业部、司法部、公安部、最高人民检察院联合发出《关于在重点林区建立与健全林业公安、检察、法院组织机构的通知》,要求在全国重点林区建立健全林业公安处、科、派出所。1981 年 3 月,中共中央、国务院《关于保护森林、发展林业若干问题的决定》中再次指出:"林区要抓紧建立健全公、检、法机构。"1984 年 5 月,国务院批准林业部设立公安局,列入公安部序列,为公安部第十六局,各级地方林业公安机关列入国家公安序列,实行双重领导。1985 年 10 月,林业部、公安部联合召开全国林业公安工作会议,并发出了《关于印发〈全国林业公安工作会议纪要〉的通知》,进一步明确了林业公安机关是公安机关的组成部分,是公安机关派驻林区的治安行政力量;林业部公安局是林业部的职能机构,也是公安部业务局序列,受林业部和公安部双重领导。林业公安机关的机构建设和执法工作进入了一个新的历史时期,在打击乱砍滥伐、乱捕滥猎、维护林区社会治安等方面作出了重大贡献。

1998 年 7 月开始实施的新修《森林法》规定:"依照国家有关规定在林区设立的森林公安机关,负责维护辖区社会治安秩序,保护辖区内的森林资源。"这是从最高林业法律角度,再次明确了森林公安的法律地位。2003 年 12 月,国家林业局、公安部发布《关于加强森林公安队伍建设的意见》,这是自森林公安成立以来,两部局首次就全面加强森林公安队伍建设作出重大部署,对森林公安队伍作出了明确规定,指出:"森林公安是国家林业部门和公安机关的重要组成部分,是具有武装性质的兼有刑事执法和行政执法职能的专门保护森林及野生动植物资源、保护生态安全、维护林区社会治安秩序的重要力量。"2005 年 7 月,国务院办公厅颁布《关于解决森林公安及林业检法编制和经费问题的通知》,明确规定将森林公安编制纳入政法专项编制序列,经费列入各级财政预算。这标志着长期以来制约森林公安和林业检察、法院生存、发展的瓶颈问题得到了解决。2007 年 3 月,中央编制办公室正式核定森林公安和林业检、法的政法专项编制数,同时明确,森林公安继续实行林业和公安部门双重领导的管理体制,党政工作以林业主管部门管理为主,公安业务工作以公安部门管理为主。森林公安队伍正规化建设迈出坚实步伐。截至 2008 年,全国除上海外,其他 30 个省(自治区、直辖市)都设立了森林公安机构,总数近 7 000 个,实有警力近60 000 万人。

(四)武警森林部队

武警森林部队是中国人民武装警察部队的一个警种,其基本任务是承担森林防火灭火任务和保卫森林资源,同时承担依法执行国家赋予的维护社会稳定和处置突发事件的任务。

1948 年,东北行政委员会决定成立了武装护林队,这是我国森林武警部队的滥觞。1950 年,由于东北林区火灾频发,因而东北人民政府发出《关于加强防火护林紧急措施的决定》,决定成立辽东、吉林、松江、黑龙江4 省护林武装大队,编制 1 500 人,其中,辽东、吉林、松江三省各设 400 名,黑龙江设 300 名,统归林政局领导。1952 年,内蒙古自治区也组建了护林武装大队,编制 300 人。1953 年,根据中央的决定,将护林队改建为护林警察,编制增至 3 000 多人。1954 年,因省(区)划分变更,松江、辽东两省护林警察大队分别并入黑龙江省和吉林省护林警察大队。1956 年,按照林业部要求,吉林省和内蒙古自治区武装护林警察都改为护林员,唯有黑龙江省武装护林警察保留建制。1960 年,东北航空护林局(位于黑龙江嫩江)从伞兵部队接收伞兵 300 多人,组建了空降灭火大队,属森林警察建制。1962 年、1963 年,吉林省和内蒙古自治区的森林警察部队先后恢复建制,兵力增至 7 000 多人。森林警察部队受各省、自治区林业厅(局)和公安厅双重领导,以林业部门领导为主。1967—1972 年,武装森林警察部队实行军管。1972 年、1974 年,黑龙江、吉林两省先后结束军管,重新将森警部队交各省林业部门领导。

1978 年,经国务院、中央军委批准,规定森林警察部队实行义务兵役制,服役期为三年。1980 年,又规定连排职干部实行现役制。1988 年 1月,鉴于大兴安岭特大森林火灾的教训,国务院、中央军委下发《关于批准黑龙江、吉林、内蒙古武装森林警察列入武警序列实施方案的通知》,规定森林警察列入中国人民武装警察序列,全部实行现役制;在领导体制上,实行林业部门和公安部门双重领导,以林业部门为主,中央和地方,以地方为主的管理体制。森林警察列入武警部队序列,标志着森林部队建设进入一个新的阶段。1993年10月,云南省森林警察支队正式组建(其前身为黑龙江省机降支队);1995年12月,经国务院批准,扩建成云南省森林武警总队(师级)。

1999年2月,国家实行天然林保护工程后,森林防火力度增大,根据国务院、中央军委的指示,组建了中国人民武装警察部队森林指挥部(军级),结束了原来的多重领导管理体制,开始实行新的集中统一管理。2001年12月,鉴于西部地区生态环境脆弱,森林防火形势严峻,又组建了四川、西藏、新疆三个森林警察总队。2008年6月,组建了武警森林机动支队(旅级)和福建省武警森林总队、甘肃省武警森林总队(师级)。2009年7月,组建了武警森林直升机支队。至此,我国森林警察部队形成森林指挥部下辖黑龙江、吉林、内蒙古、云南、四川、西藏、新疆、福建、甘肃9省(自治区)9个总队和机动(驻北京市)、直升机(驻黑龙江省大庆市)2个支队的格局。

据统计,1999年以来,武警森林部队出动兵力187万余人次,扑灭森林火灾3 500余起,完成执勤任务23 000余次,平均每天有400名官兵在一线作战。此外,武警森林部队还配合地方林业公安,在长白山、西双版纳、青藏高原、天山脚下、锡林郭勒大草原等20余处国家级自然保护区,发起以打击盗猎野生动物不法分子为主要目的"保护藏羚羊一号""版纳雨林二号""飞鹰"等行动。2007年,中共"十七大"提出"建设生态文明"后,武警森林警察又开始了从"灭火铁军"向"生态劲旅"的转变。目前,武警森林部队已经成为扑防森林火灾、保卫森林资源、维护国家生态安全的重要力量。

第三章

当代中国的森林资源概况

中国是世界森林资源最丰富的国家之一,在俄罗斯、巴西、加拿大和美国之后,位居世界第五。联合国粮农组织《2010 年全球森林资源评估》主要结果显示,目前世界森林面积达 40 亿公顷,约占全球陆地总面积的 31%,人均森林面积 0.6 公顷。全球原始林占世界森林面积的 36%;全球人工林面积 2.64 亿公顷,约占世界森林面积的 7%。从森林功能来看,全球商品林面积接近 12 亿公顷,生物多样性保护林面积超过 4.6 亿公顷,防护林面积 3.3 亿公顷,分别占世界森林面积的 30%,12% 和 8%。从森林权属来看,公有林面积占世界森林面积的 80%。全球森林碳储量达到 2 890 亿吨。

第一节　中国林区区划

所谓林业区划,是指根据林业特点,在研究有关自然、经济和技术条件的基础上,分析、评价林业生产的特性与潜力,按照地域分异的规律进行分区划片;亦即以全国或省(自治区、直辖市)、县(旗)为总体,在区域之间,区别差异性,归纳相似性,予以地理分区,使之成为各具特点的"林区"。进而研究其区域的特点、生产条件以及优势和存在的问题,提出其发展方向、生产布局和实施的主要措施与途径,以便因地制宜,扬长避短,发挥区域优势,为林业建设发展和制定长远规划等提供基本依据。[①]

1954 年,林业部曾成立过林区区划研究组,准备组织编写《全国林业区划草案》,但因为种种原因没能继续下去。1979 年,林业部根据国家科学技术委员会和全国农业区划委员会的统一部署,重新组织全国林业部门开展林业区划工作。其基本方法是:先以各省(自治区、直辖市)现有资料为基础,必要时进行若干补充调查,编写省级林业区划初稿;然后在此基础上把地域相连、发展方向相同或相似的省级区合并,组成为具有独立特点

---

① 刘建国、袁嘉祖:《林业区划原理与方法》,中国林业出版社,1994 年,第 1 页。

的"林区"(即能在一定程度上发展林业,其区域内部的林业发展主要方向
又相同的地理单位);进而将地带性气候、地貌、森林植被类型等因素相似
和地域连接的"林区"归并为一个"林业地区",在编写省级和全国林业区
划初稿时,同步开展县级林业区划工作;最后在全国林业县级林业区划完
成后,对省级和全国林业区划进行修正,完成定稿。至 1981 年夏,全国大
部分省(自治区、直辖市)林业区划初稿完成,同年 9 月完成了全国林业区
划草稿。1982 年 11 月,《中国林业区划》初稿完成。1983 年 7 月,经林业
部部长会议审议通过,并决定正式刊行。至 1987 年 12 月,《中国林业区
划》初稿正式出版。这是新中国第一部全国林业区划的著作,对于制定正
确的林业方针政策,科学营林,深化林业改革,调整林业产业结构等具有重
要的基础性作用。按照《中国林业区划》[①]的划分,我国林区分为 8 个一级
区、50 个二级区(见表 11)。

表 11　20 世纪 80 年代中国林业区划表

一级区	二级区
东北用材、防护林地区	1. 大兴安岭北部用材林区
	2. 呼伦贝尔草原护牧林区
	3. 松辽平原农田防护林区
	4. 小兴安岭用材林区
	5. 三江平原农田防护林区
	6. 大兴安岭南部防护、用材林区
	7. 长白山用材、水源林区
蒙新防护林地区	8. 阿尔泰山防护、用材林区
	9. 准噶尔盆地防护林区
	10. 天山水源林区
	11. 南疆盆地绿洲防护林区
	12. 河西走廊农田防护林区
	13. 祁连山水源林区
	14. 黄河上游水源林区
	15. 黄河河套农田防护林区

① 中华人民共和国林业部林业区划办公室主编:《中国林业区划》,中国林业出版社,1987 年。

续表

一级区	二级区
蒙新防护林地区	16. 阴山防护林区
	17. 锡林郭勒草原护牧林区
	18. 鄂尔多斯东部防护林区
	西北荒漠、半荒漠待补水区
黄土高原防护林地区	19. 黄土丘陵水土保持林区
	20. 陇秦晋山地水源林区
	21. 汾渭平原农田防护林区
华北防护、用材林地区	22. 燕山太行山水源、用材林区
	23. 华北平原农田防护林区
	24. 鲁中南低山丘陵水源林区
	25. 辽南鲁东防护、经济林区
青藏高原寒漠非宜林地区	
西南高山峪谷防护、用材林地区	26. 雅鲁藏布江上中游防护、薪炭林区
	27. 高山峡谷防护、用材林区
南方用材、经济林地区	28. 秦巴山地水源、用材林区
	29. 大别山、桐柏山水源、经济林区
	30. 四川盆周山地用材、经济林区
	31. 四川盆地水土保持、经济林区
	32. 川滇湘鄂经济林区
	33. 长江中下游滨湖农田防护林区
	34. 幕阜山用材林区
	35. 天目山水源、用材林区
	36. 云南高原用材、水土保持林区
	37. 黔中用材、水土保持林区
	38. 南岭用材林区
	39. 湘赣浙丘陵经济林区
	40. 浙闽沿海防护、经济林区
	41. 武夷山用材林区
	42. 滇西南用材、经济林区
	43. 元江南盘江用材、水源林区
	44. 西江用材、经济林区
	45. 赣闽粤用材、水土保持林区

续表

一级区	二级区
华南热带林保护地区	46. 滇南热带林保护区
	47. 粤桂沿海丘陵台地防护、用材林区
	48. 海南岛、南海诸岛热带林保护区
	49. 闽粤沿海防护、经济林区
	50. 台湾用材、经济林区

　　1991 年,全国县级林业区划完成,此时距全国林业区划草稿出台已有 10 年,国家林情已经发生了变化,因此林业部又组织修订了全国林业区划,但原区划的 8 个林业地区和 50 个林区除个别地区略作调整外,基本上没有变动。

　　时至今日,我国林业发展所面临的形势、森林资源、经营理念等都发生较大变化,森林面积已从原来的 1.25 亿公顷上升到 1.95 亿公顷,森林覆盖率也由 12.98% 上升到 20.36%;原来国家木材生产主要来源于对天然林的砍伐,今天国家已经实施天然林保护工程,全面禁止对天然林的商业性采伐;原来林业发展实际上以木材生产为主,今天则转变为以生态建设为主;等等。这些变化与 20 世纪 80 年代所作的林业区划已经不相适应,因此国家于 2007 年开始了新的林业发展区划工作[①],以便为今后制订和落实林业发展规划,制订林业方针政策提供基本的依据。在国家林业局新的林业区划出台之前,目前比较翔实的林业区划方案可以以中国可持续发展林业战略研究项目组在 21 世纪初为我国林业发展所制定的发展战略中所作的划分作为参考。项目组将我国林业发展区域划分为 7 个区,分别是:东北地区、三北地区、华北中原地区、南方地区、东南沿海热带地区、西南峡谷地区、青藏高原地区[②]。各区基本情况(见表 12)。

---

　　① 据 2007 年年底全国林业发展区划工作阶段性成果,全国共划分为 10 个一级区,61 个二级区。这 10 个一级区是大兴安岭寒温带针叶林限制开发区,东北中温带针阔混交林优化开发区,中原暖温带落叶阔叶林保护发展区,南方亚热带常绿阔叶林、针阔混交林重点开发区,南方热带季雨林、雨林限制开发区,云贵高原亚热带针叶林优化开发区,青藏高原暗针叶林限制开发区,蒙冀宁森林草原治理区,新蒙甘荒漠灌草恢复治理区,青藏高原高寒植被重点保护区。

　　② 中国可持续发展林业战略研究项目组编:《中国可持续发展林业战略研究·战略卷》,中国林业出版社,2003 年,第 42 - 43、58 - 79 页。

表 12　中国林业发展区划简况

项目 \ 林业地区	行政区域		陆地面积		林业面积	
	政区	县数①	单位：万平方公里	占全国陆地面积比例	单位：万公顷	占全国林地总面积比例
东北地区	内蒙古和辽宁东部、吉林大部、黑龙江全部	151	98.27	10.27%	5 245.47	20.41%
三北地区	内蒙古中部和西部、辽宁西部、吉林西部部分、河北北部、北京北部山区、山西除了东南部外大部分、陕西西南以北、甘肃兰州以北、青海北部、新疆和宁夏	420	378.80	39.59%	3 930.26	15.29%
华北中原地区	北京市大部分地区、天津市、河北南部、山西东南部分地区、河南大部分地区、山东省、安徽北部和江苏长江以北	421	56.64	5.92%	961.69	3.74%
南方地区	上海、浙江、湖南、贵州、湖北、重庆、福建与江西大部分、江苏长江以南、安徽南部、广西北部、云南东部和中部、四川东部、陕西南部、河南南部部分地区	765	161.25	16.85%	9 451.73	36.77%

---

① 包括县、县级市、划区市的区、旗等县级政区。

续表

项目 林业地区	行政区域		陆地面积		林业面积	
	政区	县数①	单位：万平方公里	占全国陆地面积比例	单位：万公顷	占全国林地总面积比例
东南沿海热带地区	福建东南部、广东、广西南部、云南南部、海南、台湾、香港、澳门	204（除港澳台地区）	47.71	4.99%	2 315.67	9.01%
西南峡谷地区	云南西部、四川西部大部分、西藏东南部、甘肃兰州以南大部分	108	66.53	6.95%	3 059.65	11.90%
青藏高原地区	甘肃玛曲县、四川西北部、青海南部、西藏除东南部以外地区	81	147.50（除西藏实际控制线以外地区）	15.42%	740.27	2.88%

一、东北地区

东北地区是我国森林资源最丰富的林区，总面积 98.27 万平方公里，林地面积 5 245.47 万公顷，林地占土地面积 53.38%，区域森林覆盖率为 38.78%。林地按权属划分，国有林占 83.36%，集体林占 16.64%。林地中，有林地面积 3 811.27 万公顷，疏林地面积 86.67 万公顷，灌木林地 161.46 万公顷，未成林造林地 81.09 万公顷，苗圃地 1.52 万公顷，无林地面积 1 103.46 万公顷。

有林地中，林分面积 3 636.48 万公顷，蓄积量 301 866.60 万立方米，单位面积蓄积量每公顷 83.01 立方米。按起源分，天然林面积 3 200.28 万

---

① 包括县、县级市、划区市的区、旗等县级政区。

公顷,占林分面积的88.00%,蓄积量284 485.00万立方米,占林分蓄积量的94.24%,单位面积蓄积量每公顷88.89立方米;人工林面积436.20万公顷,占林分面积12.00%,蓄积量17 381.60万立方米,占林分蓄积量的5.76%,单位面积蓄积量每公顷39.85立方米。按权属分,国有林面积3 287.99万公顷,占林分面积的90.24%,蓄积量285 272.11万立方米,占林分蓄积量的94.50%,单位面积蓄积量每公顷86.76立方米;集体林面积348.89万公顷,占林分面积的9.58%,蓄积量16 594.50万立方米,占林分蓄积量的5.50%,单位面积蓄积量每公顷47.62立方米(见图1)。

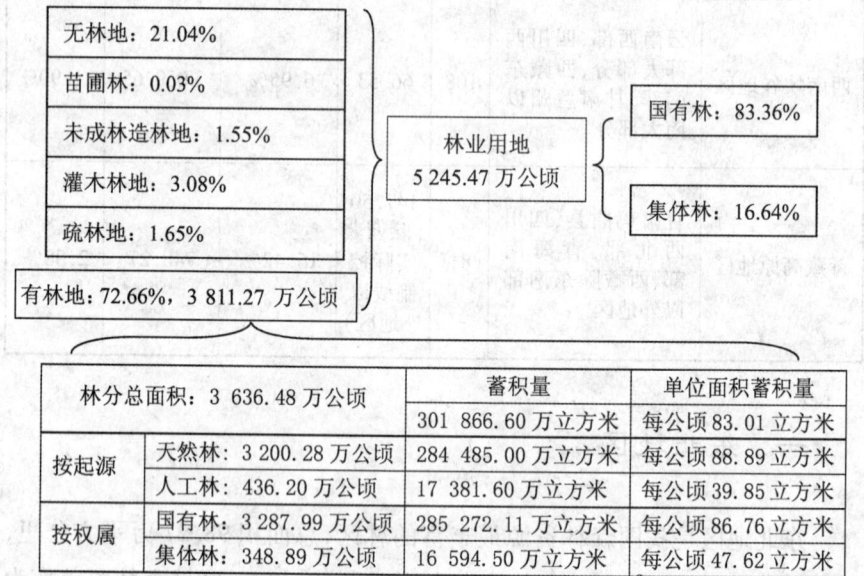

| 无林地:21.04% |
| 苗圃林:0.03% |
| 未成林造林地:1.55% | 林业用地
5 245.47万公顷 | 国有林:83.36% |
| 灌木林地:3.08% | | 集体林:16.64% |
| 疏林地:1.65% |
| 有林地:72.66%,3 811.27万公顷 |

林分总面积:3 636.48万公顷		蓄积量	单位面积蓄积量
		301 866.60万立方米	每公顷83.01立方米
按起源	天然林:3 200.28万公顷	284 485.00万立方米	每公顷88.89立方米
	人工林:436.20万公顷	17 381.60万立方米	每公顷39.85立方米
按权属	国有林:3 287.99万公顷	285 272.11万立方米	每公顷86.76立方米
	集体林:348.89万公顷	16 594.50万立方米	每公顷47.62立方米

图1 东北地区林地分布图

东北林区森林资源总量大,森林覆盖率高,森林分布相对集中,但森林资源林种结构、林龄结构不尽合理,特别是可采资源已趋于枯竭,总体上森林资源质量偏低,人工林和集体林单位产量偏低,且无林地面积较大。东北区既是全国最主要的林产品生产基地,也是全国生态环境建设的主体和示范点,其区域林业发展战略是:通过合理调整林地利用结构,加强现有天然林和天然次生林的保护,建设完善的防护体系,防止内蒙古东部沙地的东移;通过加强平原农田林网的建设,尽快完善农田防护林体系;通过推行径级作业法,提高森林经营水平和效率;通过加强与俄罗斯东部区域的合作,合理开发利用境外的森林资源,加强林业产业尤其是深加工能力的建设;通过合理利用林区生物资源和丘陵浅山区的森林景观,调整林业经济结构,发展非木质产业和森林旅游业。

二、三北地区

三北地区总面积 378.80 万平方公里,林地面积 3 930.25 万公顷,林地占土地面积的 10.38%,区域森林覆盖率为 3.88%。林地按权属划分,国有林占 52.69%,集体林占 47.31%。林地中,有林地面积 1 469.13 万公顷,疏林地面积 124.81 万公顷,灌木林地 570.13 万公顷,未成林造林地 50.89 万公顷,苗圃地 3.14 万公顷,无林地面积 1 712.15 万公顷。

有林地中,林分面积 1 225.97 万公顷,蓄积量 83 691.20 万立方米,单位面积蓄积量每公顷 68.27 立方米。按起源分,天然林面积 836.13 万公顷,占林分面积的 68.20%,蓄积量 69 307.78 万立方米,占林分蓄积量的 82.81%,单位面积蓄积量每公顷 82.89 立方米;人工林面积 389.84 万公顷,占林分面积的 31.80%,蓄积量 14 383.42 万立方米,占林分蓄积量的 17.19%,单位面积蓄积量每公顷 36.90 立方米。按权属分,国有林面积 751.19 万公顷,占林分面积的 61.27%,蓄积量 66 435.94 万立方米,占林分蓄积量的 79.38%,单位面积蓄积量每公顷 88.44 立方米;集体林面积 474.78 万公顷,占林分面积的 38.73%,蓄积量 17 255.26 万立方米,占林分蓄积量的 20.62%,单位面积蓄积量每公顷 36.34 立方米(见图 2)。

三北地区由于历史上的长期过度采伐,因而森林资源数量少、质量低,分布不均匀,东部多、西部少,主要分布在山区,且无林地和灌木林地面积较大,林业生产力较低。三北地区林业发展战略重点在于大力开展荒漠化治理,通过国家生态建设的投入,发展生态与经济效益较高的治理模式,建设农牧林网,形成完善的防护林体系,减少沙尘暴危害;在加强现有植被保护的前提下,大力发展以灌木为主,乔、灌、草相结合的植被,开发、推广以抗旱为主的抗逆性强的种植材料,提高造林成活率,提高植被生长活力;在适宜地区合理开发经济型防护林、用材林和经济林,发展治沙产业、节水林业和林果产品的深加工。

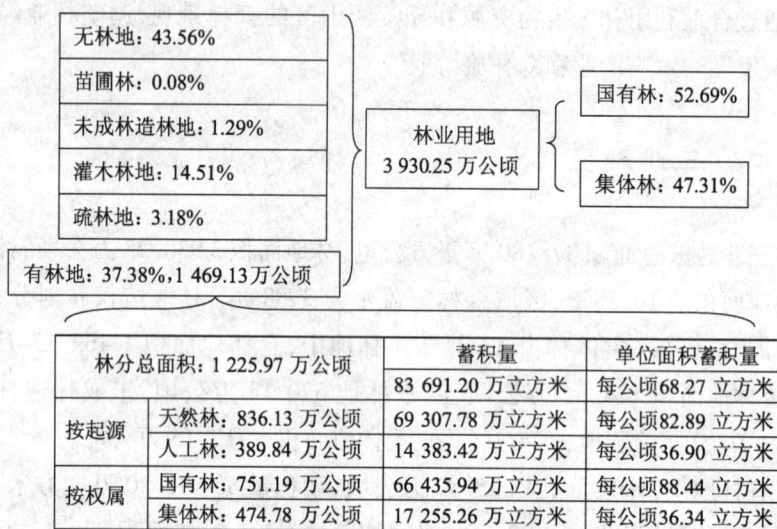

无林地:43.56%	
苗圃林:0.08%	
未成林造林地:1.29%	林业用地 3 930.25 万公顷
灌木林地:14.51%	
疏林地:3.18%	

国有林:52.69%
集体林:47.31%

有林地:37.38%,1 469.13 万公顷

林分总面积:1 225.97 万公顷		蓄积量	单位面积蓄积量
		83 691.20 万立方米	每公顷68.27 立方米
按起源	天然林:836.13 万公顷	69 307.78 万立方米	每公顷82.89 立方米
	人工林:389.84 万公顷	14 383.42 万立方米	每公顷36.90 立方米
按权属	国有林:751.19 万公顷	66 435.94 万立方米	每公顷88.44 立方米
	集体林:474.78 万公顷	17 255.26 万立方米	每公顷36.34 立方米

图2 三北地区林地分布图

三、华北中原地区

华北中原地区总面积 56.64 万平方公里,林地面积 961.68 万公顷,林地占土地面积的 16.98%,区域森林覆盖率为 3.88%。林地按权属划分,国有林占 9.91%,集体林占 90.09%。林地中,有林地面积 521.20 万公顷,疏林地面积 33.86 万公顷,灌木林地 89.58 万公顷,未成林造林地 18.91 万公顷,苗圃地 3.02 万公顷,无林地面积 275.11 万公顷。

有林地中,林分面积 293.61 万公顷,蓄积量 9 325.24 万立方米,单位面积蓄积量每公顷 31.76 立方米。按起源分,天然林面积 112.45 万公顷,占林分面积的 38.30%,蓄积量 3 655.76 万立方米,占林分蓄积量的 39.20%,单位面积蓄积量每公顷 32.51 立方米;人工林面积 181.16 万公顷,占林分面积的 61.70%,蓄积量 5 669.48 万立方米,占林分蓄积量的 60.80%,单位面积蓄积量每公顷 31.30 立方米。按权属分,国有林面积

54.46 万公顷,占林分面积的 18.55%,蓄积量 2 578.99 万立方米,占林分蓄积量的 27.66%,单位面积蓄积量每公顷 47.36 立方米;集体林面积 239.15 万公顷,占林分面积的 81.45%,蓄积量 6746.25 万立方米,占林分蓄积量的 72.34%,单位面积蓄积量每公顷 28.21 立方米(见图 3)。

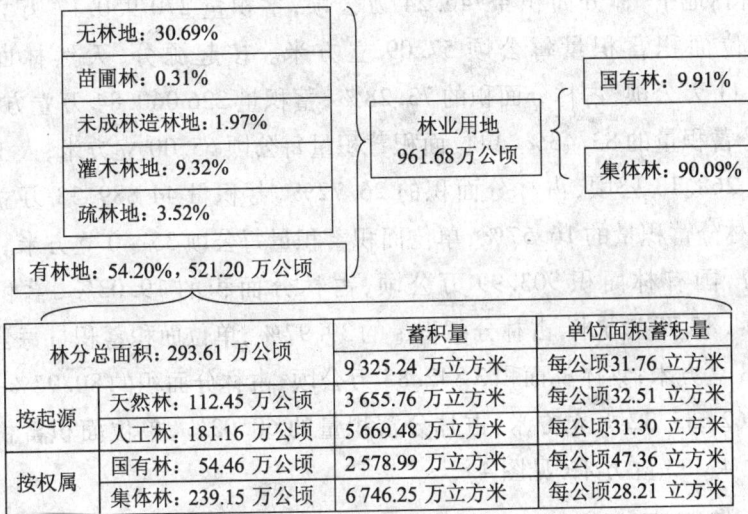

无林地: 30.69%		
苗圃林: 0.31%		国有林: 9.91%
未成林造林地: 1.97%	林业用地 961.68 万公顷	
灌木林地: 9.32%		集体林: 90.09%
疏林地: 3.52%		

有林地: 54.20%, 521.20 万公顷

林分总面积: 293.61 万公顷		蓄积量	单位面积蓄积量
		9 325.24 万立方米	每公顷31.76 立方米
按起源	天然林: 112.45 万公顷	3 655.76 万立方米	每公顷32.51 立方米
	人工林: 181.16 万公顷	5 669.48 万立方米	每公顷31.30 立方米
按权属	国有林: 54.46 万公顷	2 578.99 万立方米	每公顷47.36 立方米
	集体林: 239.15 万公顷	6 746.25 万立方米	每公顷28.21 立方米

图 3 华北中原地区林地分布图

华北中原地区山地少、平原多,因此森林资源分布不均,天然林分布在山区,人工林主要分布在平原区,人工林和集体林面积较大,且主要为农田防护林,部分地区林粮间作多。本区域森林资源破坏严重,森林单位面积蓄积量极低,山区生态环境恶化,因此急需提高森林质量。这一区域林业发展战略是:在保护好现有的少量天然次生林的基础上,开展人工造林,尤其是继续扩大农田防护林网和营造农田速生丰产林;在部分区域发展如淮北平原、山东平原、太湖流域等发展薪炭林和经济林;在泰山、黄山等地建设一批保护区。

四、南方地区

南方地区总面积 161.25 万平方公里,林地面积 9 451.73 万公顷,林地占土地面积的 58.62%,区域森林覆盖率为 37.88%。林地按权属划分,国有林占 16.63%,集体林占 83.37%。林地中,有林地面积 6 108.70 万公顷,疏林地面积 298.56 万公顷,灌木林地 1 227.39 万公顷,未成林造林地 235.16 万公顷,苗圃地 2.67 万公顷,无林地面积 1 579.25 万公顷。

有林地中,林分面积 4 746.24 万公顷,蓄积量 270 950.17 万立方米,单位面积蓄积量每公顷 57.09 立方米。按起源分,天然林面积 3 478.11 万公顷,占林分面积的 73.28%,蓄积量 226 060.84 万立方米,占林分蓄积量的 83.43%,单位面积蓄积量每公顷 65.00 立方米;人工林面积 1 268.13 公顷,占林分面积的 26.72%,蓄积量 44 889.33 万立方米,占林分蓄积量的 16.57%,单位面积蓄积量每公顷 35.40 立方米。按权属分,国有林面积 903.99 万公顷,占林分面积的 19.03%,蓄积量 108 294.85 万立方米,占林分蓄积量的 39.97%,单位面积蓄积量每公顷 119.88 立方米;集体林面积 3 842.85 万公顷,占林分面积的 80.97%,蓄积量 162 655.32 万立方米,占林分蓄积量的 60.03%,单位面积蓄积量每公顷 42.33 立方米(见图 4)。

无林地:17.71%		
苗圃林:0.03%	林业用地 9 451.73万公顷	国有林:16.63%
未成林造林地:2.49%		
灌木林地:12.99%		集体林:83.37%
疏林地:3.16%		
有林地:64.63%,6 108.70 万公顷		

林分总面积:4 746.24 万公顷		蓄积量	单位面积蓄积量
		270 950.17 万立方米	每公顷57.09 立方米
按起源	天然林:3 478.11 万公顷	226 060.84 万立方米	每公顷65.00 立方米
	人工林:1 268.13 万公顷	44 889.33 万立方米	每公顷35.40 立方米
按权属	国有林:903.99 万公顷	108 294.85 万立方米	每公顷119.88 立方米
	集体林:3 842.85 万公顷	162 655.32 万立方米	每公顷42.33 立方米

图 4 南方地区林地分布图

南方地区是我国重要的集体林区和商品林生产基地,自然环境良好,非常适宜森林生长。其区域林业发展战略是:选择优良立地发展速生丰产林,实行集约栽培,尤其是发展大型林业企业进行集约经营;结合消灭宜林荒山,进行多种树造林,积极发展阔叶林,培育珍贵阔叶用材林;大力发展竹林,发展竹产业;发展经济林及其加工业;保护与经营好次生林,保护江河源头、水土流失风险大的地区、石漠化严重地区的森林植被和生态环境。

五、东南沿海热带地区

东南沿海热带地区总面积47.71万平方公里,林地面积2 315.67万公顷,林地占土地面积的48.54%,区域森林覆盖率为32.34%。林地按权属划分,国有林占13.15%,集体林占86.85%。林地中,有林地面积1 452.88万公顷,疏林地面积57.35万公顷,灌木林地267.11万公顷,未成林造林地60.4万公顷,苗圃地1.08万公顷,无林地面积386.83万公顷。

有林地中,林分面积1 253.21万公顷,蓄积量60 444.33万立方米,单位面积蓄积量每公顷48.23立方米。按起源分,天然林面积772.34万公顷,占林分面积的61.63%,蓄积量46 563.38万立方米,占林分蓄积量的77.04%,单位面积蓄积量每公顷60.29立方米;人工林面积480.87万公顷,占林分面积的38.37%,蓄积量13 880.95万立方米,占林分蓄积量的22.96%,单位面积蓄积量每公顷28.87立方米。按权属分,国有林面积183.23万公顷,占林分面积的14.62%,蓄积量20 179.58万立方米,占林分蓄积量的33.39%,单位面积蓄积量每公顷110.13立方米;集体林面积1 069.98万公顷,占林分面积的85.38%,蓄积量40 264.75万立方米,占林分蓄积量的66.61%,单位面积蓄积量每公顷37.63立方米(见图5)。

东南沿海热带地区是我国重要的集体林区和商品林生产基地,占全国4.99%的土地面积,却拥有全国林地总面积9.01%、全国森林面积9.70%、全国森林蓄积5.99%、全国竹林面积14.48%以及中国热带雨林的全部和红树林资源的大部,生物物种极为丰富,拥有许多热带珍惜速生树种。其区域林业发展战略是:抢救性地保护好已为数不多的热带雨林、季雨林和红树林;通过加强对人工林和集体林的集约化管理,尤其是热带珍惜速生树种的基地建设,提高森林资源质量;通过加大造林力度,绿化宜林地,并把灌木林地减到最少;发展外向型的集团化林业企业,行政较大型的木材产业和纸浆业;通过热区特有经济作物的集约化栽培,形成大规模的热区林业。

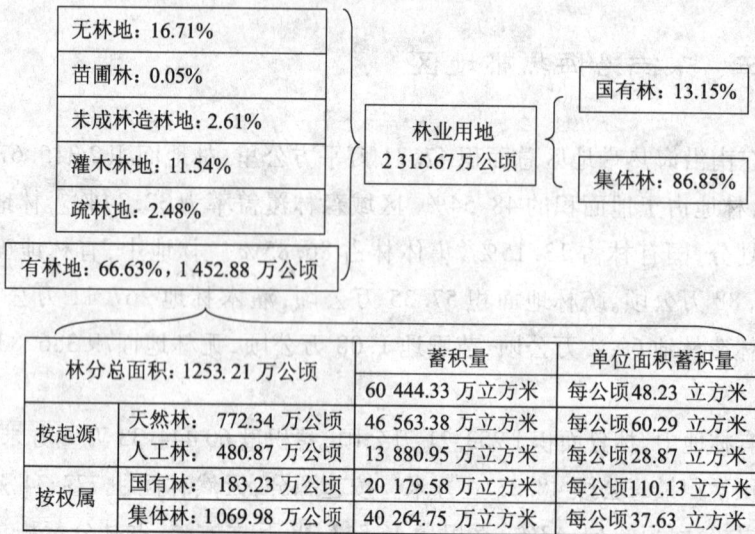

无林地: 16.71%
苗圃林: 0.05%
未成林造林地: 2.61%
灌木林地: 11.54%
疏林地: 2.48%

林业用地 2 315.67万公顷

国有林: 13.15%
集体林: 86.85%

有林地: 66.63%, 1 452.88 万公顷

林分总面积: 1253.21 万公顷		蓄积量	单位面积蓄积量
		60 444.33 万立方米	每公顷48.23 立方米
按起源	天然林: 772.34 万公顷	46 563.38 万立方米	每公顷60.29 立方米
	人工林: 480.87 万公顷	13 880.95 万立方米	每公顷28.87 立方米
按权属	国有林: 183.23 万公顷	20 179.58 万立方米	每公顷110.13 立方米
	集体林: 1069.98 万公顷	40 264.75 万立方米	每公顷37.63 立方米

图5　东南沿海热带地区林地分布图

六、西南峡谷地区

西南峡谷地区总面积66.53万平方公里,林地面积3 059.65万公顷,林地占土地面积的45.99%,区域森林覆盖率为24.95%。林地按权属划分,国有林占51.60%,集体林占48.40%。林地中,有林地面积1 659.74万公顷,疏林地面积97.29万公顷,灌木林地794.20万公顷,未成林造林地12.80万公顷,苗圃地0.60万公顷,无林地面积494.02万公顷。

有林地中,林分面积1 526.68万公顷,蓄积量230 684.22万立方米,

单位面积蓄积量每公顷 151.10 立方米。按起源分,天然林面积 1 382.77
万公顷,占林分面积的 90.57%,蓄积量 226 055.61 万立方米,占林分蓄积
量的 97.99%,单位面积蓄积量每公顷 163.48 立方米;人工林面积 143.91
万公顷,占林分面积的 9.43%,蓄积量 4 628.61 万立方米,占林分蓄积量
的 2.01%,单位面积蓄积量每公顷 32.16 立方米。按权属分,国有林面积
828.83 万公顷,占林分面积的 54.29%,蓄积量 18 099 964 万立方米,占林
分蓄积量的 78.46%,单位面积蓄积量每公顷 218.38 立方米;集体林面积
697.85 万公顷,占林分面积的 45.71%,蓄积量 49 684.58 万立方米,占林
分蓄积量的 21.54%,单位面积蓄积量每公顷 71.20 立方米(见图 6)。

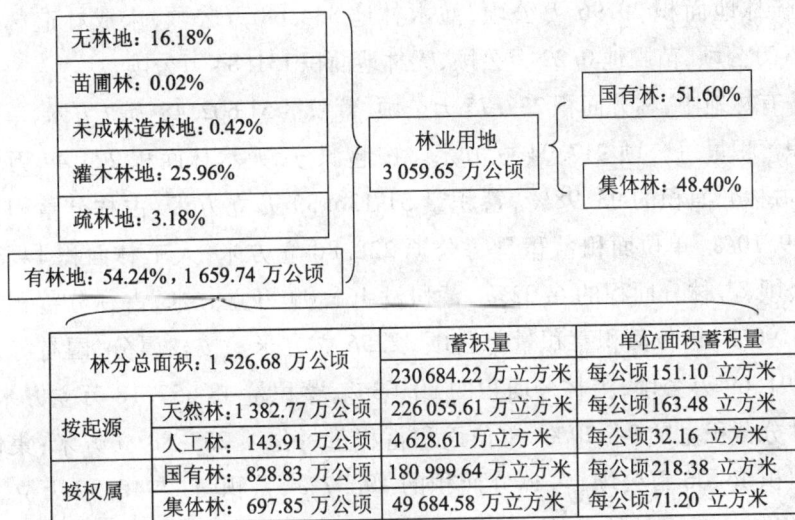

无林地:16.18%			
苗圃林:0.02%		国有林:51.60%	
未成林造林地:0.42%	林业用地 3 059.65 万公顷		
灌木林地:25.96%		集体林:48.40%	
疏林地:3.18%			

有林地:54.24%,1 659.74 万公顷

林分总面积:1 526.68 万公顷		蓄积量	单位面积蓄积量
		230 684.22 万立方米	每公顷151.10 立方米
按起源	天然林:1 382.77 万公顷	226 055.61 万立方米	每公顷163.48 立方米
	人工林:143.91 万公顷	4 628.61 万立方米	每公顷32.16 立方米
按权属	国有林:828.83 万公顷	180 999.64 万立方米	每公顷218.38 立方米
	集体林:697.85 万公顷	49 684.58 万立方米	每公顷71.20 立方米

图 6　西南峡谷地区林地分布图

西南峡谷地区是我国第二大林区和重要的木材生产基地,天然林多、
人工林少,森林资源丰富但分布不均,大面积原始林主要集中在人烟稀少、
经济落后、交通不便的川西、滇西北和西藏东南部,树种资源丰富,特有种
类和珍惜种类繁多。其区域林业发展战略是:按照保护优先、积极培育、合
理利用的方针,在严格保护天然林、重点地区森林资源的基础上进行森林
资源多功能利用,发展林区经济;大力开展防护林体系建设、坡耕地退耕还
林和荒山造林,努力提高森林覆盖率;在少林地区营造薪炭林;发展经济

林,培育优质经济果品;加强非木质资源的研发和森林旅游开发;营建部分速生丰产林基地,培植集约型经营林业企业;设立自然保护区,加强对野生动植物的保护。

七、青藏高原地区

青藏高原地区总面积 147.50 万平方公里,林地面积 740.27 万公顷,林地占土地面积的 5.02%,区域森林覆盖率为 1.70%。林地按权属划分,国有林占 80.61%,集体林占 19.39%。林地中,有林地面积 250.31 万公顷,疏林地面积 20.96 万公顷,灌木林地 334.68 万公顷,未成林造林地 2.26 万公顷,苗圃地 0.22 万公顷,无林地面积 131.84 万公顷。

有林地中,林分面积 237.75 万公顷,蓄积量 51 602.48 万立方米,单位面积蓄积量每公顷 217.04 立方米。按起源分,天然林面积 223.44 万公顷,占林分面积的 93.98%,蓄积量 51 136.39 万立方米,占林分蓄积量的 99.10%,单位面积蓄积量每公顷 228.86 立方米;人工林面积 14.31 万公顷,占林分面积的 6.02%,蓄积量 466.09 万立方米,占林分蓄积量的 0.90%,单位面积蓄积量每公顷 32.56 立方米。按权属分,国有林面积 191.69 万公顷,占林分面积的 80.63%,蓄积量 48 657.18 万立方米,占林分蓄积量的 94.29%,单位面积蓄积量每公顷 253.83 立方米;集体林面积 46.06 万公顷,占林分面积的 19.37%,蓄积量 2 945.30 万立方米,占林分蓄积量的 5.71%,单位面积蓄积量每公顷 63.95 立方米(见图 7)。

青藏高原地区是我国长江、黄河、雅鲁藏布江、澜沧江等大江、大河的发源地,其生态环境的变化直接关系到区域乃至国家的生态安全。但由于本区生态环境恶劣,不适宜乔木生长,森林资源数量较少,且一旦破坏则难以恢复,因而该区域林业发展战略是:通过加强现有森林资源的保护,圈定大范围的自然保护区以及通过退牧还灌、还草等治理措施,逐步恢复和提高林草植被,减轻和消除区域生态系统的退化,恢复并形成良好的区域生态系统。

无林地: 17.81%		
苗圃林: 0.03%		
未成林造林地: 0.31%	林业用地 740.27 万公顷	国有林: 80.61%
灌木林地: 45.21%		集体林: 19.39%
疏林地: 2.83%		

有林地: 33.81%, 250.31 万公顷

林分总面积: 237.75 万公顷		蓄积量 51 602.48 万立方米	单位面积蓄积量 每公顷217.04 立方米
按起源	天然林: 223.44 万公顷	51 136.39 万立方米	每公顷228.86 立方米
	人工林: 14.31 万公顷	466.09 万立方米	每公顷32.56 立方米
按权属	国有林: 191.69 万公顷	48 657.18 万立方米	每公顷253.83 立方米
	集体林: 46.06 万公顷	2 945.30 万立方米	每公顷63.95 立方米

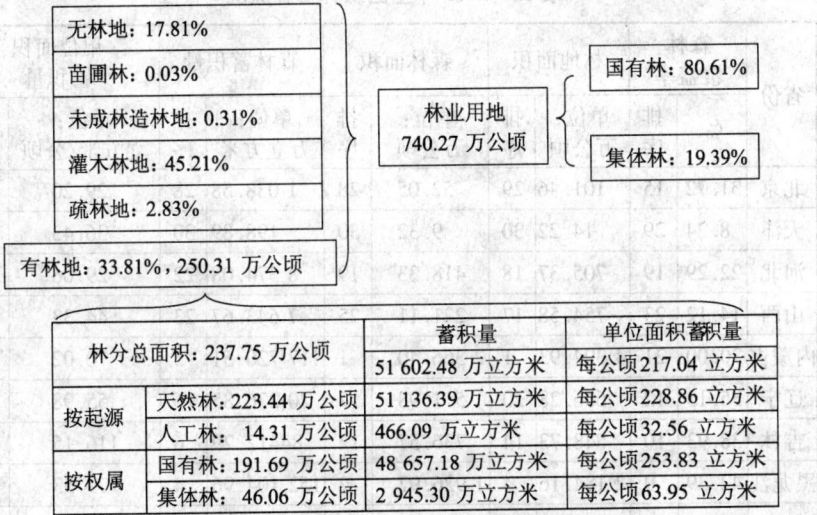

图7 青藏高原地区林地分布图

以上是一级林区森林资源概况。据第七次(2004—2008 年)全国森林资源清查数据,我国森林面积 1.95 亿公顷,森林覆盖率 20.36%,活立木总蓄积量 149.13 亿立方米,森林蓄积量 137.21 亿立方米;除港、澳、台地区外,全国林地面积 3.04 亿公顷。天然林面积 1.2 亿公顷,天然林蓄积量 114.02 亿立方米;人工林保存面积 0.62 亿公顷,蓄积量 19.61 亿立方米。我国有林地面积 1.81 亿公顷,公益林和商品林各占 52.41% 和 47.59%。有林地面积中,防护林 8 208 万公顷,占 45.81%;特种用途林 1 198 万公顷,占 6.60%;用材林 6 416 万公顷,占 35.38%;经济林 2 041 万公顷,占 11.25%;薪炭林 175 万公顷,占 0.96%。这表明我国森林资源进入了快速发展时期。与第六次全国森林资源清查结果相比,森林面积净增 2 054.30 万公顷,全国森林覆盖率由 18.21% 提高到 20.36%,活立木总蓄积量净增 11.28 亿立方米,森林蓄积量净增 11.23 亿立方米。但我国森林资源总量仍然不足,森林覆盖率只有全球平均水平的 2/3,人均森林面积 0.145 公顷,不足世界人均占有量的 1/4,人均森林蓄积量 10.151 立方米,只有世界人均占有量的 1/7。2009 年全国森林资源概况(见表 13)。

表 13 2009 年全国森林资源概况①

省份	森林覆盖率		林地面积		森林面积		森林蓄积量		单位面积蓄积量	
	%	排序	单位：万公顷	排序	单位：万公顷	排序	单位：万立方米	排序	单位：立方米/公顷	排序
北京	31.72	15	101.46	29	52.05	28	1 038.58	28	29.20	30
天津	8.24	29	14.22	30	9.32	30	198.89	30	36.43	28
河北	22.29	19	705.37	18	418.33	19	8 374.08	22	29.06	31
山西	14.12	23	754.58	17	221.11	25	7 643.67	23	44.33	24
内蒙古	20.00	21	4 394.93	1	2 366.40	1	117 720.51	5	70.02	11
辽宁	35.13	12	666.28	20	511.98	17	20 226.85	16	55.98	16
吉林	38.93	10	848.73	14	736.57	12	84412.29	6	116.15	4
黑龙江	42.39	9	2 184.16	4	1 926.97	2	152 104.96	4	79.53	10
上海	9.41	28	7.46	31	5.97	31	100.95	31	29.69	29
江苏	10.48	25	128.64	28	107.51	27	3 501.75	27	47.04	20
浙江	57.41	3	667.97	19	584.42	14	17 223.14	18	43.76	25
安徽	26.06	18	439.40	23	360.07	20	13 755.41	19	50.79	18
福建	63.10	1	914.81	13	766.65	11	48 436.28	7	85.57	9
江西	58.32	2	1 054.92	11	973.63	7	39 529.64	9	51.46	17
山东	16.72	22	342.12	25	254.46	24	6 338.53	25	40.60	27
河南	20.16	20	502.02	22	336.59	21	12 936.12	20	45.65	21
湖北	31.14	17	822.01	16	578.82	15	20 942.49	15	41.24	26
湖南	44.76	8	1 234.21	7	948.17	8	34 906.67	10	48.05	19
广东	49.44	6	1 073.07	9	873.98	9	30 183.37	13	44.47	22
广西	52.71	4	1 496.45	6	1 252.50	6	46 875.18	8	58.11	15
海南	51.98	5	208.73	26	176.26	26	7 274.23	24	86.42	8
重庆	34.85	13	400.18	24	286.92	23	11 331.85	21	62.25	12
四川	34.31	14	2 311.66	3	1 659.52	4	159 572.37	2	136.94	3
贵州	31.61	16	841.23	15	556.92	14	24 007.96	14	60.31	13
云南	47.50	7	2 476.11	2	1 817.73	3	155 380.09	3	105.51	6

---

① 不含港澳台地区。

续表

省份	森林覆盖率		林地面积		森林面积		森林蓄积量		单位面积蓄积量	
	%	排序	单位：万公顷	排序	单位：万公顷	排序	单位：万立方米	排序	单位：立方米/公顷	排序
西藏	11.91	24	1 746.63	5	1 462.65	5	224 550.91	1	266.96	1
陕西	37.26	11	1 205.80	8	767.56	10	33 820.54	11	59.65	14
甘肃	10.42	26	955.44	12	468.78	18	19 363.83	17	90.73	7
青海	4.57	30	634.00	21	329.56	22	3 915.64	26	110.30	5
宁夏	9.84	27	179.03	27	51.10	29	492.14	29	44.38	23
新疆	4.02	31	1 066.57	10	661.65	13	30 100.54	12	177.86	2
全国	20.36		30 378.19		19 545.22①		1 336 259.46		85.88	

第二节　新中国成立以来的森林资源清查

　　森林资源是地球上最重要的资源之一,是生物多样化的基础,它不仅能够为生产和生活提供多种宝贵的木材和原材料,为人类经济生活提供多种食品,而且还有净化空气、消除噪音等功能。更重要的是,森林能够调节气候、保持水土、防止和减轻旱涝、风沙、冰雹等自然灾害。森林还是天然的动植物园,哺育着各种飞禽走兽和生长着多种珍贵林木和药材。所谓森林资源,是指林地及其所生长的森林有机体的总称。森林资源以林木资源为主,还包括林下植物、野生动物、土壤微生物等资源。林地包括乔木林地、疏林地、灌木林地、林中空地、采伐迹地、火烧迹地、苗圃地和国家规划宜林地。森林可以更新,属于再生的自然资源。反映森林资源数量的主要指标是森林面积和森林蓄积量。

　　全国森林资源清查,是国家为了及时、准确掌握全国森林资源的现状

---

　　① 全国森林面积含国家特别规定的灌木林新增面积,各省森林面积含国家特别规定的灌木林全部面积,两者数据有所不同。

及动态变化,以保证宏观决策需要而进行的统计调查工作。森林资源清查可以为制定国家发展战略提供依据,为调整林业发展方针和政策提供决策依据,为全国生态质量监测提供重要数据,为编制林业发展计划提供直接信息,为满足森林宏观管理提供决策依据,对林业重点工程实施效果和森林经营效果进行监测与评价,对影响与制约林业发展的因素综合评价。[①]每次清查的周期为 5 年。通过定期的清查,可以了解森林生长和消耗规律,分析经营效果,预估森林资源变化的趋势。

我国是建立全国森林资源清查体系较早的国家之一。新中国成立以来,先后完成了 1 次全国森林资源整理统计汇总、7 次全国森林资源清查,为我国各个时期制定林业方针政策、编制林业计划和规划等提供了重要依据,在国民经济发展和林业生态建设中发挥了不可替代的作用。

一、全国森林资源整理统计汇总(1950—1962 年)

民国时期没有进行过大面积森林资源调查,尽管当时也有一些森林资源方面的数据,但是这些数据,大多是通过局部调查或踏查的估测数,不能准确反映全国森林资源的全貌。

新中国成立后,党和政府高度重视这项工作。1950—1962 年,我国就开始对全国范围内的森林资源进行普查。1950 年,林垦部组织了甘肃姚河林区的森林资源调查。1951 年,东北局农林部组织了小兴安岭汤旺河流域森林资源调查。1953 年,根据全国林业调查会议的部署,由中央直属调查队负责完成主要国有林区森林经理调查和航空调查,以及其他重大项目的专项调查;由各大区和各省调查队负责完成本地区的森林资源调查、概查及其他项目的调查。在分工的基础上,国有林区逐步开展了森林经理调查,各省(区)相继开展了森林资源调查。1953 年,林业部组织进行了西南、西北部分林区航空视察。1954—1959 年,先后完成了大兴安岭、小兴安岭、长白山、秦岭、巴山、神农架及云南、川西等林区的航空调查。

---

① 肖兴威主编:《中国森林资源清查》,中国林业出版社,2005 年,第 17 - 20 页。

1950—1962 年期间,除台湾、西藏及新疆的部分地区和部分集体林区,以及各主要林区的边缘地区和小片分散森林以外,全国森林资源基本上清查了一遍。1964 年,林业部对全国各地森林资源统计资料进行了整理,汇总为全国性统计数据。这项工作于 1965 年年底结束。此次数据汇总是中国有史以来第一次通过大面积森林资源调查而得到的。

总体来看,由于调查对象不全,调查方法不统一等多方面的原因,此次调查的数据不够全面、准确,难以完整反映全国森林资源实际情况,但是,此次调查却为以后的森林资源清查奠定了基础。

为全面准确掌握全国森林资源状况,自 20 世纪 70 年代开始,我国实施了以省(区、市)为单位、5 年一次的国家森林资源连续清查制度。截至 2008 年,已完成 7 次全国森林资源清查。历次清查为准确掌握各省及全国森林资源的现状及发展趋势、研究我国森林经营管理和林业建设提供了宝贵基础资料。

二、第一次全国森林资源清查(1973—1976 年)

第一次全国森林资源清查(1973—1976 年)是在十分困难条件下开展的。1970 年 5 月,在国家机关机构改革中,林业部与农业部、农垦部、水产部、中央农政、农办合并为农林部。"机关 90%同志下放去'五七'干校","各项工作都面临机构撤销、队伍下放、工作停顿,林业调查规划工作也不例外"①。

1971 年召开了全国林业工作会议,会议中的一项工作就是制订《全国林业发展规划》,要求各地执行。1972 年毛泽东主席就林业问题做出指示,即林业要计算覆盖面积,算出各省、各地区、各县的覆盖面积比例,做出森林覆盖面积规划和《全国林业发展规划》。为落实这一指示,农林部组织开展全国森林资源"四五"清查工作②,并以农林部名义发布《关于加强

---

① 刘于鹤:《国家森林资源清查走进世界前列——60 年清查工作的回顾与启示》,http://www.forestry.gov.cn/ZhuantiAction.do? dispatch = content&id = 266034&name = ly60。

② 本次清查主要侧重于查清全国森林资源现状,由于时值国家经济建设第四个五年计划期,故一般称这次资源清查为"四五"清查。

林业调查规划工作的意见》由各地执行。

1973年,农林部在湖北省咸宁市召开了全国林业调查规划工作会议。会议提出了全国林业调查规划工作的方针和任务;部署了全国森林资源"四五"清查工作的任务。这次会议明确指出,林业调查分为三类,即全国森林资源清查、规划设计调查和作业设计调查,明确了各类调查的目的和相互关系。

为了组织实施全国"四五"清查工作,1973年,农林部部署在内蒙古克一河林业局(北方试点)和湖南省会同县(南方试点)分别开展森林资源清查试点。试点后制定并颁布了《全国林业调查规划主要技术规定》。1973—1976年,以行政区县(局)为单位的森林资源清查工作在全国各省(区、市)展开。这是新中国成立以来第一次在全国范围(台湾地区暂缺),在比较统一的时间内进行的较全面的森林资源清查。这次清查除部分地区按林班、小班开展资源调查外,大部分采用了抽样调查方法。整个清查工作到1976年完成,并于1977年完成了全国森林资源统计汇总工作。①

"四五"清查成果是我国历来最完整的森林资源实际调查成果,基本上反映了当时森林资源状况。但是,包括"四五"清查在内的既往调查,均不能反映森林资源变化情况和发展趋势,因而需要设置固定样地,定期复查,建立全国森林资源连续清查体系。

第一次全国森林资源清查(1973—1976年)结果表明,当时我国森林面积12 186.00万公顷,森林覆盖率12.70%,活立木蓄积量为95.32亿立方米,森林蓄积量为86.56亿立方米。

三、第二次全国森林资源清查(1977—1981年)

由于以往森林资源清查均侧重于查清资源现状,每次调查只是独立的一次性调查,因而不能客观估测资源消长变化动态。1977年,农林部为进

---

① 《我国森林资源清查工作概览》,http:// www. forestry. gov. cn/portal/ghy/s/587/content - 199651. html。

行森林资源清查的技术改革,在江西省组织了全国森林资源连续清查试点工作。在取得初步经验的基础上,于1978年制定并颁布了《全国森林资源连续清查技术规定》。同时,按照《全国森林资源连续清查技术规定》的要求,先后在全国各省(区、市)全面推广,陆续建立了以省(区、市)为总体的森林资源连续清查体系,开展了连续清查的初查工作。全国共设置样地16万余个,其中固定样地14万个。全国清查工作于1981年完成。1983年,林业部对全国各省(区、市)清查成果组织了统计汇总和资源分析。

本次全国森林资源清查,采用世界公认的"森林资源连续清查"方法,建立了以抽样技术为理论基础、以省(区、市)为抽样总体的森林资源连续清查基本框架。这是一种宏观资源控制的调查方法,即以数理统计随机抽样的原理,在大面积的森林中设置固定样地,按照统一的方法和技术标准,通过定期复测和统计分析,寻找各时期森林资源消长变化的信息及其变化的趋势。至1981年,在除西藏、上海、天津、台湾外的26个省(区、市)建立了以固定样地抽样调查为基础的森林资源连续清查体系。全国森林资源连续清查体系的建立,是我国森林资源清查工作体系和技术体系建设的重大转折,为以后开展全国森林资源的动态监测打下了良好基础。

第二次全国森林资源清查(1977—1981年)结果表明,当时我国森林面积11 527.74万公顷,森林覆盖率12.00%,活立木蓄积量为102.61亿立方米,森林蓄积量为90.28亿立方米。

四、第三次全国森林资源清查(1984—1988年)

为全面掌握全国森林资源现状以及森林资源生长和消耗规律,分析林业经营措施的效果,预测森林资源变化趋势,林业部于1984—1988年组织了第三次全国(台湾地区、西藏自治区除外)[①]森林资源清查工作。

第三次清查采用森林资源连续清查复查方式,在全国范围内以省(区、

---

　① 第三次清查未对西藏自治区进行复查,全国森林资源汇总数仍用西藏自治区1977年第二次森林资源清查数字。台湾地区数据,引自1977年台湾地区"林务局"公布的统计资料。

市)为主体,对 1977—1981 年第二次清查时所设立的 14 万个固定样地进行复查,同时新设了 11 万个样地。因而,这次清查也叫全国森林资源连续清查第一次复查。

为保证此次清查技术标准的一致性,林业部组织有关专家对 1982 年颁发的《森林资源调查主要技术规定》进行了修改完善,各省(区、市)据此并结合本地的实际情况,制定了清查工作方案和技术操作细则。在各省(区、市)完成调查的基础上,1989 年,林业部进行了全国森林资源统计汇总和分析业务。为保证清查成果的质量,林业部还制定了有关调查质量管理办法,并要求各级林业主管部门及调查设计单位成立专职质量检查机构,按有关规定进行检查,严把质量关。据统计,在本次清查期间,部、省、县及各级调查设计部门进行质量检查与抽查的样地数量在 1 万多个,占调查样地总数的 5% 以上,通过检查,合格率皆达 90% 以上。本次清查还采取了当时较为先进的电子计算机技术,利用了林业部组织力量研发的全国统一内业数据处理程序,采用了全国统一的数据格式和统一的资源数据编码,为后来森林资源清查多期数据的统计和分析工作及建立全国森林资源信息管理系统打下了良好的基础。

第三次全国森林资源清查,进一步证明了连续清查是最为有效的森林资源动态监测方法,它有较好的同一时态性、较高的可比性,对加强资源宏观管理工作起到很大作用。第三次全国森林资源清查(1984—1988 年)结果表明,当时我国森林面积 12 465.28 万公顷,森林覆盖率 12.98%,活立木蓄积量为 105.72 亿立方米,森林蓄积量为 91.41 亿立方米。

五、第四次全国森林资源清查(1989—1993 年)

1989—1993 年,林业部组织开展了第四次全国森林资源清查。为做好本次清查,林业部资源和林政管理司于 1989 年在昆明召开了全国森林资源连续清查工作总结座谈会,并印发了《关于完善与提高全国森林资源连续清查有关问题的意见》,作为开展第四次全国森林连清复查在技术方面的主要依据。本次清查,按照要求扩大了连清复查的范围,全国共调查地面样地 22.72 万个,卫星照片和航空像片判读成数样地 10.63 万个。在全国范围内,除成片大面积沙漠、戈壁滩、草原及乔灌木生长界限以上的高山外,基本上都进行了调查,调查总面积 578.05 万平方公里,占国土面积的 61.2%。① 本次清查仍以复查固定样地为主,同时,在一些省(区)采用了新技术,提高了样地、样木复位率。如西藏自治区、青海省和吉林省西部地区采用了航天遥感技术与地面固定样地调查相结合的方法,宁夏回族自治区采用了红外像片与地面固定样地调查相结合的调查方法,均收到了较好的效果。

第四次全国森林资源清查(1989—1993 年)结果表明,全国森林面积 13 370.35 万公顷,森林覆盖率为 13.92%,活立木总蓄积 117.85 亿立方米,森林蓄积 101.37 亿立方米。

六、第五次森林资源清查(1994—1998 年)

1994—1998 年,林业部组织了第五次全国森林资源清查。本次清查沿用森林资源连续清查的方法,共设地面样地 18.45 万个,其中固定样地 18.13 万个,另外还有卫星像片和航拍像片判读样地 9 万个,对全国 29 个省(区、市)都进行了新一轮复查 ②,覆盖面积 575.15 万平方公里。本次森林资源清查的外业调查由各省(区、市)负责完成,国家林业局各直属调查规划设计院负责监测区内各省清查方案的审查、技术指导、外业质量检查和内业统计分析工作。

第五次森林资源清查按林业部于 1994 年颁布的《国家森林资源连续清查主要技术规定》要求实施,与第四次全国森林资源清查相比,技术标准有了较大变化,主要有:(1) 森林郁闭度标准由郁闭度 0.3(不含 0.3)调整

---

①　西藏自治区于 1991 年建立了森林资源连续清查体系,西藏自治区控制线外使用 1977 年第二次清查成果。台湾地区森林资源仍用 1977 年台湾地区"林务局"公布的资料。

②　四川省和重庆市为一个总体复查。新疆、甘肃、青海、四川等省(区)样地未覆盖的少林地区的森林资源数据采用了统计数据。西藏自治区我国实际控制线以内部分采用数学模型更新了数据,实际控制线以外部分仍沿用 1977 年公布的数据。台湾地区采用《第三次台湾森林资源及土地利用调查(1993)》中的数据。香港特区和澳门特区数据暂缺。

为国际通用标准——郁闭度 0.20 以上（含 0.20）。2000 年颁布的《森林法实施条例》对这一标准予以了确认。（2）按保存株数判定为人工林的标准，由每公顷保存株数大于或等于造林设计株数的 85% 调整为 80%。（3）判定为未成林造林地的标准，由每公顷保存株数大于或等于造林设计株数的 41% 调整为 80%。（4）灌木林地的覆盖度标准由大于 40% 调整为大于 30%（含 30%）。除技术标准有所变化外，第五次森林资源清查还科学、合理地规范了各省（区、市）地面样地的数量；提高了固定样地与样本复位率；增加了统计成果产出的信息量；逐步引入了遥感、地理信息系统、全球定位技术等高新技术，为全面提高调查工作的效率和调查成果的精度奠定了基础。此外，本次清查成果的内业统计分析采用全国统一的数据库格式、统一的统计计算程序，严格执行成果产出审核上报程序，并对成果进行了认真核实，保证了清查成果的客观性、连续性和可比性。清查质量更加客观可靠，准确反映全国森林资源现状和消长动态。

第五次全国森林资源清查（1994—1998 年）结果表明，全国森林面积为 15 894.09 万公顷，森林覆盖率 16.55%，活立木总蓄积 124.88 亿立方米，森林蓄积量 112.67 亿立方米。

七、第六次全国森林资源清查（1999—2003 年）

1999—2003 年间，国家林业局组织开展了第六次全国森林资源清查。本次清查推广应用了遥感技术，对西藏、新疆、甘肃、青海、四川等省（区）首次开展了全范围清查。全国共调查了地面固定样地 41.50 万个，遥感判读样地 284.44 万个，覆盖了全国除台湾地区、香港特区和澳门特区外的 31 个省（区、市），第一次实现了大陆范围内的全覆盖调查。①

第六次全国森林资源清查广泛运用了遥感（RS）、地理信息系统（GIS）、全球定位系统（GPS）"3S"技术，适时增加了林木权属、林木生活

---

① 台湾地区采用《第三次台湾森林资源及土地利用调查（1993）》中的数据。香港特区采用《香港 2003 年统计年鉴》和《陆上栖息地保护价值评级及地图制（2003）》中的数据。澳门特区采用《澳门 2002 年统计年鉴》中的数据。

力、病虫害等级、经济林集约经营等级等调查因子,以及天然林保护工程区森林区划分类因子和全国各大流域信息,建立健全了工作管理和成果审查机制,加强了汇总分析评价工作,进一步增强了清查成果的空间分布信息,丰富了成果内容,提高了清查工作效率和成果质量,使清查数据更加全面、翔实、准确,清查结果更加客观、科学、可靠。

第六次全国森林资源清查(1999—2003 年)结果表明,全国森林面积17 490.92 万公顷,森林覆盖率为 18.21%,活立木总蓄积 136.18 亿立方米,森林蓄积 124.56 亿立方米。

八、第七次全国森林资源清查(2004—2008 年)

这次清查于 2004 年开始,历时 5 年,清查面积 957.67 万平方公里,实测固定样地 41.50 万个,判读遥感样地 284.44 万个,获取清查数据 1.6 亿组,参与清查工作的技术人员 2 万余人。清查工作由国家林业局统一部署,局森林资源管理司组织实施,各省(区、市)林业主管部门负责组织完成本地调查任务,各区域森林资源监测中心负责技术指导、质量检查和成果编制。

第七次全国森林资源清查在调查内容、技术方法、监测手段、制度保障、汇总分析等方面取得了重大进步,尤其在生态监测技术上取得了突破性进展。清查成果更加客观翔实、准确丰富,与第六次清查相比有如下 5个特点:

(1)拓展监测领域,丰富了调查内容。本次清查完善了地类划分和林种分类系统,增加了反映森林健康、生态功能、生物多样性等方面的调查内容,增补了 52 项调查因子,共计达 157 项,采集数据量比第六次清查增加 45%。

(2)完善清查方法,尝试了综合监测。强化和规范了地面实测调查,引入了社会调查和综合评价方法;在广东、内蒙古等省(区)开展了森林资源和生态状况综合监测试点,对森林生物量、森林碳汇、水源涵养、保育土壤等方面的监测方法进行了探索和实践。

（3）应用高新技术，改进了监测手段。采用 RS 与 GIS 结合，开展森林资源空间信息分析；利用 GPS 自动采集样地坐标和调查航迹，并通过 GIS 与数字地图叠加，减轻了外业工作量，提高了样地定位精度和复位率；集成采用 PDA、3S、数据库、模型等技术，增强了数据采集、传输和校验的效率，提高了调查数据综合处理与分析评价能力。

（4）创新工作机制，加强了清查管理。在坚持三级检查制度基础上，强化了清查质量的全过程监控管理，实行了调查队伍组建审核、技术培训评估制度，加强了持证上岗、技术质量责任制、跨期质量责任追究等制度的落实，建立了省级成果初审、复审、终审"三审制"，确保了调查成果质量。样地、样木复位率分别达到 99.95% 和 98.57%，清查工作质量整体达到"优"级。

（5）强化汇总分析，提升了成果水平。成立了汇总领导小组，设立了专家咨询组和汇总工作组（下设数据汇总、成果编制、成果审核、宣传策划、后勤保障 5 个小组），组织 130 名余专家和技术人员，历时 1 年多，对 31 个省（区、市）的统计数据进行了审核、汇总、分析、评价，完成了区域和专项森林资源分析，形成了《第七次全国森林资源清查主要结果报告》等 10 项综合性成果和 42 项专题成果。

第七次全国森林资源清查（2003—2008 年）结果表明，全国森林面积 19 545.22 万公顷，森林覆盖率 20.36%。活立木总蓄积 149.13 亿立方米，森林蓄积 137.21 亿立方米。除港、澳、台地区外，全国林地面积 30 378.19 万公顷，森林面积 19 333.00 万公顷，活立木总蓄积 145.54 亿立方米，森林蓄积 133.63 亿立方米。天然林面积 11 969.25 万公顷，天然林蓄积 114.02 亿立方米；人工林保存面积 6 168.84 万公顷，人工林蓄积 19.61 亿立方米，人工林面积居世界首位。

第七次清查与第六次清查间隔的 5 年内，中国森林资源呈现 6 个重要变化①：

---

① 《第七次全国森林资源清查中国森林资源呈现六个重要变化》，http://news.xinhuanet.com/politics/2009-11/17/content_12474286.htm。

（1）森林面积、蓄积持续增长。森林面积净增 2 054.30 万公顷,全国森林覆盖率由 18.21% 提高到 20.36%,上升了 2.15 个百分点。森林蓄积净增 11.23 亿立方米,年均净增 2.25 亿立方米,继续呈现长大于消的良好态势。

（2）天然林面积、蓄积明显增加。天然林面积净增 393.05 万公顷,天然林蓄积净增 6.76 亿立方米。天然林保护工程区,天然林面积净增量比第六次清查多 26.37%,天然林蓄积净增量是第六次清查的 2.23 倍。

（3）人工林资源快速增长。人工林面积净增 843.11 万公顷,人工林蓄积净增 4.47 亿立方米。未成林造林地面积 1 046.18 万公顷,后备森林资源呈增加趋势。

（4）森林质量有所提高。乔木林每公顷蓄积量增加 1.15 立方米,每公顷年均生长量增加 0.30 立方米,每公顷株数增加 57 株,混交林比例上升 9.17 个百分点,有林地中公益林面积比例达到 52.41%,上升 15.64 个百分点,森林龄组结构、树种结构和林种结构发生可喜变化。

（5）森林采伐逐步向人工林转移。天然林采伐量下降,人工林采伐量上升,人工林采伐量占全国森林采伐量的 39.44%,上升 12.27 个百分点,以采伐天然林为主向以采伐人工林为主的战略转移稳步推进。

（6）个体经营面积的比例明显上升。随着集体林权制度改革的推进,有林地中个体经营的面积比例上升 11.39 个百分点,达到 32.08%。个体经营的人工林、未成林造林地分别占全国的 59.21% 和 68.51%。作为经营主体的农户已经成为我国林业建设的骨干力量。

据中国林科院依据本次清查结果和森林生态定位监测结果评估,我国森林植被总碳储量达到了 78.11 亿吨。森林生态系统年涵养水源量达到了 4 947.66 亿立方米,年固土量达到了 70.35 亿吨,年保肥量达到了 3.64 亿吨,年吸收大气污染物量达到了 0.32 亿吨,年滞尘量达到了 50.01 亿吨。仅固碳释氧、涵养水源、保育土壤、净化大气环境、积累营养物质及生物多样性保护等 6 项生态服务功能年价值达 10.01 万亿元。

第七次全国森林资源清查结果表明,我国森林资源进入了快速发展时期。重点林业工程建设稳步推进,森林资源总量持续增长,森林的多功能多效益逐步显现,木材等林产品、生态产品和生态文化产品的供给能力进一步增强,为发展现代林业、建设生态文明、推进科学发展奠定了坚实基础。

第三节　当前林业领域存在的问题与纠正方法

一、当前林业领域存在的问题与纠正方法

一是森林资源总量不足。我国森林覆盖率只有全球平均水平的 2/3,排在世界第 139 位。人均森林面积 0.145 公顷,不足世界人均占有量的 1/4;人均森林蓄积 10.151 立方米,只有世界人均占有量的 1/7。全国乔木林生态功能指数 0.54,生态功能好的仅占 11.31%,生态脆弱状况没有根本扭转。生态问题依然是制约我国可持续发展最突出的问题之一,生态产品依然是当今社会最短缺的产品之一,生态差距依然是我国与发达国家之间最主要的差距之一。

二是森林资源质量不高。乔木林每公顷蓄积量 85.88 立方米,只有世界平均水平的 78%,平均胸径仅 13.3 厘米,人工乔木林每公顷蓄积量仅 49.01 立方米,龄组结构不尽合理,中幼龄林比例依然较大。森林可采资源少,木材供需矛盾加剧,森林资源的增长远不能满足经济社会发展对木材需求的增长。

三是林地保护管理压力增加。清查间隔 5 年内林地转为非林地的面积虽比第六次清查有所减少,但依然有 831.73 万公顷,其中有林地转为非林地面积 377.00 万公顷,征占用林地有所增加,局部地区乱垦滥占林地问题严重。

四是营造林难度越来越大。我国现有宜林地质量好的仅占 13%,质量差的占 52%;全国宜林地 60% 分布在内蒙古和西北地区。今后,全国森林覆盖率每提高 1 个百分点,需要付出更大的代价。

二、进一步推进林业发展的对策措施

我国的林业建设已经形成了一定的规模,取得了一定成就,但林业发展还面临着许多问题,需要多措并举以期进一步推动林业的发展。今后,要以科学发展观为指导,以兴林富民为宗旨,紧紧围绕建设生态文明,加快造林绿化步伐,全面推进森林经营,加强森林资源保护管理,着力增加森林总量,提高森林质量,增强森林功能。

(1) 加快造林绿化步伐,确保 2020 年实现森林面积增加 4 000 万公顷的目标。坚持把加快发展作为林业工作的第一要务,攻坚克难,扎实推进造林绿化进程。加快构筑北方防沙治沙和沿海防风消浪两大绿色生态屏障,推进主要江河流域生态保护网络建设。加强重点区域生态修复,推进石漠化综合治理和矿区植被恢复。大力推进"身边增绿",扩大植树造林,不仅让森林上山,还让森林进城、入村、进厂区、入校园和营区,充分挖掘森林资源增长潜力。

(2) 全面推进森林经营,着力提升森林质量和效益。建立健全造林、抚育、保护、管理投入补贴制度,全面加强森林经营工作。建立森林经营技术体系,推动森林分类经营向纵深发展,以科技支撑森林经营。改革和完善采伐管理,科学编制并严格执行森林经营方案,建立森林可持续经营新机制。

(3) 立足国内增强木材供给能力,维护国家木材安全。科学制订林业发展规划,优化发展布局,强化森林资源培育,有效提高木材供给能力。在南方集体林区,大力推进速生丰产林、工业原料林及珍贵大径材基地建设,形成我国商品林发展和木材生产的重点区域。在东北内蒙古林区,尽快将木材产量调减到合理定产水平,加大森林抚育经营和保护管理的力度,建成大径材和珍贵用材战略储备基地。在平原地区,大力发展生态经济型防护林和四旁植树,建成以人工林为主体的补充木材供给的新兴产业基地。

(4) 实行严格的林地保护制度,保障林业发展空间。坚持把林地放在与耕地同等重要的位置严加保护,建立基本林地保护制度。严格落实《全国林地保护利用规划纲要(2008—2020 年)》,编制省、县级林地保护利用规划。按照《占用征收林地定额管理办法》,对涉及占用征收的林地严格定额管理,提前介入,加强监管。

(5)大力增加森林固碳总量,提高林业应对气候变化能力。大力培育碳汇林和生物质能源林,增强森林生态系统整体固碳能力。抓好森林防火和森林病虫害防治,预防和减少各类灾害造成森林资源的损失。严格林业行政执法,打击乱砍滥伐林木行为,减少毁林,防止森林退化。尽快建立森林碳汇计量标准和监测体系,提高森林固碳监测能力。

(6)加强森林资源管理基础建设,提升森林资源保护管理水平。强化各级队伍建设,加大基础设施建设投入,全面提高森林资源管理能力和执法水平。建立国家森林资源监测的专门机构,增强综合监测与评价能力。加快林业数表修编进程,构建实物度量、效益评估和经营评价标准化体系。加快推进重点国有林区森林资源管理改革,建立国有森林资源管理的新机制。①

(7)增强环境保护观念,转变林业经营思想。林业不仅具有经济效益,而且还具有生态效益和社会效益。由于林业产业周期较长、见效慢,因而部分群众思想认识不充分,从而使得林业发展不平衡,产业化发展进程深受影响。从林业发展历程来看,很多人都只是将林业作为产业或经济部门,没有重视林业的生态效益与社会效益,乱砍滥伐,导致了林业生态建设出现了严重的问题。今后林业发展过程中要进一步增强环境保护观念,转变林业经营思想,重视林业生态效益和社会效益。加大监管力度,加大基础设施建设投入力度,严防乱砍滥伐现象,提高森林质量,扩大森林的人均占有面积。

(8)加大林业建设资金投入。长期以来,我国对林业建设的资金投入远远不能达到林业发展的需求,建设资金短缺,设备陈旧落后,管理费用短缺,营林方式粗放,都严重影响了林业建设规模的扩大和林业的产品质量,

---

① 国家林业局:《全国森林资源清查取得重大进展》,http://news.sohu.com/20091119/n268321461.shtml。

同时也减少了林业发展的社会效益和经济效益。因此,今后各级政府要加大财政、税收、信贷政策倾斜力度,将林业生态建设的维护管理及基础设备设施建设的各项资金列入年度财政预算,并对部分重点生态建设项目,加大林业建设的资金投入。另外,要逐步完善林业生态效益补偿体系。各级政府要严格按照《中华人民共和国森林法》与《中共中央国务院关于加快林业发展的决定》的相关要求,遵循"谁开发谁受益"和"谁受益谁补偿"的基本原则,健全森林生态效益补偿机制,利用多方手段筹集资金,为林业建设提供充足的资金,以推动林业健康发展。

(9)加强林业管理。各级政府要转变管理理念,建立健全的林业管理体系。林业管理人员要改变传统管理套路,学习先进的管理知识,提高林业部门的工作水平和专业素质,建立健全林业管理体系,提高工作效率。积极引入市场机制,创新林业管理方式,建立节约成本和提高效益的激励机制,加快建立相关市场的监管构架,制定公正、公开、透明的程序和规则,实行林务公开制度,提高林业行政事务透明度。林业部门职能定位要准确,职责要明晰,避免缺位、错位等情况发生,避免多重管理现象的发生。要逐步建立部门间的沟通协调机制,树立林业职工的效能意识、成本意识、效率意识,提高广大工作人员的服务及自律意识。

(10)建立健全林业法律体系。我国正处在工业化、城镇化和农业现代化的关键时期,林业所面临的压力尤为沉重。对此,需要进行法律和治理方面的变革,促使走向可持续林业,弃用根深蒂固的森林不可持续经营方式和做法。[①] 目前,我国现行的林业法律法规主要由《中华人民共和国森林法》《中华人民共和国森林法实施条例》《森林防火条例》《森林病虫害防治条例》等国家法律法规、地方森林法规和与林业有关的法律法规组成,"这些法律法规对我国的林业发展起到了巨大的作用。但是总体而言,林业法制建设还有待完善"。[②] 另外,林业法律法规中的一些条例已经不适合现代社会和林业的发展,需要作进一步修改,进行简化清理,并结合当前

---

① 吴柏海:《美丽中国:新时期林业建设的方向标——试论林业战略调整、核心内容和行动时序》,《林业经济》,2013 年第 1 期。

② 张立军:《关于我国社会林业发展研究的探讨》,《中国科技纵横》,2013 年第 3 期。

林业建设发展的需求,制定符合实际林业发展需求的法律法规。除了对林业相关的法律进行修订以外,还需要加强法律实施的力度,不能使法律成为一纸空文。对于破坏林业建设的不法分子一定要严厉查处,不能姑息纵容,使其影响我国林业的发展。

(11) 提高林业建设中的科技含量。当前我国的林业产业面临着科技含量比较低,成果转化很慢的问题。我国从事林业工作的人员整体素质较低。林业生态建设工作是否具有足够的科技含量,在很大程度上决定了其成败与否。而要提高林业生态建设的科技含量,首先,要提高林业工作者的知识含量和技术水平,特别是从事林业研究的工作人员要实现理论知识高新化;其次,要善于借鉴其他行业的先进科研成果,将林业生态科研的起点拉高;再次,应该对林业生态科技研究的课题进行科学的布局,以免造成资源浪费和劳动重复;最后,要对科研评价体系进行补充和完善,提高对基础林业理论的研究力度。此外,积极地实现林业生态建设科研成果共享也是提高林业生态建设科技含量的一大举措。通过以上几点措施,不断加强与林业生态建设相关的科技研究和技术开发工作,大力研发与林业生态建设相关的技术,促进林业生态建设工作更加快速稳定的发展。

第四章

当代中国的林业建设

改革开放以来至新世纪之前,我国先后实施了十大林业生态工程;新世纪以后,我国又对原十大工程进行整合,实施了六大生态工程。这些工程建设不仅增加了我国的森林覆盖率,改善了生态环境,而且还提高了人民的生产、生活质量,保证了国民经济健康顺利发展,促进了人和自然的和谐。

第一节 新中国成立以来的十大林业生态工程

一、三北防护林体系建设工程

"三北"指的是我国西北、东北和华北地区。三北地区分布着我国八大沙漠、四大沙地和广袤的戈壁,总面积达148万平方公里,约占全国风沙化土地面积的85%,形成了东起黑龙江、西至新疆的万里风沙线。这一地区风蚀沙埋严重,沙尘暴频繁,流沙压埋农田、牧场、村镇、村庄,威胁着公路、铁路、水利设施的安全。从20世纪60年代初到70年代末的近20年间,这一地区有667万公顷土地沙漠化,有1 300多万公顷农田遭受风沙危害,粮食产量低而不稳,有1 000多万公顷草场由于沙化、盐渍化,牧草严重退化,有数以百计的水库变成沙库。据调查,三北地区沙漠化土地在20世纪50—60年代每年扩展1 560平方公里;70—80年代初每年扩展2 100平方公里。三北地区大部分地方年降水量不足400毫米,年水土流失面积达55.4万平方公里,黄土高原的水土流失尤为严重,每年每平方公里流失土壤万吨以上。干旱、风沙危害和水土流失导致的生态灾难,严重制约着三北地区经济和社会的发展,使各族人民长期处于贫穷落后的境地,同时也对中华民族的生存和发展构成了严峻挑战。

为了从根本上改变我国三北地区风沙危害和水土流失的状况,1978年11月,国务院批准了林业部国家林业总局《关于在西北、华北、东北风沙危害和水土流失重点地区建设大型防护林的规划》,将三北防护林建设工程正式纳入国家建设计划。该工程不仅对改善三北地区生态环境起着决定性的作用,而且对改善全国生态环境有着举足轻重的作用。按照总体规划,三北防护林体系建设工程从 1978 年开始到 2050 年结束,历时 73 年,分 3 个阶段、8 期工程进行建设。1978—2000 年为第一阶段,分 3 期工程:1978—1985 年为一期工程,1986—1995 年为二期工程,1996—2000 年为 3 期工程;2001—2020 年为第二阶段,分 2 期工程:2001—2010 年为四期工程,2011—2020 年为五期工程;2021—2050 年为第三阶段,分 3 期工程:2021—2030 年为六期工程,2031—2040 年为七期工程,2041—2050 年为八期工程。3 个阶段、8 个时期的建设共需造林 3 560 万公顷,其中人工造林 2 688 万公顷,封沙封山育林 760 万公顷,飞播造林 112 万公顷。三北防护林体系建设工程范围东起黑龙江的宾县,西至新疆的乌孜别里山口,北抵国界线,南沿天津、汾河、渭河、洮河下游、布长汗达山、喀喇昆仑山,东西长 4 480 公里,南北宽 560～1 460 公里,包括陕西、甘肃、宁夏、青海、新疆、山西、河北、北京、天津、内蒙古、辽宁、吉林、黑龙江 13 个省(区、市)的 551 个县(旗、市、区)。工程建设总面积 409.9 万平方公里,占全国陆地总面积的 42.4%。工程完成后,将使工程区内的森林覆盖率由 5.05% 提高到 14.95%,从根本上改善三北地区的生态环境。

　　至 2000 年,三北防护林体系建设工程第一阶段、全部 3 期工程顺利完成,规划造林 1 801.68 万公顷(其中人工造林 1 485.72 万公顷,飞播造林 45.83 万公顷,封山封沙育林 270.13 万公顷),实际完成造林保存面积 2 203.72 万公顷(其中人工造林 1 538.6 万公顷,飞播造林 88.17 万公顷,封山封沙育林 576.95 万公顷),为规划任务的 122%。三北地区的森林覆盖率由 5.05% 提高到了 6.62%。

二、长江中上游防护林体系建设工程

　　20 世纪 80 年代以来,我国长江流域生态环境的恶化引起了国人的广泛关注。由于长期不合理的耕作方式和人为破坏,特别是对森林的过度樵采,长江中下游地区的森林植被遭到大量破坏,流域地区保持水土能力日趋削弱,全流域的水土流失面积由20世纪50年代的36万平方公里增加到20世纪80年代的56万平方公里(占当时全国水土流失面积的36%),年土壤侵蚀量22.4亿吨。水土流失造成了水利工程和江河湖泊的严重淤积,全流域每年损失的水库库容量为12亿立方米,相当于报废12座大型水库。20世纪50—80年代,长江中下游流域内的湖泊面积由2.2万平方公里锐减为1.2万平方公里,损失调蓄能力100亿立方米。由于泥沙淤积,部分河段的河床高出地面几米、十几米,形成"地上河"。生态环境的恶化,使洪水、干旱、泥石流成为长江流域的三大灾害。长江流域严峻的生态形势已危及国土安全,阻碍和制约了当地经济建设的发展。

1986年4月,六届全国人大四次会议通过的《国民经济和社会发展第七个五年计划》中,明确提出要"积极营造长江中上游水源涵养林和水土保持林"。林业部根据这一要求,在组织专家进行可行性研究的基础上,提出了长江中上游防护林体系建设工程的总体设想:计划用30~40年时间,在长江中上游地区植树造林,增加森林面积2 000万公顷,建设布局科学、结构合理及生态、经济、社会效益相统一的防护林体系。整个工程分两期进行。1989年6月,国家计委批准了《长江中上游防护林体系建设一期工程总体规划》,确定:1989—2000年,长江中上游防护林体系建设一期建设,在安徽、江西、湖北、湖南、贵州、重庆、四川、云南、陕西、甘肃、青海、河南12省(市)271个县,采取多种形式,新增森林面积666.7万公顷。1991年,林业部正式发布实施《长江中上游防护林体系建设工程管理办法》。这是我国防护林建设工程建设管理上的第一个部门规章,标志着长江防护林工程建设管理开始走上规范化、制度化的轨道。1992年,林业部发布《长江中上游防护林体系建设标准》和《长江中上游防护林体系建设工程检查验收办法》,使工程管理更加标准化、可操作化。

至2000年一期工程结束,长江流域防护林体系建设累计完成营造林面积685.5万公顷。其中,人工造林422.5万公顷,飞播造林7.5万公顷,封山育林221.0万公顷,幼林抚育34.5万公顷。工程实施11年来,森林覆盖率由1989年的19.9%提高到29.5%,净增9.6个百分点。治理水土流失面积 6.5 万平方公里,治理区土壤侵蚀量由治理前的 9.3 亿吨降低到 5.4 亿吨,减少了 42.0%。改善了农业生产环境,增强了流域内抵御旱、洪、风沙等自然灾害的能力,维护了水利工程效益的发挥。同时,工程还取得了一大批科技攻关成果,探索出一系列成功的建设经验,为后期防护林工程建设奠定了基础。

三、沿海防护林体系建设工程

我国的大陆海岸线北起辽宁鸭绿江口,南至广西北仑河口,绵延 18 340公里,横跨热带、亚热带、温带 3 个气候带,贯穿辽宁、河北、天津、山东、江苏、上海、浙江、福建、广东、广西、海南 11 省(区、市)的 195 个县(市、区)。沿海地区总面积 2 510 万公顷,占全国土地面积的 2.6%,是我国经济最发达、城市化进程最快、人口最稠密的地区,在我国国民经济和社会发展全局中具有举足轻重的地位和作用。据统计,2004 年我国大陆沿海省区的国内生产总值(GDP)已占到全国的 69.3%。沿海地区人口稠密,原始森林几乎破坏殆尽,次生林也残缺不全,生态环境恶劣,加上该地区的台风、风暴潮、灾害性海浪、赤潮、海啸等自然灾害发生频繁,每年的经济损失极大。1949—2004 年,平均每年有 6.9 次台风登陆,每隔 3 ~4 年就发生一次特大风暴潮。据统计,1990—1999 年间,沿海地区因风暴潮等自然灾害造成的直接经济损失高达 2 134 亿元,严重影响着该区域乃至全国经济社会的发展。

新中国成立后,为了改善沿海地区的生态环境,党和政府领导沿海人民开展植树造林运动。1949—1984 年,我国在沿海地区人工营造防护林 71 万公顷。进入 20 世纪 80 年代,我国沿海防护林建设提速。1981—1982 年,林业部组织对沿海地区沿海防护林情况进行了调查。1984—1986 年,林业部又先后组织到广东、福建、浙江、山东、辽宁、河北等省沿海展开调查研究,进一步了解营造沿海防护林体系的必要性和紧迫性。在此基础上,1987 年,林业部制定了《全国沿海防护林体系建设可行性研究报告》,并于 1988 年通过林业部科技委审议通过。1988 年 7 月,国家计委批复了《全国沿海防护林体系建设工程总体规划》。根据规划,该工程范围包括辽宁、河北、天津、山东、江苏、上海、浙江、福建、广东、海南、广西 11 个省(区、市),计划总工程量 356 万公顷,其中人工造林 269 万公顷,飞播造林 27 万公顷,封山育林 60 万公顷。工程分两期实施:1988—2000 年为第一期,工程量为 249 万公顷,占总工程量的 70%,具体又分三个阶段进行,"七五"期间为 24.91 万公顷,"八五"期间为 124.57 万公顷,"九五"期间为 99.64 万公顷;2000 年以后,为第二期,工程量 106.6 万公顷。体系建成后,沿海地区的森林覆盖率将由 24.9% 提高到 39.1%。

1991 年,林业部先后颁布了《沿海防护林体系建设工程管理暂行办法》和《沿海防护林体系建设县级总体设计规定》,使得工程建设走上制度化、规范化道路。同年,林业部在福州召开了全国沿海防护林体系建设工作会议,总结了沿海防护林建设 40 年的工作,明确了沿海防护林体系建设任务、目标和原则。这次会议以后,沿海防护林体系建设工程进入实质性建设阶段。1994 年,国务院批准将沿海基干林带划为国家特殊保护林带。

至 2000 年,沿海防护林体系建设一期工程累计完成造林 323.67 万公顷,其中人工造林 246.44 万公顷,封山育林 71.98 万公顷,飞播造林 5.26 万公顷。工程区森林覆盖率由一期建设前的 24.9% 增加到 35.45%,上升 10.55 个百分点,平均每年增加 1 个百分点。通过一期工程建设,沿海基干林带建设取得突破性进展,全国 18 340 公里的大陆海岸线,有 17 146 公里的海岸基干林带已基本合拢。

四、平原绿化工程

我国有着广袤的平原,主要有东北平原、华北平原、长江中下游平原和珠江三角洲平原等。这些平原地区是我国重要的粮油、棉花等农产品生产基地,也是经济文化相对发达的地方,在国民经济中具有重要地位。但由于历史上的过度垦殖,森林植被破坏,因而农区生态环境失衡,旱涝、风沙、盐碱等自然灾害频发,严重影响经济社会发展。平原绿化工程就是在平原地区建立以农田林网为主体,结合"四旁"(宅旁、村旁、路旁、水旁)植树、农林间作、成片造林,构成带、网、片、点相结合的农田综合防护林体系。它既能发挥综合的防护作用,维持农区生态平衡,又能改造单一农业经济结构,取得多重效益。

新中国成立之初,党和政府就非常重视平原沙荒地区的造林,将陕西北部、河南东部、河北西部、永定河下游、东北西部、内蒙古东部,以及严寒一些风沙灾害严重的地区列为全国沙荒造林重点地区。1956 年,中共中央发布的《一九五六年到一九六七年全国农业发展纲要(草案)》要求,各地"在一切宅旁、村旁、路旁、水旁,只要是可能的,都要有计划地种起树来"。平原绿化重点由此由沙区向农业腹地,由以往的宅旁、村旁零星植树逐渐向路旁、水旁成行连带造林发展,形成护田林带。到 20 世纪 70 年代中后期,绿化的地域逐渐从"四旁"扩展到大田。有些县结合农田基本建设,以道路、河流、渠道为骨架营造林带,从而发展成为方田林网的格局。农林部还先后几次召开平原绿化现场会,推动了全国平原绿化事业向农田林网化方向发展。

1987 年、1988 年,林业部先后颁布了《华中中原平原县绿化标准》《南方平原县绿化标准》和《北方平原县绿化标准》。1988 年,林业部还编制了《全国平原绿化"五、七、九"达标规划》,提出平原绿化"五、七、九"奋斗目标,要求:"七五"期间(1986—1990 年)我国有 500 个县达到林业部颁发的平原绿化标准;"八五"期间(1991—1995 年),有 700 个县达到标准;"九五"期间(1996—2000 年),902 个(后调整为 920 个)平原、半平原、部分平原县要全部达到平原绿化标准。从此,我国平原绿化进入一个蓬勃发展工程化建设新时期。20 世纪 90 年代,为了适应发展社会主义市场经济新形势,林业部又先后在全国 37 个县(市)开展了高标准平原绿化试点,在带动部分地区实现绿化达标基础上,进一步开展了美化、香化、净化及产加销一体化平原林业产业建设,推进平原绿化向更高水平发展。

至 2000 年年底,全国平原绿化达标县达 876 个,占全国 920 个平原、半平原、部分平原县的 94.5%。全国累计完成造林绿化面积 698 万公顷,平原地区森林覆盖率由 1987 年 7.3% 提高到 15.7%,林网控制率相应由59.6% 提高到 70.7%。

五、太行山绿化工程

太行山脉北起北京西山,南达黄河北岸,绵延于晋冀之间,呈西南—北东走向,是中国陆地地形第二阶梯的东部边缘。太行山地区涉及北京、河北、河南、山西4省(市)的110个县(市、区),总面积1 200多万公顷。历史上,这里曾经森林茂密、山清水秀,但由于长期乱砍滥伐及战争毁林的影响,这里便成了童山濯濯、岩石裸露的不毛之地。新中国成立时,太行山地区森林覆盖率低,水土流失严重,生态环境恶化,群众生活十分贫困。

1983年,胡耀邦同志在河北易县视察时,看到新中国成立30多年来太行山地区人民的生存环境仍十分恶劣,生活水平仍十分低下,便提出了加速太行山绿化,使太行山这条"黄龙"变成"绿龙"的要求。根据这一精神,1984年,林业部组织编制了《太行山绿化总体规划》,同年12月,国家计委批准了这一规划。根据规划,1986—2000年,绿化太行山地区面积395.68万公顷,其中造林育林329.91万公顷,占83.4%;种草育草65.76万公顷,占16.6%。工程完成时,太行山绿化面积将由规划时的300万公顷增加到693公顷,净增绿化面积396万公顷,绿化率由24.5%上升到54.5%。其中森林面积将由规划时的186.66万公顷,增加到531.33万公顷,净增森林面积340万公顷,森林覆盖率由15.3%上升到43.6%。太行山地区的生态环境将得到根本改善。

1987—1993年,林业部先后在北京、河北、山西、河南4省(市)的52个县开展了太行山绿化工程建设的先行试点工作。据统计,1986—1992年,7年共计完成造林育林109.6万公顷,占造林育林任务的33.2%。1993年8—9月,林业部在石家庄召开了太行山绿化工程建设工作会议,总结交流了试点经验,研究、部署太行山绿化工作,全面推行太行山绿化工程。会后,各省(市)从形势发展和太行山绿化工程建设的实际出发,调整修订了1984年《规划》,加大了飞播造林和封山育林比重。

1994年,太行山绿化工程全面启动。同年,林业部还颁布了《太行山绿化工程管理办法(试行)》《太行山绿化工程检查验收办法(试行)》和

《太行山绿化工程县建设标准(试行)》。太行山绿化工程建设朝着更加规范化、标准化的方向发展。至2000年,太行山绿化一期工程累计完成造林295.2万公顷,其中人工造林164.57万公顷,飞播造林30.63万公顷,封山育林100万公顷。此外,还完成四旁植树1.7亿株。工程区森林覆盖率从15.3%提高到了21.6%,增加了6.3个百分点。森林植被的保护和增加,美化了环境,净化了空气,使太行山区的生态环境大为改观。太行山绿化一期工程建设还探索了高标准的径流技术整地、爆破整地和鱼鳞坑、水平沟、反坡梯田、石坝梯田整地,以及就地培育大容器苗、生物制剂浸根和石片或地膜、草皮、桔杆覆盖等一套适用的技术办法,对后续工程积累了技术和经验。

六、全国防沙治沙工程

我国是世界上沙漠面积较大、分布较广、沙漠化危害严重的国家之一。在我国西北、华北北部及东北西部干旱、半干旱地区分布着诸多的沙漠和沙地,其中较大的有塔克拉玛干沙漠、库姆塔格沙漠、古尔班通古沙漠、巴丹吉林沙漠、腾格里沙漠、柴达木沙漠、乌兰布和沙漠、库布奇沙漠和毛乌素沙地、科尔沁沙地、浑善达克沙地、呼伦贝尔沙地等。这些沙漠和沙地在干旱少雨的气候下,对农田、牧场、交通、水利设施及人民群众居住环境会造成巨大危害。

1958年,国务院在呼和浩特召开西北6省(区)治沙会议;1959年,又成立了中国科学院治沙队(后来发展为中科院沙漠研究所)。从此,国家在冀中、冀西、陕北、豫东、东北西部、内蒙古东部等广大沙区组织实施了广泛的群众性防沙治沙工作。1978年以后,随着三北防护林体系建设的实施,我国防沙治沙工作又取得新的成绩。至1988年年底,全国以治沙为主要目的的造林保存面积1 000多万公顷。但由于认识不足,未能将治沙工作纳入到国民经济和社会发展计划中作为一个系统工程来抓,因此从总体上来看,治沙工作未能扭转沙漠推进和沙漠化土地扩大的趋势。1950—1970年,我国沙漠化土地平均每年扩大1 560平方公里,进入20世纪80

年代更是扩大到每年 2 100 平方公里,而且扩大的趋势还在继续。至 1990 年,我国沙漠和沙漠化土地面积约 153.3 万平方公里,占国土面积的 15.9%,主要分布在新疆、甘肃、青海、宁夏、陕西、内蒙古、山西、河北、辽宁、吉林、黑龙江等 11 省(区),形成了长达万里的风沙危害线,有将近 1/3 的国土面积受到风沙威胁。

为了有效遏制国土沙漠化扩大趋势,改变沙区生态环境,促进沙区经济社会发展,1991 年,国务院在兰州召开全国防沙治沙大会,明确了治沙工作的重要性,落实了治沙任务和政策措施。会议之后,国务院批复了由林业部编制的《1991—2000 年全国治沙工作规划要点》。1992 年,防沙治沙工程作为一项纳入国民经济和社会发展计划的重点工程正式启动。1993 年,根据《规划要点》,林业部又编制了《1991—2000 年全国防沙治沙工程规划》。根据规划,全国防沙治沙工程建设范围包括沙漠、戈壁、沙漠化土地或风沙化土地分布的北方大部分地区和南方部分地区,共 27 个省(区、市)的 598 个县,总面积 2.64 亿公顷,占国土面积的 27.5%。10 年规划总任务为 718.57 万公顷,其中治沙造林 174.39 万公顷,封沙育林育草 283.11 万公顷,飞播造林种草 67.33 万公顷,人工种草及改良草场 131.15 万公顷,治沙造田及改造低产田 37.64 万公顷,种植药材及经济植物 15.22 万公顷,开发利用水面 9.73 万公顷。工程建设重点是 20 个重点工程建设项目,20 个治沙重点县,22 个实验示范基地。任务完成后,将控制风沙危害面积 1 352.6 万公顷,使我国沙漠化与风沙化土地治理面积由 10% 提高到 31.66%,平均每年防沙治沙面积 78.82 万公顷,沙漠化不断扩大的趋势得到遏制。至 1998 年年底,全国防沙治沙工程完成治理面积 768.8 万公顷,其中人工造林 231.5 万公顷,封沙育林育草 254 万公顷,飞播造林种草 55.9 万公顷,人工种草及改良草场 106 万公顷,治沙造田及改造低产田 70.8 万公顷,开发利用水面 8.7 万公顷,其他治理措施 6.4 万公顷。

进入新世纪后,防沙治沙工程提升、融入京津风沙源治理工程和以防沙治沙为主攻方向的三北防护林体系建设四期工程之中,全国防沙治沙工作步入以大工程带动大发展的新阶段。2001 年 8 月 31 日,第九届全国人大常委会第 23 次会议通过了《中华人民共和国防沙治沙法》,2002 年 1 月

1 日起正式实施,进一步理顺了防沙治沙管理体制,规范了沙区经济行为,标志着我国防沙治沙工作进入法制化管理轨道。第三次全国荒漠化和沙化监测结果表明,2004 年,全国沙化土地面积为 173.97 万平方公里,占国土总面积的 18.12%。全国沙化土地面积开始出现净减少,由 20 世纪末年均扩展 3 436 平方公里转变为年均缩减 1 283 平方公里,沙区生态建设状况已从治理小于破坏进入了治理与破坏相持的阶段。

2005 年 9 月,国务院作出了《关于进一步加强防沙治沙工作的决定》(简称《决定》),并在同年批准了由国家林业局编制的《全国防沙治沙规划(2005—2010 年)》(简称《规划》)。根据《决定》要求和《规划》设计,在规划期内,在全面保护已有林草植被的基础上,划定若干沙化土地封禁保护区,封育保护面积 372 万公顷,完成治理任务 1 300 万公顷,力争到 2010 年,重点治理地区生态状况明显改善。据第四次全国荒漠化和沙化监测结果显示,至 2009 年底,沙化土地面积 173.11 万平方公里,占国土总面积的 18.03%。2005—2009 年 5 年间,全国沙化土地面积年均减少 1 717 平方公里。我国土地沙化整体得到初步遏制,沙化土地持续净减少,总体上实现了由"沙进人退"转变为"人进沙退"。2010 年,国家林业局部署开展了《全国防沙治沙规划(2011—2020 年)》编制工作。

七、淮河、太湖流域综合治理防护林体系建设工程

淮河流域南、北分别以长江、黄河分界,西起河南桐柏山、伏牛山,东至黄海,是我国重要的粮棉生产基地,占全国国土面积的 2.8%,拥有占全国 13.3% 的耕地面积,养育着全国 1/8 的人口。该流域的粮食产量为全国产量的 1/6,棉花、油料分别占全国产量的 1/4。太湖流域西起浙江茅山、天目山,东至长江中下游的尾闾和杭州湾北岸,是我国经济发达地区,素有"金三角"之称。2005 年,太湖流域国内生产总值达 21 221.0 亿元,约占全国的 11.6%。淮河、太湖两流域历史上曾经林茂粮丰、地肥水美,但由于长期的过度开发,该区域的土地资源和森林植被被严重破坏,经常发生严重的自然灾害。

1991年5—7月,淮河和太湖两流域发生严重洪涝,给国家财产和人民生产生活造成了极大损失。治水必治源,治源必治山,治山必兴林。根据中央领导同志关于"大灾之后,在兴修水利时要实行综合治理,要注意搞好林业建设"的指示精神,林业部于1991年11月分别在北京、江苏无锡召开了淮河、太湖流域综合治理造林绿化会议。会议提出了编制"淮河、太湖流域防护林体系建设总体规划"。1992年,《淮河、太湖流域防护林体系建设总体规划》(简称《规划》)编制工作完成;1995年,国家计委批准了该规划。根据《规划》,淮河、太湖流域防护林体系建设范围包括河南、安徽、江苏、山东、浙江、湖北、上海7省(市)的208个县(市),总建设规模104.7万公顷,建设时间从1992年至2000年。建成后,淮河、太湖流域实现全面绿化,有林地面积达到380万公顷,森林覆盖率由13.9%提高到17.6%。1995年批准实施后,工程开始在7省(市)的34个县开展试点工作。

八、珠江流域综合治理防护林体系建设工程

珠江流域地跨云南、贵州、广西、广东、湖南、江西等6省(区),总面积44.21万平方公里,占国土面积的4.6%。珠江是我国年径流量仅次于长江的第二大水系,它包括西江、北江和东江三条主要河流,是沟通我国西南地区至广东沿海地区的主要内河运输线。珠江流域是我国经济社会相对发达地区,以约占全国1.16%的国土面积创造了全国约10%的国内生产总值,在全国国民经济发展中具有十分重要的地位。但这一区域长期以来由于森林植被大量减少,水土流失面积由20世纪50年代的4.11万平方公里增加到20世纪90年代的7.67万平方公里,土壤侵蚀量达4.6亿吨,岩石裸露面积以每年3%~6%的速度递增,洪灾、干旱、泥石流等自然灾害频繁,威胁着当地的经济社会发展和人民的生命财产安全。

1993年,林业部主持编制了《珠江流域综合治理防护林体系建设工程总体规划(1993—2000)》(简称《规划》)。按照《规划》,珠江防护林工程范围包括广东、广西、云南、贵州4省(区)的177个县(市),建设规模为120万公顷。整个工程建成后,将新增森林面积120万公顷,森林覆盖率将

由 35.01% 提高到 37.94%；林种结构也将得到调整，防护林比重由 11% 提高到 38.16%，用材林比重由 72.55% 下降到 43.38%；工程区水土流失将基本得到控制，生态环境明显改善。1995 年 11 月，国家计委批复了该《规划》。1996 年，林业部正式启动珠江防护林工程，初步确定将 177 个县（市）分三批组织实施，第一批启动 50 个重点县，"九五"期间（1996—2000 年）建设规模为 57.8 万公顷。第一批首次启动了 13 个县，1998 年国家实施积极的财政政策，加大了珠江防护林建设的资金投入和支持力度，先后试点启动了 34 个县。

到 2000 年，珠江防护林工程建设共完成营造林 67.5 万公顷，其中人工造林 23.45 万公顷，飞播造林 2.76 万公顷，封山育林 28.19 万公顷；完成低效防护林改造任务 12.88 万公顷，四旁植树 1.7 亿株。由于一期工程建设启动晚、建设时间短，因而营造的防护林的效益至今还没有充分发挥出来。但通过实践，培养了一批工程技术管理骨干和懂技术的林农，尤其是工程区技术人员和广大干部群众在实践中摸索出一套符合珠江流域石漠化综合治理的造林绿化技术和适用与本地区的治理模式，为后期工程建设及大规模开展石漠化治理奠定了基础。

九、辽河流域防护林体系建设工程

辽河流域地处我国东北地区的西南部，是我国重要的工业、能源和农牧业生产基地，是国家经济建设中的重要地区。但辽河流域的生态破坏也极为严重，至 20 世纪 90 年代中期，水土流失面积为 611.5 万公顷，占流域面积的 25.9%，全年表土流失总量 1.66 亿吨。流域内洪涝灾害频发，平均每两三年就有一次，如 1985 年辽河干流特大洪水，农田被淹达 84.6 万公顷，近 300 眼油井、300 多座输油站被迫停产。同时，西辽河流域几乎每年都有不同程度的干旱，科尔沁沙地平均每年增加 1.1 万公顷，以每年 30 ～ 50 米的速度向东南推移。

为了改善辽河流域的生态环境，提高当地人民生产、生活条件，根据中央关于"大灾之后，在兴修水利时要实行综合治理，要注意搞好林业建设"

的指示精神。1995 年,国家计委批复了《辽河流域综合治理防护林体系建设工程总体规划》(简称《规划》)。根据《规划》,工程范围包括河北、内蒙古、吉林、辽宁 4 省(区)的 77 个县,建设规模为 120 万公顷,建设期间从 1994 年至 2005 年。工程建成后,流域内的森林覆盖率由 18.6% 提高到了 27.9%,611.5 万公顷的水土流失面积得到控制,近 133.3 万公顷的流动和半流动沙地将被固定,318.7 万公顷的土地免受风沙危害。

辽河流域防护林体系建设工程于 1997 年正式启动后,至 2000 年底,共完成任务 38.7 万公顷。

十、黄河中游防护林体系建设工程

黄河是中华民族的摇篮。黄河中下游地区在历史上一直是我国政治、经济和文化的中心地区。目前,该地区是我国主要的农业产区,小麦产量居全国麦区之首;玉米种植面积占全国 40% 以上,产量占全国的 50%;棉花种植面积和产量占全国的 50%。该区域还蕴藏着大量的煤炭和石油资源,是我国重要的能源基地。但由于历史和人为的原因,这一区域的水土流失极为严重,流失面积达 24.5 万平方公里,占黄河中游流域面积的 78%;年均输入黄河的泥沙达 16 亿吨,占整个黄河输沙量的 90%。至 20 世纪 90 年代中期,黄河中游已建成的 130 多座大中型水库及 3 万多座淤地坝中,水库淤积库容已 1/3 以上,很多淤地坝已经淤满。

20 世纪 90 年代初,国家准备在黄河中游尾端建设小浪底水利枢纽重点工程。但按照当时的泥沙量计算,该工程的使用寿命可能只有 20 年。因此,有必要在黄河中游建设水土保持林,以控制水土流失,减少输入黄河的泥沙量,延长水利设施寿命,保障黄河中下游地区的经济社会发展和人民生产生活安全。为此,时任国务院总理李鹏作出了"在小浪底水利枢纽工程以上流域的水土流失地区进行生物治理"的指示。根据指示精神,1995 年,国家计委批复了《黄河中游防护林工程总体规划》(简称《规划》)。根据《规划》,黄河中游防护林工程范围包括山西、陕西、甘肃、宁夏、内蒙古、河南 6 省(区)的 177 个县,总面积 3 200 万公顷,区内含有黄河干流及其主要的 26 条一级支流。工程建设规模为 315 万公顷,其中人工造林 270 万公顷,飞播造林 30 万公顷,封山育林 15 万公顷;建设期限为 15 年(1996—2010 年),分 3 期进行,1996—2000 年完成 105 万公顷,2001—2005 年完成 14.5 万公顷,2006—2010 年完成 61 万公顷。工程完成后,工程区森林覆盖率由 14.9% 提高到 24.9%,减少土壤流失达 30 亿吨,涵水量达 60 亿吨。

自 1995 年启动实施到 1999 年,黄河中游防护林工程共完成造林 51.79 万公顷,占规划任务的 16.44%。通过工程建设,黄河中游地区的生态环境初步得到改变。

第二节 21 世纪以来的六大林业生态工程

世纪之交,我国政府从经济社会发展对林业的客观要求和具体国情、林情出发,遵循自然规律和经济规律,围绕新时期林业建设的总体目标和任务,将以往实施和规划建设的林业重点工程系统整合为天然林资源保护、三北和长江中下游等地区重点防护林体系建设、退耕还林(草)、京津风沙源治理、野生动植物保护及自然保护区建设、重点地区速生丰产用材林基地建设等六大林业生态工程。

一、天然林资源保护工程

天然林资源保护工程(简称天保工程)是我国投资最大的生态工程,主要解决长江上游、黄河上中游地区,东北、内蒙古等重点国有林区和其他地区的天然林资源保护、休养生息和恢复发展的问题。

天然林资源是我国森林资源的主体,在维护生态平衡、提高环境质量及保护生物多样性方面发挥着不可替代的主体作用,具有良好的生态效益和环境效益。但由于历史上战争、自然灾害、人为砍伐等因素的长期影响,我国逐渐成为一个森林资源总量较少、天然林比例较低的国家。新中国成立后,我国木材采伐的对象主要是天然林。据统计,从 1949 年到 2000 年,全国木材产量累计 50 亿立方米,其中 60% 以上来自天然林。根据 1997 年(天保工程实施前)组织的全国商品材产量调查,1997 年全国商品材产量 5 614 万立方米,其中天然林占 60%,人工林占 39%,而东北、西北、西南国有林区 131 个木材采伐企业 1 984 万立方米的商品材产量中,98.5% 来自天然林。[①] 无节制地采伐天然林,使天然林面积急剧减少,质量下降,水源涵养能力、水土保持能力、生物多样性、非木质林产品供应能力普遍下降,对经济社会可持续发展的支撑能力明显削弱,林区群众与全社会的生活差距越拉越大。据 1994—1998 年第五次全国森林资源清查结果,我国有天然林 16 亿亩,其中 11 亿亩分布在长江、黄河流域和东北、内蒙古及海南、新疆等 17 个省(自治区、直辖市)。[②] 这些区域是我国生态地位最重要的地方,在全国生态环境建设中具有举足轻重的作用,保护好这些区域的天然林资源,对于促进我国经济社会发展,维护国家生态安全具有重要的意义。

天保工程于 1998 年开始试点,2000 年正式启动。1998 年特大水灾后,中共中央、国务院作出了《关于灾后重建、整治江湖、兴修水利的若干意见》,提出要"全面停止长江黄河流域上中游的天然林采伐,森工企业转向营林管护"。根据这一精神,国家林业局在原《重点国有林区天然林资源保护工程实施方案》的基础上做了进一步调整和补充,将长江上游、黄河上中游地区部分地方森工企业和国有林场纳入工程实施范围,编制了《长江上游、黄河上中游地区天然林资源保护工程实施方案》和《东北、内蒙古等重点国有林区天然林资源保护工程实施方案》,上报国务院。同时,对天然林资源保护工程分布集中、生态地位重要的 12 个省(自治区、直辖市)进行试点,云南、四川、重庆、贵州、陕西、甘肃、青海等地相继全面停止天然林采

---

① 江泽慧:《中国森林资源与可持续发展》,科学出版社,2007 年,第 254 页。
② 目前我国的天然林大体上分为 4 种情况:一是处于基本保护状态的天然林,主要包括森林类型自然保护区、森林公园、尚未开发的西藏林区等;二是零星散布于全国各地的天然林;三是集中连片分布于长江上游、黄河上中游地区天然林;四是亟待保护的位于东北、内蒙古等重点国有林区天然林。

伐,内蒙古、吉林、黑龙江(含大兴安岭)、新疆、海南等地开始有计划地调减天然林采伐量,并加大造林和管护力度。2000年10月,国务院正式批准了这两个方案,至此,天保工程经过两年试点后正式启动。

天然林资源保护工程共涉及17个省(自治区、直辖市),分为长江上游、黄河上中游和东北、内蒙古等重点国有林区两大区域:(1)长江上游、黄河上中游地区的天保工程。长江上游地区以三峡库区为界,包括云南、四川、贵州、重庆、湖北、西藏等6个省(自治区、直辖市);黄河上中游地区以小浪底库区为界,包括陕西、甘肃、青海、宁夏、内蒙古、河南、山西等7个省(自治区),总共13个省(自治区、直辖市)。2000—2005年为第一期,以停止天然林采伐、大力建设生态公益林、分流和安置下岗职工为主要内容。2006—2010年为第二期,以保护天然林资源、恢复林草植被为主要内容。工程预期投资533亿元。(2)东北、内蒙古等重点国有林区的天保工程。这主要包括内蒙古、吉林、黑龙江(含大兴安岭林业集团公司)、海南、新疆(含新疆生产建设兵团)共5个省(自治区)境内的86个国有重点森工企业、16个地方森工企业、23个县及12个县级林业局(场)。2000—2003年为第一期,以调减木材产量、加大森林资源保护力度、妥善分流安置富余职工为主要内容。2004—2010年为第二期,以保护天然林资源、恢复森林植被、促进经济和社会可持续发展为主要目标。工程预期投资429亿元。两大区域的天保工程预期用2000年至2010年的10年时间实施。

天保工程的建设目标在于全面停止长江上游、黄河上中游地区天然林商品性采伐,大幅度调减东北、内蒙古等重点国有林区的木材产量;同时保护好其他地区的天然林资源,加快宜林荒山荒地造林种草,加强森林管护,妥善安置富余人员,缓解企业社会负担,为林区发展和改善生态创造条件,解决这些地区天然林资源的休养生息和恢复发展问题。其主要任务是:全面停止长江上游、黄河上中游地区天然林的商品性采伐,停伐木材产量1 239.0万立方米;东北、内蒙古等重点国有林区木材产量由1 853.6万立方米减到1 102.1万立方米;管护好工程区内14.3亿亩(9 533.3万公顷)的森林资源;在长江上游、黄河上中游工程区营造新的公益林1.91亿亩(1 273.3万公顷);分流安置由于木材停伐减产形成的富余职工74万人。

为了保证天保工程的顺利实施,国家还采取了一系列的保障措施:(1)森林资源管护。每人管护5 700亩,每年补助1万元。(2)生态公益林建设。飞播造林每亩补助50元;封山育林每亩每年14元,连续补助5年;人工造林长江流域每亩补助200元、黄河流域每亩补助300元。(3)森工企业职工养老保险社会统筹。按在职职工缴纳基本养老金的标准予以补助,因各省情况不同补助比例有所差异。(4)森工企业社会性支出。教育经费每人每年补助1.2万元;公检法司经费每人每年补助1.5万元;医疗卫生经费,长江黄河流域每人每年补助6 000元,东北、内蒙古等重点国有林区每人每年补助2 500元。(5)森工企业下岗职工基本生活保障费补助。按各省(区、市)规定的标准执行。(6)森工企业下岗职工一次性安置。原则上按不超过职工上一年度平均工资的3倍发放一次性补助,并通过法律解除职工与企业的劳动关系,不再享受失业保险。(7)因木材产量调减造成的地方财政减收。中央通过财政转移支付方式予以适当补助。

从1998年试点至2001年,天保工程累计完成造林面积219.47万公顷,其中人工造林137.65万公顷,飞播造林81.82万公顷;封山育林面积188.36万公顷,年均森林管护面积9 000万公顷,累计育苗面积17.16万公顷。4年累计妥善安置和分流富余职工51.18万人,占规划应安置人数的69.16%。工程区内森林管护人员由1998年的5.5万人增加到2001年的15万人。长江上游、黄河中上游地区13个省(自治区、直辖市)在工程区内全面停止了天然林的商品性采伐;东北、内蒙古等重点国有林区木材产量调减到2001年的1 160万立方米。中央累计投入各类资金318.9亿元,其中中央国债资金96.3亿元,中央财政专项资金177.1亿元,中央财政转移支付资金45.5亿元。2001—2005年的"十五"期间,天保工程共完成造林面积355.87万公顷,新封山育林面积406.54万公顷,森林管护面积每年保持早9 000万公顷以上。共安置和分流企业富余职工66.5万人。"十五"期末,工程区已有112.48万职工参加了基本养老保险社会统筹。长江上游、黄河上中游工程区13个省(自治区、直辖市)全面停止了天然林商品性采伐;东北、内蒙古等重点国有林区木材产量调减到

2005 年的 1 122.60 万立方米。据 1999—2003 年第六次全国森林资源清查结果,天保工程区森林面积净增 815.7 万公顷,森林蓄积净增 4.6 亿立方米。

到 2010 年底,天保工程国家累计投入资金 1 186 亿元。据 2004—2008 年第七次全国森林清查结果,工程区森林面积净增 1 000 万公顷,森林蓄积净增约 7.25 亿立方米,森林覆盖率增加 3.7 个百分点。长江上游、黄河上中游地区已在 2000 年全面停止天然林商品性采伐,东北、内蒙古等重点国有林区木材产量由 1997 年的 1 854 万立方米按计划调减到 2003 年的 1 102 万立方米以下,木材产量已按计划调减到位。天保工程森林管护面积 1.08 亿公顷,超管护补助面积 1 266.7 万公顷,建成了有效的森林管护网络体系。累计完成公益林任务 1 586.67 万公顷,其中,人工造林 228.67 万公顷,飞播造林 339.2 万公顷,封山育林 1 013.33 万公顷,超额完成计划任务。分流安置国有企业富余职工 67.5 万人,其中一次性安置 42.34 万人。职工养老、医疗、工伤、失业、生育等 5 项保险补助政策基本得到落实,教育、医疗卫生、公检法司等政社性人员补助政策落实到位。

天保工程的实施,取得了巨大的效益。在生态方面,森林资源长期过量消耗得到了有效控制,森林资源呈现逐年增长趋势。据 2004—2008 年第七次全国森林资源清查情况来看,我国森林面积 1.95 亿公顷,森林覆盖率 20.36%,森林蓄积 137.21 亿立方米,其中人工林面积 0.62 亿公顷,保持世界首位。仅"十一五"期间,中国森林面积就净增 2 054.30 万公顷,森林蓄积净增 11.23 亿立方米。从 1998 年天保工程试点至 2010 年的 13 年里,我国累计少砍木材 2.2 亿立方米,相当于少消耗森林蓄积量 3.79 亿立方米,有 1.07 亿公顷的森林得到有效保护,森林面积净增 1 000 万公顷,森林蓄积量净增 7.25 亿立方米。天保工程带来的这些变化产生了良好的生态效益,工程区生态环境逐步好转,水土流失减轻,输入长江、黄河的泥沙量明显减少。据黄河中游水土保持委员会宜川水文监测站观测,天保工程实施以来,陕西每年向黄河输入的泥沙量由 1999 年的 530 多万吨降低到 2007 年的 507 万吨,减少了 23 万吨;土壤侵蚀模数由 1998 年的每平方公里 1 800 吨下降到 2007 年的每平方公里 1 726 吨。[①] 生态环境的显著改善,也促进了生物多样性的有效保护,野外大熊猫数量明显增加,珍稀褐马鸡数量比工程实施初期增加了一倍多,珙桐、苏铁、红豆杉等国家重点保护野生植物数量也明显增加。[②] 在经济效益方面,随着天然林保护工程的深入实施,各地都在积极探索适合本地区经济发展特点的天然林保护与林区经济发展的路子。依托天保工程建设,工程区逐步摆脱了"独木支撑"的经济格局,发掘优势,因地制宜发展林区接续产业,大批替代产业、新兴产业兴起,产业结构得到调整优化,经济总量和质量都有所提高。例如,近年来云南省天保工程区通过森林管护,改善了生态环境,促进了林下资源的增长,仅野生食用菌采集每年就为农民和企业增收 20 亿元左右,每年出口创汇超过 8 000 万美元。另外,松香松脂也成为林区增收的新亮点,仅2006 年,云南省松脂产量就达到 11 万吨,松香达到 10 吨,产值达 7 亿多,出口创汇超过 5 000 万美元。[③] 在社会效益方面,通过天保工程的实施,人们的生态意识、环保观念得到了提高,人民群众认识到实施天然林保护工程是关系到中华民族生存和发展的关键,是功在当代、利在千秋的大事。例如,1999 年 3 月,在天保工程试点之初,曾经一辈子以伐木为职业的黑龙江省祭力林业局贮木场的老退休工人孙江,认为自己与木头打了一辈子交道,但遗憾的是没栽过一棵树,于是特意向工程捐献 1 万元人民币,表现了林业人对天保工程的支持。[④] 此外,更为重要的是,天保工程提高了广大林业职工的生活条件和福利水平,对于促进社会稳定,建设社会主义和谐社会具有积极的意义。例如,通过启动实施林业棚户区和危旧房改造工程,国有林区规划改造 61.67 万户,新建住宅 3 083.66 万平方米。西藏天

---

① 《"天保工程"再出发:下一个十年挑战》,http://finance.sina.com.cn/roll/20110518/01009856634.shtml。

② 《保生态 惠民生 促发展——天然林资源保护工程一期建设成就综述》,http://news.xinhuanet.com/fortune/2011 - 05/18/c_121432027.htm。

③ 《云南天保工程取得新辉煌》,http://www.yn.xinhuanet.com/newscenter/2008 - 03/13/content_12691606.htm。

④ 《老劳模为天保工程捐款》,http://www.envir.gov.cn/info/np/file.asp? file = 994 - 15 - 49.txt。

保工程区实施生态移民工程,将深居林区的贫困农牧民群众搬迁到条件相对较好的地方,完成搬迁安置 2 503 户、15 121 人。在工程区,有的职工通过森林管护和公益林建设,从伐木人变为看林人、种树人,成为生态建设的新生力量;有的职工在森工企业改革转制中,变成了新企业的股东、员工;有的职工创办家庭经济,自主经营,积极开发林下资源,实现了稳定就业。天保工程实施以来,林业职工工资收入也不断增长,年平均工资由 2000 年的 4 437 元提高到 2008 年的 12 645 元。同时,历史遗留问题也得到解决,社会保障政策不断完善。四川省解决了 2003 年前重点森工企业部分死亡职工一次性抚恤和遗属困难补助,从 2006 年起将重点森工企业拖欠退休职工的医疗费纳入了财政预算。①

至 2010 年,天保工程一期基本完成了各项任务。为巩固建设成果,进一步提升森林质量,中央决定实施天保工程二期,建设时间为 2011 年至 2020 年。按照规划,天保工程二期总投入 2 440.2 亿元,其中,中央财政 1936 亿元,中央基本建设投资 259.2 亿元;地方投入 245 亿元(长江上游、黄河上中游地区,主要是集体所属的地方公益林补偿基金)。工程实施过程中,根据工资水平和物价变动等因素,适时调整有关补助标准。其主要目标是:到 2020 年,新增森林面积 7 800 万亩,森林蓄积净增 11 亿立方米,增加碳汇 4.16 亿吨;生态状况从逐步好转进一步向明显改善转变,工程区水土流失明显减少,生物多样性明显增加;林区经济社会发展由稳步复苏进一步向和谐发展转变,为林区提供就业岗位 64.85 万个,基本解决转岗就业问题,确保林区社会和谐稳定。天保工程二期主要任务有 5 个方面:(1) 长江上游、黄河上中游地区继续停止天然林商品性采伐,东北、内蒙古等重点国有林区进一步调减木材产量,一期定产的每年木材采伐量 1 094.1 万立方米,在"十二五"期间分 3 年调减到 402.5 万立方米;(2) 强化森林管护,管护森林面积 17.32 亿亩;(3) 继续加强公益林建设,建设公益林 1.16 亿亩;(4) 加强森林经营,国有中幼林抚育 2.63 亿亩,培育后备资源

---

① 《保生态 惠民生 促发展——天然林资源保护工程一期建设成就综述》,http://news.xin-huanet.com/fortune/2011 - 05/18/c_121432027_3.htm。

4 890万亩;(5)保障和改善民生,增加林区就业,提高职工收入,完善社会保障,使职工收入和社会保障接近或达到社会平均水平。

为了保证任务的实施实现和保持政策的延续性,天保工程二期主要从5个方面进一步采取措施:(1)继续实施森林管护中央财政补助政策。对国有林,中央财政安排森林管护费每亩每年5元。对集体林,属于国家级公益林的,由中央财政安排森林生态效益补偿基金每亩每年10元;属于地方性公益林的,除由地方财政安排补偿基金外,中央财政每亩每年补助森林管护费3元。(2)完善社会保险补助政策。中央财政继续对森工企业和国有林场等国有林业单位负担的在职职工基本养老、基本医疗、失业、工伤和生育等5项社会保险给予补助,并相应提高补助标准;对符合现行就业政策的国有林业单位代管的灵活就业的就业困难人员,地方人民政府按国家有关规定统筹解决这部分人员的社会保险补贴,对国有林业单位跨行政区域的由所在地、市或省级人民政府统筹解决。(3)完善政策性社会性支出中央财政补助政策。中央财政继续对国有林业单位负担的教育、医疗卫生、公检法司经费及政府经费给予补助,并相应提高补助标准;为鼓励推进改革,对将国有林业单位承担的消防、环卫、街道等社会公益事业移交地方政府管理的省(区、市),中央财政给予补助。(4)继续实行公益林建设投资补助政策。中央基本建设投资继续对长江上游、黄河上中游地区安排公益林建设,人工造林每亩补助300元,封山育林每亩补助70元,飞播造林每亩补助120元。(5)增加森林培育经营补助政策。中央财政对国有中幼林抚育每亩补助120元;中央基本建设投资对东北、内蒙古重点国有林区后备资源培育中的人工造林和森林改造培育每亩分别补助300元和200元。

与工程一期相比,天保二期工程的国家投入和政策扶持力度加大,总投入增加了一倍;取消地方配套,中央财政对中央投资的项目实行全额补助。同时,大幅度提高森林管护、公益林建设和社会保险补助标准,并将进行动态调整;将森林经营纳入天保工程,增加中幼林抚育和森林改造培育补助政策;工程实施范围扩大,增加了丹江口库区11个县(其中湖北7个、河南4个,这11个县既是国家生态重点保护区域,也是国家级重点公益林建设区,还是国家南水北调中线工程的水源发源地)。天保工程二期与一期相比,中央投入政策更加体现以人为本的精神,符合实际,更加具有针对性和可操作性。

二、退耕还林工程

退耕还林工程是我国林业建设上涉及面最广、政策性最强、工序最复杂、群众参与度最高的生态建设工程,主要解决重点地区的水土流失问题。退耕还林就是从保护和改善生态环境出发,对水土流失严重的耕地,沙化、盐碱化、石漠化严重的耕地及粮食产量低而不稳的耕地有计划、有步骤地停止耕种,因地制宜地造林种草,恢复植被。这是调整国土利用结构、增加森林覆盖、治理泥沙危害的根本性措施。

长期以来,盲目毁林开垦和进行陡坡地、沙化地耕种,造成了我国严重的水土流失和沙化危害。至 2010 年,全国水土流失面积 356.92 多万平方公里,占国土面积的 37.2%;我国沙化土地面积已达 174 万平方公里,占国土面积的 18.2%。造成我国水土流失和土地沙化的重要原因,主要是长期以来人们盲目毁林开荒。据全国土地资源调查材料,全国仅 25 度以上的坡耕地就达 9 100 多万亩(606.67 万公顷)。毁林开荒虽然暂时增加了一些耕地面积和粮食产量,但我国在生态环境方面却付出了巨大的代价。长江、黄河上中游地区因为毁林开荒,陡坡耕种,已使之成为世界上水土流失最严重的地区之一,每年流入长江、黄河的泥沙量达 20 多亿吨,其中 2/3来自坡耕地。不断加剧的水土流失,导致江河湖库不断淤积,使两大流域中下游地区水患加剧,水资源短缺的矛盾日益突出,给国民经济和人民生产生活造成了巨大危害,国家也不得不年年花费大量人力、物力和财力,投入防汛、抗旱和救济灾民。因此,实施退耕还林,改善生态环境,不仅能够促进长江、黄河流域等地区林业生产力及社会生产力的快速发展,也有利于全国生产力的健康发展,为社会经济的可持续发展奠定坚实的基础。

新中国成立以来,我国政府曾多次出台退耕还林政策。1952 年 12 月,由周恩来总理签发的《关于发动群众继续开展防旱抗旱运动并大力推行水土保持工作的指示》指出:"首先应在山区丘陵和高原地带有计划地封山、造林、种草和禁开陡坡,以涵蓄水流和巩固表土。"1957年5月,国务院第二十四次全体会议通过的《中华人民共和国水土保持暂行纲要》中规定:"原有陡坡耕地在规定坡度以上的,若是人少地多地区,应该在平缓和缓坡地增加单位面积产量的基础上,逐年停耕,进行造林种草。"但由于"大跃进"及"文化大革命",这些政策难以真正落实下来,毁林、毁草开荒依然严重。1985年1月,《中共中央国务院关于进一步活跃农村经济的十项政策》中规定:"山区25度以上的坡耕地要有计划有步骤地退耕还林还牧,以发挥地利优势。口粮不足的,由国家销售或赊销。"1991年6月公布的《中华人民共和国水土保持法》第14条规定:"禁止在25度以上陡坡地开垦种植农作物……本法实施前已在禁止开垦的陡坡地上开垦种植农作物的,应当在建设基本农田的基础上,根据实际情况,逐步退耕,植树种草,恢复植被,或者修建梯田。"这时已经将禁止任意垦殖、逐步退耕还林写入了法律条文之中。1998年8月,《国务院关于保护森林资源制止毁林开垦和乱占林地的通知》指出:"各地要在清查的基础上,按照谁批准谁负责,谁破坏谁恢复的原则,对毁林开垦的林地,限期全部还林。"1998年8月修订的《中华人民共和国土地管理法》第39条规定:"禁止毁坏森林、草原开垦耕地,禁止围湖造田和侵占江河滩地。根据土地利用总体规划,对破坏生态环境开垦、围垦的土地,有计划有步骤地退耕还林、还牧、还湖。"1998年10月,十五届三中全会通过的《中共中央关于农业和农村工作若干重大问题的决定》指出:"禁止毁林毁草开荒和围河造田。对过度开垦、围垦的土地,要有计划有步骤地还林、还草、还湖。"可见改革开放以来,特别是1998年特大洪灾之后,我国政府对退耕还林的认识越来越深刻,措施越来越具体。

将退耕还林进行工程化运作,并进一步上升为国家重点工程是在20世纪末、21世纪初。1999年,朱镕基总理先后视察了西南、西北6省,提出"退耕还林、封山绿化、以粮代赈、个体承包"的综合措施,并在四川、陕西、甘肃3省先行退耕还林试点。当年即完成退耕地造林572.2万亩,宜林荒山荒地造林99.7万亩。2000年1月,国家又将退耕还林列为西部大开发的重要内容。同年3月,经国务院批准,国家林业局、国家计委、财政部联合发出了《关于开展2000年长江上游、黄河上中游地区退耕还林(草)试点示范工作的通知》,将试点范围扩大到中西部地区17个省(自治区、直辖市)和新疆建设兵团。为推动试点工作健康发展,同年9月,国务院又下发了《关于进一步做好退耕还林还草试点工作的若干意见》。2001年3月,九届人大四次会议通过《中华人民共和国国民经济和社会发展第十个五年计划纲要》,正式将退耕还林列入我国国民经济和社会发展"十五"计划。2001年10月,朱镕基总理在国务院西部地区开发领导小组第二次全体会议上强调,要正确分析国际、国内形势,坚持扩大内需,推进西部大开发。当前,发展农村经济、促进农民增收的一项重要措施,就是要抓住粮食库存较多的有利时机,加快实行退耕还林,开仓济贫。2002年1月,退耕还林工程全面启动。为了保障工程顺利进行,同年4月,国务院下发了《国务院关于进一步完善退耕还林政策措施的若干意见》;同年12月,国务院颁布了《退耕还林条例》,退耕还林步入规范化、法制化管理轨道。

退耕还林工程建设范围包括北京、天津、河北、山西、内蒙古、辽宁、吉林、黑龙江、安徽、江西、河南、湖北、湖南、广西、海南、重庆、四川、贵州、云南、西藏、陕西、甘肃、青海、宁夏、新疆等25个省(自治区、直辖市)和新疆生产建设兵团。工程建设以西部地区为重点,任务量占全国总任务的近2/3;中部地区突出重点区域,优先安排江河源头及其两侧、湖库周围、风沙危害和水土流失严重等生态地位重要地区。

根据自然条件、社会经济状况及需要退耕地的情况,将工程区划分为10个类型区,即西南高山峡谷区、川渝鄂湘山地丘陵区、长江中下游低山丘陵区、云贵高原区、琼桂丘陵山地区、长江黄河源头高寒草原草甸区、新疆干旱荒漠区、黄土丘陵沟壑区、华北干旱半干旱区、东北山地及沙地区。分区确定相应的植被类型和主要树种、草种。同时,根据突出重点、先急后缓、注重实效的原则,将长江上游地区、黄河上中游地区、京津风沙源区及重要湖库集水区、红水河流域、黑河流域、塔里木河流域等地区的856个县作为工程建设重点县。

退耕还林工程规划到2010年,完成退耕地造林2.2亿亩(1 466.67万公顷),宜林荒山荒地造林2.6亿亩(1 733.33万公顷),陡坡耕地基本退耕还林,严重沙化耕地基本得到治理,工程区林草覆盖率增加4.5%。工程分两个阶段进行,第一阶段 2001—2005 年,确保水土流失比较严重的 1.7亿亩陡坡耕地基本退下来,扩大宜林荒山荒地造林面积 2 亿亩,使工程区林草覆盖率增加 3.5%,控制水土流失面积近 10 亿亩,防风固沙控制面积 11.8 亿亩,使工程区脆弱的生态状况得到初步治理。第二阶段 2006—2010 年,退耕地造林 0.5 亿亩,宜林荒山荒地造林 0.6 亿亩,新增林草植被 1.1 亿亩,工程区林草覆盖率增加 1%。到 2010 年,退耕还林工程总体控制水土流失面积 13 亿亩,防风固沙控制面积 15.4 亿亩,工程治理地区的生态状况得到较大改善。

退耕还林工程试点以来,国务院颁布了《退耕还林条例》(2002 年),并先后出台了《关于进一步做好退耕还林还草试点工作的若干意见》(2000 年)、《关于进一步完善退耕还林政策措施的若干意见》(2002 年)、《关于完善退耕还林粮食补助办法的通知》(2004 年)、《关于切实搞好"五个结合"进一步巩固退耕还林成果的通知》(2005 年)。这 5 个政策性文件和法规出台的过程,也是退耕还林政策措施不断完善的过程,对退耕还林的实施原则、规划和计划编制、造林和管护及检查验收、资金和粮食补助、保障措施、法律责任等作了规定。其中,最受广大农民关注的是资金和粮食的补助政策。其主要包括:(1) 国家无偿向退耕户提供粮食补助。每退耕地 1 亩,长江流域及南方地区每年补助粮食 150 公斤,黄河流域及北方地区每年补助粮食 100 公斤。(2) 国家对退耕户给予适当现金补助,每亩退耕地每年补助现金 20 元。(3) 粮食和现金补助年限,还生态林的 8 年,还经济林的 5 年,还草地的 2 年。(4) 国家向退耕户提供种苗补助费,每造林 1 亩,补助 50 元。(5) 国家从 2004 年起原则上向退耕户补助的粮食改为现金补助,补助粮食(原粮)的价款按每公斤 1.4 元折价计算。补助粮食(原粮)的价款和现金由中央财政承担。

2007 年,国务院下发了《关于完善退耕还林政策的通知》,对退耕还林政策做了新的完善,主要内容就是在原有的补助政策到期后,继续对退耕农户给予适当补助,以巩固退耕还林成果,解决退耕农户生活困难和长远生计问题。退耕还林完善政策措施的要点有:(1) 原有退耕还林补助政策结束后,再延长一个周期,即还生态林再补 8 年;还经济林再补 5 年;还草再补 2 年。(2)在延长期内,从粮食补助资金中拿出一半对退耕农户进行直接补助,即长江流域及南方地区每亩退耕地每年补助现金 105 元,黄河流域及北方地区每亩退耕地每年补助现金 70 元。从粮食补助资金的另一半作为巩固退耕还林成果专项资金,主要用于西部地区、京津风沙源治理区和享受西部政策的中部地区退耕农户的基本口粮田建设、农村能源建设、生态移民等方面,并对特殊困难地区倾斜。(3)每亩退耕地每年 20 元生活补助费,继续直接补助到户,并与管护任务挂钩。(4)中央有关补助资金,按核实的还林还草面积,逐年核定各省的补助总量,包干到省。其中,巩固退耕还林成果专项资金,按 8 年集中安排,逐年下达。(5)逐步提高退耕还林、宜林荒山荒地造林的种苗和造林补助标准。

自实施以来,退耕还林工程进展顺利。2001 年,全年完成退耕地造林面积 48.91 万公顷,其中造林面积 40.54 万公顷;荒山荒地造林种草面积 54.53 万公顷,其中造林面积 48.49 万公顷。截至 2001 年年底,三年退耕还林工程试点示范共完成退耕还林 101.36 万公顷,荒山荒地造林 87.85 万公顷。2001 年全年粮食预付数量 400 亿公斤,完成投资 32.14 亿元,其中粮食折资 20.36 亿元,种苗费补助 7.37 亿元,现金补助 3.5 亿元,科技支撑及其他费用 0.91 亿元。2002 年,完成退耕地造林 203.98 万公顷,荒山荒地造林 238.38 万公顷。全年兑现粮食补助 51.62 亿公斤,现金补助 4.58 亿元。完成投资 110.61 亿元,其中粮食折资 63.08 亿元,种苗费补助 33.07 亿元,科技支撑及其他费用 14.46 亿元。2003 年,完成退耕地造林 341.81 万公顷,荒山荒地造林 342.28 万公顷。全年兑现粮食补助 54.81 亿元,生活费补助 28.18 亿元。完成投资 225 亿元,其中中央财政专项资金 149.74 亿元,国债资金 59.24 亿元。从 1999 年试点至 2003 年,退耕还林工程实施 5 年以来,累计完成造林面积 1 332.58 万公顷,其中退耕地林 643.64 万公顷,荒山荒地造林 688.93 万公顷;累计完成投资 394.54 亿元,其中国家投资 366.42 亿元。2004 年,完成退耕地造林 101.66 万公顷,荒山荒地造林 255.16 万公顷。全年兑现粮食 159.05 亿公斤,国家从 2004 年起原则上向退耕户补助的粮食改为现金补助,全年应兑现粮食改为兑现现金金额 168.24 亿元;种苗补助费 29.81 亿元;当年新退耕地生活费补助

3.89 亿元。全年完成投资 235.74 亿元,其中国债资金 46.52 亿元,中央财政专项资金 166.56 亿元。2005 年,完成退耕地造林 86.12 万公顷,荒山荒地造林 133.17 万公顷,新封山育林 116.02 万公顷,种草面积 4.76 万公顷。全年完成粮食兑现 284.18 万吨,生活费兑现 25.33 亿元。全年完成投资 268.12 亿元,其中中央财政专项资金 203.57 亿元。

"十五"期间,退耕还林工程共完成退耕还林任务 1 976.99 万公顷,其中退耕地造林 798.58 万公顷,荒山荒地造林 1 041.75 万公顷,封山育林 136.66 万公顷。累计完成投资 882.99 亿元,其中国家投资 811.02 亿元,国家投资占全部投资的 91.85%。工程营造生态林比重达 80% 以上。2006 年,完成退耕地造林 17.71 万公顷,荒山荒地造林 63.15 万公顷。全年中央投入资金 270.3 亿元,其中种苗造林费补助 10 亿元,生活费补助 27.1 亿元,粮食补助资金 233.2 亿元。2007 年 8 月,国务院下发了《关于完善退耕还林政策的通知》(简称《通知》),确定了完善退耕还林政策的内容:一是继续对农户直接补助,二是建立巩固退耕还林成果专项资金。《通知》的主要目的在于解决随着退耕还林政策补助陆续到期,部分退耕农户生计将出现困难的问题,明确国家将继续对退耕农户实行直接补助。现行退耕还林粮食和生活费补助期满后,中央财政安排资金,继续对退耕农户给予适当的现金补助,解决退耕农户当前生活困难。同时,考虑到"十五"期间大规模的退耕还林成为我国耕地面积紧逼 18 亿亩红线的主要因素,为确保全国耕地不少于 18 亿亩(1.2 亿公顷),国务院决定原定"十一五"期间退耕还林 2 000 万亩(133.33 万公顷)的规划,除 2006 年已安排 400 万亩(26.67 万公顷)外,其余暂不安排,因此在"十一五"期间,不再进行大规模退耕地造林。另外,由于近几年退耕还林增加的林草植被,绝大多数仍是幼林、未成林,如果管护不好,存活率将难以保证。尤其是西北地区,自然条件差,干旱少雨,树木一般难以存活,当务之急是完善后期管护制度,建立长效机制,所以退耕还林工程建设将更多的精力投入到了保证退耕地造林的质量和荒山造林、封山育林之中。2007 全年完成退耕还林工程造林 105.60 万公顷。2008 年,为巩固退耕还林成果,国家林业局决定自该年起至 2014 年,连续 7 年开展退耕还林工程退耕地造林验收工作。另外,2007年起暂不安排退耕地造林任务后,2008年继续安排荒山荒地造林74万公顷、封山育林46.7万公顷。退耕还林工程造林投资规模由2007年的10.5亿元增加到2008年的16亿元,并且从2008年起提高退耕还林工程种苗造林国家补助标准,由原来的每亩50元提高到了人工造林每亩100元、封山育林每亩70元。2008年退耕还林工程中央投入共达341亿元。该年,工程受到了冰雪灾害、汶川地震、干旱等不利因素影响,但截至2009年2月底仍然完成退耕还林任务108.7万公顷。

截至2009年年底,全国累计实施退耕还林任务2 766.67万公顷(4.15亿亩),其中退耕地造林926.67万公顷(1.39亿亩),荒山荒地造林和封山育林1 840万公顷(2.76亿亩)。工程范围涉及25个省(区、市)和新疆生产建设兵团的2 279个县、3 200万农户、1.24亿农民。根据现有退耕还林政策标准和已完成任务测算,退耕还林中央总投入将达4 300多亿元,其中,到2009年年底中央已投入2 332亿元。2010—2021年,中央还将继续投入2 000多亿元。

三、三北及长江中下游流域等重点防护林体系建设工程

三北和长江流域等重点防护林体系建设工程是我国涵盖面最大、内容最丰富的防护林体系建设工程。该工程的实施,主要解决三北地区的防沙治沙问题和其他区域各不相同的生态问题。这是构筑覆盖全国的完整的森林生态体系、保护和扩大中华民族生存和发展空间的历史性任务。三北和长江流域等重点防护林体系建设工程涉及28个省(区、市)的1 696个县,计划造林2 267万公顷,管护森林7 187万公顷,包括三北防护林体系建设四期工程、长江流域防护林体系建设二期工程、珠江流域防护林体系建设二期工程、沿海防护林体系建设二期工程、太行山绿化二期工程、平原绿化二期工程。

1. 三北防护林体系建设四期工程

三北防护林体系建设四期工程(简称三北四期工程)对原三北工程进

行了整合,将原工程中的 86 个县(旗、市、区)划入京津风沙源治理工程等其他工程(其中,划入京津防沙治沙工程 67 个,沿海防护林工程 15 个,太行山绿化工程 4 个),将东北地区原属松嫩辽流域工程的 98 个县(旗、市、区)纳入其中。这样,经过重新调整合后的三北四期工程涉及三北地区的北京、天津、河北、山西、内蒙古、辽宁、吉林、黑龙江、河南、甘肃、青海、宁夏、新疆(含新疆建设兵团)等 13 个省(自治区、直辖市)的 590 个县(旗、市、区),总面积 405.39 万平方公里,占国土总面积的 42.2%。

三北四期工程建设时间为 10 年(2001—2010 年)。工程由第一阶段三期建设的数量扩张开始向追求质量效益转变,由资金推动型向需求拉动转变,由生态经济型向生态产业化转变,为的是让三北的山川变得更加秀美。三北四期工程的目标是,到 2010 年,在有效保护好工程区内现有 2 787 万公顷森林资源的基础上,完成造林 950 万公顷,其中人工造林 630.2 万公顷,封山(沙)育林 193.7 万公顷,飞播造林 126.1 万公顷。工程建设区内的森林覆盖率由 8.63% 提高到 10.47%,净增 1.84 个百分点,建成一批比较完备的区域性防护林体系,初步遏制了三北地区生态恶化的趋势。在沙区,力争用 10 年左右时间,使 40% 的沙化土地得到初步治理,使风沙危害程度和沙尘暴发生频率有效降低。毛乌素、科尔沁、呼伦贝尔三大沙地基本得到治理,生态环境有较大改善。在水土流失区,使 50% 以上的水土流失面积得到基本治理,治理区的土壤侵蚀模数下降 30% 以上,流入黄河的泥沙量明显减少。在平原农区,以现有农田防护林为基本框架,建成多林种、多树种、网带片相结合的高标准农田防护林体系。

经过 30 多年的建设,三北工程取得了重大阶段性成果。至 2009 年,工程区森林覆盖率由 20 世纪 70 年代末的 5.05% 提高到 10.51%,治理沙化土地 27.8 万平方公里,控制水土流失面积 38.6 万平方公里,改善了生态环境,促进了粮食稳产高产,为促进区域经济社会可持续发展做出了突出贡献。然而,时至今日,三北地区仍是全国生态最脆弱的地区,区域内沙化土地面积占全国沙化土地面积的 85%,水土流失面积占全国水土流失面积的 67%,这一地区森林覆盖率仍远低于全国平均水平,风沙、干旱等生态灾害发生频繁,生态环境仍然十分脆弱。为了巩固三北工程的建设成

果,进一步改善三北地区的生态环境,三北防护林体系建设五期工程
(2011—2020 年)已经开始实施。工程目标是:新造林 1 000 万公顷,使三
北地区的森林覆盖率由现在的 10.51% 提高到 2020 年的 12%;使工程区
内 30% 的沙化土地得到初步治理,使水土流失区 50% 的水土流失面积得
到有效控制,使工程区 80% 的农田实现林网化;在有条件的区域建成大规
模、集中连片、比较完备的区域性防护林体系。

2. 长江流域防护林体系建设二期工程

1978 年,三北防护林体系建设工程启动实施后,为从根本上扭转我国
长江、珠江、海河等大江大河及沿海地区生态环境恶化的状况,国家先后启
动长江中上游防护林、沿海防护林、平原绿化、太行山绿化、珠江流域防护林
体系建设工程。到 2000 年年底,5 个防护林工程一期建设结束。根据《国民
经济和社会发展"十五"计划纲要》,2000 年,国家林业局组织编制了长江、沿
海、珠江、太行山绿化、平原绿化等 5 个防护林体系建设二期工程规划。

长江流域防护林体系建设二期工程范围包括:长江、淮河、钱塘江流
域的汇水区域,涉及青海、西藏、甘肃、四川、云南、贵州、重庆、陕西、湖北、
湖南、江西、安徽、河南、山东、江苏、浙江、上海 17 个省(区、市)的 1 033 个
县(市、区)。规划造林任务 687.6 万公顷,其中人工造林 313.2 万公顷,封
山育林 348 万公顷,飞播造林 26.45 万公顷;规划低效防护林改造 388.1
万公顷。

3. 珠江流域防护林体系建设二期工程

2001 年起,珠江流域防护林体系二期工程建设开始实施。工程范围
包括:江西、湖南、云南、贵州、广西和广东 6 个省(自治区)的 187 个县(市、
区)。规划造林 227.87 万公顷,其中人工造林 87.5 万公顷,封山育林
137.2 万公顷,飞播造林 3.1 万公顷;规划低效防护林改造 99.76 万公顷。

至 2010 年,珠江防护林工程区 6 省(区)累计完成营造林 121.16 万公
顷,完成低效林改造 105.87 万公顷,工程区森林覆盖率由 2000 年的 44%
提高到 51.5%,森林面积由 2 558 万公顷增加到 2 970 万公顷。

4. 沿海防护林体系建设二期工程

2000 年以后,我国沿海防护林体系建设工程进入二期建设时期,规划

造林 136.00 万公顷,其中人工造林 68.3 万公顷,封山育林 61.4 万公顷,飞播造林 6.33 万公顷,同时规划改造低效防护林 97.93 万公顷。

2004 年,印度洋海啸发生后,我国加强了对沿海防护林体系建设工程的重视程度。温家宝总理、回良玉副总理明确指示,要求抓紧编制《全国沿海防护林体系建设工程规划》。2005 年开始,国家林业局开在沿海各省(区、市)编制相关规划的基础上,编制了《全国沿海防护林体系建设工程规划(2006—2015 年)》。2007 年 12 月,国务院对之作了批复。该规划成为新世纪以来,国务院批复的第一个防护林工程建设规划。《全国沿海防护林体系建设工程规划(2006—2015 年)》对之前的规划作了提升:在目标定位上,从一般性生态防护功能,向以应对海啸和风暴潮等突发性生态灾难为重点的综合防护功能扩展;在建设布局上,由过去的一条绿化带、防风固沙林带的单一布局,调整为由消浪林带、海岸基干林带和纵深防护林网3 个层次构成的复合布局,由单一线状布局向因害设防、网状立体布局扩展;在建设内容上,由过去海岸基干林带建设、荒山荒地绿化、村屯绿化,向以基干林带为主,滩涂红树林、城镇乡村防护林网、荒山绿化有机配合的多层次防护林体系扩展,将沿海防护林体系建设与农田、道路、矿区、居民区绿化美化有机地结合起来。

根据规划,全国沿海防护林体系建设工程范围包括辽宁、河北、天津、山东、江苏、上海、浙江、福建、广东、广西、海南等沿海 11 个省(区、市)和大连、青岛、宁波、深圳、厦门等 5 个计划单列市中的直接受海洋性灾害危害严重的 261 个县(市、区)。规划土地总面积为 44.71 万平方公里,占国土总面积的 4.7%,总投资为 99.84 亿元。到 2015 年,沿海地区森林覆盖率将达到 37.3%,林木覆盖率 37.8%,基干林带达标率 92.3%,红树林恢复率 95.1%,造林成活率 85% 以上,造林保存率 90% 以上,农田林网控制率85.0%,村屯绿化率 90.0%。红树林建设与保护取得重大进展,沿海防护林体系的生态防护功能进一步发挥,防灾减灾功能进一步增强,城乡人居环境得到明显改善,生态建设步入良性循环。

2008 年 4 月,全国沿海防护林体系建设工程启动,《全国沿海防护林体系建设工程规划(2006—2015 年)》正式进入实施阶段。

5. 太行山绿化二期工程

2001 年开始,太行山绿化工程进入二期建设阶段,规划范围包括河北、山西、河南、北京 4 省(市)的 73 个县(市、区)。规划造林 146.2 万公顷,其中人工造林 67 万公顷,封山育林 50.7 万公顷,飞播造林 28.5 万公顷;规划低效防护林改造 45.1 万公顷。

6. 平原绿化二期工程

2001 年,国家林业局编制完成并上报了《全国平原绿化二期规划》。我国平原绿化事业进入新的发展时期。根据规划,平原绿化建设内容得到了丰富和发展,由原来的农田林网、农林间作、围村林、片林和庭院林发展为新时期的高标准农田林网建设,荒滩荒沙荒地绿化,路、沟、渠绿化,村屯绿化和园林化乡镇建设。全国平原绿化二期工程建设范围包括:北京、天津、河北、山西、山东、河南、江苏、安徽、陕西、上海、福建、江西、浙江、湖北、湖南、广东、广西、海南、四川、辽宁、吉林、黑龙江、甘肃、内蒙古、宁夏、新疆 26 个省(自治区、市)的 944 个县(市、旗、区)。规划建设总任务 552.1 万公顷,其中新建农田防护林带折合面积 41.6 万公顷,荒滩荒沙荒地绿化 294.5 万公顷,村屯绿化 112.7 万公顷,园林化乡镇建设 30.4 万公顷,改造提高农田林网面积 72.9 万公顷。

2004 年,国家林业局印发了《关于大力开展村屯"四旁"植树和农田防护林建设的通知》,组织制定了《村屯"四旁"植树和农田防护林建设试点方案》,积极推行村屯"四旁"植树和农田防护林建设示范县工作。全国广大平原地区及时调整平原林业建设思路,大力开展村屯"四旁"植树和农田防护林建设,进一步丰富了和完善了新形势下平原绿化工作思路。

四、京津风沙源治理工程

京津风沙源治理工程是北京乃至中国的"形象工程",主要通过封沙育林、飞播造林、人工造林、退耕还林、草地治理和小河流与综合治理等措施,解决北京周围地区的风沙危害问题,保障首都及周边地区的工农业生产,美化人民生活环境,提高人民生活质量。

20 世纪 90 年代以来,我国北方地区的沙尘天气越来越频繁,严重地影响着北京及周边地区的生态环境。据资料记载,我国北方地区 20 世纪 50 年代沙尘暴发生 5 次,90 年代则发展到 23 次,而 2000 年 3、4 月间,短短一个月时间内,沙尘暴就 12 次影响北京和京津地区,给人民的生产生活带来了很大影响,造成了越来越严重的经济损失,引起了党和国家的高度重视。2000 年 5 月,朱镕基总理专程到河北、内蒙古考察治沙工作;同年 6 月,朱镕基总理主持召开国务院党组会议,决定紧急启动京津风沙源治理工程试点;同年 10 月,党的十五届五中全会进一步提出加强生态建设,遏制生态恶化,抓紧环京津生态圈工程建设。为此,国家林业局会同相关部门共同组织编制了《京津风沙源治理工程规划(2001—2010)》。2002 年 3 月,国务院正式批准实施该规划。

京津风沙源治理工程建设区西起内蒙古的达茂旗,东至河北的平原县,南起山西的代县,北至内蒙古的东乌珠穆沁旗,范围涉及内蒙古、河北、山西及北京和天津的 75 个县(旗、市、区),总土地面积为 45.8 万平方公里。根据工程建设的内容和任务,考虑不同地区的实际情况和应采取的技术措施,将工程建设区域划分为 4 个类型区:(1)北部干旱草原沙化治理区。该区位于北京上风向的西部和西北部,包括锡林郭勒盟、乌兰察布盟、包头市的 7 个旗(县、市)。本区是以牧为主的草原沙区,长期严重超载放牧,草地沙化、退化严重。治理对策是:强化草原管理,加强草场建设,改进牧业生产方式,把恢复植被和雨水资源开发利用统筹考虑,以水定畜,以草定畜,扭转草原退化、沙化的趋势。实行以草定畜,实现草畜平衡;改良草场,提高草场生产力;积极营造草原灌木林网,建设草原防护屏障,保护牧场免受风沙危害。规划造林 1 283.60 万亩(85.57 万公顷,不包括退耕还林),草地治理 3 942.6 万亩(262.84 万公顷),建设暖棚 48 万平方米,购买饲料机械 4 000 台(套),水源工程 9 800 处,节水灌溉 9 800 处,小流域综合治理 800 平方公里。(2)浑善达克沙地治理区。该区位于北京上风向的北部,包括锡林郭勒盟和赤峰市的 17 个旗(县、市、区)。该区是以牧为主、农牧结合的沙区,由于过牧、开垦、樵采等不合理人为活动的长期作用,灌草面积减少,草场退化,植被严重破坏,致使固定沙丘活化,流沙面积迅速增加。治理对策是:在保护好现有林草植被的基础上,固定活化沙丘,遏制沙地的活化趋势;加快草原建设,扩大林草植被。规划造林 2 897.50 万亩(193.17 万公顷,不包括退耕还林),草地治理 5 966.9 万亩(397.79 万公顷),建设暖棚 58.8 万平方米,购买饲料机械 4 900 台(套),水源工程 16 000 处,节水灌溉 16 000 处,小流域综合治理 3 080 平方公里。(3) 农牧交错地带沙化土地治理区。该区主要指内蒙古乌盟阴山南北、山西雁北及河北坝上西部地区,包括内蒙古乌盟、山西大同、朔州和河北张家口市的 24 个旗(县)。该区风蚀沙化严重,治理对策主要是:禁垦限牧、扩大植被,对沙化严重地段的耕地实行退耕还林,全部退耕的种田户转为造林专业户,国家为其无偿提供口粮和饲料粮;加大封育治理力度,积极推行封山封沙育林育草,加快植被恢复;改变传统牧业方式,变放养为圈养。规划造林 1 208.67 万亩(80.58 万公顷,不包括退耕还林),草地治理 2 858.6 万亩(190.57 万公顷),建设暖棚 139.2 万平方米,购买饲料机械 12 200 台(套),水源工程 11 516 处,节水灌溉 11 590 处,小流域综合治理 10 810 平方公里。(4) 燕山丘陵山地水源保护区。该区主要指河北张家口坝下及其以东的山地丘陵区,包括北京、天津、张家口地区南部和承德地区,是官厅、密云和潘家口三大水库的水源地。该区主要问题是人工樵采、陡坡耕种破坏植被,导致水土流失严重和土地沙化。其主要对策是:封禁保存现有的森林,在荒山荒地营造乔、灌、草结合的复层水源涵养林,大力营造防风固沙林;改变农牧业生产方式,变放养为圈养。规划造林 2 026.43 万亩(135.10 万公顷),草地治理 3 173.6 万亩(211.57 万公顷),建设暖棚 40 万平方米,购买饲料机械 2 000 台(套),水源工程 28 743 处,节水灌溉 10 440 处,小流域综合治理 8 755 平方千米。

京津风沙源治理工程目标:从 2001 年到 2010 年,完成退耕还林 3 943.61 万亩,其中退耕 2 012.57 万亩,荒山荒地荒沙造林 1 931.04 万亩;营造林 7 416.19 万亩;草地治理 15 941.70 万亩,其中禁牧 8 526.70 万亩,建暖棚 286 万平方米,购买饲料机械 23 100 套,建水源工程 66 059 处,节水灌溉 47 830 处,完成小流域综合治理 23 445 平方公里;生态移民 18 万人。通过对现有植被的保护,封山(沙)育林、飞播造林、人工造林、退耕还林、草地治理等生物措施和小流域综治理等工程措施,使工程区可治理的沙化土地得到基本治理,生态环境明显好转,风沙天气和沙尘暴天气明显减少,从总体上遏制沙化土地的扩展趋势,使北京周围生态环境得到明显改善。

截至 2010 年,国家已累计安排资金 412 亿元,其中,中央基本建设资金 176 亿元,财政补助资金 236 亿元。工程建设累计完成退耕还林及营造林 9 002 万亩,草地治理 13 012 万亩,暖棚 973 万平方米,饲料机械 11.4 万套,小流域综合治理 11 823 平方公里,节水灌溉和水源工程共 16.5 万处,生态移民 176 660 人。

京津风沙源治理工程取得了明显的效益[①]:

(1)工程区的植被盖度和生物多样性显著改善。2001—2009 年,治理工程区的植被盖度总体呈上升态势(年际间受气候条件的影响有所波动),最高的年份为 2008 年,达到 55%,比 2001 年的 41% 提高 14 个百分点。工程区的生物多样性指数也显著上升,群落层片由单一的草丛植被或灌草丛植被,逐渐转变为乔、灌、草或灌、草结合的复合植被系统,植被生态系统的稳定性增强,防护效益提高。在典型草原区,多样性指数在未治理区域约 1.80,而在治理区域达到 2.13,已接近原生状态的 2.2~2.5 范围;浑善达克沙地未治理区的多样性指数仅约 1.15,而治理区域可达 1.60 以上,接近沙地植被的原生状态。

(2)土壤的侵蚀强度明显下降,风沙或浮尘天气明显减少。通过从实地采集数据和模型模拟测算,工程区的土壤风蚀、水蚀总量总体上呈现下降趋势。土壤风蚀总量,2009 年比 2001 年减少了 5.2 亿吨,减幅达 44%,消除风力环境差异的影响后,土壤风蚀总量比 2001 年减少 2.5 亿吨,减幅为 28%。土壤水蚀总量呈持续降低趋势,2009 年比 2001 年减少 2.87 亿吨,减幅达 82%,消除降雨环境差异的影响后,土壤水蚀总量比 2001 年减少 10.2 亿吨,减幅为 94%。工程区 2001 年和 2009 年地表释尘总量分别为 3 124 万吨和 1 772 万吨,两年相比减少了 1 352 万吨,减幅为 43.3%,

---

① http://www.ceh.com.cn/ceh/llpd/2010/10/14/69983.shtml。

消除风力环境差异的影响,释尘量比 2001 年减少 337 万吨,减幅为 16%。与地表释尘量的减少相对应,北京地区的沙尘天气总体上呈现减少减弱的趋势;2010 年共遭受 3 次浮尘天气影响,少于近 10 年同期均值 4.9 次,且从 2007 年以来没有出现过扬沙天气。

(3) 工程区的经济社会发展保持了高速增长。生态建设对当地经济社会可持续发展作出了贡献,促进了经济发展。据国家林业局对内蒙古的乌兰察布、锡林郭勒、赤峰,以及河北的承德、张家口等 5 盟(市)进行的可持续发展能力评价显示,5 盟(市)可持续发展能力综合评价得分由 2001年的 56.4 上升到 2009 年的 71.2,其中工程建设对区域可持续发展贡献率保持在 23.0%~28.3%。工程区经济发展并没有因为工程建设受到负面影响,事实上取得了生态和经济的双赢,实现了生态持续改善,经济持续发展。工程区 5 省(区、市)75 个县(市、区),总人口 3 800 万人,10 年中人均地区生产总值的年均增长速度是 15.4%,地区生产总值的年均增长速度为 17.3%,均高于全国平均水平。

(4) 农民收入持续快速增长。10 年中,工程区农民人均纯收入从2 178 元增长到 5 788 元,年均增长速度是 11.5%,高于全国的平均水平。北京、天津的农民收入相对较高,如北京市工程区农民人均纯收入已达到10 971 元。内蒙古工程区农牧民收入尽管较低,但增长速度很快,从 2000年的 1 934 元增长到 2009 年的 4 900 元,增长幅度高于全国平均水平。

(5) 工程区经济社会发展方式转型成效初显。经过 10 年的建设,工程区产业结构发生了重大的变化,已初步实现从游牧放养到舍饲圈养、从毁林开荒到植树种草、从传统农业向设施农业的转变。退耕还林、生态移民等工程实施后,一部分农牧民从第一产业进入二、三产业,拓宽了就业门路和收入渠道。北京市的黄芩加工、天津市的葡萄产业、河北的刺槐食用菌原料林、山西的山杏林等都形成了规模化优势,走上了产业化的道路,促进了当地农民的增收致富。生态改善后,围绕生态旅游的第三产业开始发展。通过 10 年的工程建设,各级领导干部对生态建设的重视程度明显提高,干部群众生态意识明显增强,全社会的生态建设氛围日益高涨,增绿、爱绿、护绿成为工程区的普遍行为。

五、野生动植物保护及自然保护区建设工程

野生动植物保护及自然保护区建设工程是一个面向未来、着眼长远、具有多项战略意义的生态保护工程。通过物种保护、自然保护、湿地保护，可以拯救一批国家重点保护野生动植物，扩大、完善和新建一批国家级自然保护区、禁猎区和种源基地及珍稀植物培育基地，恢复和发展珍稀物种资源。

森林、湿地和野生动植物共同构成陆地生态系统的主体，在维护和优化生态环境中发挥着不可替代的作用。同时，野生动植物还是重要的战略资源，保存着丰富的遗传基因多样性，在拓展人类的未来生存空间等方面具有难以估量的价值。我国是世界上生物多样性最为丰富的国家之一。据统计，我国的脊椎动物有 6 300 多种，其中兽类 450 多种，鸟类 1 200 多种，爬行类 300 多种，两栖类 200 多种，鱼类 3 000 多种，占世界动物种类总数的 14%；有高等植物 3 万多种，仅次于马拉西亚和巴西，位居世界第三位。我国湿地面积约 6 600 万公顷，其中天然湿地面积 2 600 多万公顷（不包括河流），内陆和海岸湿地为亚洲之最。但随着人口的持续增长和经济的快速发展，我国一些地方未能妥善地处理好人口增长、经济发展和资源保护的关系，乱捕滥猎、乱采滥挖、倒卖走私野生动植物及其产品的违法犯罪活动非常猖獗，侵占、破坏野生动植物栖息地和自然保护区的现象十分普遍。我国现有 300 多种陆栖脊椎动物、约 410 种和 13 个类的野生植物处于濒危状态。极度濒危的脊椎动物有大熊猫、朱鹮、虎、金丝猴、藏羚、亚洲象、长臂猿、麝、普氏原羚、白鹤、丹顶鹤等；大量的兰科植物和苏铁等植物，在野外已处于非常濒危状态。若不采取有力措施，长此以往，我国生物多样性将会锐减，一些物种可能灭绝，严重影响经济社会可持续发展。

为了保护野生动植物和加强自然保护区建设，全国人大和国务院先后颁布实施了《野生动物保护法》《陆生野生动物保护实施条例》《野生植物保护条例》《中国珍稀濒危保护植物名录》《国家重点保护野生动物名录》《自然保护区条例》和《森林和野生动物类型自然保护区管理办法》等一系

列法律法规,取得了一定的效果。截至 2000 年年底,全国共建立各类型自然保护区 1 276 处,总面积 1.23 亿公顷,占国土面积的 12.81%,居世界前列。但是,随着经济社会的发展与生态环境之间矛盾加剧,一些地方乱捕滥猎、乱采滥挖、倒卖走私野生动植物及其产品、盗猎走私、侵占破坏野生动植物栖息地和自然保护区的现象时有发生,濒危物种的恢复进展缓慢,部分物种减少的势头尚未得到有效遏制,野生动植物养殖培植和利用水平不高。为进一步加强野生动植物保护和自然保护区建设,提高全民族的生态保护意识,促进生态系统的良性循环,确保经济社会的可持续发展,2001 年 6 月,国家计委批准了国家林业局组织编制的《全国野生动植物及自然保护区建设总体规划》;同年 12 月,工程正式启动。

根据《规划》,野生动植物保护及自然保护区工程建设分三个阶段进行:2001—2010 年为第一阶段,2011—2030 年为第二阶段,2031—2050 年为第三阶段。第一阶段(2001—2010 年)的目标是:重点实施 15 个野生动植物拯救工程,新建野生动物驯养繁育中心 15 个和 32 个野生动植物监测中心(站),建设 94 个国家湿地保护与合理利用示范区。到 2010 年,使全国自然保护区总数达到 1 800 个,其中国家级自然保护区数量达到 220 个,自然保护区面积为 1.55 亿公顷,占国土面积的达 16.14% 左右。90% 的国家重点保护野生动植物和 90% 的典型生态系统类型得到有效保护。第二阶段(2011—2030 年)的目标是:全国自然保护区总数达 2 000 个,总面积达 1.612 8 亿公顷,其中国家级自然保护区数量达到 280 个,自然保护区总面积占国土面积达到 16.8%,使 60% 的国家重点保护野生动植物种数量得到恢复和增加,95% 的典型生态系统类型得到有效保护。在全国建设 76 个国家湿地保护与合理利用示范区,建立健全全国湿地保护和合理利用的机制。第三阶段(2031—2050 年)的目标是:在 2050 年,使全国自然保护区总数达 2 500 个左右,其中国家级自然保护区 350 个,自然保护区总面积为 1.728 亿公顷,占国土面积达到 18%。85% 的国家重点保护野生动植物种数量得到恢复和增加。建立比较完善的湿地保护、管理与合理利用的法律、政策和监测体系,恢复一批天然湿地,在全国完成 100 个国家湿地保护与合理利用示范区。

　　根据国家重点保护野生动植物的分布特点,将野生动植物及其栖息地保护总体规划在地域上划分为东北山地平原区、蒙新高原荒漠区、华北平原黄土高原区、青藏高原高寒区、西南高山峡谷区、中南西部山地丘陵区、华东丘陵平原区、华南低山丘陵区8个建设区域。

　　目前,野生动植物保护及自然保护区建设工程成果显著:

　　在野生动植物保护方面,2001—2010年,重点实施了15个野生动植物拯救工程。

　　(1)大熊猫保护。大熊猫分布在四川西部、陕西西南部和甘肃南部的狭小地带,野外种群数量1 000只左右。目前,四川、陕西、甘肃三省共建立了34个大熊猫保护区,总面积176万公顷。规划新建28处保护区,使大熊猫主要分布区连成片。同时,加大对大熊猫饲养繁殖和野外放归等研究,扩大野生种群数量。

　　(2)朱鹮保护。朱鹮在20世纪60年代曾一度被认为已经灭绝。1981年5月在陕西省洋县重新发现7只繁殖群体,经过20年的保护,现已发展到248只。规划建立朱鹮保护区,另建2~3处异地繁育种群;再建2~3处人工繁育基地,使人工种群达到550只。

　　(3)老虎保护。历史上曾有5个虎亚种广泛分布于我国,目前仅存4个亚种,即华南虎、东北虎、孟加拉虎和印度虎,野外种群数量不足百只。规划重点加强15个现有虎保护区的建设;再建2处东北虎自然保护区;建立4处种源繁育基地;进行野外放归试验,补充并扩大野外种群数量。

　　(4)金丝猴保护。金丝猴有川金丝猴、黔金丝猴和滇金丝猴3个亚种,主要分布于四川、云南、贵州、西藏、陕西、甘肃、湖北7省(区)。目前已建立保护区30多处。规划再建1处保护区;建立3处人工繁育基地。

　　(5)藏羚羊保护。藏羚羊是我国青藏高原特产动物。20世纪80年代以来,种群数量急剧下降至5万头左右。目前已建保护区3处。规划在西藏、青海和新疆建立3处禁猎区。

　　(6)扬子鳄保护。扬子鳄为我国特有物种,过去广泛分布于长江中下游及其支流,目前野外种群仅有几百条。1983年建立了林业部与安徽省政府合建了扬子鳄繁殖研究中心,经过努力,已经解决了扬子鳄人工繁殖等难题,现每年可人工繁殖1 000至2 000条。规划在原扬子鳄国家级自然保护区的基础上,将周边适合扬子鳄栖息的2万公顷划入保护区范围。

（7）亚洲象保护。我国野生亚洲象约有200至250头,集中在云南西双版纳、江城、沧源和盈江。完善西双版纳和南滚河2处保护区的建设,扩大其面积;在保护区外约10万公顷的活动区建立保护站;建立亚洲象驯养繁殖中心。

（8）长臂猿保护。我国有黑长臂猿、白眉长臂猿、白掌长臂猿和白颊长臂猿4种,主要分布在云南、海南等省,野外种群数量不足500只。目前全国共有涉及长臂猿的保护区13处,面积60万公顷。规划扩建保护区2万公顷;在保护区外约40万公顷的栖息地建立12处保护站;建立2个人工驯养繁殖中心。

（9）麝保护。我国有原麝、林麝、马麝、黑麝和喜马拉雅麝5个种类,曾广泛分布于全国各地。由于大量捕杀和栖息地严重破坏,全国麝资源已由20世纪60年代的250万头下降到目前的20万至30万头,主要分布范围减至13个省（区）,涉及保护区66处。规划在麝分布较为集中的地区建立4处禁猎区,面积60万公顷;建立2处麝的人工驯养繁殖基地。

（10）普氏原羚保护。普氏原羚是我国特产濒危动物,曾广泛分布于内蒙古、宁夏、甘肃、青海、新疆等地,目前仅在青海湖周围有少量分布,数量300只左右。规划加强青海湖自然保护区建设,扩建保护区面积3万公顷;对周边约4万公顷的觅食、活动区进行强化保护,建立保护站4处;探讨普氏原羚人工饲养繁殖途径。

（11）野生鹿类保护。重点加强海南坡鹿、麋鹿、梅花鹿、白唇鹿、驼鹿和马鹿的保护,加强13处保护区的保护能力建设,在保护区周边区域约1 500万公顷的栖息地,建立140个保护站;在云南、江西、东北设立种源基地;开展人工驯养梅花鹿和麋鹿的野外放归。

（12）鹤类保护。世界鹤类现存15种,我国有记录的9种,其中黑颈鹤、丹顶鹤、白头鹤、白枕鹤、灰鹤、蓑羽鹤6种是繁殖鸟。我国现有鹤类保护区40多个,面积1 000多万公顷。规划重点加强已有保护区建设,扩大其面积;在鹤类繁殖地和迁徙停歇地建立保护站120处;建立人工繁育基地。

（13）野生雉类保护。全世界有雉类 183 种,我国有 49 种,其中 18 种为我国特有。规划加大现有保护黄腹角雉、褐马鸡、绿尾虹雉等 10 处保护区的建设力度;在陕西再建 1 处保护区;在保护区外约 100 万公顷的主要分布区建立保护站;开展雉类人工驯养工作。

（14）兰科植物保护。兰科野生种均属《濒危野生动植物种国际贸易公约》的保护范围,大多为珍稀濒危种类,约有 60 至 120 种濒临灭绝。规划在兰科植物较为集中的区域和即将灭绝物种的原产地建立保护区和保护站;在全国范围内禁止乱采滥挖野生兰花,严禁野生兰花的市场贸易;建立兰科植物异地保存物种基因库和兰花良种生产基地;开展兰科植物繁育技术研究。

（15）苏铁保护。全世界苏铁科有 9 属约 110 种,我国只有苏铁属 1 属。该属全球约有 17 种,我国仅有 8 种,主要分布在福建、广东、广西、四川、贵州、台湾等地。规划加强现有 3 个保护区的建设;在贵州新建 1.5 万公顷的保护区;在其他苏铁重要分布区及原生地建立保护站;在云南、四川建立人工繁育基地。

在自然保护区建设方面,至 2010 年,我国已建国家级自然保护区 319处(含非林业系统自然保护区),国家级森林公园 738 处(见附录 1)。

六、重点地区速生丰产用材林基地建设工程

天然林资源保护等 5 项工程都以林业生态建设为主,而重点地区速生丰产用材林基地建设工程则是林业产业建设为主的工程。该工程是解决我国国民经济和社会发展与木材和林产品供需矛盾的根本之策,也是推进天然林资源保护工程和其他生态建设工程顺利实施的根本保障。

木材与钢材、水泥、塑料并称为世界四大原材料,是一个国家国民经济发展所不可或缺的重要战略资源。伴随着经济社会的持续快速增长,我国木材需求不断增加,而与此同时,我国实行了天然林资源保护措施,全面禁止了对天然林的商品性砍伐,造成国内木材和林产品供需矛盾进一步紧张。早在 20 世纪 80 年代后期,国家曾经一度规划过"1 亿亩速生丰产商

品材基地建设",计划大体用 30 年时间,在我国建设速生丰产林基地 3 亿亩,到 2000 年先建设 1 亿亩。但由于种种原因,该计划到 1994 年实施不到 1/4 后基本未有进展。近些年来,我国木材的需求量不断增加,预计到 2015 年,供需缺口达 1.4 亿～1.5 亿立方米(届时我国能生产用材 3.3 亿～3.4 亿立方米,但森林资源储备只能供应 1.95 亿立方米)[①]。因此,我国不断增加木材进口量,以满足国内市场的需求。但随着世界森林资源越来越少,木材出口国保护意识越来越强,我国木材和林产品的供应从长远角度来看只能立足于国内。因此,实施速生丰产用材林基地建设工程,通过高度集约化经营,用较少的林业用地和较短的经营周期,大力营造速生丰产用材林,增加木材和林产品供给,是解决我国木材和林产品供需矛盾的根本之策,也是推进天然林资源保护工程和其他生态建设工程的顺利实施、确立和巩固生态建设在林业发展中主导地位的根本保证。鉴于此,2000 年国家林业局提出了要实施"重点地区以速生丰产用材林为主的林业产业基地建设工程"。2002 年 7 月,国家发展计划委员会批准实施《重点地区速生丰产林基地建设工程规划》,决定在河北、湖北等 18 个省(区)建设速丰林工程。2002 年 8 月国家林业局宣布重点地区速生丰产林基地建设工程正式启动。

根据《规划》,重点地区速生丰产用材林基地建设工程建设期确定为 2001—2015 年,分成两个阶段按三期实施。第一阶段(2001—2005 年),实施一期工程,重点建设以南方为重点的工业原料林产业带,建设速生丰产用材林基地 469 万公顷。基地建成后,每年可提供木材 4 905 万立方米,可支撑木浆生产能力 620 万吨、人造板生产能力 640 万立方米,提供大径级材 337 万立方米。第二阶段(2006—2015 年)分两期实施。其中,2006—2010 年为二期,建设速生丰产用材林基地达到 920 万公顷。基地建成后,每年可提供木材 9 670 万立方米,可支撑木浆生产能力 1 190 万吨、人造板生产能力 1 315 万立方米,提供大径级材 732 万立方米。2011—2015 年为第三期,全面建成南北方速生丰产用材林产业带,共建设速生丰产用材林

[①] 江泽慧:《中国森林资源与可持续发展》,科学出版社,2007 年,第 300 页。

基地 1 333 万公顷。全部基地建成后,每年可提供木材 13 337 万立方米,占国内生产用材需求量的 40%。可支撑木浆生产能力 1 386 万吨、人造板生产能力 2 150 万立方米,提供大径级材 1 579 万立方米。加上原有森林资源的采伐利用,国内木材供需基本平衡。预计整个工程建设规划总投资 718 亿元,所需资金主要通过银行贷款、企业和个体林农自筹解决,国家适当安排一部分投资,主要用于森林防火、病虫害防治和优良种苗的开发推广等。

重点地区速生丰产用材林基地建设工程的布局,主要是根据森林分类区划的原则,在现有速生丰产用材林基地建设的基础上,主要选择在 400 毫米等雨量线以东,优先安排 600 毫米等雨量线以东范围内自然条件优越、立地条件好(原则上立地指数在 14 以上)、地势较平缓、不易造成水土流失和对生态环境构成影响的热带与南亚热带的粤桂琼闽地区、北亚热带的长江中下游地区、温带的黄河中下游地区(含淮河、海河流域)和寒温带的东北内蒙古地区。具体建设范围涉及河北、内蒙古、辽宁、吉林、黑龙江、江苏、浙江、安徽、福建、江西、山东、河南、湖南、湖北、广东、广西、海南、云南等 18 个省(区)。截至 2009 年,根据对 19 个重点省(区、市)的初步统计,重点丰产用材林基地建设累计完成基地建设 730.9 万公顷。

第三节　义务植树与城市绿化

一、义务植树

1981 年夏,我国四川、陕西等省先后发生了历史上罕见的特大洪水灾害。长江、黄河上游连降暴雨,造成洪水爆发、山体崩塌,给人民群众生命财产和国家经济建设造成了巨大损失。专家学者以大量的数据和事实论证了森林植被遭到破坏、生态失去平衡是造成这次洪灾的主要原因。1981年12月,第五届全国人大第四次会议审议并通过了《关于开展全民义务植树的决议》,将植树造林、绿化祖国视为一项治理山河,维护和改善生态环境的重大战略措施,规定:"凡是条件具备的地方,年满十一岁的中华人民共和国公民,除老弱病残外,因地制宜,每人每年义务植树三至五棵,或者完成相应劳动量的育苗、管护和其他绿化任务。"从此,一场世界上持续时间最长、参与人数最多、成效最显著的全民义务植树运动在中华大地蓬勃开展。30多年来,全国动员、全民动手,义务植树运动轰轰烈烈开展,通过形式多样、内容丰富的植绿爱绿护绿行动,有力促进了国土绿化和生态建设。

1. 立法规范

1982年2月,国务院根据《关于开展全民义务植树的决议》精神,制定了《关于开展全民义务植树运动的实施办法》,进一步具体规定:"凡是中华人民共和国公民,男十一岁至六十岁,女十一岁至五十五岁,除丧失劳动能力者外,均应承担义务植树任务,各单位要将人数据实统计上报当地绿化委员会,作为分配具体任务的依据。"与此同时,国务院、中央军委还联合发出《关于军队参加营区外义务植树的指示》,要求"军队和地方应紧密配合,主动协作,搞好军队营区外义务植树造林"。1984年3月,中共中央、国务院《关于深入扎实地开展绿化祖国运动的指示》,也要求深入开展全民义务植树运动,"全国凡能植树的地方都要把全民义务植树运动认真地开展起来,坚持下去"。1984年9月颁布的《中华人民共和国森林法》又以林业根本大法的形式,再次重申:"植树造林,保护森林,是公民应尽的义务,各级人民政府应当组织全民义务植树,开展植树造林活动。"此外,江苏、安徽、江西、重庆、天津、河南、河北、甘肃、新疆等省(区、市)及一些城市也相继颁布了专门的《义务植树条例》。这些法律法规的颁布、实施,为我国义务植树的开展提供了法律支撑,保障了义务植树的规范进行。

2. 组织领导

在《关于开展全民义务植树的决议》及其《实施办法》颁布后不久,为了加强对全民义务植树的领导,1982年2月,国务院决定成立了中央绿化委员会(1988年后改称为全国绿化委员会),作为中央机构统一领导全国全民义务植树和造林绿化运动。全国绿化委员会办公室设在国家林业主管部门,初设城市组、农村组、部队组3个组,现已发展为治沙组、农村组、种草组、部队组、城市组、综合组等6个小组。全国绿化委员每年召开一次会议,总结部署义务植树和造林绿化工作,有力地推进了义务植树和造林绿化事业的发展。同时,按照《实施办法》的规定,全国县级以上政府及相关部门也相继成立绿化委员会,负责领导本地区、本部门的义务植树工作。很多地方还实行了领导任期绿化目标责任制。目前,全国义务植树和造林绿化工作,已经形成了从中央到县级地方的一级抓一级,层层抓落实的领导组织和管理体制。

3. 管理实施

义务植树在全国广泛开展之后,各地在实践中不断总结经验,逐步形成义务植树"基地化、规范化、制度化、科学化"的管理实施体系。首先,各地根据本地区的自然社会条件,在有较大面积荒山或荒滩的大中城市郊区、小城市小集镇周边荒山荒地等处建立了大量不同类型的义务植树基地。其次,从1990年开始在城市全面实行了义务植树登记卡制度,以建立义务植树档案和提高义务植树尽责率,以此作为考核义务植树完成情况的重要依据。再次,采取了多种形式履行植树义务,主要有:(1)使用义务工。这是广大农村普遍采用的一种形式,即从每年农民应出的义务工中,拿出一定工日来履行植树造林义务。(2)交纳绿化费以钱代劳。城镇一些单位无法直接参加植树活动,按规定,可以通过交纳绿化费的形式履行植树义务。为了规范绿化费的管理使用,1989年,中央绿化委员会、财政部、林业部还联合颁发了《全民义务植树和国营企业、事业单位造林绿化资金的使用管理办法》。(3)以出运输工具、物资折算植树义务。城市绿化工程需要较多的运力和物资,一部分单位有运输力量和绿化工程所需物资,经批准可以运力和物资代替义务植树任务。(4)组织各类主题绿化活动。如共青团组织的"万里铁路万里林""绿化万里长征路""青年黄河防护林建设工程"、妇联组织的"三八绿色工程"、中小学生植树活动、大学生村官植树活动、外籍友人植树活动,以及植纪念树、造纪念林和绿地认种认养活动等。

4. 舆论宣传

从 1982 年首个义务植树节开始,每年 3 月 12 日,党和国家领导人都会带头执行全国人大决议,以身作则参加植树活动,履行植树义务。以此为标杆,植树节前后,全国从中央到地方各级机关广泛开展义务植树,各级领导同志深入造林绿化现场,发挥表率作用,有力地推动全民义务植树运动深入的发展。此外,各家新闻媒体也长期不断地宣传报道绿化祖国义务植树的意义和义务植树的发展形势,宣传全国各地的绿化先进人物、劳模和先进单位的模范事迹,宣传党和国家有关保护森林、发展林业、绿化国家、建设生态文明的政策和法律法规等。通过宣传教育,有力地促进了国民义务植树、绿化祖国自觉意识的形成。

截至 2010 年年底,全国参加义务植树人数累计达 127.3 亿人次,植树588.96 亿株,以正常造林每亩 165 株计算,折合面积 2 379.6 万公顷。

二、城市绿化

城市绿化是改善生态环境和提高广大人民群众生活质量的公益事业,是全民义务植树和国土绿化的重要组成部分,是城市建设和发展的重要标志,是建设社会主义精神文明的重要内容,也是构建资源节约型、环境友好型社会的重要载体。新中国成立 60 多年来,我国城市绿化事业取得巨大成就。

1. 召开城市绿化会议,确定建设目标和政策

1958 年 2 月,国家城市建设部在北京召开了新中国第一次全国城市绿化会议,提出必须放手发动群众,开展一个广泛的群众性的植树运动,掀起城市绿化高潮,各市应当制定绿化全市的规划,争取在一定的时间内达到城市普遍绿化的目标。1959 年 12 月,国家建筑工程部在无锡召开了第二次全国城市园林绿化工作会议,强调要继续深入发动群众,争取基本实现城市普遍绿化的目标。20 世纪 60 年代中期,全国已经形成了比较完整的城市园林绿化管理体系,并有了一支相当数量的绿化专业队伍。1966—

1976年"文革"期间,我国城市绿化事业进展不大,基本上处于停止状态。十一届三中全会以后,我国城市绿化事业开始恢复。1978年12月,国家建委在济南市召开了第三次全国城市绿化工作会议,会后,国家城市建设总局转发了会议通过的《关于加强城市建设工作的意见》。这次会议及通过的《意见》首次提出了城市园林绿化的规划指标,进一步明确了城市园林绿化工作方针和基本任务、园林绿化工作的职责和范围,强调普遍绿化是城市园林绿化的基础,每个城市都要结合当地的特点和条件,充分发动群众,有规划地种树,迅速扩大绿地面积,提高绿化覆盖率,城市中一切能够植树的地方和荒山荒地都要尽快绿起来。

1981年全国人大《关于开展全民义务植树运动的决议》和1982年国务院《关于开展全民义务植树运动的实施办法》相继颁布后,在全民义务植树运动推动下,我国城市绿化事业进入了蓬勃发展的新时期。为贯彻《决议》及其《实施办法》,1982年2月,国家城建总局在北京召开了第四次全国城市绿化工作会议。这次会议研究了加强城市绿化建设的措施,强调把普遍绿化作为城市园林部门的工作重点,要求认真搞好城市园林规划,加强城市园林绿化苗圃建设,加强城市园林绿化成果保护。会议还提出凡是有条件的城市绿化覆盖率近期应达到30%,20世纪末达到50%;人均公共绿地面积近期应达到3~5平方米,20世纪末达到7~11平方米的建设目标。同年4月,国务院办公厅转发了国家城建总局《关于全国城市绿化工作会议的报告》,强调开展义务植树,搞好城市绿化,对于建设优美、清洁的社会主义现代化城市有着重要的意义,同时也是建设社会主义精神文明的一项重要内容。1994年4月,建设部主持召开了第五次全国城市园林绿化工作会议,总结了改革开放以来我国城市园林绿化建设所取得的经验,研究在加快发展社会主义市场经济的形势下,如何搞好城市园林绿化行业的改革和管理,进一步促进城市园林绿化建设的发展。1997年10月,建设部召开了第六次创建园林城市暨全国城市绿化工作会议,总结了创建园林城市的经验,对进一步开展园林城市活动、推动城市绿化工作全面发展做出部署。

进入新世纪,随着中央深入贯彻落实科学发展观、实现可持续发展和建设资源节约型、环境友好型等一系列新的发展理念的提出,对我国城市绿化工作也提出了新的更高要求。2001 年 2 月,国务院召开了全国城市绿化工作会议。同年 5 月,国务院发布《关于加强城市绿化建设的通知》,要求各级政府充分认识城市绿化对调节气候、保持水土、减少污染、美化环境,促进经济社会发展和提高人民生活质量所起的重要作用,增强对搞好城市绿化工作的紧迫感和使命感,采取有力措施,加强城市绿化建设,提高城市绿化的整体水平。同时,还提出了今后一个时期城市绿化的工作目标和主要任务:到 2005 年,全国城市规划建成区绿地率达到 30% 以上,绿化覆盖率达到 35% 以上,人均公共绿地面积达到 8 平方米以上,城市中心区人均公共绿地达到 4 平方米以上;到 2010 年,城市规划建成区绿地率达到 35% 以上,绿化覆盖率达到 40% 以上,人均公共绿地面积达到 10 平方米以上,城市中心区人均公共绿地达到 6 平方米以上。2007 年 8 月,建设部发布了《关于建设节约型城市园林绿化的意见》,要求各地按照建设资源节约型、环境友好型社会的要求,全面落实科学发展观,因地制宜、合理投入、生态优先、科学建绿,将节约理念贯穿于规划、建设、管理的全过程,引导和实现城市园林绿化发展模式的转变,促进城市园林绿化的可持续发展。2008 年 10 月,全国城市园林绿化工作座谈会在北京召开,会议指出,建设节约型城市园林绿化是践行科学发展观的具体行动,是构建资源节约型、环境友好型社会的重要载体,是城市可持续发展的生态基础,是我国城市园林绿化事业必须长期坚持的发展方向。

2. 制订规划,合理布局城市绿化

1963 年,国家建筑工程部发布了《关于城市园林绿化工作的若干规定》,要求各地试行。这是新中国第一个有关城市绿化的较为全面的部门规章,对城市园林绿地的范围、建设和管理、园林植物的培育和养护提出了要求,指出:"每个城市的园林部门,应当配合城市规划部门,编好城市绿化规划。绿化规划,要做到合理布局、远近结合、点线面结合,把城区、郊区组成一个完整的城市绿地系统。"1990 年 4 月起施行的《中华人民共和国城市规划法》和 1992 年 8 月起施行的《城市绿化条例》提出城市绿地系统(城市绿化规划)纳入城市总体规划。1993 年 11 月,建设部印发《城市绿化规划建设指标的规定》。1994年4月,建设部在第五次全国城市园林绿化工作会议上要求各地集中技术力量在3~5年内全面完成各设市城市绿地系统规划的编制和审批工作。2001年5月,国务院发布《关于加强城市绿化建设的通知》,要求各级地方政府加强和改进城市绿化规划编制工作,编制好《城市绿地系统规划》。规划中要求按规定标准划定绿化用地面积,力求公共绿地分层次合理布局;要根据当地情况,分别采取点、线、面、环等多种形式,切实提高城市绿化水平。

3. 出台法律法规,规范城市绿化

1982年12月,城乡建设环境保护部颁发《城市园林绿化管理暂行条例》,对园林绿化的规划和建设、园林绿地的管理、园林植物的养护和管理、城市绿化机构设置与队伍建设等作了具体的规定。1992年6月,为进一步推进城市绿化事业发展,国务院颁布了《城市绿化条例》,这是比部门规章内容更规范、级别更高的法规,标志着我国城市绿化走上了规范化、法制化管理和发展的轨道。此外,各级地方政府也纷纷出台有关城市绿化的地方法规,如1990年《北京市城市绿化条例》(1997年修订),1987年《上海市植树造林绿化管理条例》(2007年新修《上海市城市绿化条例》),1995年《天津市实施〈城市绿化条例〉办法》(2004年新修《天津市城市绿化条例》),1992年《江苏省城市绿化管理条例》(1997年、2003年相继修订),1999年《南京市城市绿化管理条例》(2004年修订)等。这些从中央到地方各级有关城市绿化的法律法规的出台,规范了城市绿化工作,有力地保障和推动了我国城市绿化事业的顺利进行。

4. 开展评比活动,推动城市绿化

1993年,为了调动群众造林积极性和促进城市造林开花事业的扎实开展,全国绿化委员会提出在全国开展争创“十佳”造林绿化城市的活动。1994年出台了活动的专门实施方案。1995年评出珠海市、南京市等11个首批“十佳”造林绿化城市。2002年,全国绿化委员会又发出了《关于印发〈全国绿化评比表彰活动实施办法〉的通知》,决定在全国范围开展“全国绿化模范城市”的评比,每两年评比一次。2004年评出了北京市朝阳区、江苏省常熟市等9个首批“全国绿化模范城市”。

1992年12月,建设部在全国城市环境综合治理的基础上,探索具有中国特色的城市环境建设模式,制定了"园林城市评选标准"。1996年5月,建设部在安徽马鞍山市召开全国园林城市工作座谈会,制定了《国家园林城市评选办法》。至2010年年底,建设部共命名了13批国家园林城市(城区)(见附录3)。

截至2010年,我国城市建成区绿化覆盖面积已达149.45万公顷,绿地面积133.81万公顷,公园绿地面积40.16万公顷;建成区绿化覆盖率38.22%,绿地率34.17%,人均公园绿地面积10.66平方米。同时,各地根据地域特色,建设了一大批高质量的公园绿地、城市片林和林荫大道,加强了城市自然资源和生物多样性保护。

第五章

当代中国林权的演变与制度改革

第一节 林权的演变

　　新中国成立 60 年多年来,随着国家政治、经济状况的变化,农村土地制度发生了多次变革,相应的,我国林权制度也经历了 5 个不同阶段的演变:(1) 20 世纪 50 年代初期土地改革后的分林到户阶段,实现了山林由封建地主所有制向农民个体所有制的转变;(2) 20 世纪 50 年代中期的农业化合作时期的山林入社阶段,林地制度实行农民所有、集体经营的模式;(3) 20 世纪 50 年代中后期至 70 年代末人民公社时期的山林集体所有、统一经营阶段;(4) 20 世纪 80 年代开始的林业"三定"阶段;(5) 20 世纪末、21 世纪初起步至今的林业改革新阶段。

一、土地改革后的分林到户阶段(1949—1953 年)

　　新中国成立后的土地改革,是中国共产党关于农村土地问题的政策主张和根据地"分田分地"探索在夺取政权条件下的一次充分的实现,是抗日战争和解放战争时期解放区土地改革的延续、扩展和深化。按照《中国人民政治协商会议共同纲领》的规定,国家要"有步骤地将封建半封建的土地所有制改变为农民的土地所有制",要求凡已实行土地改革的地区,必须保护农民已得土地的所有权;凡尚未实行土地改革的地区,必须发动农民群众,建立农民团体,经过清除土匪恶霸、减租减息和分配土地等项步骤,实现"耕者有其田"。1951 年 6 月,中央人民政府委员会通过和颁布实施的《中华人民共和国土地改革法》,成为指导土地改革的基本法律依据。《土地改革法》规定:"废除地主阶级封建剥削的土地所有制,实行农民的土地所有制,借以解放农村生产力,发展农业生产,为新中国的工业化开辟道路。"按照这条规定,中央和地方各级政府通过没收地主的土地,无偿地平均分配给无地、少地的农民。到 1953 年,除了中共中央决定不进行土地改革的一些少数民族地区(约700万人)外,中国大陆的土地改革已宣告完成,3亿多无地和少地的贫苦农民获得了7亿多亩土地,免除了350亿公斤的粮食地租,实现了几代人"耕者有其田"的夙愿。

《土地改革法》专门规定:"没收和征收的山林、鱼塘、茶山、桐山、桑田、竹林、果园、芦苇地、荒地及其他可分土地,应按适当比例,折合普通土地统一分配之。"林农作为当时广大农民的一部分,也分到了林地。《土地改革法》还规定:"承认一切土地所有者自由经营、买卖及出租其土地的权利。"也就是说,这一时期的林农既是林地、林木的所有者,又是林地、林木的使用者,完整地享有林地、林木的所有权、使用权、收益权和处置权,林权的界定很清晰。农民拥有完整的产权,特别是独享其中的收益权,因而极大地激发了广大农民的林业生产积极性。

二、农业合作化时期的山林入社阶段(1953—1958年)

1953年12月,在土地改革基本完成后,中共中央通过了《关于发展农业生产合作社的决议》,指出:"为了进一步提高农业生产力,党在农村工作的最根本任务,就是要逐步实行农业的社会主义改造,使农业能够由落后的小规模生产的个体经济变为先进的大规模生产的合作经济。"1954年初,我国广大农村开始掀起了大办农业合作社的热潮。

农业合作社分为初级社和高级社。在初级社阶段,土地所有权仍归入社农民拥有,土地的使用权则由合作社统一集体行使,这就使得土地所有权和使用权分离。这一时期的林权界定为:林农个人拥有林地和林木的所有权;合作社拥有部分林木的所有权和林地的使用权;收益权在林地所有者和合作社之间分配;农民的林地处分权受到限制,入社林农虽然可以自由退社,但不能按照自己的意志来出租、出卖土地;林木处分权也受到限制,据1951年8月政务院发布的《关于节约木材的指示》,木材由国家统一管理、统一采伐和统一调拨,农民也无法自由处置林木。

1955年10月,中共七届六中全会通过了《关于农业合作社问题的决议》,指出:"要重点试办农业生产合作社;在有些已经基本实现半社会主义合作化的地方,根据生产的需要、群众觉悟和经济条件,从个别试办,由少到多,分期分批地由初级社变为高级社。"1956 年 1 月,由毛泽东主编的《中国农村的社会主义高潮》一书出版,在书中毛泽东大力提倡创办高级社和大社。从此,农业合作社由初级社迅速向高级社发展。1956 年 6 月第一届全国人大第三次会议审议通过的《高级农业生产合作社示范章程》明确规定:"入社的农民必须把私有的土地……转为合作社集体所有","少量的零星的树木,仍属社员私有……大量的成片的果树、茶树、桑树、竹子、桐树、漆树和其他经济林……作价归合作社集体所有","大量的成片的用材林……转为合作社集体所有"。因此,在高级社阶段,林地所有权不再归农民拥有,而归合作社集体所有,林地由集体统一经营和使用;除了少数零星树木之外,成片的用材林和经济林也都归集体所有,农民不再拥有林木的所有权;与之相应的,入社农民也基本不再拥有原有林地和林木的收益权和处置权(入社农民虽然在名义上能够自由退社,但是在实际上成本过高,这种名义上的处置权无法真正实现)。总之,在高级社里,合作社已经比较完整地拥有了林地和林木的所有权、使用权、收益权和处置权。

三、人民公社时期的山林集体所有、统一经营阶段
(1958—1978 年)

1958 年 3 月,中共中央政治局扩大会议讨论并通过了《关于小型的农业合作社适当地合并为大社的意见》,提出:"为了适应合作社生产和文化革命的需要,在有条件的地方,把小型的农业合作社有计划地适当地合并为大型的合作社是有必要的。"按照这一精神,全国各地迅速开始了小社并大社的工作。1958 年 8 月,中共中央政治局北戴河扩大会议又讨论并通过了《关于在农村建立人民公社的决议》。从此,全国各地在小社并大社的基础上纷纷组建人民公社。在人民公社时期,林地收归公社集体所有,由公社对土地进行统一生产经营,同时入社农民所保留的退社自由被取消,农民名义上的林地处置权也不复存在了。林地的所有权、使用权、收益权和处置权彻底由农民私有转变为人民公社公有。

　　由于农民的土地权利被剥夺,生产积极性降低,因而导致国民经济陷入了困境。1960 年 11 月,中共中央下达了《关于农村人民公社当前政策问题的紧急指示信》,规定:人民公社实行"三级所有,队(相当原高级农业生产合作社)为基础",同时允许社员经营少量的自留地和家庭副业。1962 年 6 月,中共八届十中全会通过了《农村人民公社工作条例(修正草案)》,再次明确规定:"农村人民公社一般地分为公社、生产大队和生产队三级,以生产大队的集体所有制为基础……全大队范围内的土地,都归生产大队所有","原来高级农业生产合作社所有的山林和生产大队新植的林木,一般都归生产大队所有。国有山林和公社所有的山林,如果国家和公社不便于经营,也可以划给大队所有。大队可以把小片的零星的山林和路旁、村旁的林木,分别划给生产队和社员所有"。针对林业问题,1961 年 6 月,中共中央还专门发布了《关于确定林权、保护山林和发展林业的若干政策规定(实行草案)》(简称《林业 18 条》),对确定和保护山林所有权问题进行了规定:允许社员拥有一定的自留山;坚持"谁种谁有"的原则,社员个人种植的零星树木,归社员个人所有;山林归谁所有,林木的产品和收入就归谁支配。这些政策,将部分林地、林木的使用权和所有权下放给了农民,一定程度上提高了农民的林业生产积极性。

　　1963 年,在中共八届十中全会之后,有些地方开展起了"四清运动"。运动将当时主管农业工作的邓子恢的"三自一包"(多留自留地、多搞自由市场、多搞自负盈亏、包产到户)有利于搞活农村经济、发展农业生产和改善农民生活的正确政策视为"修正主义的国内纲领"和有"资本主义倾向"的错误思想。在农村,收入多的富裕农民被视为"资产阶级"而受到批判,自留地和农民房前屋后"四旁(宅旁、村旁、路旁、水旁)"植树被作为"资本主义尾巴"割掉。"四清"运动还只是局限于某些局部地区,未造成全国性的影响,不久以后,"文化大革命"(1966—1976 年)开始,割"资本主义尾巴"在全国开展起来,农民的"四旁"种树、多种经营统统被视为"资本主义尾巴"而被割掉了。"文革"时期,正确的林业方针政策无法贯彻执行,林业管理机构大都瘫痪,大批林业干部下放,大部分群众护林组织撤销,林业生产处于无政府状态,林权制度得不到保障,森林资源因乱砍滥伐受到破坏。

四、20世纪80年代开始的林业"三定"阶段（1981—2003年）

20世纪70年代末期,我国农村土地制度发生重大变革,原来"三级所有、队为基础"土地制度被家庭联产承包责任制替代。具体做法是农村土地所有权仍然归集体所有,将土地分配给农民耕种,农民获得土地的承包经营权。家庭联产承包责任制作为我国农村一项基本制度,必然会向林业领域延伸。在此背景之下,林业领域开始了林业"三定"（稳定山权林权,划定自留山,确定林业生产责任制）工作。1981年3月,中共中央、国务院发出《关于保护森林发展林业若干问题的决议》,指出:国家所有、集体所有的山林树木,或个人所有的林木和使用的林地,以及其他部门、单位的林木,凡是权属清楚的,都应予以承认;要根据群众的需要,划给社员自留山,由社员植树种草,长期使用;社队集体林业,应当推广专业承包、联产计酬责任制。这个《决议》是林业"三定"政策的指导性文件。按照《决议》,林地所有权仍归集体,林地使用权由集体所有转向归农民所有,一些林地被分给农民当作为自留山和责任山。① 截至1984年年底,全国应开展"三定"工作的78%的县完成"三定"工作,完成定权发证的山林面积14.5亿亩,建立各种形式林业生产责任制的山林面积11.8亿亩,近5 700万农户划定自留山4.7亿亩。

1985年,中共中央、国务院又出台了《关于进一步活跃农村经济的十项政策》,规定在集体林区实行取消木材统购,开放木材市场,允许林农和集体的木材自由上市,实行议购议销的政策,旨在促进集体林区的林业生产。但是,有一些地方由于简单照搬农业"分田到户"的做法,实行"分林到户""两山（自留山、责任山）并一山（自营山）"做法,而相关政策和管理

---

① 自留山山权归集体所有,由农户长期无偿使用;自留山上的林木归农户所有,可以继承和转让。责任山山权归集体所有,由农户承包经营,通过合同规定双方的责、权、利,在承包期内可以继承和转让。

未能跟上,加上农民对政策的稳定性缺乏信任感,决定"先下手为强",因而使得南方集体林区超量采伐普遍存在,乱砍滥伐屡禁不止,愈演愈烈,森林资源损失严重。对此,1987 年中共中央、国务院紧急发出了《关于加强南方集体林区森林资源管理,坚决制止乱砍滥伐的指示》,指出要"严格执行年森林采伐限额制度","集体所有集中成片的用材林,凡没有分到户的不得再分","重点产材县,由林业部门统一管理和进山收购……不允许私人倒卖和购运木材"。

1992 年,我国确立了社会主义市场经济体制改革的目标,林权制度改革也开始进入市场化改革的阶段。1998 年 4 月,第九届人大常委会第二次会议修订的《中华人民共和国森林法》规定:森林、林木、林地使用权可以依法转让,也可以依法作价入股或者作为合资、合作造林、经营林木的出资合作条件,但不能将林地改为非林地。同年 8 月,第九届人大常委会第四次会议修订的《中华人民共和国土地管理法》也规定:国有土地和农民集体所有的土地,可以依法确定给单位或者个人使用。这些法律促进了我国林权制度改革的进一步发展。

五、2003 年起步的林业改革新阶段(2003 年至今)

纵观 21 世纪前的我国集体林权制度变革的历程,集体和林农对于森林、林木和林地的权益在"分与统""放与收"中屡次变更和调整,但是由于计划经济体制及其思想观念的长期束缚,因而林业产权制度改革始终不能到位。南方集体林区"大资源、小产业、低效益"的现象仍然比较普遍,我国林业大大落后经济社会的发展速度。其根本原因,在于林农还未真正成为产权意义上的经营主体。

进入 21 世纪之后,鉴于我国经济社会可持续发展迫切要求林业有一个大转变,2003 年 6 月,中共中央、国务院做出了《关于加快林业发展的决定》,要求"加快林业体制改革,增强林业发展活力",规定:已经划定的自留山,由农户长期无偿使用,不得强行收回,自留山上的林木,一律归农户所有;分包到户的责任山,要保持承包关系稳定;集体经营的山林,除经营状况良好林场外,可采取"分股不分山、分利不分林"的形式将产权逐步明晰到个人;鼓励森林、林木和林地使用权的合理流转。此外,《农村土地承包法》(2002 年)和《物权法》(2007 年)也明确了农村集体林地实行承包经营制度,为推进集体林权制度改革工作奠定了法律和政策基础。从 2003年开始,福建、江西等省率先进行以"明晰所有权,放活经营权,落实处置权,确保收益权"为主要内容集体林业产权制度改革,取得了"农民得实惠、生态受保护"的显著成效,得到了广大农民的拥护。通过三年的试点,2006 年开始,我国集体林权制度改革由试点阶段开始准备进入全面推行阶段。2006 年出台的《国民经济和社会发展第十一个五年规划纲要》和2007 年中共十七大报告都明确提出要"推进集体林权改革"。

中央对此次集体林权制度改革非常重视,2006—2010 年连续五年的"中央一号"文件均提出要推进林权制度改革,都将集体林权制度改革确定为深化农村改革的重要内容(见表 14)。

表 14 历年"中央一号"文件中"林权制度改革"部署情况一览表

年份	"一号文件"主题	林权制度改革要求
2006	中共中央国务院关于推进社会主义新农村建设的若干意见	加快集体林权制度改革,促进林业健康发展。
2007	中共中央国务院关于积极发展现代农业扎实推进社会主义新农村建设的若干意见	加快推进农村集体林权制度改革,明晰林地使用权和林木所有权,放活经营权,落实处置权,继续搞好国有林区林权制度改革试点。
2008	中共中央国务院关于切实加强农业基础建设进一步促进农业发展农民增收的若干意见	全面推进集体林权制度改革。在坚持集体林地所有权不变的前提下,将林地使用权和林木所有权落实到户。在不改变林地用途前提下,承包人有权依法处置林地使用权和林木所有权,可依法自主经营商品林。积极推进林木采伐管理、公益林补偿、林权抵押、政策性森林保险等配套改革。切实加强对集体林权制度改革的组织领导,加大财政支持力度,确保集体林权制度改革顺利进行。稳步推进国有林场和重点国有林区林权制度改革试点。

续表

年份	"一号文件"主题	林权制度改革要求
2009	中共中央国务院关于2009年促进农业稳定发展农民持续增收的若干意见	全面推进集体林权制度改革。用5年左右时间基本完成明晰产权、承包到户的集体林权制度改革任务。集体林地经营权和林木所有权已经落实到户的地方,要尽快建立健全产权交易平台,加快林地、林木流转制度建设,完善林木采伐管理制度。尚未落实到户的地方,要在加强宣传、做好培训和搞好勘界发证基础上,加快集体林权制度改革步伐。加大财政对集体林权制度改革的支持力度,开展政策性森林保险试点。引导森林资源资产评估、森林经营方案编制等中介服务健康发展。进一步扩大国有林场和重点国有林区林权制度改革试点。
2010	中共中央国务院关于加大统筹城乡发展力度进一步夯实农业农村发展基础的若干意见	积极推进林业改革。健全林业支持保护体系,建立现代林业管理制度。深化以明晰产权、承包到户为重点的集体林权制度改革,加快推进配套改革。规范集体林权流转,支持发展林农专业合作社。深化集体林采伐管理改革,建立森林采伐管理新机制和森林可持续经营新体系。完善林权抵押贷款办法,建立森林资源资产评估制度和评估师制度。逐步扩大政策性森林保险试点范围。扶持林业产业发展,促进林农增收致富。启动国有林场改革,支持国有林场基础设施建设。开展国有林区管理体制和国有森林资源统一管理改革试点。

　　2008年开始,我国集体林权制度改革进入全面推进和深入阶段。2008年4月,中共中央政治局专门召开会议,研究部署推进集体林权制度改革和林业发展问题。同年6月,中共中央、国务院出台了《关于全面推进集体林权制度改革的意见》,要求用5年左右时间,基本完成明晰产权、承包到户的改革任务。2009年6月,中央召开林业工作会,这是新中国成立60年来中央召开的首次林业工作会议。会议要求全面推进集体林权制度改革,建立以家庭承包经营为基础的现代林业产权制度。至此,一场涉及27亿亩集体林地、涵盖70%国土面积、惠及5亿农民的农村社会变革,在中华大地上全面展开。

　　此次集体林权制度改革是要从体制机制和制度建设上全面落实"四权"的综合性改革,要确立林农的经营主体地位,"明晰产权,放活经营权,落实处置权,保障收益权",重新构建一个公正合理的利益分配格局,特别是林地使用权,在承包期内要给予林农相对完整的物权,从而有效释放农村劳动力的巨大潜能和林地的巨大生产潜力。截至 2010 年年底,全国已有 18 个省(自治区、直辖市)基本完成明晰产权任务,确权到户林地 24.31 亿亩,占全国集体林地总面积的 88.6%,7 260 万农户拿到林权证,3 亿多农民得到实惠。集体林改激发了农民兴林致富的热情,全国林地直接产出率已由 2003 年的每亩 84 元提高到 2010 年的每亩 198 元。

第二节　集体林权制度改革

我国有 45 亿亩的林地,其中 27 亿亩属于集体林地,与 18 亿亩耕地一起是我国农村土地的重要组成部分。改革开放以来,我国耕地通过家庭联产承包责任制分配给了农户,极大地调动了农民生产积极性,提高了农业生产力,粮食产量养活了 13 亿人口,基本满足了国人的吃饭需求。然而,我国包括集体林地在内的 45 亿亩林地却未能满足我国经济社会对木材的需求,更没有满足经济社会对生态的需求,林地的巨大的潜力没有释放出来。据测算,我国耕地的亩均产出水平约为四五百元,而林地亩均产出水平只有几十元。造成林业产出率低,林区发展落后,林农收入不高,经济、社会、生态效益低下的根本原因在于:我国农村林权制度未能适应社会主义市场经济的发展要求,林业改革不到位,产权归属不清,权利责任不明,经营机制不活,利益分配失调,林农负担过重。在经济社会高速发展,人们对森林的生态、经济和社会效益渴求越来越大的今天,我国林业迫切需要有一个重大的转变,这个转变有赖于我国集体林权制度的改革。

集体林权制度改革是我国新一轮经济和社会发展的历史选择,是生产资料从耕地向(集体)林地的扩展,通过改革,把生产要素引向山区、引向林业,使"山有其主、主有其权、权有其利、利有其责",为林业发展、林农增收提供可靠保证,为维护国家生态安全、满足木材需求奠定坚实基础。

一、林权的概念和林权制度的构成

（一）林权的概念

林权是一种复合性权利,指权利主体对森林、林木、林地的所有权、使用权、收益权和处分权。

（1）所有权。所有权指森林、林木与林地的财产归属的权利。

（2）使用权。使用权指林权所有者或使用者根据森林、林地、林木的性质加以利用,以满足生产和生活需要的权利。如林权所有者或使用者可以利用林地种植树木的权利。使用权可以由林权所有者行使,也可以由非林权所有者(如经营者或使用者)行使。

（3）收益权。收益权指林权所有者或者使用者在对森林、林地、林木的经营过程中获得收益的权利。这种收益可是实物形态的,如树木、果实、树叶、树皮等,也可以是非实物形态的,如货币、作价入股、资产评估。收益的数量,可以是全部,也可以是部分,在所有权和使用权相分离的情况下,收益权将在所有者与使用者之间按照法律或合同的规定进行分配。

（4）处分权。处分权也叫处置权,指林权所有者或使用者对森林、林地、林木进行处分的权利,如对林木进行采伐、销售的权利,对林地进行出让、转让的权利等。在所有权和使用权相分离的情况下,所有者与使用者的处分权的内容不同。

（二）林权制度的构成

林权制度是对林权所包含的权能的界定,以及主客体的设定、确立和保护的一系列行为规范。林权包括林权客体和林权主体两大要素。

1. 林权客体

林权客体是指林权权利人的权利所指向的对象,包括森林、林木和林地。

（1）森林。按照联合国粮食及农业组织(FAO)的定义,森林是指凡生长着任何大小林木为主题的植物群落,不论采伐与否,具有生长木材或其他林产品的能力,并能影响气候和水文状况,或能庇护家畜和野兽的土地。森林又分为防护林、用材林、经济林、薪炭林和特种用途林5种。

(2)林木。林木是森林的主体,指生长在林地上的树木和竹子。被砍伐掉的树木或竹子,不能称之为林木,而叫做木材或竹材。

(3)林地。林地是用于经营林业的用地,是森林的基础和载体,包括郁闭度0.2以上的乔木林地及竹林地、灌木林地、疏林地、采伐迹地、火烧迹地、未成林造林地、苗圃地和县级以上人民政府规划的宜林地。

从林权客体的角度来讲,林权包括森林产权、林地产权和林木产权。林权与森林资源产权不是同一概念。森林资源产权不仅包括森林、林木、林地的产权,还包括依托森林、林木、林地生存的野生动物、植物和微生物的产权,也就是说,森林资源产权客体比林权客体要丰富。林权与林业产权也有区别。林业产权是一个行业产权,包括林业行业第一、第二、第三产业的经营主体或对象的产权;产权客体的内容更为丰富。[①]

2. 林权主体

林权主体是指依法享有林权的权利人,包括自然人、法人、其他社会组织和国家。

(1)森林、林地所有权与使用权主体。我国森林、林地所有权的主体只有国家和集体,个人或单位不能拥有森林、林地的所有权。但由于国家不可能直接作为森林、林地的经营、管理和利用的主体,施行家庭联产承包责任制后,集体也不直接作为森林、林地经营、管理和利用的主体,而是以一定形式提供给个人或单位经营、管理和利用,这样,个人或单位就可以拥有森林、林地的使用权。森林、林地的所有权和使用权实现了分离,林权主体就分为了所有者和使用者,所有权和使用权成为产权中的基本权利,收益权和处分权将在所有者与使用者之间进行分配。

(2)林木所有权。按照我国法律规定,林木不但可以归国家、集体所有,还可以归个人所有。

---

① 徐秀英:《南方集体林区森林可持续经营的林权制度研究》,中国林业出版社,2005年,第42页。

二、集体林权制度存在的问题及改革的必要性

按照目前的林权制度安排,我国林业存在着自留山经营、承包经营、租赁经营和股份制(合作)经营、集体统一经营等几种形式。[①]

(1)自留山经营。林地的所有权归集体所有,个人拥有林地的使用权和林木的完全占有权、使用权、收益权及部分处分权。这是产权最为明晰的一种。

(2)承包经营。林地的所有权归集体所有,林木的所有权、使用权、收益权和部分处分权归承包者所有。其主要形式有家庭承包(即以家庭为单位承包山林,收益由集体和承包户分成)、联户承包(即由若干户组成联合体,与村集体双方签订合同,农户从经营收入中获取收益)、外来户承包(即由外来的单位、个人承包山地、山林)3 种。

(3)租赁经营。租赁者通过公开招标的形式,租赁集体林地(一般是采伐迹地、火烧迹地、疏林地和零星荒山),一次性或定期上缴林地租金。承租的形式有农户租赁、外企租赁、私企租赁、国有林场或其他单位租赁。

(4)股份合作经营。山权不变,林权共享,实行资源、资金、技术的组合。其主要形式有农户之间或者农户和村组之间合作开发经营,以林地、劳力、资金入股,收益按比例分红;国有林业企事业单位以资金、技术入股,乡镇以管理入股,农户以林地、管护入股,收益按股分红;外商或民营企业与村组、农户合作,外企或民企以资金、技术入股,村组或农户以林地、劳力入股,收益按股分红。这几种形式的经营中,大多都存在问题。

(5)集体统一经营。林地由村林业股东会或村集体经济组织招聘人员进行责任管护。其主要形式有:乡村林场经营;成立管护组织,按劳取酬;成立股东会,折股经营,按股分红。

(6)其他形式的产权交易。林地所有权不变,林地使用权及其他权益交易和转让。主要形式有宜林荒山荒沙荒滩荒地拍卖或转让、活立木拍卖

---

① 陈幸良:《中国林业产权制度的特点、问题和改革对策》,《世界林业研究》,2003 年第 6 期。

或转让、经济林等经营权转让。

1. 林权不明晰①

林权不明晰是我国集体林权制度最大的弊病,严重制约着林业的健康、快速、持续发展,其主要表现在以下几个方面:

(1)林地所有权虚置。我国《土地管理法》规定:"集体所有的土地依照法律属于村农民集体所有,由村农业生产合作社等农业集体经济组织成员或村民委员会经营、管理。已经属于乡镇农民集体经济组织所有的,可以属于乡镇农民集体所有。"这一规定其实并未对土地所有权作出明确规定。集体本身就是一个模糊的概念,作为一个整体,在行使所有权时必须由具体代理人来执行,在许多地区,林地所有权代理执行人是村委会。一般认为,由村委会代理农民集体拥有山林的所有权。但是问题是,这种代理人和被代理人之间缺乏具体而实在的信托关系,缺乏制度约束,在实际操作过程中造成的结果是,林地所有权主体被架空,林地集体所有权无法有效行使。

(2)林地使用权和林木所有权主体称谓不统一。我国《森林法》规定:"国家所有的和集体所有的森林、林木和林地,个人所有的林木和使用的林地……"可知,集体林地的使用权和林木所有权归"集体""个人"所有。《土地管理法》又规定:"农民集体所有的土地,可以由本集体经济组织以外的单位或者个人承包经营。"也就是说,集体林地的使用权和林木所有权归"单位""个人"所有。《农村土地承包法》也规定:"农村土地承包采取农村集体经济组织内部的家庭承包方式","家庭承包的承包方是本集体经济组织的农户"。按此,集体林地的林地所有权和林木所有权主体是"家庭""农户"。也就是说,我国《森林法》《土地管理法》《农村土地承包法》这三部涉及农村集体林地法律,在林地使用权和林木所有权主体的描述上称谓不统一,存在法律用语上的不科学现象。

(3)林地所有权与使用权边界不清晰。我国《森林法实施条例》规定:"国家依法保护森林、林木和林地经营者的合法权益……用材林、经济林和

---

① 冯新富:《我国集体林权制度存在问题及原因分析》,《林业建设》,2009年第1期。

薪炭林的经营者,依法享有经营权、收益权和其他合法权益。防护林和特种用途林的经营者,有获得森林生态效益补偿的权利。"这一规定仅说明了森林、林木经营者应该依法拥有正当权益,但对集体林地所有权和使用权之间的责权利关系没有进一步明确。在集体林地承包经营后,农户获得了集体林地的使用权,使得林地所有权和使用权发生分离。这种产权分离之后,林地所有者和林地使用者之间的各自的责任、权利及利益分配安排在法律没有明确界定,如果农户在与集体签订承包合同中不界定甚至连合同都不签订的话,就极易造成在实践过程中农民的林地使用权受到侵犯。如一些不尊重林地承包关系,随意剥夺农户承包权,有的随意频繁地调整林地承包期,侵犯农民林地使用权。

(4)林权纠纷多。集体林权产权不明晰还有一个表现就是林权纠纷多。造成林权纠纷主要原因在于林地权属的"四至"界限不清。20世纪80年代林业"三定"时期,由于受当时历史条件限制,确权发证工作粗放,造成诸多林地权属变动而形成林地手续不全:有的林地尚未发放林权证;发放的林权证也由于是由各级政府自行制定,样式不统一,内容不规范,制作不精细,档案管理不完善;林权证的发放过程也不规范,部分林权证只定地名,没有面积,"四至"范围不清,或填写的面积与实际不符;有的地方林木、林地使用权发生了流转,但没有及时变更登记,出现有地无证、有证无地的情况——这些都为林权纠纷留下了隐患。此外,随着经济社会的发展,人们开始意识到林地的潜在价值,各种利益团体、经济组织和个人为了追求林地的最大经济利益,也是引起林权争议和林地权属抢夺的原因。

2. 林地和林木处置权和收益权不完整

林地和林木处置权和收益权不完整,主要体现在4个方面:

(1)林木采伐限额制度和发放运输证制度导致林木所有权和处分权不完整。根据《森林法》规定,农户在集体林地上种植的树木"谁造谁有"。但名义上"谁造谁有"的林木,农户却无法自由地到市场上去买卖而获得收益。因为农户要砍伐林木,必须要向林业主管部门申请采伐许可证,按许可证的规定进行采伐;采伐后的林木在运出山林时,还必须获得林木运输证,这"两证"的设置使得农民的林木处置权和收益权不完整。

（2）国家强制征用土地导致集体林地所有权、使用权受到侵犯。按照《土地管理法》规定："国家为了公共利益的需要，可以依法对土地实行征收或者征用并给予补偿。"随着我国城镇化步伐的加快，城市工程建设用地需求加大，征用农村集体土地的现象严重。据国家林业局统计资料显示，仅 2008 年，国家林业局审核同意 217 个占用征用林地项目，审核同意占用征用林地面积 3.9 万公顷；全国各省级林业主管部门审核同意的占用征用林地项目 10 724 项，审核同意面积 5.4 万公顷。大量的集体林地被征用，如果都是"公共利益需要"，如水库建设、修建道路、学校建设、水电站建设还好，而实际上被征收的土地有的却被用来搞房地产开发，与征收的初衷相违背。同时，政府征用林地的补偿范围过窄，补偿标准偏低。总之，地方政府用较低的成本征收林地后，再高额出让给其他的土地使用者，原属于集体和农民的巨大林地资产及本应属于农民的林地收益权被剥夺。

（3）林业税过重导致农民经营森林、林木收益低下。1994 年税费制改革后，按照国家政策规定，我国对木材经营及其加工产品征收的税费有 4 税 5 费，即农业特产税、增值税、教育费附加和城市维护建设税、育林基金、维简费、林业保护建设费、植物检疫费和市场管理费。在南方集体林区，林农所实际担负的税费种类甚至远远超过这 9 种。有人曾经对作为全国林业重点县的江西省崇义县做过调查，崇义县境内 1999 年 3 月 22 日木材公路边交易价为每立方米 420 元（直径 14 厘米、长 4 米的杉原木）。这 420 元需要交的费用包括：农业特产税按 15.84% 计征 66.53 元，个人小型企业所得税按 2% 计征 8.4 元，增值税按 3% 计征 12.6 元，育林基金按 15% 计收 63 元，维简费按 10% 计收 42 元，护林防火费以每立方米 2 元计收，森防检疫费按每立方米 3.2 元计收，林价基金按 2.5% 计收 10.5 元，企业管理费按每立方米 10.5 元首计收，林区建设保护费按每立方米 5 元计收，森工行业管理法按每立方米 2.9 元计收，森林病虫害防治费按每立方米 5 元计收，物价基金按每立方米 2.4 元计收，公路维修基金按每立方米 5 元计收，木材代销费按 5% 计收 21 元，工商交易费按 1% 计收 4.2 元，沼气池建设基金按每立方 1 元计收，防护保安基金按 0.5% 计收 2.1 元，县提留按 5% 计收 21 元，乡提留按 7% 计收 29.4 元。此外还有世行贷款配套资金、检疫服务费、副食品价格调节基金、自然保护区基金等。这 20 余种税费共收取 317.73 元,农民实际收入 102.27 元,仅占销售价的 24.35%。[①]如此繁重的林业税费严重地影响了林农的生产积极性,有的林农为了逃避税收,甚至偷砍偷运林木,对森林资源造成破坏。

(4) 生态公益林补偿标准不高。自 1996 年林业分类经营以来,我国将森林资源划分为公益林和商品林,其中生态公益林禁止商业性采伐。也就是说,林木所有者所造的山林如果被划转为公益林的话,是不能通过砍伐、买卖林木而获取利益的,这就限制了林木所有者对林木的处置权和收益权。为了弥补生态林不能商业性砍伐而对农民造成的损失,《森林法》(1998 年)和《森林法实施条例》(2000 年)规定:国家专门"设立森林生态效益补偿基金,用于提供生态效益的防护林和特种用途林的森林资源、林木的营造、抚育、保护和管理。森林生态效益补偿基金必须专款专用,不得挪作他用",生态林经营者"有获得森林生态效益补偿的权利"。《中央森林生态效益补偿基金管理办法》(2004 年)规定,中央补偿基金平均补助标准为每年每亩 5 元,其中 4.5 元用于重点公益林专职管护人员的劳务费或林农的补偿费。按此标准,若平均每个护林员看护 150 公顷的森林,一年所得为 10 125 元,月平均护林工资仅为 843.75 元。尽管 2007 年新修订的《中央财政森林生态效益补偿基金管理办法》,将 4.5 元的森林管护费提高到 4.75 元,一个看护 150 公顷的护林员月工资仍仅为 890.63 元。

3. 配套措施不到位

(1) 森林资源资产评估体制不健全。林权制度改革催生了林木、林地流转和林权抵押等新生事物,这就涉及森林资源资产价值的评估问题。森林资源资产价值评估对规范森林资源资产产权交易市场,盘活森林资源资产存量,保证林农利益起到重要作用。林业部和国资局分别于 1996 年和 1997 年联合发布了《森林资源资产评估技术规范》和《关于加强森林资源资产评估管理若干问题的通知》,对森林资源资产评估的内容和方法作了

---

① 陈廉:《揭开林业税费过重神秘面纱》,《中国林业》,1999 年第 5 期。

原则上的规定。但是我国目前森林资源价值评估在实际操作中存在一系列的问题,具体表现为:森林资源资产化管理工作缓慢;森林资源资产评估法规和相应管理办法不健全;森林资源资产评估专业性强,森林资源调查难度大,资料残缺;森林资源资产评估机构间恶意竞争,机构内部管理松散;评估标准、评估方法使用随意;森林资源资产评估资格及林业调查规划设计单位资格认证问题。①

目前,从事森林资源资产评估的机构有两类:一类是由国资系统批准成立的林业资产评估机构,另一类是各省林业行政管理部门批准成立的评估机构。国资系统的批准的评估机构,由于森林资源资产评估的业务量少,均未配备林业专业人员或不熟悉森林资源资产评估业务;林业部门批准的评估机构,主要负责集体森林资源资产评估,但由于资产的特殊性,多年以来游离于资产评估的大家庭之外,在资产评估师国家考试中,一直没有设置森林资源资产评估这一专业门类。

(2)林业发展财政、金融支撑制度不成熟。改革开放以来,中央财政政策有力地促进了林业的改革和发展,但林业投入政策始终未能形成有效的体系。20世纪90年代以前,中央财政对林业的一些专项投入多集中在造林方面,对森林资源尤其是生态林的保护性投入很少,在专项投入中仅有森林病虫害防治资金补助政策,而且中央批准并明确指示要建立林业基金制度始终未能建立。进入90年代以后,中央财政逐步加大了对重点林业生态工程建设的投入,但林业投入政策面对林业急需发展的实际,仍显投入不足。此外,林业是一个具有巨大生态效益的公益性产业,应该实行轻税制度,但我国林业税收实际是把林业当做一般产业对待,尽管这些年在着力减轻林业税费,但仍未达到轻税程度。

林业发展仅靠国家财政政策支撑还不够,还需要国家金融政策的支撑。集体林权制度改革后,农民真正彻底地获得了林地的使用权和林木的所有权,农民造林、育林、护林的积极性空前高涨,林农投资林业的热情极

---

① 郭保香:《我国森林资源资产评估发展的历程、问题及对策研究》,《林业经济》,2008年第8期。

高。但是,农民有愿望投资而无力解决资金来源,这使得农民集约经营林地,充分挖掘林地生产力的梦想难以实现。在此背景之下,中央和地方开始小额林权抵押贷款和森林保险试点。但目前小额林权抵押贷款和森林保险都存在一些问题:在小额林权抵押贷款方面,贷款期限过短,还没有与林业生产长周期特点相适应的金融产品;贷款利率偏高,在一定程度上抑制了农民投资林业的热情;抵押物处置困难,处置程序复杂,限制因素较多;林业信用担保体系建设不完善,缺乏实力雄厚的林业信用担保机构等问题。在森林保险方面,也存在投保面低,森林保险覆盖面积不大;保费补贴低,林农投保的积极性不高;林农投保意愿低,对自然灾害的发生存在一定程度的侥幸心理,投保的主动性不强;保额低,保额远远低于成林的实际市场价值;保费较高,林农负担较重;保险品种单一,未能满足农民对保险品种多样化的需求等诸多问题。

(3) 林业社会化服务水平不高。林业社会化服务是指包括各级林业技术部门、乡村合作经济组织及社会各方面为林业生产提供多形式、全方位的服务,包括技术指导、政策咨询、提供信息、联系政府等。目前,我国林业社会化服务存在一些问题:一是林业社会化服务组织机构一般出政府出资创办,受政府委托承担一定的社会管理职能,具有浓厚的官方色彩,它需要帮助政府承担行政管理职能,而不是为农民提供真正意义上的社会化服务。二是林业社会化服务内容主要集中于林业技术的指导,其他诸如林业金融保险、林产品销售信息、林权交易平台、森林资源资产评估等服务严重不足。三是林业社会化服务人员专业素质和业务技能不高。这些问题导致我国林业社会化服务水平总体不高。

三、集体林权制度改革的内容和措施

(一) 指导思想

根据 2008 年中央《关于全面推进集体林权制度改革的意见》(简称《意见》),集体林权制度改革的指导思想是:全面贯彻党的十七大精神,高举中国特色社会主义伟大旗帜,以邓小平理论和"三个代表"重要思想为指导,深入贯彻落实科学发展观,大力实施以生态建设为主的林业发展战略,不断创新集体林业经营的体制机制,依法明晰产权、放活经营、规范流转、减轻税费,进一步解放和发展林业生产力,促进传统林业向现代林业转变,为建设社会主义新农村和构建社会主义和谐社会作出贡献。

林业发展的制度设计滞后,特别是林地经营制度这一根本性问题没有解决,就难以适应经济社会发展和现代林业建设的需求。因此,中央选择集体林权制度改革为突破口,用改革的办法解决林业发展中的制度建设问题。《意见》从战略的高度,对集体林权制度改革进行了科学定位,以科学发展观统领林业改革与发展的全过程,妥善处理好农村改革、发展、稳定关系,为建设社会主义新农村和构建社会主义和谐社会作出贡献;明确提出了大力实施以生态建设为主的林业发展战略,坚持生态优先,生态效益、经济效益和社会效益相统一,促进传统林业向现代林业转变;重点突出了以农民得实惠为根本要求,依法还山于民、还权于民、还利于民,依法保障农民的经营权、处置权、收益权,进一步解放和发展生产力。制度建设是基础,政策措施是保证,要统筹考虑、协调推进集体林权制度改革。

(二) 基本原则

根据《意见》,集体林权制度改革的基本原则是:坚持农村基本经营制度,确保农民平等享有集体林地承包经营权;坚持统筹兼顾各方利益,确保农民得实惠、生态受保护;坚持尊重农民意愿,确保农民的知情权、参与权、决策权;坚持依法办事,确保改革规范有序;坚持分类指导,确保改革符合实际。

"五个坚持、五个确保"的基本原则,可以说是对历次改革实践的深刻总结和高度概括,原则内涵丰富,全面把握了集体林权制度改革的方向。其主要精神体现在以下几个方面:(1) 坚持农村基本经营制度,确保农民平等享有集体林地承包经营权。实行农村基本经营制度是农村改革实践的经验总结,也是集体林权制度改革的核心政策。要公平地落实本集体经济组织成员的林地承包经营权和林木所有权,维护农民平等享有集体林承包经营权,实现真正意义上的"还山于民"。(2)坚持统筹兼顾各方利益,确保农民得实惠、生态受保护。改革涉及相关利益群体,需要妥善处理好各方利益关系,既要维护集体利益,又要做到"还利于民",让农民在林业生产经营中多得利,得"大头",同时要坚持不以牺牲生态为代价,把生态受保护作为改革的底线,维护生态安全。(3)坚持尊重农民意愿,确保农民的知情权、参与权和决策权。农民是改革决策和实施主体,改革的政策、内容、方法、程序要让农民明白,改革的结果要让农民满意,真实体现大多数农民的意愿,特别是改革方案必须依法经集体经济组织成员同意,切实维护本集体经济组织成员的民主决策权。(4)坚持依法办事,确保改革规范有序。集体林权制度改革政策性强、情况复杂,从改革一开始就要进行科学谋划,严格执行《物权法》《农村土地承包法》《森林法》《村民委员会组织法》等法律法规和党在农村的各项政策,做到"依法、规范、有序",做到公开、公平、公正。(5)坚持分类指导,确保改革符合实际。在改革中必须做到实事求是、因地制宜、分类指导、分区施策。集体经济组织可以在依照法律规定的前提下,选择适合当地实际的改革模式,不搞一刀切,使改革更加符合实际,更加具有特色,更加适应发展要求。

(三)改革目标和内容

本次集体林权制度改革的总体目标是用5年左右时间,基本完成明晰产权、承包到户的改革任务,并在此基础上,通过深化改革,完善政策,健全服务,规范管理,逐步形成集体林业的良性发展机制,实现资源增长、农民增收、生态良好、林区和谐的目标。其主要内容包括以下几个方面:

1. 明晰产权

明晰产权是集体林权制度改革的核心,即在坚持集体林地所有权不变的前提下,依法将林地经营使用权和林木所有权,通过家庭承包经营方式落实到本集体经济组织的农户,确立农民作为林地承包经营权人的主体地位。这是此次集体林权制度改革与历次改革的根本不同和突破所在。

明晰产权必须维护林地承包经营权的物权性和长期性。《意见》明确规定:"林地的承包期为 70 年。承包期届满,可以按照国家有关规定继续承包。"这是目前我国土地承包政策的最长年限,完全符合林业生产周期长的特点。根据《物权法》的规定,林地承包经营权为用益物权,有三层含义:(1)林地承包经营权是由林地所有权派生的用益物权,林地所有权是权利人对林地依法享有占有、使用、收益和处分的权利;(2)林地承包经营权相对于林地所有权是不全面的、受一定限制的物权,主要表现为在承包期届满时应将林地返还给所有人;(3)林地承包经营权一经设立,便具有独立于林地所有权而存在的特性,林地所有权人不得随意收回或调整林地,不得妨碍林地承包经营权人依法行使权利,林地承包经营权人具有对林地的直接支配性和排他性,可以对抗所有权人的干涉和第三人的侵害。

明晰产权关键是要做到"三个坚持":一是坚持以分为主。《意见》明确要求,除村集体经济组织保留少量林地以外,凡是适宜实行家庭承包经营的林地,都要通过家庭承包方式落实到本集体经济组织的农户。对不宜实行家庭承包经营的林地,经本集体经济组织成员同意,也要通过均股、均利等方式明晰产权。二是坚持"四权"同落实。《意见》对明晰产权、放活经营权、落实处置权、保障收益权等都规定了相应的政策,提出了明确的要求。目的就是要把这"四权"作为一个有机整体统筹考虑,理顺各方面的利益关系,建立完善的政策体系,确保农民在获得林地承包经营权和林木所有权后,能依法实现自主经营、自由处置、自得其利,即确保农民获得的林地承包经营权是完整的用益物权。三是坚持颁发"铁证"。勘界发证是明晰产权的基本要求,也是保证改革质量的关键环节。这次改革必须按照《意见》的要求,依法进行实地勘界、登记,核发全国统一式样的林权证,做到图、表、册一致,人、地、证相符,"四至"清楚、权属明确,确保登记的内容齐全规范、数据准确无误,做到"铁证如山",经得起历史的检验。

2. 放活经营权

《意见》明确规定:"实行商品林、公益林分类经营管理。""对商品林,农民可依法自主决定经营方向和经营模式,生产的木材自主销售。"其中有三方面含义:(1)只要不违背法律的禁止性规定,对其林地要种什么树、什么时间种、培育目标是什么等可以自主决定;(2)只要不违背法律的禁止性规定,可以选择单独经营、合作经营、委托经营、租赁经营等多种经营模式,享有生产经营自主权;(3) 农民生产的木材,要不要卖、怎么卖、卖给谁,农户可以自主决定。

《意见》还规定:"对公益林,在不破坏生态功能的前提下,可依法合理利用林地资源,开发林下种养业,利用森林景观发展森林旅游业等。"这项政策相对放活了公益林经营,将进一步提高公益林经营者的收益。

3. 落实处置权

《意见》明确规定:"在不改变林地用途的前提下,林地承包经营权人可以依法对拥有的林地承包经营权和林木所有权进行转包、出租、转让、入股、抵押或作为出资、合作条件,对其承包的林地、林木可依法开发利用。"这项政策赋予了林地承包经营权人依法对森林、林木和林地使用权的流转权利。

林权流转方式包括转包、出租、互换、转让、入股、抵押等。其中,转包是指承包方将部分或全部林地经营权转交给本集体经济组织内部的其他农户经营的行为。承包方与发包方的承包关系不变。受转包人按转包合同约定享有林地经营权,并向转包人支付转包费。转包无需经发包方同意,但转包合同需向发包方备案。

出租是指承包方将部分或全部林地经营权,租赁给本集体经济组织以外的单位或者个人,并收取租金的行为。承包方与发包方的承包关系不变,无需经发包方同意,但出租合同需向发包方备案。

互换是指承包方之间对属于同一集体经济组织的林地承包经营权进行交换的行为。互换林地承包经营权引起相互权利的交换。因此,互换林地承包经营权应当报发包方备案,当事人要求登记的,可向林权管理机构申请变更登记,未经登记的,不得对抗善意第三人。

转让是指林地承包经营权人将其拥有的部分或全部林地承包经营权和林木所有权以一定的方式和条件转移给他人的行为。林地承包经营权和林木所有权的受让方可以是本集体经济组织的成员,也可以是本集体经济组织以外的农户。但是,林地承包经营权转让应当经发包方同意,转让后,原承包方将丧失对林地的承包经营权,其与发包方在该林地上的承包关系即行终止,并进行林权变更登记。

入股是指承包方将林地承包经营权作为股权,自愿联合或组成股份公司、合作组织等形式,从事林业生产经营,收益按照股份分配的行为。

抵押是指承包方可以将林权证作为抵押,向金融机构贷款。

关于流转,《意见》进一步规定:"流转期限不得超过承包期的剩余期限,流转后不得改变林地用途。"这可以从4个方面理解:(1)允许林地承包经营权人流转林地经营权和林木所有权,放活了林权流转市场,有力推进森林资源经营向资产、资本经营转变,增加了农民资产性收入,但不包括森林内的野生动物、矿藏物和埋藏物;(2)以"依法、自愿、有偿"为必要前提,有利于维护农民利益,为依法公平交易提供了政策保障;(3)只要法律没有禁止,林地承包经营权人可以自主选择流转方式;(4)明确流转期限不得超过承包期的剩余期限,流转后不得改变林地用途。鉴于土地是农民赖以生存和安身立命的生产资料,应当引导农民充分考虑耕山致富、生活保障的需要,流转期限不宜过长,不要轻易改变林地原始承包关系,防止农民失山失地。

4. 保障收益权

保障收益权主要包括4个层次:(1)农户承包经营林地的收益,归农户所有。(2)征收林地必须补偿。依法征收的林地,应当依法足额支付林地补偿费、安置补助费、地上附着物和林木的补偿费等费用,安排被征地农民的社会保障费用,保障被征地农民的原有生活水平不降低,维护被征地农民的合法权益。家庭承包经营的林地被依法征收的,承包经营权人有权依法获得相应的补偿。林地补偿费是给予林地所有人和林地承包经营权人的投入及造成损失的补偿,应当归林地所有人和林地承包经营权人所有。安置补助费用于被征林地的承包经营权人的生活安置,对林地承包经营权人自谋职业或自行安置的,应当归林地承包经营权人所有。地上附着物和林木的补偿费归地上附着物和林木的所有人所有。(3)经政府划定为公益林的要落实森林生态效益补偿政策。《意见》规定:"各级政府要建立和完善森林生态效益补偿基金制度","逐步提高中央和地方财政对森林生态效益的补偿标准","经政府划定的公益林,已承包到农户的,森林生态效益补偿要落实到户;未承包到农户的,要确定管护主体,明确管护责任,森林生态效益补偿要落实到本集体经济组织的农户"。对集体林地被划入公益林范围的,不管采取哪种承包方式,都要求补偿资金落实到农户,进一步从政策上维护了农民的利益。(4)严禁对林地承包经营权人乱收费、乱摊派,依法维护其合法权利。

(四)制度保障

集体林权制度改革"明晰产权,放活经营权,落实处置权,保障收益权"四位一体,明晰产权是核心,放活经营权、落实处置权是方式和手段,保障收益权是目的。这需要有6个方面的制度保障:

1. 集体林地林木承包经营制度

在坚持集体林地所有权不变的前提下,依法将林地承包经营权和林木所有权通过家庭承包方式落实到本集体经济组织的农户,确立农民作为林地承包经营权人的主体地位。对不宜实行家庭承包经营的林地,依法经本集体经济组织成员同意,可以通过均股、均利等其他方式落实产权。村集体经济组织可保留少量的集体林地,由本集休经济组织依法实行民主经营管理。林地的承包期为70年。承包期届满,由林地承包经营权人按照国家有关规定继续承包。

根据法律规定,农村集体经济组织实行家庭承包经营为基础、统分结合的双层经营体制。其中,农民集体所有的耕地、林地、草地以及其他用于农业的土地,依法实行土地承包经营制度。这次集体林权制度改革,包括林地和林木的改革,进一步丰富和完善了集体林地基本经营制度的内涵,主要体现以下4层含义:

(1)坚持集体林地所有权不变,本集体经济组织成员平等享有林地承包经营权和林木所有权,林地的承包期为70年。承包期届满,由林地承包经营权人按照国家有关规定继续承包,给予农民承包经营林地林木的"定心丸"。需要明确的是:林地承包期为70年,是指依法通过家庭承包方式取得的林地承包经营权期限,不包括集体流转和其他方式承包等方式取得的林地使用权期限。

（2）村集体经济组织可以保留少量的集体林地，由本集体经济组织依法实行统一管理，民主决定经营方式。根据法律规定，集体林地应当实行承包经营制度，但是，考虑到全国各地林业生产经营状况差异较大的情况，以及集体经济组织提供公共服务的需要，村集体经济组织可保留少量的集体林地。对于保留多少、"少量"是多少，大部分改革地区的做法是一般控制在 10% 以内。当然，能不保留的，尽量不要保留。

（3）实行集体林地承包经营制度，采取农村集体经济组织内部的家庭承包方式，不宜采取家庭承包经营的林地，可以采取招标、拍卖、公开协商等方式承包。

所谓家庭承包，是指以农村集体经济组织内部的每一农户作为承包人与集体经济组织建立承包关系，承包林地林木用于林业生产经营的方式。家庭全体成员享有平等的初始产权。因此，集体经济组织将林地林木发包给农户承包经营时，应当按照每户所有成员的人数来确定承包林地林木的份额，也就是通常所说的"按户承包，按人分地"，也叫"人人有份"。

所谓其他方式承包，是指不宜采取家庭承包经营方式的集体林地和林木，由集体经济组织通过招标、拍卖、公开协商等方式发包，与本集体经济组织的农户或集体经济组织以外的单位或个人建立承包关系，承包林地林木用于林业生产经营的方式。这些不宜实行家庭承包的荒山、荒沟、荒丘、荒滩等林地，经本集体经济组织成员的村民会议 2/3 以上成员或者 2/3 以上村民代表同意，由集体经济组织采取招标、拍卖、公开协商等方式发包。在同等条件下，本集体经济组织成员享有优先承包权。

（4）集体林木所有权随林地承包经营权转移，通过家庭承包方式落实到本集体经济组织的农户。这是林地承包经营制度改革与耕地承包经营制度改革的不同点，林地承包经营制度改革实行"树随地走"的政策，确保改革后农户能继续经营。

这次集体林权制度改革是在数次改革的背景下展开的，许多集体林权已经确定了经营主体，包括集体划定的自留山、集体确定的责任山、集体流转的经营山、集体划拨给国有森林经营单位的经营管理区，以及集体林地林木被占用等情况，需要区别对待、认真梳理，逐步解决存在的问题后，落实林地承包经营制度,确立农民经营主体地位。

对于问题要分类处理:一是自留山,由农户长期无偿使用,不得强行收回,不得随意调整。也就是按林业"三定"政策划定的自留山,要保持政策的连续性和稳定性,由农户长期无偿使用和经营。一些地方改革中把责任山转为自留山或者补划自留山,这种做法没有实质性的意义,因为自留山在林权抵押、林权流转时还会遇到法律障碍,权利受到限制。如《物权法》第184条规定,自留山是不能作为抵押的。二是已承包到户或流转的集体林地,符合法律规定、合同规范的,要予以维护;合同不规范的,要予以完善;不符合法律规定的,要依法纠正。这里"已承包到户或流转的集体林地",包括集体流转(承包)到本集体经济组织的农户和本集体经济组织以外的单位或个人,也包括集体确定的农户责任山。这次改革前集体流转的林地,在一定程度上存在着流转期限过长、面积过大、租金过低等问题。中央《意见》提出的处理办法,充分体现了尊重历史的政策,通过完善合同可以处理好的,宜采取完善合同、继续经营的办法;对违反法律规定,大多数成员要求解除合同的,要依法纠正。按林业"三定"政策确定的责任山,属于均等方式分配的,可以确立林地承包经营权。三是"自然保护区、森林公园、风景名胜区、河道湖泊等管理机构和国有林(农)场、垦殖场等单位经营管理的集体林地、林木,要明晰权属关系,依法维护经营管理区的稳定和林权权利人的合法权益"。明确提出了集体林地、林木的权属关系要在这次改革中依法确立。在此基础上,逐步解决好经营管理区的稳定和林权权利人的合法权益问题。四是"对权属有争议的林地、林木,要依法调处,纠纷解决后再落实经营主体"。《意见》提出了妥善处理林权争议的方法,明确有权属争议的林地林木不得随意确定经营主体和发放《林权证》,必须先解决纠纷,后落实经营主体,防止强行占用林地林木,避免事态扩大和矛盾激化,影响林区稳定的局面。

2. 林权登记发证制度

《意见》指出,明确承包关系后,要依法进行实地勘界、登记,核发全国统一式样的林权证,做到林权登记内容齐全规范,数据准确无误,图、表、册一致,人、地、证相符。通过设立用益物权,确保农民拥有长期而稳定的林权。

林权实地勘界、登记工作量非常大，也是把好集体林权制度改革质量的关键环节。历次林权制度改革往往忽视了这一点，留下了有证无山、有山无证、山证不符、界线不清等许多隐患，给林区生产经营稳定造成很大的影响。因此，这次集体林权制度改革要派出熟悉农村工作的干部和专业技术人员深入到改革第一线，现场指导农民进行勘界确权，做到"四至"清楚，权属明确。确保林权权利人、林地与林权证记载相符，权源资料准确完整，避免发生林权纠纷。

林地承包经营权和林木所有权属于不动产物权，应当依照《物权法》和《森林法》的规定，进行林权登记并核发林权证，通过登记公示而发生法律效力，以对抗第三人，防止自己利益受到侵害。

3. 林业分类经营制度

实行商品林、公益林分类经营管理，依法把立地条件好、采伐和经营利用不会对生态平衡和生物多样性造成危害区域的森林、林木和林地，划定为商品林；把生态区位重要或生态状况脆弱区域的森林、林木和林地，划定为公益林。

对商品林，农民可依法自主决定经营方向和经营模式，生产的木材自主销售。这里体现了三项政策的放开：（1）只要不违背法律的禁止性规定，对其林地要种什么树种、什么时间种、培育目标是什么等经营方向可以自主决定。（2）只要不违背法律的禁止性规定，可以选择单独经营、合作经营、委托经营、租赁经营等经营模式，享有生产经营自主权。（3）木材作为商品，可以自主决定要不要卖、怎么卖、卖给谁。政策赋予承包经营人的生产经营自主权，发包人和其他任何第三人都无权进行干涉。

商品林经营涉及森林采伐限额制度，现阶段主要有两个观点。物权保障的观点认为，林业分类经营管理后，公益林可以依法限制采伐利用，商品林要取消采伐限额管理和行政许可制度，保障林木所有者的处置权，通过市场机制调动农民造林育林护林的积极性。同时，农民在改革后保护自有财产的意识普遍增强，不会发生大面积的森林采伐。资源保护的观点认为，取消采伐限额管理和行政许可制度，必然造成森林过量采伐，危及生态安全，目前取消森林采伐限额制度的条件尚不具备，并且森林限额采伐制度是《森林法》规定,取消森林限额采伐制度涉及法律问题。综合两个方面的观点,《意见》提出"编制森林经营方案,改革商品林采伐限额管理,实行林木采伐审批公示制度,简化审批程序,提供便捷服务"。如何解决好林木采伐自主权,即如何落实处置权,这是当前需要重点研究的问题。

对公益林,在不破坏生态功能的前提下,可依法合理利用林地资源,开发林下种养业,利用森林景观开发森林旅游业等。严格管理和保护公益林,是林业建设中需要长期坚持的一项基本政策。当前,公益林补偿标准低,在一定程度上损害了农民的利益。因此,需要从政策上进行适当调整,弥补公益林经营者的经济损失,在不降低生态效益补偿标准的情况下,允许依法合理利用林地资源,开发林下种植业和养殖业;允许利用森林景观,开发森林旅游业。同时设定了两个条件:一是不破坏生态功能,也就是不同类型的公益林区,其所发挥的生态功能不因经营活动而受到破坏;二是依法,也就是经营活动不得违背法律法规的规定。

公益林采伐受到严格限制,《意见》规定:"严格控制公益林采伐,依法进行抚育和更新性质的采伐,合理控制采伐方式和强度。"实行禁止性或控制性公益林采伐利用政策。

4. 权益保障制度

林地承包经营权人对其承包的林地、林木可依法开发利用,农户经营林地的收益,归农户所有。其主要包括以下三个方面:

(1)可以进行林权流转。在不改变林地用途的前提下,林地承包经营权人可依法对拥有的林地承包经营权和林木所有权进行转包、出租、转让、入股、抵押或作为出资、合作条件。在依法、自愿、有偿的前提下,林地承包经营权人可依法采取多种方式流转林地承包经营权和林木所有权。流转期限不得超过承包期的剩余期限,流转后不得改变林地用途。集体统一经营管理的林地经营权和林木所有权的流转,要在本集体经济组织内提前公示,依法经本集体经济组织成员同意,收益应纳入农村集体财务管理,用于本集体经济组织内部成员分配和公益事业。

(2)征收集体所有的林地,要依法足额支付林地补偿费、安置补助费、地上附着物和林木的补偿费等费用,安排被征林地农民的社会保障费用。家庭承包经营的林地被依法征收的,承包经营权人有权依法获得相应的补偿。林地补偿费是给予林地所有人和林地承包经营权人的投入及造成损失的补偿,应当归林地所有人和林地承包经营权人所有。安置补助费用于被征林地的承包经营权人的生活安置,对林地承包经营权人自谋职业或自行安置的,应当归林地承包经营权人所有。地上附着物和林木的补偿费归地上附着物和林木的所有人所有。

(3)经政府划定的公益林,已承包到农户的,森林生态效益补偿要落实到户;未承包到农户的,要确定管护主体,明确管护责任,森林生态效益补偿要落实到本集体经济组织的农户。对集体林地被划入公益林范围的,无论是否承包到户,特别强调补偿资金要落实到农户,进一步从政策上维护农民的利益。

5. 公共财政支持集体林业发展制度

公共财政支撑制度包括以下几个方面:

(1)各级政府要建立和完善森林生态效益补偿基金制度,按照"谁开发谁保护、谁受益谁补偿"的原则,多渠道筹集公益林补偿基金,逐步提高中央和地方财政对森林生态效益的补偿标准。

(2)建立造林、抚育、保护、管理投入补贴制度,对森林防火、病虫害防治、林木良种、沼气建设给予补贴,对森林抚育、木本粮油、生物质能源林、珍贵树种及大径材培育给予扶持。

(3)改革育林基金管理办法,逐步降低育林基金征收比例,规范用途,各级政府要将林业部门行政事业经费纳入财政预算。

(4)森林防火、病虫害防治以及林业行政执法体系等方面的基础设施建设要纳入各级政府基本建设规划,林区的交通、供水、供电、通讯等基础设施建设要依法纳入相关行业的发展规划,特别是要加大对偏远山区、沙区和少数民族地区林业基础设施的投入。

(5)集体林权制度改革工作经费,主要由地方财政承担,中央财政给予适当补助。对财政困难县乡,中央和省级财政要加大转移支付力度。中央财政将按照1元/亩的标准,全国安排25.48亿元林改工作经费补助,以支持各地开展集体林权制度改革工作。

（6）加大林业信贷投放，完善林业贷款财政贴息政策，大力发展对林业的小额贷款。

6. 林业社会化服务制度

林业社会化服务制度包括以下几个方面：

（1）建立健全产权交易平台，加强流转管理，依法规范流转，保障公平交易，防止农民失山失地。

（2）引导和规范森林资源资产评估中介服务健康发展。加强森林资源资产评估管理，加快建立森林资源资产评估师制度和评估制度，规范评估行为，维护交易各方合法权益。

（3）扶持发展林农专业合作组织，培育一批辐射面广、带动力强的龙头企业，促进林业规模化、标准化、集约化经营。特别是重点扶持农民林业专业合作社的发展。

（4）发展林业专业协会，充分发挥政策咨询、信息服务、科技推广、行业自律等作用。

（5）加快建立政策性森林保险制度，提高农户抵御自然灾害的能力。

四、改革成果的评价

按照 2008 年中共中央、国务院《关于推进集体林权制度改革的意见》，集体林权制度改革的目标在于 4 个方面，即资源增长、农民增收、生态良好、林区和谐，这也是检验集体林权制度改革成败的标准。通过近几年的集体林权制度改革实践，改革成效开始显现：[①]

一是森林资源持续增长。林地承包到户后，农民真正成为山林的主人，山林成为农民的宝贵资产，原来的集体林由"我们的"变成了"我的"，极大地激发了农民的生产积极性。造林面积大幅度增加。据全国绿化委

---

① 《中国集体林权制度改革成效开始显现》，http：∥ society. people. com. cn/GB/1062/ 11938261. html。

员会办公室调度统计,截至 2010 年 3 月底,全国已完成整地 118 万多公顷,培育苗木 46 亿多株,完成造林 151 万多公顷。重庆市 2009 年造林 798 万亩,超过了过去 10 年造林面积的总和。福建、广西、江西等省(自治区)去年造林均创历史新高。森林质量也明显提升。辽宁省 2009 年造林 447 万亩,个人造林占 80% 以上,成活率达到 90% 以上。林地的发展潜力和产出效益开始显现。据相关资料统计,全国林地直接产出率已由 2003 年的每亩 84 元提高到现在的每亩 155 元。较早开展改革的福建省和江西省,林改以来,每公顷森林蓄积量分别增加了 6.9 立方米和 6.8 立方米。森林资源得到了有效的保护。林改后并没有出现过去担心的乱砍滥伐,反而出现了全家护林、合作护林、精心护林的可喜局面。广大农民像爱护自己的眼睛一样保护树木,像抚养孩子一样精心培育树木,出现了全家护林、合作护林、精心护林的可喜现象。农民群众每天进山经营和巡护,有的还搭了护林棚晚上守护,有的装了电子眼 24 小时监控。2009 年,全国森林火灾发生起数和受灾面积比 2008 年分别下降了 38.4% 和 18.4%,受理森林案件数量下降了 23.1%。

二是农民的就业收入明显增加。林改后,林业产业发展步伐大大加快,2009 年全国林业产值达到 1.75 万亿元,在 2008 年高位增长的基础上又增长 21.43%,带动了农民就业增收。农民在自己的林地上精心经营,发展用材林,种植油茶、核桃、板栗、红枣、枸杞、橡胶、松脂林等经济林,培育人参、香菇、木耳等生物药材、生态食品,放养鸡鸭、林蛙等,开拓林下生态养殖业,发展森林旅游等林业产业,收入明显增加。据统计,2009 年全国 27 个省(区、市)1 818 个林改县,农民人均收入 4 961 元,其中来自林业的收入 643 元。浙江山区林改县农民来自林业的收入达到 3 584 元,占总收入的 55%。2009 年,山西"林改第一县"祁县群众共出售苗木 3 000 万株左右,实现销售收入 2.1 亿元,仅此一项,人均收入就达 1 000 余元。辽宁省林改后从事林业产业的人数已达 1 205 多万人,是林改前的 2.3 倍。

三是资金等生产要素加快向林业流动。随着林改的深入推进,林业成为新的投资热点,社会资金开始迅速流向林业。重庆市 2009 年全市林业投资达到 178 亿元,为过去 10 年总投入的 2.6 倍。2009 年,广西林业部门与金融机构签订协议,林业贷款授信额度达到1 050亿元。近年来,浙江、山东省全社会投入林业的资金均达到600多亿元。福建省南平市近年来民间林业投资达到80亿元,占全社会总投资的96.4%。辽宁省本溪市以森林资源为依托的五大林业产业成为社会投资的新热点,正在逐步更替原来的钢铁、煤炭和水泥三大传统产业,为实现发展方式转变,推动区域科学发展奠定了基础。

四是林权纠纷调处效果明显,促进了社会和谐。长期以来,多次林权变动导致的林权纠纷,成为一些地方影响农村社会和谐的因素之一。林改后,许多地方的林权纠纷得到了化解。据统计,林改过程中,累计调处林权纠纷67.6万起,调处率为85%,调处争议面积3 944万亩,调处率为81%,解决了大量历史遗留问题,消除了不稳定因素。海南省海口市甲子镇加朝、旧州镇美本两村通过24次村民会议协商,解决了两村30多年的林权纠纷,多次发生的械斗事件再也不会发生了。改革后,农民专注于山林经营,学科技、搞经营、跑市场,农村各种社会矛盾大量减少,许多"贫困村"变成了富裕村;一些"上访村"变成了"稳定村"。

集体林权制度改革涉及面广、情况复杂、任务艰巨,在改革执行过程中不可避免地会出现一些问题,例如:林改宣传工作还不到位,一些农民不了解林改的政策、办法、措施等,甚至有的还不知道要进行林权制度改革;有农民认为林权下放到户后,国家不让随便采伐林木,而现行的林木采伐审批手续复杂,采伐指标统得过死,加之国家公益林补偿标准又太低,因此生产积极性不高;还有农民认为,林权到户后,森林防火和林木病虫害防治工作,投资多、任务重、责任大,存在畏难情绪;有的地方林权证发放工作不彻底,林权不清纠纷多,村民心存疑虑,积极性不高;个别地方对历史遗留问题处理不够得力,发证率不高,林改工作难度大;林改过后,有些地方基层林业资源管理工作不到位,防火、防虫、防盗"三防"力度跟不上,造林质量下降,林业产业发展滞后,林业科技推广不广泛;还有一些村干部过多地考虑任期内可支配的财力,一卖了之,忽视村民利益,出现大面积的林子拍卖集中到少数人手中,而一些需要生产资料的村民却因资金等原因而无法得到,违背了集体林权制度改革的初衷;等等。这些问题的解决有赖于进一步深化集体林权制度改革,通过持续改革和发展来化解改革带来的问题。

第三节　国有林场和国有林区林权制度改革

我国林权制度改革大致来讲分为三步:第一步是集体林权制度改革,第二步是国有林场制度改革,第三步是国有林区林权制度改革。如果说集体林权制度改革是农村家庭承包责任制从耕地向林地延伸的话,那么国有林场改革和国有林区林权制度改革则是国企改革向林业领域的延伸。

一、国有林场改革

新中国成立初期,国家为加快森林资源培育,保护和改善生态,在重点生态脆弱地区和大面积集中连片的国有荒山荒地上,采取国家投资的方式建立起来了专门从事营林造林和森林管护的林业事业单位。至 2007 年,我国国有林场总数达 4 507 个,分布于 31 个省(自治区、直辖市)的 1 600 多个县(市、旗、区)。拥有职工总数 66 万人,其中在职职工 47 万人,离退休职工 19 万人。经营总面积 9.3 亿亩,其中林业用地面积 7.5 亿亩,森林面积 6 亿亩,森林蓄积量 22 亿立方米,分别约占全国林业用地面积、森林面积和森林蓄积量的 18%、23% 和 17%。

国有林场在我国林业建设和发展中发挥了巨大的作用,不仅培育了大量的森林资源,为国家和社会提供了大量的木材,也为我国生态安全起到了重要的屏障作用。但是随着时间的推移,国有林场出现了很多困难和问题,急需进行全面改革。

(一)国有林场改革历程[①]

改革开放以来,国有林场的改革经历过三个阶段:

---

① 李建锋、郝明:《我国国有林场改革历程与发展思路》,《中国林业》,2008 年第 10B 期。

第一阶段:20 世纪 80 年代中期至 90 年代初期。改革主要围绕国有林场内部经营管理展开。其主要内容包括:全面推行场长负责制,确立场长在生产、经营、管理中的中心地位,以实现责任和权利的统一;建立多种形式的承包责任制,使责、权、利有机结合起来,调动广大职工的积极性;缩小经济核算单位,推行一级管理两级核算或两级管理三级核算,以提高经济效益。在此期间,国家提出了国有林场实行"以林为主,多种经营,综合利用,以短养长"的办场方针,许多林场利用自身资源优势,广开生产门路,兴办多种产业,改变了长期以来主要是单一营林生产的格局。由于当时处于物资短缺时期,国有林场通过开展多种经营生产的各类初级产品不愁没有市场,取得了较好的经济效益,林场收入增加,经济实力增强。

第二阶段:20 世纪 90 年代初期至 90 年代后期。这一阶段改革主要围绕强化内部管理,转换经营机制,适应市场经济体制要求展开。改革的重点内容包括:(1) 推行人事、劳动、分配三项制度改革。在人事制度上,打破干部与工人的界限,推行干部聘任制;在劳动制度上,推行全员劳动合同制;在分配制度上,实行按劳分配为主,推行多种形式的分配方式,按照效率优先、兼顾公平原则,根据岗位技能和实际劳动贡献确定职工的收入。(2) 强化内部管理,转换经营机制。按照"精简、效能"的原则,合理设置内部管理机构,压缩非生产人员,充实生产第一线,建立和完善了各种岗位责任制、生产责任制和经济责任制,从生产经营的各个环节入手,规范内部管理,形成了有效的竞争机制、激励机制和约束机制,提高管理水平和管理效益。(3) 大力提倡发展职工家庭自营经济。林场创造条件并提供优惠政策,允许并鼓励职工发展种植、养殖和小型加工项目,增加职工收入。通过改革,国有林场的内部管理得到加强,经济机制得到改善。但是随着市场竞争的日益激烈,国有林场生产经营的初级产品的市场竞争力下降,经济效益下滑,林场经济危困局面开始显现。1997 年,全国国有林场出现全行业亏损。为此,中央财政从 1998 年开始安排国有林场扶贫专项资金,帮助国有林场解决面临的经济困难。

第三阶段:20 世纪 90 年代后期至今。这一阶段的改革,主要围绕国有林场如何摆脱困难,建立健康发展的长效机制。随着国家经济社会的快速发展和综合实力的增强,人民的物质生活水平不断提高,精神文化需求日益增加,人们对林业的需求从木材转向了生态产品。国家对林业的指导思想进行了及时调整,提出了以生态建设为主的林业发展战略,林业工作的重点从以木材生产为主转向了以生态建设为主。在这一背景下,国家自1998年起,开始实施了天然林保护工程、退耕还林工程等重点生态工程,在加大对林业投入的同时,调减木材产量,特别是地处长江上游、黄河中上游的地区实行了禁伐。国有林场以木材收入为主要经济来源受大极大影响,国有林场的经济危困加剧,进入了多年的全行业亏损。国有林场面临的困局,引起了社会的广泛关注。2003年,国家林业局会同中央机构编制委员会、发展和改革委员会、民政部、财政部、人事部、劳动保障部等6部委起草了《关于加快国有林场改革与发展的实施意见》,经过4年的修订,2007年呈报国务院,并开始在7个省(自治区、直辖市)进行试点。

(二)国有林场目前存在的问题

1. 定位不清楚,体制不通顺

我国国有林场长期以来实行事业单位企业管理的模式,林场职工身份既不是国家产业工人,又不是国家事业单位员工,也不是农民或农民工。这种"不事、不企、不工、不农"的模糊定位,导致国有林场被边缘化,成为国家扶持和发展政策的"盲区":在管理上,国有林场为事业单位,但是得不到政府财政预算拨款;在经营上,国有林场按企业化操作,但又受限额采伐、公益林禁伐制度限制而无经营自主权;林场职工拥有城镇户口,生活却远离城市,无法享受城镇居民应享受的各项待遇,职工进不了城镇职工医疗保险行列,下岗职工也难以享受城市职工最低生活保障;国有林场地处农村,但其国有性质又限制其享受到国家对农业的诸如村村通、农村电网改造、人畜饮水项目等扶持政策。

2. 经营模式单一,经营机制不活

在改革开放特别面对市场经济的冲击过程中,我国国有林场也进行了产业结构的调整,兴办了一些第二、第三产业,但总体上没有按照市场经济规律运行,导致林场第二、第三产业项目成功的不多,国有林场经营项目仍

然以第一产业为主。在经营机制上,国有林场虽然也进行过创新的尝试和努力,但由于受到各种因素和自身条件影响,也未能建立健康、灵活的经营机制。

3. 债务缠身,包袱过重

长期以来,国有林场造林育林、发展多种经营得不到国家投入或者投入不足,一般采取向银行贷款的方式来筹措资金。但由于林业生产及林木生长周期长,同时受可采森林资源下降、森林限额采伐制度等因素影响,经营效率一直不高,因而造成了林场度日艰难、还债困难的两难境地。20 世纪 90 年代后期,国家又实行了天然林禁伐政策,许多林场的木材产量锐减,经营状况更为糟糕,陷入了债务缠身的困境。另外,由于我国国有林场大多建在偏远的荒山荒地之上,林场的生产建设、后勤服务、学校教育、医疗卫生、职工养老等均需自己解决,因而林场的发展背负着沉重的社会负担,在经营困难、债务缠身的局面的下,这种负担日益成为国有林场发展越来越重的包袱。

4. 基础设置落后,职工生活困难

我国国有林场大都始建于 20 世纪 50、60 年代,时至今日普遍存在交通不便、信息闭塞,林区道路、供电、通讯、生活用水设置落后等困难。许多营林区"上山没路、进屋没电、做饭没水",除场部外,大部分护林点不通电话,许多林场没有专用车辆,生产、防火只能借车、租车。据不完全统计,国有林场场部不通公路的 486 个,不通电的 170 个,不通电话的 575 个,存在饮水安全和吃水困难的 1 575 个,涉及 210 万人;在 19 055 个工区中,不通公路的 6 606 个,不通电的 6 474 个,不通电话的 10 150 个,吃水困难的 9 384 个;7 117 个护林站不通公里,6 773 个护林站不通电,1.2 万个护林站不通电话,7 906 个护林站吃水困难。[①]

(三)国有林场改革思路和措施

2007 年,《关于加快国有林场改革与发展的实施意见》上呈国务院后,国家层面的国有林场改革思路和措施正在形成。综合一些试点省(自治

---

① 王亚明、李建锋:《国有林场改革与发展问题思考》,《林业经济》,2010 年第 1 期。

区、直辖市)的改革思路和措施,主要有以下几个方面:

1. 改革思路

(1)进一步明确国有林场的发展方向和目标。国家设立国有林场的目的是大力造林、育林,加快森林资源培育,以保护和经营管理森林资源为根本任务。在全面实施以生态建设为主的林业发展战略,大力推进现代林业建设的新时期,必须对国有林场发展方向和目标进行重新定位,也就是要集中精力把培育扩大森林资源作为根本任务。要采取多种方式加快造林绿化进程,加强森林资源保护,强化经营措施,不断提高森林资源质量。

(2)改革管理体制,完善相关配套政策。国有林场实行的是事业单位、企业化管理、自收自支的管理体制,不符合新时期林业发展的要求,必须从根本上进行改革。按照森林分类经营的原则,把国有林场承担的社会公益事业和以获取经济效益为目的的商品经营性活动相对分离开来,使以承担生态公益事业为主要任务的国有林场纳入政府管理体系,所需投入主要由政府财政负责,使以商品经营性活动为主要任务的国有林场及场办经营性项目,按照市场经济的要求进行运作,给予更灵活的政策,让其在市场竞争中求得更好的发展。

(3)建立符合市场经济要求和国有林场特点的运行机制。要彻底改变国有林场管理机构庞大、供养固定职工多、管理成本高、经济负担沉重的现状,变国家出钱养人为国家出钱办事,生态公益性林场要按照所承担的任务和管理的难易程度,合理核定事业编制。用人上全面推行聘用制和岗位责任制,林业生产性活动通过多种形式由社会力量来完成,商品经营性活动面向市场经营。

2. 主要改革措施

(1)实行林业分类经营,改变国有林场管理体制。按照公益林和商品林的要求,界定两类林场。将生态区位重要、以保护和培育森林资源为主要任务,主要发挥生态效益,为国家和社会提供生态产品的林场界定为生态公益性林场,按公益事业单位管理;将自然条件好、以商品林和其他产业经营为主要任务,主要发挥经济效益,为国家和社会提供物质产品的林场界定为商品经营性林场,逐步推行企业化管理,自主经营,自负盈亏,实行灵活多样的经营形式。

（2）推进林权制度改革,促进森林资源资产有效流转。对国有林场进行全面清产核资,明晰产权,由各级林业主管部门行使国有资产收益权和处置权,并对国有林场国有资产的保值增值负责。在明晰产权的前提下,鼓励国有林场以森林资源为资本控股或参股组建股份制企业;鼓励林场职工承包管护森林和开发林地,兴办家庭林场;鼓励国有林场及其职工与乡村、林农通过联营等形式,组建股份制合作林场;鼓励非公有制经济组织采取承包、租赁等多种形式在国有林场搞经营开发。国有林场可将零星分散、不便管护的山头地块,采取承包、租赁、转让、拍卖、协商、划拨等形式进行流转,让其发挥更大效益。

（3）加强基础设施建设,改善职工生产生活条件。按照国有林场事权划分的政策规定,把国有林场基础设施建设列入各级政府国民经济和社会发展规划及财政预算,加大投入,加强管理。农业综合开发、农林科技、生态建设及林业重点工程建设等项目要尽量将国有林场纳入项目实施区域,统一规划,重点安排。将林区公路纳入全县交通建设的总体规划及"村村通"工程;将国有林区饮水纳入农村人畜饮水解困工程;将国有林区电网改造纳入农网改造范围,享受相关政策优惠,充分保障国有林场公路、饮水、电力、电话、电视等"五通"。

（4）加快森林资源培育,促进林业产业开发。国有林场一方面要推进退耕还林、天然林保护等林业重点工程建设,加快森林资源的培育和发展,增加森林资源总量,大力实施低效林改造、中幼林抚育和封山育林工程,合理调整林种、树种结构,加大野生动植物及珍稀古危树种的保护力度,不断优化林分结构,改善林木生长环境,提高林分质量,培育健康森林。另一方面,国有林场也要注重整合资源,发挥优势,积极发展花卉苗木、森林旅游、动物养殖和山野食品、珍贵药材,培育国有林场新的经济增长点,增强发展后劲。积极鼓励林场职工承包、租赁、购买集体荒山造林,发展用材林、经济林、苗木、花卉、养殖、旅游服务、小型加工等项目。

二、国有林区林权制度改革

国有林区在我国国民经济发展中占有重要地位。国有林区主要分布在东北、西北和西南的主要省(自治区、直辖市),是东北平原、华北平原、长江中下游平原等重要商品粮基地和重要工业基地,以及三峡等重大水利工程和水利设施的天然屏障,在涵养水源、保持水土、维护国家生态安全方面具有巨大的作用。国有林区也是我国最大的木材供应基地和森林资源战略储备基地。新中国成立以来,国有林区为国家建设提供了的一半以上的木材,目前全国森林蓄积量的 39.6% 依然集中于国有林区,天然林蓄积量更是高达 54.6%。国有林区也是我国最重要的生物多样性宝库,全国约有 3 万种野生植物、2 340 种陆栖脊椎动物分布在国有林区。国有林区还多是少数民族聚居地,其发展直接关系到少数民族地区的繁荣、发展和稳定。长期以来,由于国家社会经济发展的需要,国有林区一直奉行以木材生产为中心的经营方针,对森林资源造成极大的消耗和破坏。从 20 世纪 80 年代中期开始,国有林区陷入资源危机、经济危困的"两危"境地。1998 年,天然林保护工程启动,国有天然林区虽然得到了国家的部分政策支持,一些林区也做过一些改革探索,但是国有林区的困局没有实质性改变。

(一) 国有林区的"三林"问题

我国国有林区存在着森林资源枯竭、林区经济危机、林工生活困难的"三林"问题。

1. 森林资源枯竭

我国国有林森林资源存在可采资源枯竭与林木蓄积总量的锐减、成过熟林比重过低、林分质量差等问题。当前东北、内蒙古国有林区用材林可采资源仅剩 1.9 亿立方米。每年木材产量中,70% 左右是中、幼龄林。按森林可持续经营要求,东北、内蒙古重点国有林区合理年采伐消耗量应为 998.2 万立方米,而目前实际采伐消耗量却为 3 231.1 万立方米,是合理采伐量的 3.24 倍。黑龙江省伊春市素有"祖国林都""红松故乡"的称号,为了支援国家建设,从 1948 年开始起进行大规模的森林开采,累计生产木材 2.4 亿多立方米,导致森林蓄积量由开发初期的 4.28 亿立方米下降到 2.1 亿立方米,下降了 51% ;可采成熟林蓄积量更由开发初的 3.2 亿立方米下降到了 610 万立方米,下降了 98%。伊春是我国国有林区森林资源枯竭的一个缩影。

2. 林区经济危机

我国国有林区产业发展仍处于较低层次,没有形成支柱性的后续产业。林区"大木头经济"的传统生产格局仍未打破,支撑林区经济的主要还是木材收入。2006 年,全国国有森工企业总销售利润为 51.9 亿元,其中来自木材的有 40.37 亿元,占到了全部利润的 77.8%。此外,林业发展背负着沉重的社会负担。仅东北、内蒙古四大森工企业,每年支付的社会费用就高达 30.04 亿元,其中企业承担 13.88 亿元,占到近 47%,而其中的大兴安岭林区企业承担的社会性支出更是高达 67.6%。社会负担几乎吃掉了企业的全部利润,削弱了企业的竞争力和扩大再生产能力。

3. 林工生活困难

国有林区公路、住房、电力、饮水等基础设施建设严重滞后,在国家对城市、农村基础设施建设投入不断加大的情况下,国有林区由于非城非乡、非工非农的特点,享受不到国家政策支持,与其他地区差距越拉越大。据统计,2006 年东北、内蒙古国有森工企业在岗职工年平均工资只有 5 238 元,仅为全国国有单位职工平均水平的 27%。许多一线林场职工收入不及城市低保,相当一部分低于当地农民。林区职工形象地比喻自己处于增收难、就业难、住房难、看病难、子女上学难、吃水难、行路难、用电难、找对象难、养老难的"十难"困境。

(二) 伊春国有林区林权制度改革的实践

伊春因林而建,因林而兴,也因林而困。伊春是我国东北、内蒙古开发最早的林区,由于历史上过度开采,所属 16 个林业局有 12 个无成熟林可采,另外 4 个严重过伐。林区始终面临着"资源危机、经济危困"的局面,体制性、结构性矛盾突出,各种社会负担沉重,严重制约了伊春林业的可持续发展。2006年,伊春林业职工平均月工资仅为310元,很多职工生活处于贫困线以下,一些林场(所)行路难、上学难、就医难、就业难等问题不同程度地存在。伊春林区的现状在我国东北、内蒙古重点国有林区具有一定的典型性和代表性,在伊春进行林权制度改革试点,具特殊的意义。

历史上,伊春也曾做过一些改革。早在1968年,针对林区农场耕地的扩张,伊春林管局就尝试过解散经营农场,鼓励自费造林。1979年,伊春再次尝试职工个人承包造林。但这两次的个人造林计划都因为林管局无法给予造林职工劳动补偿而最终夭折。1983年,最早陷入困境的伊春桃山林业局上呼兰经营所开始实施职工承包林地的管护和搞林下经营,取得了一些成果。但是,由于缺少改革依据,国家的补偿又不到位,因而这一改革在施行两年后无疾而终。2003年,中央作出《关于加快林业发展的决定》后,国有林区林权制度改革成为人们议论的话题,伊春再次面临千载难逢的机遇。2004年4月,伊春被国家林业局确定为全国唯一的国有林区林权制度改革试点单位。2006年1月,国务院原则通过了伊春的林权制度改革试点方案。2006年4月29日,伊春市敲响了国有林权改革试点的林地拍卖槌声,拉开了中国国有林区林权制度改革的序幕。

1. 伊春试点的目标、原则和任务

伊春国有林区改革试点的目标是推进森林资源经营机制转换,提高林地的生产力,提高森林资源的集约经营水平,实现森林资源可持续经营,建立森林资源统分结合的经营管理新机制,以林权制度改革为带动,推进国有林区的全面改革,为实现经济发展、生态良好、人民安居乐业的社会主义新林区目标奠定坚实的基础。

为了确保试点改革积极、稳妥推进,伊春市提出了改革必须坚持的5项原则,即稳定压倒一切的原则,确保生态优先、森林不能逆转的原则,改革收益资金不能流失、国有森林资产保值增值的原则,坚持公开、公平、公正的原则,坚持积极有序、配套推进的原则。

通过试点,需完成的主要任务有:建立国有森林资源经营管理的新模式;建立国有森林资源承包经营的新机制;建立国有森林资源资产评估体系和管理办法;积极发展社会中介组织,完善社会服务体系。

2. 伊春试点的范围、内容和实施方式

伊春国有林区改革试点选取了具有代表性的 5 个国有林业局中的 15 个林场（所）为范围，试点规模仅限于商品林地，面积为 8 万公顷，公益林地不纳入试点范围；承包经营林地的对象是试点林业局的林业在册职工，伊春林业管理局及试点林业局机关干部和离退休职工，暂不参加林地的承包经营。在伊春试点期间，东北、内蒙古的其他重点国有林区一律不开展此项工作。

试点的主要内容是：对浅山区林农交错、相对分散、零星分布、易于分户经营的部分国有商品林，由林业职工家庭承包经营；对大面积、集中连片的公益林和商品林，由伊春林业管理局依法加强经营管理。具体实施方式是按一沟一系一坡的自然界限，并结合森林经营区划，按每户 5～10 公顷的规模，实行林地承包经营，承包人获得国有林地经营权、国有林木所有权和处置权。林地承包经营期限不超过 50 年，期间内允许转让、继承和变卖。

3. 伊春试点改革的初步效果

2006 年 12 月，伊春 8 万公顷的试点林全部完成承包任务。几年来，伊春试点改革取得了初步成效。

（1）经济效益方面。国家通过林地林木的承包和转让，获得大量改革收益；林业职工通过对森林资源的立体综合经营、发展林下经济和家庭经济，取得了长久稳定收益，等于每一家都开办了一个"绿色银行"。据初步综合测算，按现行的木材市场价格，如果流转 8 万公顷现有林，30 年后约可收益 72 亿元；如果发展 60 万公顷民有林，30 年后约可收益 540 亿元，并且国家和企业可节约育林投入 10 亿元（现行营造林成本每公顷 1 650 元）。这将有力缓解森工企业危困局面，提高职工现实收入，为新林区建设提供物质保障和财力支撑。

（2）生态效益方面。通过把森林资源交给林业职工分户承包经营，可以有效地解决防火、护林、造林等一系列问题，森林的恢复发展速度必然加快，林分质量必将大幅度提高，森林生态系统的整体功能必将进一步增强，森林涵养水源、保持水土、防风固沙的作用也将得到加强。这不仅对于恢复和改善小兴安岭的生态环境能起到决定性作用,而且对于保障松嫩平原和三江平原两大"粮仓"的安全,对于维持黑龙江和松花江两大水系及其流域的生态平衡,对于保障国家生态安全都将发挥重要作用。

(3)社会效益方面。大力发展民有林,随着民间资本的大量进入,必然带来营林产业的加快发展和就业岗位的大量增加。实施"三林"流转,以可流转的资源抵顶工资和其他职工欠款,不仅可以使拖欠职工工资及医药费等历史遗留问题得以逐步解决,有效地减轻森工企业包袱,而且把林业职工转变成投资者,既扩大了就业渠道,缓解社会就业和职工下岗再就业的压力,又大幅度增加林业职工收入,还可以有效解决社会稳定等问题。这对于林业职工奔小康,对于林区和谐社会的构建,具有重大的现实和历史意义。

4. 伊春试点改革过程中存在的问题

伊春试点改革也存在一些争议。伊春试点改革最需要解决的是国有林区政企合一、企事合一的体制弊端,解决企业既管资源又管采伐、责权利不分的弊端。但试点经验表明,林权制度改革后,承包职工是通过发展林下经济和家庭经济,即通过养殖木耳、香菇、药材种植和狐、鹿、林蛙、野猪等发家致富的。有人认为,这种致富的方式是"离林致富",与林改的初衷有较大的距离。此外,在林改过程中,也存在其他一些问题,如林业职工承包林地需要缴纳林地使用费,而50的林地使用费总额有的甚至比林木流转的金额还要高。由于林业生产周期长,收益见效慢,因而这种高额的使用费严重挫伤了林业职工的承包积极性。

5. 国有林区改革的新思路

经过5年的改革试点,2011年7月,我国国有林区终于明确了"两减少、两剥离、一确立"改革思路,即减少森林资源采伐,减少和分流富余人员,剥离森工企业社会职能,剥离森工企业木材加工等第二产业,确立林管局管理经营森林资源的主体地位,加快建立政企分开、企事分开、责权利相统一的国有林管理新体制。我国国有林区全面改革即将由试点进入全面实施阶段。

第六章

当代中国森林的培育、保护和利用

第一节　森林培育

一、种子生产与苗木培育

林木种苗是林业发展的基础,是林业生态建设和产业发展的最基本的生产资料。优质的种苗是实现较为发达的林业生态体系和较为完备的林业产业体系,保障林业可持续发展,建设生态文明社会的重要保证。新中国成立以来,我国林木种苗生产事业大致经历了初步发展、大规模种苗基地建设、种苗管理体制改革、种苗生产法制化管理和工程化建设等4个阶段。

（一）1949—1978 年:林木种苗事业初步发展阶段

新中国成立初期,我国林木种苗事业主要是发动群众自己采种和育苗。1953 年 7 月,政务院发布《发布群众开展造林、育林、护林工作的指示》,要求"群众造林所需苗木,主要依靠发动各村、各户、各互助组、合作社自己采种、育苗来解决"。1959 年 12 月,全国林业厅(局)长会议提出林业建设"基地化、林场化、丰产化"方针后,林木种苗事业逐步摆脱"有种就采,有苗就栽"的粗放局面,开始摸索科学采用和育苗。

（1）种子生产方面。早在 1956 年 7 月,林业部在召开第一次全国林木种子工作会议上提出"自用自采积极支援缺种地区"方针的同时,也开始提出了要建立种子基地等种子生产经营措施。20 世纪 60 年代初,全国各地相继开展了种源调查、种子基地规划、种子检验等工作,采取了合理解决采种报酬、议购议销、奖售等经济政策以发展种子生产,同时国家还有计划地收购种子来调剂余缺。1964 年 6 月,中国林学会召开了林木良种选育学术会议后,我国有关科研单位开始了杉木、油松、马尾松、油茶、落叶松等树种优树选择和建立种子园试点,至1965年,福建、湖南、黑龙江等省已建立实验性的初级种子园200多亩。1965年,林业部成立了林木种子公司,大部分省(自治区、直辖市)也相继成立了种子(苗)机构,国家也逐步形成和制定了保护种源、种子检验、调拨等一系列较为成熟的制度。当时,全国林木种子年采收量达2 500余万公斤,种子质量也较为提高,基本能够满足造林需要。

(2)苗木培育方面。1950年5月,政务院发布《关于全国林业工作指示》,要求"各县应保留一定数量之土地,准备经营苗圃"。据此,全国各地恢复了大部分旧有苗圃,同时也新建了一批国营苗圃。1955年9月,林业部召开全国种苗工作座谈会,提出"当前育苗工作要以提高单位面积产量、保证质量为中心,加强国营苗圃的经营管理,依靠农业生产合作社积极开展合作社的自育、自造",并强调在全国贯彻推行群众"自采种、自育苗、自造林"的"三自"方针。为了鼓励群众育苗,1956年4月,林业部、财政部联合颁发《关于农业生产合作社培育树苗收入免纳农业税的规定》,指出对种苗特别困难地区由国家适当资助,对某些缺少的树种采取贷种、贷苗、贷苗奖励或有价供应等办法来实现各地互通有无。1959年全国林业厅(局)长会议后,全国队社林场纷纷由互助组、合作社育苗组过渡到生产队、组育苗和社队林场育苗,并逐步发展成为县(旗)、公社、大队、生产队四级育苗,同时坚持就地造林、就地育苗的原则。国营苗圃的发展方向则是以巩固、提高为主,适当发展,主要任务是供应国营造林用苗,城镇、"四旁"绿化用大苗和资助一部分群众造林用苗,对群众育苗进行示范和技术指导。

"文革"十年期间,我国林木种苗事业受到极大摧残,种子管理机构被撤销,多数地区的种苗工作处于停滞状态。队社育苗流于形式,国营苗圃约1/3被撤销或转向,成为机关、部队的果园或副食生产基地;继续经营的国营苗圃生产管理也极混乱,一半以上经营亏损。

(二)1978—1989年:林木种苗生产大规模建设阶段

1978年11月,国家林业总局召开了林木种子工作会议。会议制定了《林木种子发展规划》,提出"实现林木种子生产专业化、质量标准化、造林良种化"的目标,并决定恢复和健全各级林木种子机构,建设一批种子生产基地和建立良种繁育体系。1979 年,国务院批准林业部恢复组建了中国林木种子公司,全国各地也相继恢复种子(苗)机构。同年,国家将林木种子生产建设纳入基本建设计划,实行专项投资。根据 1980 年、1981 年中共中央、国务院《关于大力开展植树造林的指示》《关于保护森林发展林业若干问题的决议》等文件中"一定要按照造林计划,选育良种,培育壮苗。要建立布局合理的种子生产基地,努力实现种子生产专业化、质量标准化、造林良种化……国营苗圃要繁殖、推广优良树种,直到队社育苗"和"建立林木种子公司和种子管理制度,抓紧良种基地和苗圃建设,培育良种壮苗"的精神和要求,1982 年、1983 年,林业部相继召开林木种子会议,制定了《全国林木种子生产基地建设规划》和《依靠技术进步发展林木种子生产的意见》,明确了到 20 世纪末林木种子生产发展方向,并调整了种子生产基地布局和生产任务,有计划地建立种苗生产基地,全面发展种苗生产事业。从此,我国林木种苗生产进入大规模建设阶段。

(1)林木种子基地方面。林木种子基地包括采种基地和良种基地。20 世纪 60 年代初期,我国就已经初步建立了一批落叶松、杉木、紫穗槐等树种的采种基地,但发展缓慢。1982 年,林业部《全国林木种子生产基地建设规划》将采种基地纳入国家建设项目之后,采种基地开始迅速发展起来。良种基地大多设在国营林场内,少部分单独设立,实行科研与生产相结合,包括母树林、种子园、采穗圃及无性系繁殖圃、试验示范林等。1989 年底,全国共建有采种基地 120 处(其中部、省合建 35 处),良种基地 608 处,面积 4.8 万多公顷(其中部、省合建良种基地 160 处,面积 2.3 万公顷)。1989 年当年,全国共采收林木种子 2 300 多万公斤,其中良种基地共产良种 53.81 万公斤。林木采种基地和良种基地的建设,不仅满足了全国造林绿化的需要,而且提高了林木种子的质量。

此外,为了加强种子检验工作,1982 年《林木种子检验方法》标准由国家标准局发布实施,1983 年林业部分别在北京和南京成立了北方林木种子检验中心和南方林木种子检验中心,对良种和大量调拨、贮存的种子实施正规检验,确保了林木种子的质量和苗木生产的安全。

（2）苗木生产方面。改革开放之初,我国育苗生产有队社集体育苗和国营苗圃育苗两种形式。1980年11月,林业部在湖北咸宁召开了全国林业育苗经验交流会,提出了"采用良种,培育壮苗,因地制宜建立苗木生产基地,为植树造林提供足够的苗木"和"以社队育苗为主,积极搞好国营苗圃,鼓励各行各业和社员个人育苗"的任务和方针。随着农村经济体制改革和林业生产承包责任制的建立,农村广泛实行了以家庭（个人）育苗为主的承包责任制形式。至此,我国育苗生产形成了国营育苗、集体育苗和个人育苗三种形式,后两种又称为群众育苗。为了鼓励农村群众育苗,各级地方政府都给予了一定的技术和经济上的扶持,不少地方实行苗木产销合同制,育苗专业户、重点户迅速发展,群众育苗积极性高涨,有力地促进了苗木生产的发展。国营苗圃方面,1981年3月,林业部、财政部联合颁发《国营苗圃经营管理试行办法》,对国营苗圃的性质、任务、经营方向、管理制度等做了明确规定,要求国营苗圃贯彻执行以"育苗为主,开展多种经营,把苗圃经济搞活"的方针。1989年全年,全国共完成育苗面积325.2万亩,其中新育177.4万亩（占54.6%）;国营育苗51万亩（占15.7%）,集体育苗104.3万亩（占32.1%）,个人育苗160.3万亩（占49.3%）,其他9.6万亩（占2.9%）。

（三）1990—2000年:林木种苗管理体制改革阶段

1990年9月,国务院批准实施林业部《1989—2000年全国造林绿化规划纲要》（简称《纲要》）,规划到2000年,全国新建种子园0.9万公顷,母树林4.6万公顷,年育苗面积稳定在26万公顷左右。届时,全国年产合格种子2 500万公斤、良种150万公斤,苗圃生产合格苗木200亿株。为实现《纲要》目标,1991年5月,林业部发出了《关于进一步加强种苗工作的决定》（简称《决定》）,这是新中国成立以来发布的第一个关于种苗工作的决定,要求各级林业主管部门"下大力气抓种苗,超前抓种苗,一把手抓种苗",采取有力措施,努力提高种子合格率、基地供种率、良种使用率、一级苗出圃率、自育苗率和容器苗率,并把它作为衡量各地种苗工作优劣的主要标志。《决定》还重点强调了种苗生产与造林计划的衔接,超前安排种苗生产的指导性计划。《纲要》的出台和《决定》的颁布,使得我国林木种苗生产管理更加科学化、规范化和超前化。

随着我国社会主义市场经济目标的确立,林木种苗行业管理机构也进行了改革。1990年2月,按照企事分开的原则,林业部成立了林木种苗管理总站(1994年改名为国有林场和林木种苗工作总站),负责林木种苗行业管理。中国林木种子公司成为独立经营、自负盈亏、直属林业部管理的国有企业。

这一阶段,林木种苗生产成就显著。截至2000年,全国共建采种基地162处(可采种面积186.9万公顷),良种基地583处(总面积14.9万公顷);全国共完成育苗面积24.83万公顷,总产苗量350.9亿株。2000年全年共采种子22 144万公斤,共采良种185.6万公斤,共产合格苗木221.72亿株,基本实现了《1989—2000年全国造林绿化规划纲要》的目标。此外,为了调整格局,改变良种基地点多分散、树种单一、基地小而全的模式,1993年1月,全国林业厅局长会议提出了集中力量,重点建设一批高起点、高层次具有示范性的林木良种繁育中心的计划。1995年,林业部国有林场和林木种苗工作总站颁发《林木良种繁育中心建设要点》,计划正式启动。1996年,林业部提出在"九五"期间建设北京、山西等21处林木良种繁育中心的建设计划。1997年,林业部陆续批复了贵州、浙江、四川、广东省林木良种繁育中心及结合日本援助项目的湖北省林木育种中心,林木良种繁育中心进入实质性建设阶段。

(四)2000年至今:林木种苗事业进入法制化管理、工程项目化建设新阶段

2000年7月,第九届全国人大常委会第十六次会议审议通过了《中华人民共和国种子法》(2000年12月1日实施)。这是我国第一部关于种子的专门法律,它标志着我国林木种苗事业进入了法制化管理新阶段。1989年,国务院颁布了《中华人民共和国种子管理条例》;1995年,原林业部发布了《中华人民共和国种子管理条例林木种子实施细则》,这两部行政法规和部门规章成为我国林木种业的行为规范和法则,对促进林木种子事业和林业发展发挥了重要作用。但行政法规和部门规章毕竟不是正式法律，而且随着社会主义市场经济的发展，在实践过程中出现了一些迫切需要制定法律加以规范和调整的地方。《中华人民共和国种子法》的出台适应了时代发展的需求，它不仅是一部正式的专门法律，而且其调整对象包括了苗木，结束了苗木生产、经营和管理一直处于无法可依的状况，使得我国林木种苗事业的发展更加规范和更具法律效应。《种子法》的出台，时逢我国即将加入世贸组织之际，是我国尽快与国际种业接轨，积极参与国际竞争和提高种业市场竞争力方面所采取的重大举措，标志着我国林业在依法治种进程中向前跨出了坚实的一大步。

　　为适应国家生态环境建设总体要求，保证林业六大工程的顺利实施，2000 年，国家林业局编制了《全国种苗工程建设总体规划（2000—2005）》，决定实施林木种苗工程项目建设，主要包括国家级林木种苗示范基地、省级林木种苗示范基地、林木良种繁育中心、林木良种基地、林木采种基地、苗圃、林木种苗质量监督监测站、林木种子加工贮备设施设备和林木种苗信息化等项目，计划用 6 年左右的时间，初步形成以良种、采种基地、国有苗圃为依托，集体、个体育苗为补充的种苗生产、加工、贮备、供应、质量检验和信息服务体系，这标志着我国林木种苗事业进入工程项目化建设阶段。为保证工程的顺利实施，2001 年，国家林业部颁发了《林木种苗工程管理办法》，对加强林木种苗工程管理提供了规范性依据。2003 年，国家林业局进一步研究了林木种苗工程项目建设的总体设想，明确了种苗工程项目建设要以"围绕一个中心，突出四个重点，健全四大体系"为工作重点，重点建设良种繁育中心、良种基地、采种基地、种质资源收集保存、种子贮备和信息化及质量监督检测等基础性工程项目，规划全国共建设林木良种繁育中心 25 个、良种基地 300 处、采种基地 150 处。截至 2007 年年底，全国共开工建设种苗工程项目 3 415 个，其中国家级林木种苗示范基地项目 2 个，省级林木种苗示范基地项目 31 个，林木良种繁育中心项目 35 个，良种基地项目 751 个，采种基地项目 663 个，苗圃项目 1 775 个，种子加工调制项目 6 个，种质资源项目 27 个，省级种苗基础设施项目 38 个，地县种苗基础设施项目 107 个。据统计，全国已建成国家级重点林木良种基地

131 处,国家级林木种质资源库 13 处,各类林木良种基地累计达到 700 多处,面积 380 多万亩,采种基地 1 360 多万亩,国有苗圃育苗 200 万亩。开展了 70 多个主要造林树种和部分珍稀濒危树种良种选育,审(认)定推广了 2 776 个林木良种。最近 10 年来,全国累计提供林木种子 2.3 亿多公斤,其中林木良种 2 200 多万公斤,供应合格苗木 3 000 多亿株,有效保障了 7 亿多亩人工造林和飞播造林的种苗需求。全国主要造林树种良种使用率由 2002 年的 20% 提高到 51%。2009 年全国林木种苗产业总产值达 1 200 亿元。

林木种苗工程建设极大地促进了全国种苗事业的发展,普遍改善了林木种苗生产条件,提高了种苗的生产水平,扩大了林木种苗生产面积,较大幅度地提高了林木种苗的产量和质量。种苗生产不仅在数量上满足了国家林业建设快速发展的需要,而且在良种使用率和基地供种率上也有了显著提高。我国种苗生产正从低投入、低起点、低水平向高投入、高起点、高水平方向发展。随着种苗工程项目建设的整体推进,我国初步形成了以种子基地(良种繁育中心、良种基地、采种基地)为主体,非基地生产为补充的种子生产体系;以省内调剂为主体、国家宏观调控相结合的种子供应体系;以市场为导向,国家、集体、个人等多种所有制共同发展的苗木生产供应体系;由国家、省级种苗质量检验中心,地县种苗质量检验站组成的林木种苗质量检验体系也在日趋完善。目前,我国林木种苗工程各项目年均供林木种子 2 300 万公斤,良种 220 多万公斤,苗木 300 亿株左右;造林基地供种率 63%,良种使用率 51%。

自 2000 年《中华人民共和国种子法》颁布和林木种苗工程项目实施以来,我国的林木种苗在种子收集保存、良种选育、种苗生产、种苗质量检验、种苗信息化等建设方面都取得了长足的进步,良种壮苗生产能力明显提高,林木种苗产业蓬勃发展,产业规模持续壮大。2010 年 11 月,在全国林木种苗工作会议上,国家发展改革委、财政部、国家林业局又联合发布了《全国林木种苗发展规划(2011—2020 年)》,提出:到 2015 年,全国造林基地供种率和造林良种使用率将分别由现在的 63% 和 51% 提高到 80% 和 65%,主要造林树种种子供应全部实现基地供种,商品林造林全部使用良种;到 2020 年,全国造林全部实现基地供种,造林良种使用率达到 75%。我国林木种苗事业又将翻开新的篇章。

二、森林的营造、抚育

森林的营造、抚育,开发更为丰富的森林资源,是林业建设的根本,也是发展国民经济、改善生态环境、实现可持续发展、建设生态文明的基础。新中国成立至今,我国森林营造、抚育事业大致经历了三个阶段。

(一) 1949—1978 年:由"重点造林"到"普遍造林"

新中国成立伊始,我国森林营造方针是"重点造林"。1950 年政务院发布的《关于全国林业工作的指示》中要求,在风沙水旱灾害严重的地区,发动群众,有计划地造林并大量采种育苗,以备来年造林之用。当时确定的全国造林重点是:在淮河、辽河、永定河及黄河上游的汾、洛、泾、渭等流域,重点营造水源林;在豫东、东北西部、西北的三边、榆林等地营造防沙林。据统计,1949—1952 年以防护林的营造面积最大,共完成 1 334 万亩,占同期全国总造林面积的 52%。1953 年,政务院发布了《关于发动群众开展造林、育林、护林工作的指示》,确定开展造林、育林、护林工作应成为各级人民政府,特别是山区人民政府的主要任务之一,应成为各级人民代表大会的重要议题之一。根据这一精神,林业部在下达《1954 年全国林业工作重点》中,强调要"大力营造用材林"。从此,全国造林工作方针由"重点造林"转向"普遍造林"。

1. 生态防护林营造

(1) 防护固沙林。1949 年,华北人民政府率先在风沙严重的河北省正定、行唐、灵寿、新乐、无极、藁城等 6 县营造防风固沙林,拉开了新中国森林营造和防护林建设的序幕。随后,河南东部、陕西北部、辽宁省彰武、内蒙古赤峰和磴口、甘肃省民勤等风沙灾害严重地区也相继开展了治沙造林活动。1958—1959 年,宁夏中卫固沙林场在沙坡头地段铺设方格草沙障,实行草、灌、乔结合,完成固沙护路林的营造。此后,新疆、甘肃、青海、宁夏、山西、内蒙古、辽宁、吉林、黑龙江等有大片流沙分布地区也普遍开展了固沙造林活动。到1978年,全国共营造防风固沙林147万公顷。

（2）农田防护林。1952年,东北人民政府发布《关于营造东北区西部防护林带的决定》,原计划营造范围南起辽东半岛和山海关,北至黑龙江省富裕、甘南县,长1 100公里,宽300公里,包括21个县(旗),后又扩大范围,规划造林面积300万公顷,成为当时全国范围最广、规模最大的防护林工程。1952—1963年,该工程实际保存面积12.7万公顷。该工程带动了全国各地农田防护林的营造。不久,河北永定河下游、新疆农垦区、广东雷州半岛、海南岛等地都相继开展农田防护林营造工作。20世纪60年代,东北、内蒙古、新疆等地开展农田防护林的科研实践,提出了窄林带、小网格的营造方式。从70年代开始,新疆、甘肃、青海绿洲农区、宁夏前套灌区、内蒙古中部、华北平原、长江中下游平原等地都广泛开展了以窄林带、小网格为特点的农田防护林营造活动。到1978年,西北、华北北部、东北西部共营造农田防护林42万公顷。

（3）沿海防护林。1952年,江苏省首先做出营造沿海防护林的决定。随后,辽宁、山东、河北等沿海省份也相继开始了防护林的营造。20世纪50年代中期,广东省电白县在海滩流沙上营造木麻黄林带成功,山东省在沿海沙滩营造黑松获得成功,江苏省在沿海盐碱地营造刺槐、紫穗槐获得成功。南、北海岸林带的营造初具规模。到80年代前期,我国共营造沿海防护林330多万公顷。

（4）水土保持林。1955年7月,第一届全国人大第二次会议通过《关于根治黄河水害和开发黄河水利的综合规划的决议》,根据决议精神,黄河中游各省、自治区开始了水土保持林的营造工作。到1978年,黄土高原地区营造水土保持林140万公顷。

2. 用材林营造

1953年,政务院发布《关于发动群众开展造林、育林、护林工作的指示》后,我国造林的战略布局由营造的防护林为主转向以用材林为主,造林重点由风沙等自然灾害多的西北华北,转到自然条件好、树木生长快、能较快地建成国家后备森林资源的南方9省(自治区)。1954年,全国共营造用材林593.9万亩,占当年造林面积的54.5%。此后,在各林种造林面积中,用材林一直居于领先地位,最高如1974年曾达到75.5%。到1979年,南方的浙江、福建、安徽、江西、湖北、湖南、广东、广西、贵州等9省(自治区),新造用材林1.4亿亩,蓄积量占全国人工林总蓄积量的57.73%。

除人工造林外,在这一阶段,我国还开始了飞播造林实验并取得成功。1956年3月,广东省尝试在吴川县潭八乡的万亩荒山上飞播马尾松和台湾相思种子,拉开了新中国飞播造林的序幕。1958年,全国大面积飞播实验全面展开,南至广东、广西、四川、云南,北至内蒙古、北京,跨越15个省(自治区、市),试播面积500万亩,但几乎全部失败。1959年,四川凉山彝族自治州大面积飞播云南松首次获得了成功。为了总结经验,推广科研成果,林业部分别于1963年、1965年、1967年召开了三次飞播造林经验交流会。经过多年的试验总结,各地特别是自然条件优越的南方各省(自治区),基本上掌握了大面积飞播造林的技术。20世纪70年代中期以后,南方一些重点省(自治区)每年飞播作业面积都在1 000万亩以上。1973年和1975年河北省隆化、平山两县飞播油松获得成功后,北方地区的飞播造林也逐渐打开了局面。1978和1980年,林业部又分别在四川凉山和河北承德召开飞播造林经验交流会,总结南北方开展飞播造林实验和生产的情况。我国飞播造林事业进入一个新的阶段。

3. 森林抚育

(1)封山育林。1950年,第一次全国林业会议上,封山育林被列为绿化祖国、增加森林资源的重要途径。同年政务院发布的《关于全国林业工作的指示》,也号召各地开展封山育林。1953年,政务院发布《关于发动群众开展造林、育林、护林工作的指示》再次强调:"封山育林是使荒山自然成林和保持水土的最有效方法,仍应号召和领导群众进行。"1954年、1955年,林业部分别发出关于《巩固已有成绩改进封山育林工作》和《继续开展封山育林工作》的通知,进一步明确了封山育林的方针、任务和工作重点,为封山育林工作提供了政策上的保证,从此封山育林在全国范围内开展起来。

(2)森林抚育改造。主要集中在天然次生林的抚育改造上。1953

年,政务院发布《关于发动群众开展造林、育林、护林工作的指示》中,强调"对各地已成之林,则应根据林相和生长情况,分别加以修枝或间伐,并进行其他必要的抚育工作"。1957 年,林业部颁发《关于积极做好国有林抚育间伐工作的通知》。1958 年,许多省(自治区)成立森林经营机构,负责森林抚育改造工作。1959 年,林业部组织召开次生林经营工作会议,总结了前期森林抚育改造的经验,明确了森林抚育的经营方针和技术要求。1962 年,森林抚育改造列入国家计划后,全国森林抚育改造规模不断扩大。1962 年、1963 年,林业部先后发布《关于次生林改造若干问题的决定》《关于开展次生林抚育利用工作的通知》《国有林抚育改造技术规程》和《国有林抚育改造作业设计办法》,使得森林抚育改造事业更加趋于规范。

据"五五"全国森林资源清查,1950—1981 年,全国新造人工林保存面积 2 781 万公顷,加上封山育林成果,全国森林覆盖率由 8% 上升至 12%。

(二)1978—2000 年:工程建设时期的大规模造林绿化

1. 生态防护林营造

1978 年 11 月,国家计委批准了三北防护林体系建设规划。三北防护林体系建设工程是新中国林业史上的一个跃进,开创了我国林业生态工程建设的先河,也标志着我国森林营造事业站在了一个新的起点上。1978—2000 年为工程建设的第一阶段,共完成造林保存面积 2 203.73 万公顷,其中人工造林 1 538.60 万公顷,飞播造林 88.17 万公顷,封山育林 576.96 万公顷。1978—1985 年第一期工程,共完成造林 534.93 万公顷,其中人工造林 459.33 万公顷,飞播造林 3.77 万公顷,封山育林 71.83 万公顷。1986—1995 年第二期工程,共完成造林 1 428.55 万公顷,其中人工造林 1 077.62万公顷,飞播造林 45.49 万公顷,封山育林 305.44 万公顷。1996—2000 年第三期工程,共造林 591.38 万公顷,其中人工造林 352.80 万公顷,飞播造林 38.91 万公顷,封山育林 199.67 万公顷。从营造林分来看,三北防护林体系建设第一阶段三期工程,累计营造防风固沙林 476.10 万公顷,水土保持和水源涵养林 662.60 万公顷,农田防护林 212.90 万公顷。

以三北防护林体系建设工程为标杆,国家又先后上马了长江中上游防护林体系等建设工程：（1）长江中上游防护林体系建设工程。截至2000年，共完成造林37.5万公顷，其中人工造林17.1万公顷，封山育林19.3万公顷，飞播造林1.1万公顷。（2）太行山绿化工程。截至2000年，共完成造林11.3万公顷，其中人种造林5.9万公顷，封山育林4.9万公顷，飞播造林0.5万公顷。（4）沿海防护林体系工程。截至2000年，共完成林10.4万公顷，其中人工造林4.5万公顷，封山育林5.9万公顷。（5）平原绿化工程。截至2000年，全国平原绿化达标县（市、区、旗）876个，占全国920个平原（半平原、部分平原）县的95.2%。全国累计完成造林绿化面积698万平方公里。（6）辽河流域防护林工程。截至2000年，共完成造林面积38.7万公顷。（7）黄河中游防护林工程。截至2000年，共完成造林51.79万公顷。这些大型生态体系建设工程为我国森林营造事业提供了资金支撑，在管理上也使得营林事业更加规范化、标准化，极大地促进了我国森林营造事业的发展。

在实施这些生态工程建设的同时，1990年，国务院还批准了林业部《1989—2000年全国造林绿化规划纲要》（简称《纲要》），规划用12年时间，共造林5 717.1万公顷，其中人工造林3 957.9万公顷，封山育林1 142.6万公顷，飞播造林616.6万公顷。《纲要》将当时已经上马实施的三北防护林体系建设、长江中上游防护林体系建设、沿海防护林体系建设、太行山绿化、平原绿化等生态防护林工程纳入其中。

2. 用材林营造

1978年之前，国家所需的木材大多采伐于原始林，1978年之后，我国开始大力营造用材林特别是速生丰产林，以满足经济社会发展对木材的需求。1980年，中共中央、国务院《关于大力开展植树造林的指示》中明确提出，为解决木材和经济林产品供应不足，各地应"大力营造速生丰产林"。从此，我国速生丰产林基地建设逐步蓬勃发展起来。1980年起，林业部开展了部省联营营造速生丰产用材林试点工作，至1990年，先后与22个省（自治区）共签订实施了34个速生丰产林建设项目。这些项目对全国速生丰产林建设起到了导向、示范作用。1987年，林业部正式向国务院上报了《关于抓紧建设一亿亩商品材基地的报告》，规划大体用30年时间，在我国建设速生丰产林基地3亿亩,到2000年先建设1亿亩。1988年,国家计委批准了这一规划。1990年,国务院复批的《1989—2000年全国造林绿化规划纲要》中,将"一亿亩速生丰产商品材基地建设"规划内容纳入其中。按照《纲要》规划,在大、小兴安岭到滇黔一线的东南半壁国土上,以自然条件优越的南方集体林区为主,区划为20大片和5个国营林场群①,总面积4 035万公顷,用于建设用材林基地;在用材林基地20大片和5小片的范围内选择交通方便、立地条件较好的一、二类林地培育速生丰产用材林,远景规划用30年时间,营造速生丰产用材林2 000万公顷,到2000年,营造速生丰产用材林798万公顷;预计到2000年,每年可提供木材2 250万立方米。1989—1994年,全国速生丰产用材林实际累计完成339.13万公顷。此后由于管理机构不健全、资金严重不足、群众造林积极性不高等原因,速生丰产用材林基地建设进程缓慢。

3. 森林抚育改造

1978年之后,之前营造的人工林陆续进入中幼龄林阶段,因此森林抚育改造的重点也由之前的天然次生林转向了人工林。1978年,国家林业总局颁发了《国有林抚育间伐、低产林改造技术实行章程》。同年,国家计委、国家物资总局、国家林业总局联合发出《关于下达1979年人工、天然中幼龄林抚育间伐计划的通知》,计划间伐面积16万公顷。1981年,中共中央、国务院《关于保护森林发展林业若干问题的决定》中要求:"积极开展抚育间伐和次生林改造,提高森林质量",森林抚育"要纳入各级林业计划,逐年增加投资,加快抚育进度"。1979—1983年,国家共投资1.7亿元,主要用于改善抚育改造林区范围的交通条件,推动森林抚育工作的开展。1982年,林业部下发《关于进一步提高国有林抚育间伐作业质量的通知》,要求抚育间伐须以培育为主,加强作业前的审批和作业中的管理工

---

① 20大片中,南方14片:闽西北、浙南片、赣南、赣西片、湘东片、湘西片、粤北片、桂北片、黔东南片、海南片、粤中片、湘北、鄂南片、皖南、浙西、赣东北片、鄂东南、湘东南、赣西北片,四川宜宾片,滇桂片,共254个县,用材林基地面积1 578万公顷;北方6片:大兴安岭片,小兴安岭片,完达山片,张广才岭、老爷岭片,长白山片,辽东片,共82个国营林业、360个国营林场、29个县,用材林基地面积2 360万公顷。5片,即福建莆田、尤溪林场群,广西林场群,河北塞罕坝林场群,山西林场群,甘肃小陇山林场群,林场群基地面积97万公顷。

作。1985年,全国大部分省(自治区、直辖市)进一步放宽政策,允许间伐材议购议销,推动了森林抚育改造工作的发展。至1990年,全国共抚育中幼龄林1 760.2万公顷,占当时全国总中幼龄林总面积7216.5公顷的24.4%。同年,国务院复批的《1989—2000年全国造林绿化规划纲要》中,将中幼龄林抚育纳入其中,规划抚育中幼龄林面积3 960.7万公顷,同时在条件适宜的地方积极开展封山育林。1992年,林业部颁发《关于加强中幼龄林抚育工作的决定》,要求各地把中幼龄林抚育放在与造林同等重要的位置。但是由于缺乏中幼龄林抚育的资金扶持,经营者缺乏积极性,因而中幼龄林的抚育工作一直处于徘徊状态。

(三) 2000年至今:生态文明视野下的森林营造和抚育

进入21世纪,国家对建设生态文明社会和实现可持续发展的目标越来越清晰,对林业发展的要求也越来越高。国家迫切需要林业有一个大的转变,规划了林业六大工程建设,并将其纳入到《国民经济和社会发展第十个五年计划纲要》,上升为国家层面的规划。林业六大工程,是对之前十大林业生态工程的整合和提升,不仅囊括了原来各项林业生态工程,还将曾经一度徘徊停滞的"一亿亩速生丰产商品材基地"建设项目重新激活,并赋予新的内涵。林业六大工程规划范围覆盖了全国97%以上的县,规划造林任务达7 300万公顷。因此,随着林业六大工程的出台和实施,我国森林营造和抚育事业也随之进入了一个新的发展阶段。截至2010年,我国三北防护林工程造林2 400多万公顷,工程区森林覆盖率提高了1倍;天然林保护工程有效保护天然林9 500多万公顷,减少森林资源消耗4.26亿立方米;退耕还林工程造林2 600多万公顷;全国沙化面积由20世纪末的年均扩展约3 436平方公里,变为目前的年均缩减约1 283平方公里,总体上实现了从"沙逼人退"向"人逼沙退"的历史性转变。①

林业六大工程范围大,涵盖面宽,能够科学地组织实施好六大工程,培育出高质量林分,成为工程建设的重点,也是林业能够实现跨越式发展的

---

① 《全国林地保护利用规划纲要(2010—2020)》,http://www.greentimes.com/green/news/lscy/cyzc/content/2010-08/26/content_102976.htm。

关键。因此,国家林业局提出了森林营造"质为先"的方针,加强了对造林质量的监督管理。2002 年,全国营造林质量工作会议召开,这是新中国成立以来第一个关于营造林质量的会议。会议总结了以往造林质量管理的基本经验,确立了营造林质量管理的新思路,要求建立健全质量标准体系,实行全面质量管理,是我国森林营造事业上的一次重要会议。围绕着会议精神,国家林业局相继颁发了《造林质量管理暂行办法》《造林质量事故行政责任追究制度的规定》和《营造林质量考核办法(试行)》,共同构成了营造林质量管理的制度框架,为森林营造质量管理和考核提供了依据。同时,还专门组织人员长期开展对全国造林质量的检查、稽查工作,并加强群众监督。通过这些措施,我国人工造林成活率平均达到 90% 以上,达到国家标准。

1995 年,国家发布了《造林技术规程》。随着林业建设的不断进步和造林绿化要求的不断提高,该标准已经不能完全适应新形势对林业建设要求。因此,2006 年 7 月,国家质检总局、国家标准化委员会发布了新的《造林技术规程》,自 2006 年 12 月 1 日起实施。《造林技术规程》适应了新时期对人工造林工作的要求,有力地推动了人工造林的健康发展。

飞播造林随着林业六大工程的推进,也有了较大程度发展。为了发挥飞播造林在国土绿化和生态建设中的作用,国家在林业重点工程 2001—2010 总体规划中,加大了飞播造林的规模和投资力度。2005 年 3 月,国家质检总局、国家标准化管理委员会发布了《飞播造林技术规程》的国家标准。《飞播造林技术规程》的发布,使得我国飞播造林技术更加规范,造林质量大为提高。

长期以来,由于国家对中幼龄林抚育没有专项资金扶持,经营主体对中幼龄林抚育没有积极性,使得我国占林分总面积 84% 的 2 600 万公顷中幼林得不到有效抚育,造成我国人工林纯林多、密度大、质量不高的状况。为了改善这一局面,2004 年国家林业局下发了《国家重点生态公益林中幼龄林抚育及低效林改造实施方案》。2005 年,国家又在此基础上,启动了重点生态公益林中幼龄林抚育示范项目,实现了中幼龄林抚育国家扶持零的突破。项目主要针对过纯、过密的国家重点生态公益林进行有效抚育,以优化林分结构,提高森林质量。目前,该项目正在稳步推进中。

第二节　森林保护

森林保护是营林工作中的重要环节,是指预防和消除森林的各种破坏和灾害的措施,以保证树木健康生长,是避免或减少森林资源损失的重要措施。森林在成长过程中会遭到火灾、病虫害、鸟兽害、风沙、泥石流等自然灾害和人为乱砍滥伐的破坏,其中,尤以森林火灾、林业有害生物和乱砍滥伐的危害最大,故被称为"森林三害"。

一、森林防火

新中国成立以来到 1987 年,全国年均发生森林火灾 15 932 次,年均受害森林面积 94.7 万公顷,因森林火灾年均伤亡 788 人。1988—2008 年,全国年均发生森林火灾 7 936 次,年均受害森林面积 9.2 万公顷,因森林火灾年均伤亡 194 人,比 1950—1987 年间年均分别下降了 50.2%,90.3% 和74.3%。截至 2008 年,全国共建有县级以上森林防火指挥部 3 327 个,办事机构 3 545 个,指挥部成员 63 157 人,办事机构人员近 2 万人,森林防火检查站 1.6 万多个;专业、半专业森林消防队 1.7 万支 51 万人,义务森林消防队 12.5 万支 343 万人,1 支武警森林部队;建有东北和西南两个航空护林中心(总站),19 个航空护林站。全国共建有防火瞭望台 15 524 座、防火公路 130.7 万公里、防火隔离带 120 万公里,购置电台 17.2 万部、防火专用车近 6.3 万辆、风力灭火机近 25.6 万台;在北京、西南的昆明、东北的黑龙江建有 3 个国家森林防火物资储备中心和 1.1 万多个地方扑火物资储备库。目前已建立了能够准确监测林火、快捷传递信息、高效处理数据等功能的国家级森林防火指挥中心;开发了全国林火信息系统,能为全国各地提供林火预报信息、监测信息等内容;卫星林火监测体系已覆盖全国,建有 3 个林火监测地面站;火场应急通信装备建设不断加强,实现了多种卫星通信结合的应急通信体系。

60 多年来,我国森林防火事业大致经历了 4 个阶段,即 1949—1956 年的起步阶段、1956—1987 年的曲折发展阶段、1987—2006 年的全面加强管理阶段和 2006 年至今的全面提升阶段。

(一) 1949—1958 年:森林防火起步阶段

1950 年 10 月,东北人民政府组建东北武装护林大队,可视为新中国森林防火事业的嚆矢。由于新中国成立初期一些地方对森林防火重视不够,措施不当,林区居民又缺乏护林知识,在野外随意用火,因而经常发生森林火灾。1951 年,全国发生森林 5 100 多次,受害面积达 225 万公顷。其中,松江省和黑龙江省在当年 4、5 月火灾最为严重,火势蔓延近 50 个工日,烧死烧伤 340 多人,大片森林被烧毁。鉴于此,1952 年 3 月,中共中央和中央人民政府政务院分别发出了《关于防止森林火灾问题给各级党委的指示》和《关于严防森林火灾的指示》,要求各级政府在每年春季把护林防火工作列为中心工作之一,并根据行政区划,实行分区分段负责制,在谁的地区起火,就由谁负责,并根据损失情况的轻重给以应得的处分。按照指示精神,各地成立了森林防火指挥机构,建立起了群众性森林防火组织,森林防火事业开始有所加强。但由于护林人员和设备有限,对偏远的大面积的森林火灾仍缺乏控制能力。1955 年内蒙古自治区小孤山,黑龙江省额穆尔河、鹤岗,1956 年大、小兴安岭偏远原始林区又相继发生特大森林火灾,受害森林面积分别占当年全国受害森林面积的 35.4% 和 73.2%。1956 年 4 月,中共中央、国务院发出《关于加强护林防火的紧急指示》,要求各地,特别是黑龙江、吉林、内蒙古、四川、云南、陕西、甘肃、青海、新疆等省(自治区)的重点国有林区抓紧建立森林经营机构。同年 8 月,林业部召开了东北、内蒙古林区护林防火科学技术座谈会,确定加强群众性的护林防火活动,同时在林区积极建立基层森林经营机构,有计划地推行护林防火技术措施。1957 年 1 月,林业部成立护林防火办公室,主管全国护林防火工作。

（二）1958—1987 年：森林防火曲折发展阶段

1958 年 10 月,林业部在吉林省靖宇县召开北方 13 省(自治区)护林防火现场会。1959 年 1 月,林业部在广东省广宁县召开南方 12 省(自治区)护林防火现场会。1960 年 3 月,林业部在郑州市召开全国森林保护工作会议。这三次会议总结、推广了各地的护林防火经验。1961 年 3 月,林业部、公安部、农业部、农垦部联合发布《关于烧垦烧荒、烧灰积肥和林副业生产安全用火试行办法》,对农业、牧业和副业的野外生产用火的管理作了具体规定。1962 年 4 月,国务院批转林业部《关于加强护林防火工作的报告》,指出各地应当建立健全护林防火组织和护林防火制度。1963 年 5 月,国务院颁发《森林保护条例》,其中,第七章"预防和扑救火灾"将多年来护林防火的成功经验和行之有效的办法用法令形式固定下来,作为全国护林防火工作的准则。1964 年 12 月,林业部在内蒙古自治区海拉尔市召开东北、内蒙古林区护林防火工作会议,着重研究林区护林防火建设问题,并制订了《关于大、小兴安岭林区护林防火设施建设规划方案》。按照会议精神和方案规划,呼伦贝尔盟护林防火指挥部负责建立了大兴安岭林区护林防火建设指挥部,并在一些容易发生火灾的林区开始兴建和配置防火站、瞭望台、防灭火器具、通讯设备等护林防火设施。

"文革"期间,我国森林防火事业处于停滞状态,各地森林防火机构瘫痪,防火规章制度废弛,重点林区的护林防火设施停止兴建,以致森林火灾和乱砍滥伐十分严重。为了防止森林火灾和制止乱砍滥伐,1967 年 9 月,中共中央、国务院等联合发布了《关于加强山林保护管理,制止破坏山林、树木的通知》;1968 年 2 月,国务院、中央军委发出《关于护林防火工作的通知》;1970 年 5 月,国务院发出《关于加强护林防火工作的通知》;1971 年 3 月,国务院、中央军委发出《关于加强护林防火工作的通知》;1974 年 1 月,周恩来在公安部电话摘报《江西发生两起重大火灾损失九十余万元》上作出"森林起火是每年的大事"的批示。1975 年邓小平同志主持中央工作期间,针对当时森林火灾的严重情况,国务院专门在哈尔滨市召开全国护林防火工作现场会议,研究制定了制止森林火灾的具体措施。但在当时特定的历史背景下,这些政策和措施难以落实,成效甚微。

1978 年十一届三中全会之后,森林防火事业开始逐步恢复。1979 年 2 月,全国人大常委会通过《中华人民共和国森林法(试行)》,规定各级政府和有关部门"必须采取有效措施,防止森林火灾,保障森林的安全"。①1981 年 2 月,国务院发出《关于加强护林防火工作的通知》。同年 3 月,中共中央、国务院发布《关于保护森林发展林业若干问题的决定》中也明确要求要认真"搞好护林防火工作"。林业部根据这些文件精神和林区实际情况,多次召开护林防火工作会议,部署护林防火工作,加强了森林防火组织和重点林区防火设施建设。1981—1985 年,东北、内蒙古林区森林火灾次数下降,特别是一些重点地区,基本没有大森林火灾发生。

(三)1987—2006 年:森林防火加强管理阶段

1987 年 5 月,黑龙江大兴安岭地区漠河县和塔河县发生森林火灾,由于扑救不及时酿成了震惊中外的大兴安岭特大森林火灾。这次火灾过火有林地和疏林地面积 114 万公顷,其中受害面积 87 万公顷,烧毁大量的森林资源和生产生活资料,是新中国历史上毁林面积最大、伤亡人员最多、损失最为惨重的一次火灾。火灾暴露了我国森林防火存在不足,从此党和政府对森林防火事业全面加强了管理和支持力度。

1987 年 7 月,国务院和中央军委成立了国家(中央)森林防火总指挥部,负责检查、监督、组织、协调各地区、各部门做好预防、扑救重大森林火灾工作,办公室设在林业部。同年 8 月,林业部会同公安部、武装警察部队总部共同编制《关于武装警察列入中国人民武装警察部队序列的实施方案》,明确指出森林警察列入武警序列,实行林业部和公安部双重领导,以林业部门为主。同年 10 月,国务院批转林业部《关于加强森林防火工作报告》,指出森林防火工实行省长、市长、县长、乡长负责制。1988 年 1 月,国务院颁发《森林防火条例》,规定森林防火工作实行"预防为主,积极消灭"方针,并实行各级人民政府行政领导负责制。《森林防火条例》是关于森

---

① 1984 年 9 月审议通过的《中华人民共和国森林法》也规定:"地方各级人民政府应当切实做好森林火灾的预防和扑救工作。"

林防火的专门性行政法规,为有效预防和扑救森林火灾,保护森林资源提供了行为规范和准则。它的出台及森林防火方针和行政领导负责制的确立,标志着我国森林防火事业的法制化管理迈上了一个新的台阶。

1988 年 12 月,林业部和国家森林防火总指挥部下发《关于制定1989—1992 年森林防火基础设施建设规划的通知》,要求各级森林防火指挥部办公室或林业主管部门制定包括森林防火瞭望台、通讯系统、交通工具、风力灭火机等基础设施的兴建和配置规划。[①] 1989 年,国家森林防火总指挥部、人事部、林业部联合下发《关于加强森林防火体系建设的通知》。这两个通知分别从基础设施和组织机构方面对森林防火工作作了规划和要求,促使我国森林防火事业向着更规范、更高水准迈进。这些法规、政策的出台和实施,也使得我国森林防火事业取得初步成效,1988—1990年,我国森林火灾次数和受害森林面积连续三年有所下降。

1991 年和 1992 年,我国森林火灾呈现回升势头。1993 年 2 月,国家森林防火总指挥部发布了《关于切实抓好森林防火工作的紧急通知》,要求坚持行政领导负责制,切实加强对森林防火工作的领导。同年 6 月,国务院批转林业部《关于进一步加强森林防火工作报告》,明确森林防火工作属于抢险救灾性质,同意国家森林防火总指挥部撤销后,由林业部牵头组织建立部际联席会议制度,协调解决森林防火工作中的重大问题。

2000 年,国家林业局批准实施了 18 个国家级重点火险区综合治理工程建设项目。“十五”期间,中央对项目共投入 10.2 亿元国债资金,对涉及28 个省(区、市)的 157 个重点森林火险区实施了综合治理。2001 年 12月,国家林业局出台《全国森林防火和森林公安(检、法)“十五规划”及2010 年规划》,对近此后 5～10 年的森林防火进行了科学规划。2005 年 5月,国务院发布实施《国家处置重、特大森林火灾应急预案》(简称《预案》),该《预案》适用于我国境内发生的重、特大森林火灾的应急处置,作为国家级自然灾害类专项预案,其出台有利于提高森林火灾的应急处理能

---

① 根据规划,1989—1992 年的 4 年内,国家专项和地方自筹共投入 10.2 亿元,有力地改善了森林防火基础设施,提高了预防和扑救林火的能力。

力,我国森林防火事业又向前迈出了坚实的一步。

(四) 2006年至今:森林防火全面提升阶段

2006年春,我国华北、西南及南方部分省(区)降水偏少,风干物燥,森林火险等级居高不下,河北、山西、云南等地森林火灾呈暴发态势,黑龙江、内蒙古等地因雷击相继引发3次特大森林火灾,全国森林防火形势严峻。鉴于此,同年4月,国务院办公厅发出《关于切实加强当前森林防火工作的紧急通知》,要求各省、部切实增强做好森林防火工作的责任感和紧迫感,努力提高全民防火意识,进一步强化火源管理,全面加强应急处置,科学组织指挥扑火,严格落实防火责任制,加强防火组织领导。5月,国务院批准成立了国家森林防火指挥部,指导全国森林防火工作和重特大森林火灾扑救工作。

2008年12月,国务院颁布修订后的《森林防火条例》(简称《条例》,2009年1月1日起正式施行)。这是1988年《森林防火条例》施行20年来的首次修订,其修订对于我国森林防火事业的发展具有里程碑意义。修订后的《条例》更体现了以人为本、依法治火的理念和原则,确立了森林防火行政首长负责制,进一步完善了各项管理制度和措施,健全了森林防火组织,着力提高森林火灾预防和扑救能力,确保国家和人民群众生命财产安全和生态安全。

2009年3月,国务院常务会议审议并原则通过了《全国森林防火中长期发展规划》。该规划由国家林业局于2006年5月着手组织编制,历时两年多,于2008年8月编制完成。这是新中国成立以来第一个国家层面的森林防火规划,确立了我国森林防火建设预防、扑救和保障三大体系的目标。其编制和实施对于解决森林防火存在的基础设施薄弱、扑救手段落后等问题,全面提升森林防火综合能力,预防重特大森林火灾的发生,消除森林火灾隐患,巩固生态建设成果,保护国家森林资源和人民群众生命财产安全具有重要意义。

国家森林防火指挥部的成立,新修订《森林防火条例》的颁布,《全国森林防火中长期发展规划》的实施,既是对以往森林防火经验措施的总结,又对今后森林防火事业进行了顶层设计和科学规划,标志着我国森林防火事业进入了全面提升的新的发展阶段。

二、防治林业有害生物

林业有害生物是造成我国森林灾害主要因素之一。据2004—2008年第七次全国森林资源清查结果显示,我国林业有害生物年均发生面积1 000多万公顷,年致死树木4 000万株,年均成灾面积占乔木林受自然灾害总面积的50.69%,是全国森林火灾面积的3倍,因此林业有害生物有"不冒烟的森林大火"之称。林业有害生物对我国林业和经济社会发展产生了巨大的负面影响,"十一五"期间,我国林业有害生物造成的年均经济损失高达1 100亿元,产生的碳排放更不容忽视。据统计,仅松材线虫病一项每年造成的木材损失就达2 551万立方米,形成了直接的碳排放;同时,还造成了国际贸易摩擦。欧美一些国家以舞毒蛾、星天牛等林业有害生物为由,设置贸易壁垒,限制我国有关产品出口,影响我国产品出口竞争力。新中国成立以来,我国对林业有害生物的防治开展了卓有成就的工作,大致经历了三个阶段。

(一)1949—1989年:防治工作逐步开展阶段

新中国成立初期,我国森林的生态环境较好,森林受到干扰活动较少,森林和林中生物之间处于相对稳定状态,因此森林病虫害不太突出,发生面积较小,成灾种类少。当时对林木危害较大的是松毛虫,每年防治面积约15万~35万公顷,通过人工捉虫除卵,或使用少量农药如"六六六"药剂,即可取得较好效果。20世纪60年代,随着森林的开发和受到干扰增加,以及人工纯林的出现,林分结构逐步劣变,林中生物相互制约的关系受到破坏,森林病虫害开始扩展,发生面积逐步扩展,每年发生面积约300万公顷左右,危害种类也逐步增多,主要种类有松毛虫、松干蚧、竹蝗、竹螟和苗木立枯病、枣疯病等。这一时期,每年防治面积约60万公顷左右,防治面积约占发生面积20%,防治方法采用以化学药剂为主兼用生物防治。

20 世纪 70 年代特别是中后期以来,由于森林过量采伐,松、杉、杨等人工纯林面积进一步扩大,林木管理普遍粗放,降低了森林自身抗御病虫害的能力,以及大量使用农药干扰了森林病虫的发生周期,并杀伤了病虫有益天敌等原因,我国森林病虫害迅速扩大蔓延,每年发生面积达 600 多万公顷,主要病虫害种类有松毛虫、松干蚧、杉白蚁、杉梢小卷蛾、油茶翅蛾、杨树天牛和落叶松落叶病、杉木叶枯病、毛竹枯梢病、枣疯病等。每年防治面积 200 万公顷左右,占发生面积 30% 左右,防治手段主要采用化学药剂防治,同时也加强了生物防治力度。20 世纪 80 年代,我国森林病虫害进一步蔓延,每年发生面积由 70 年代的 600 多万公顷增加到 1 000 多万公顷,主要病虫害种类有松毛虫、松突圆蚧、美国白蛾、多种天牛、春尺蛾、榆树金花虫和松针褐斑病、落叶松枯梢病、泡桐丛枝病等。防治仍然采用化学药剂,但在用药种类上开始采用高效低毒、用药量少的菊酯类(如溴氰菊酯、氯氰菊酯)农药及无公害污染、不杀伤天敌的仿生性农药(如灭幼脲等)。同时,开始尝试和推广综合治理技术措施,即从森林生态系统出发,充分利用森林病虫与环境之间的关系,根据不同的被害类型,合理地协调运用营林、化学、生物、物理等防治措施,发展森林生物群落中不利于病虫害发生而有利于林木生长的因素,以达到长期控制病虫的不成灾的目的。

这一阶段,我国逐步建立起了森林植物检疫体系。1951 年对外贸易部颁布了《输出输入植物病虫害检验暂行办法》,1954 年制定了《输出输入植物检疫暂行办法》及《输出输入植物应施检疫种类和检疫对象名单》。1957 年,农业部颁发《国内植物检疫试行办法》。1964 年,对外植物检疫工作转由农业部管理,在国境、水陆空口岸建立了动植物检疫所。同年,林业部制定了《国内森林植物检疫暂行办法(草案)》。1966 年,农业部、对外贸易部联合颁布了《关于植物检疫工作的几项规定(草案)》和《进口植物检疫对象名单(草案)》。1978 年,农林部颁发了《国外林木检疫对象名单》和《进出口木材、林木种子、苗木检疫操作方法》。1979 年,林业部发布《杨树苗木检疫暂行规定》。1980 年,根据国务院规定,林业部开始协助农业部开展口岸动植物检疫所工作。1982 年、1983 年,国务院相继颁发了《进出口动植物检疫条例》和《植物检疫条例》,标志着我国植物检疫工作进入一个新阶段。1984 年,根据《植物检疫条例》规定,林业部制定了《植物检疫条例实施细则(林业部发)》,并公布了 20 种国内森林植物检疫对象和应施检疫的森林植物、林产品名单。1985 年,林业部修订了 1978 年《国外林木检疫对象名单》,确定了 11 中进口林木检疫对象名单和禁止进口植物名单(林业部分)。植物检疫法规制度的不断完善的同时,我国森林植物检疫机构也相继建立起来,截至 1986 年底,全国共建立 1 370 多个省、地、县三级森林植物检疫站或森林病虫害防治检疫站。

(二) 1989—2004 年:加强防治管理体系建设阶段

1989 年 12 月,国务院颁布《森林病虫害防治条例》,规定了森林病虫害防治实行"预防为主,综合治理"的方针和"谁经营、谁防治"的责任制度。新中国成立以后的相当长一段时间内,我国森林病虫害防治一直在借用森林防火的"治早、治小、治了"原则和"预防为主、积极消灭"方针,没有正式制定专门的森林病虫害工作方针。但是,森林防火的原则和方针在指导森林病虫害防治上存在问题,因为在自然界中要想人为地"治了"和"消灭"一个具有庞大种群优势的小型物种是不切实际的。"预防为主,综合治理"方针的确立,结束了森林病虫害防治没有工作方针的历史,为森林病虫害科学防治奠定了基础。"谁经营、谁防治"的责任制度,则是将 20 世纪 80 年代以来所大力推行的多种形式的森林病虫害防治承包责任制用法令的形式固定下来。《森林病虫害防治条例》作为第一部具有法律效应的专门针对防治森林病虫害的法规,其颁布实施,对加强森林病虫害防治工作、减轻森林病虫害危害程度具有重要意义。从此,我国森林病虫害防治工作进入一个新的发展阶段。

1991 年,林业部制定了《森林病虫害防治目标管理办法》,要求在全国实行森林病虫害"四率"(发生率、防治率、监测覆盖率和种苗产地检疫率)为基本内容的森林防治目标管理。1992 年,森林病虫害防治目标管理正式实行,制定的全国森林病虫害防治工作的"四率"目标是:发生率由"七五"期末的 9% 下降到"八五"期末的 6%,防治率由 40% 提高到 60%,监测覆盖率由 30% 提高到 60%,种苗产地检疫率由 60% 提高到 80%。1996 年,下达"九五"期间防治目标时,改变了过去每年下达年度指标的做法,采取 5 年期间一次性下达。2001年,国家林业局颁发《关于下达"十五"期间各地森林病虫害防治目标管理指标的通知》,用"成灾率"取代"发生率"的新的"四率"目标管理,制定的"十五"期间的目标是:成灾率控制在5%,防治率达到75%以上,监测覆盖率达到85%以上,种苗产地检疫率达到90%以上。

1990年,林业部印发了《关于加强森林病虫害防治管理体系建设的意见》,并制定了《1991—2000年全国森林病虫害防治管理体系建设规划纲要》;1993年,《规划纲要》通过专家论证,付诸实施。根据《意见》和《纲要》的要求,各地要以森林病虫害防治检疫站为基础,建立森林病虫害防治、森林植物检疫、森林病虫害测报三大网络组成的防治管理体系。

1. 森林病虫害防治

为了防止主要病虫害,1991年开始,国家在重点地区开展了对松毛虫、松材线虫病、杨树天牛、松突圆蚧、泡桐大袋蛾、日本松干蚧、美国白蛾、湿地松粉蚧等主要病虫害的治理。1997年,林业部提出了对全国主要森林病虫害实行工程治理的意见。1998年、1999年,相继开展了5个试点工程。2000年,全面正式启动松材线虫病、红脂大小蠹虫、杨树天牛、美国白蛾、松毛虫和森林鼠害六大病虫害治理工程。2003年,对工程进行了整合:继续实施松材线虫病和红脂大小蠹工程,扩大森林鼠害工程,杨树天牛工程扩展为杨树病虫害工程(包括蛀干害虫、食叶害虫、病害及美国白蛾),启动松纵坑切梢小蠹和萧氏松茎象工程。国家级森林病虫害治理工程的实施,减少了森林病虫害发生面积,减轻了病虫害的危害程度,并在一定程度上控制了病虫害的扩散。

2. 森林植物检疫

1992年,国务院重新修订了《植物检疫条例》;1994年,林业部发布新的《植物检疫条例实施细则(林业部分)》。新的《植物检疫条例》及其《实施细则(林业部分)》从法律法规方面对森林植物检疫进行了保障。1999年,国家林业局发出了《关于开展森林病虫害防治检疫标准站建设的通知》,提出到2003年建成1 000个森林病虫害防治检疫标准站的目标。2002年,全国共建成标准站1 262个,实现了阶段目标。2003年起,又开展了森林病虫害防治检疫先进站建设工作,提出到2006年建成100个先进站的目标。此外,1998年、2000年,国家林业局先后下发了《植物检疫技术规程》和《关于发布杨干象等35种森林植物检疫对象检疫技术操作办法的通知》,对森林植物检疫技术做了标准化规定。

3. 森林病虫害预报

1987年《森林病虫害预测预报管理办法》颁布之后,从1989年至1998年,国家林业主管部门相继发布了春尺蠖(1989)、油松毛虫(1990)、赤松毛虫(1990)、落叶松毛虫(1990)、落叶松落叶病(1990)、落叶松枯梢病(1990)、黄脊竹蝗(1993)、黄斑星天牛(1993)、青杨天牛(1993)、杨干象(1993)、落叶松鞘蛾(1993)、大袋蛾(1994)、榆蓝叶甲(1994)、泡桐叶甲(1994)、美国白蛾(1997)、日本松干蚧(1998)等森林病虫害预测预报方法。这些预测预报方法的发布,对提高预测预报的准确性,使我国森林病虫害预测预报工作逐步走向科学化、规范化有重要意义。1999年,国家林业局下发了《国家级森林病虫鼠害中心测报点建设方案》,决定从1999年起将投资建设510个国家级中心测报点,对全国11种(类)主要森林病虫害实行监测预报。至2001年,全面完成了中心测报点的建设。根据规划,国家森林病虫害测报网络工程将在全国建立1000个国家级森林病虫害中心测报点和国家、省、地、县四级信息网络平台。

(三) 2004年至今:防治工作提升、转型阶段

2004年12月,全国林业有害生物防治工作会议召开。这次会议是在2003年中共中央、国务院作出《加快林业发展的决定》的背景下召开的。会议考虑到森林在病虫害之外,还有鼠害、兔害和杂草危害,因此以"林业有害生物"取代了沿用多年的"森林病虫害"这一概念。更为重要的是,会议还将森林有害生物防治指导方针由"预防为主,综合治理"发展为"预防为主,科学防控,依法治理,促进健康",突出了在林业发展新时期,森林有害生物防治工作要依靠科学和法律两项武器,确立了实现防治工作由重除治向重预防转变的新思路。这次会议的召开及新的指导方针的确立,标志着我国林业有害生物防治工作进入提升、转型的新的发展阶段。

为了加强林业有害生物预防和应急处置工作,2005年,国家林业局正式启用了《林业有害生物警示通报》,对在国内局部地区发生且危害严重的林业有害生物及时做出警示。要求各地在接到《林业有害生物警示通报》后,发生区及重点警示区林业主管部门要制定防治方案和预案,开展专项普查,加强监测、检验检疫和信息交流。同年,国家林业局发布了《重大外来林业有害生物灾害应急预案》和《突发林业有害生物事件处置办法》。2006年,国家林业局完成了全国林业有害生物普查工作,摸清了我国主要病虫种类(292种)、分布和危害状况,并对70种主要林业有害生物进行了风险分析,将林业有害生物分为极度、高度、中度和低度危害4个等级。

松毛虫是我国林业有害生物中发生量大、为害面广的主要害虫之一。为提高科学测报水平和推广新的科技应用,2006年,国家林业局植树造林司发布了《松毛虫性信息素技术监测预报示范方案》。科学技术在我国林业有害生物防治中的作用将越来越大。

截至2009年,全国已建立各级林业有害生物防治检疫站31个,从业人员2万余人,建设完成各级测报站点26 500多个,其中国家级中心测报点1 000个;在部分省区建设完成检疫隔离试种苗圃,检疫检查站和区域性除害处理设施,测报基础设施得到重点加强,监测、检疫和防治体系基本形成。全国林业有害生物发生率5%以下,成灾率4.5‰以下,防治率75%以上,无公害防治率60%,其中食叶害虫无公害防治率达到80%以上。2011年8月,国家林业局发布了《关于进一步加强林业有害生物防治工作的意见》(简称《意见》),对林业有害生物防治工作的重要性提到了前所未有的高度①,同时将林业有害生物防治方针由"预防为主,科学防控,依法治理,促进健康"调整为"预防为主,科学治理,依法监管,强化责任"。《意见》还对"十二五"期间的林业有害生物防治工作提出新的"四率"指标,即到2015年,全国林业有害生物成灾率控制在4.5‰以下,无公害防治率达

---

① 《意见》对将林业有害生物防治提高到了"三个安全、一个保障"的高度,即维护国土生态安全对林业有害生物防治工作提出了新要求,维护经济贸易安全对林业有害生物防治工作提出了新使命,维护森林食品安全对林业有害生物防治工作提出了新挑战,保障林业"双增"目标的实现对林业有害生物防治提出了新任务。"三个安全"中除第一个安全一直以来都加以强调外,其余新增的两个安全和一个保障,是《意见》根据当前特殊形势和特殊任务新提出的,由此看出,林业有害生物防治工作越来越重要,对国民经济和社会发展有着重要的影响。

85%以上,测报准确率达85%以上,种苗产地检疫率达95%以上。

三、林业执法

乱砍滥伐林木、乱采滥挖野生植物、乱捕滥猎野生动物、非法占用林地等,是我国"森林三害"之一,不仅破坏我国的森林资源,威胁林区社会治安稳定,而且威胁我国生态安全。因此,加强林业执法,保护森林和野生动植物资源,维护林区社会政治和治安稳定,保障林业建设和国家生态安全,成为我国森林公安的重要职责。新中国成立以来,全国森林公安在防范和打击涉林违法犯罪、守卫林区平安、促进林业可持续发展、保护生态环境中发挥了突出作用,为国家生态文明、现代林业建设做出了积极贡献。

(一) 1949—1984 年:林业执法曲折发展、逐步完善阶段

新中国成立前夕,刚刚解放的东北、内蒙古地区许多土匪、特务、反革命、坏分子潜逃进林区,造成林区社会治安混乱,为此,各林务局由所在县公安局派员做秘密保卫工作,这可视为我国森林公安的前身和雏形。20世纪50年代,鉴于全国木材供需日趋紧张,加上执法不严,使得我国森林资源屡遭破坏,因而有继续进行剿匪、防奸的需要,东北、内蒙古国有林区普遍加强了林业公安工作,相继成立了林业公安局、公安分局、公安处、派出所等各级林业公安机构。"大跃进"期间,我国森林资源遭到破坏严重,为此,国家相继采取了一系列保护森林资源的措施,进一步加强了林业公安工作。20世纪60年代初,华北、西北、华东、华南、西南林区也相继建立了林业公安分局和派出所。"文革"期间,林业公安机构被撤销、削弱,林业执法陷入停滞状态。

十一届三中全会之后,我国林业公安机构开始恢复,林业执法工作重新开展。1979 年 1 月,国务院发布《关于保护森林,制止乱砍滥伐的布告》,要求"设立林区公安派出所,整顿林区社会治安"。同年 2 月,全国人大常委会通过的《中华人民共和国森林法(试行)》也明确规定:"应当根据实际需要,在重点林区设立公安局、派出所,配备森林警察,加强治安,保护

森林。"1984 年 5 月,经国务院批准,劳动人事部发出《关于林业公安体制问题的通知》,指出:同意林业部设立公安局,列入公安部序列,为公安部第十六局,各级地方林业公安机关列入国家公安序列,实行双重领导。这是我国中央级别的林业公安机构建立的开始,从此林业公安机关的机构建设和林业执法工作进入一个新的历史时期。

(二)1984—1998 年:林业执法稳步推进阶段

20 世纪 80 年代开始,我国实行"林业三定"工作。但遗憾的是,"林业三定"一度引发了全国性的森林乱砍滥伐,盗伐、滥伐、哄抢林木案件屡屡发生,破坏了我国森林资源,造成了森林资源的严重损失。在此背景之下,林业部设立了公安局。1985 年 10 月,林业部与公安部联合召开了新中国历史上第一个林业工作会议,会议再次明确了林业公安工作是公安工作的一个重要方面;林业公安机关是公安机关的组成部分,是公安机关派驻林区的治安行政力量,主要任务是保卫森林资源安全,维护林区社会治安,保障林业生产建设顺利进行。林业部公安局的设立,林业公安会议的召开,明确了我国林业执法的主体和职能,规范了我国林业执法的行为,有利于林业执法向正规化、规范化方向发展。

这一阶段,我国林业执法主要围绕打击哄抢、盗伐和滥伐林木,非法猎杀、倒卖和走私国家重点保护野生动物,维护林区治安稳定等方面展开。

1. 部署专项斗争

1990 年 5 月,中央政法委召开关于集中开展严厉打击严重刑事犯罪活动电话会议,林业部公安局开始部署全国林业公安机关开展"严打"斗争。从此,我国林业公安机关连年部署"严打"和专项斗争。如 1991 年 11月,林业部公安局发出《关于认真开展反盗窃斗争的通知》,对盗伐林木、盗窃木材等犯罪活动进行重点打击。1992 年 10 月,林业部公安局下发《关于组织开展冬春季节打击破坏森林资源犯罪活动专项斗争的通知》,重点打击哄抢、盗伐林木,非法运输木材,非法猎杀、走私、倒卖野生动物,报复、伤害执法人员等犯罪行为。1993 年,全国林业公安机关先后组织两次专项斗争,打击破坏森林资源的违法犯罪活动。1994 年,针对日益严峻的林区治安形势,国务院办公厅发出了《关于加强森林资源保护管理工作的通知》,林业部随之召开专门会议,决定在全国范围内开展 1994 年秋冬严厉打击破坏森林资源违法犯罪专项斗争。1996 年,林业部公安局发出《关于认真贯彻"严打"斗争》的通知,在全国范围内部署开展打击破坏森林和野生动植物资源、危害林区社会治安的违法犯罪活动。1998 年 8 月,国务院发出《关于保护森林资源直至毁林开垦和乱占林地的通知》;同年10 月,最高法、最高检、国家林业局、公安部、监察部联合发出《关于开展严厉打击破坏森林资源违法犯罪活动的专项斗争的通知》,重点开展对毁林开垦、哄抢、盗伐和滥伐林木,盗窃木材,非法猎杀、倒卖和走私国家重点保护的野生动物,殴打、伤害执法人员等犯罪活动。这些专项斗争,严厉打击了破坏森林和野生动物资源的犯罪分子,破获了一批影响恶劣的重大、特大案件,使得林区治安有所改善,森林案件持续上升的趋势得到遏制。

2. 办理森林案件

1986 年 8 月,林业部、公安部联合发出《关于森林案件管辖范围及森林刑事案件立案标准的暂行规定》,对森林案件的管辖范围做了具体规定,明确了林业公安机关管辖的 11 种森林案件。1987 年 9 月,最高法、最高检联合制发了《关于办理盗伐、滥伐林木案件应用法律的几个问题的解释》。1994 年 5 月,林业部、公安部正式发布《陆生野生动物刑事案件的管辖及其立案标准的规定》。这些立案标准和司法解释的出台,使得林业执法的标准更加明确,对于规范林业执法行为,加大林业执法力度,打击乱砍滥伐、乱捕滥猎犯罪,促使林业执法正规化、法治化具有重要意义。据统计,1986 年以来,全国森林公安机关共办理森林和野生动物案件 309 万余起,查处案件 299 万余起,打击处理人员 441 万余人次,收缴木材 1 006 万余立方米、野生动物 1 800 万余头(只),涉案总额达 234 亿余元。

我国还在森林案件报告制度基础上建立了重特大森林案件督查制度,由林业部公安局和林业部、督查办具体负责。1989 年 2、3 月,鉴于乱砍滥伐森林问题严重,国务院办公厅分别发出了《关于当前乱砍滥伐森林情况的通报》和《关于云南省文山州不断发生重大毁林案件情况的通报》。当年,以林业部、督查办和林业部公安局名义,先后派 12 个工作组,分赴全国各地检查、督查大案查处工作。从 1993 年至 1998 年,仅林业部公安局负责督查重、特大森林案件共有 240 多起,成功侦破了"11·21"非法收购出售野生动物制品案、"11·28"非法收购运输出售猕猴案、"4·16"走私穿山甲片案、"5·17"非法买卖木材运输证案等大案要案,取得了良好的社会效果。

此外,为解决林业公安机关人民警察警源和对在职人民警察的教育、培训问题,1993 年 11 月,林业部决定将南京林业学校改建为南京警官学校。1994 年,经中央机构编制委员会同意,南京林业学校正式更名为南京人民警察学校,仍为林业部属中专学校。学校设有林业公安、治安管理两个专业,面向全国定向招收初中毕业生,主要培养林业公安管理人才和政工、刑侦、治安、预审等方面的专业人员。1998 年 7 月,经过 4 年学习,第一批招收的 148 名学员顺利毕业,充实到了林业公安基层机构。

(三) 1998 年至今:林业执法全面提升阶段

1998 年新修的《森林法》,2003 年国家林业局、公安部发布的《关于加强森林公安队伍建设的意见》,从林业最高法律层面和林业、公安主管部门角度,对森林公安的性质、职能作出规定,指出:森林公安是国家林业部门和公安机关的重要组成部分,是具有武装性质的兼有刑事执法和行政执法职能的专门保护森林及野生动植物资源、保护生态安全、维护林区社会治安秩序的重要力量。我国森林公安执法行为更具权威性。2000 年 11 月,最高人民法院通过了《关于审理破坏森林资源刑事案件具体应用法律若干问题的解释》和《关于审理破坏野生动物资源刑事案件具体应用法律若干问题的解释》;2005 年 12 月,又通过了《破坏林地资源刑事案件司法解释》。这三个司法解释明确规定了破坏森林和野生动物资源和非法占用林地等犯罪定罪量刑的具体标准,为林业执法提供了明确的法律依据。2005 年 7 月,国务院办公厅颁布的《关于解决森林公安及林业检法编制和经费问题的通知》,将森林公安编制纳入政法专项编制序列,经费列入各级财政预算,长期制约森林公安生存发展的瓶颈问题也得到解决。森林公安队伍性质和职责的明确,林业刑事案件司法解释的出台,森林公安(检法)经费的落实,标志着我国林业执法进入全面提升阶段。

我国森林公安机关部署的一系列跨省区、大规模的专项行动,成为这一阶段的林业执法的显著特点。1999年4月和2000年1月,分别针对我国青藏高原藏羚羊长期遭到大量猎杀和南方部分省(区)破坏野生动物资源违法犯罪活动十分猖獗的严峻形势,为保护国家野生动物资源,加大打击力度,威慑犯罪分子,国家林业局森林公安局分别组织青海、新疆、西藏三省(区)的森林公安机关开展了集中打击盗猎藏羚羊违法犯罪活动的"可可西里一号行动"和云南、广东、广西、福建四省(区)开展的"南方二号行动"。"可可西里一号行动"和"南方二号行动"是我国森林警方首次开展的跨省区、大规模的集中打击破坏野生动物资源违法犯罪的统一行动,得到国内、国际广泛关注,向世界展示了中国政府依法保护野生动物资源、履行国际公约的决心和能力。此后,国家林业局、局森林公安局联合其他相关部门开展了一系列的专项行动。如2000年12月至2001年2月,配合国家天保工程,保证工程起好头、开好步,威慑违法犯罪的"天保行动";2001年11月至12月,打击一些大中城市非法收购、运输、出售国家重点保护动物及其制品的"猎鹰行动";2002年12月,打击在迁徙停歇地和栖息地张网铺鸟、投药毒鸟,公开买卖各种珍稀鸟类和非法加工经营鸟类的"候鸟行动";2003年4月,针对破坏野生动物资源违法活动有所抬头的"春雷行动";2003年11月,打击大量非法占用林地、林权纠纷和非法放牧等故意毁坏林木,以及团伙盗伐国有林区等犯罪活动的"绿剑行动";2004年3月,为防止禽流感病毒在野生鸟类和家禽之间传播,保护野生鸟类资源和国家生态安全的"候鸟二号行动";2004年4月,为加强保护藏羚羊,严厉打击非法捕猎、杀害、收购、运输、出售藏羚羊及其产品的"高原二号行动";2006年11—12月,为遏制破坏林地和野生动物资源违法犯罪上升势头的"绿盾行动";2007年5—9月,以保护森林和林地资源的"绿盾二号行动";2008年3—5月,集中打击破坏野生动物资源的"飞鹰行动";2008年11—12月,为保护鸟类资源,确保候鸟安全越冬的"候鸟三号行动"。这些专项行动,有力地打击了破坏森林和野生动物资源、非法占用林地等犯罪行为,确保了我国森林和野生动物资源的安全,对于树立良好的国际形象,促进林业可持续发展,保障国家生态安全起到了积极作用。

第三节　木材生产与林产工业

　　新中国成立初期,为了满足国民经济恢复和发展对木材的迫切需要,国家有计划地在黑龙江、吉林、内蒙古、陕西、甘肃、新疆、四川、云南等省(自治区)开发国有林区,习惯上称为东北、西北、西南国有林区;在贵州、广东、广西、湖南、湖北、福建、江西、浙江、安徽等省(自治区)发展南方集体林区。新中国成立60余年来(截至2011年),国有林区先后建立了135个国有林业局,南方集体林区建立了158个产材县,累计为社会提供木材60多亿立方米。其中,累计提供商品材29.56亿立方米,竹材2 113 157万根,锯材86 395.43万立方米。目前,我国的人造板、松香等产品的产量已跃居世界首位,60多年来(截至2011年)共为社会提供人造板108 646.43万立方米,松香2 137.26万吨,栲胶106.69万吨,紫胶6.46万吨。

一、木材生产

　　木材生产是收获木材的生产过程,与木材加工、林产化学加工组成森林工业,也是森林工业的基础生产部分。木材生产大体可分为森林采伐、木材运输和贮木场三个生产阶段。木材运输分为陆运和水运,而陆运中又可分为森林铁路运材和汽车运材。

　　(1)在采运技术设备方面。新中国成立之初,我国森林采伐运输十分落后,除了在东北林区有少部分窄轨森林铁路外,其他生产作业基本上完全采取人工操作,如用伐木斧或弯把锯采伐,用框锯造材,用牛牵引爬犁或滑道集材(少数伐区也有用平车集材),靠人抬肩扛将木材装车,因此生产效率低,木材损失浪费大。20 世纪 50 年代初期,我国开始引进苏联、民主德国等国家的集材设备和技术。1956 年,林业部在黑龙江省带岭林业实验局召开全国木材生产机械化现场会,对全面引进国外采伐、集材、运输、贮存及作业方式等技术和设备,以及对林木采伐作业方式、生产手段等改革,起到了很大的推动作用。例如从国外引进先进技术设备,开始用油锯、电锯伐木、造材,用打枝机打枝桠,用履带式拖拉机或动力架空索道集材,用汽车、森林机车、拖拉机或机动船运材,用起重机或绞盘机装车、卸车、归棱,由原木生产工艺转为原条生产工艺。至 60 年代中期,贮木场也开始使用抛木机、木材抓具和固定造材锯机,使森林工业主要工序基本实现机械化作业。

(2) 在森林采伐管理方面。1950 年,中央人民政府政务院发布《关于全国林业工作指示》,提出采伐林木要制定合理的采伐计划,任何单位不得自行采伐。这一时期,全国各大区以及各省、自治区都对森林采伐做了原则规定。如 1949 年东北林务管理局公布实施《东北国有林暂行伐木条例》,规定采伐国有林应取得采伐许可证。1950 年,福建省颁布实施《福建省山林保护及管理暂行办法》,规定采伐公有林或私有林应当于采伐前填伐木申请书,提交更新造林计划,呈请当地政府核准,取得采伐证后方可采伐。鉴于南方林区的现实状况,国家对其实施"中间全面管理,两头适当控制"的政策,使得在南方林区凭证采伐林木的制度基本没有实施。1956 年,林业部专门针对国有林区颁发了《国有林主伐试行规程》,规定了森林的主伐年龄和采伐量,采伐方式为连续带状皆伐,每 3～5 年采 1 次,以及采伐国有林必须申领林木采伐许可证。1960 年,经国务院批准,林业部发布了《国有林主伐试行规程(修订本)》,进一步对国有林采伐作了比较详细的行为规范。例如,规定森林年采伐量要以林场为单位,把长期经营、永续利用作为重要原则;采伐采取等带间隔皆伐、连续带状皆伐、块状皆伐、单株择伐和块状择伐等多种方式;森林更新要以人工更新为主,天然更新为辅,当年采伐当(次)年更新;采伐国有林必须提交采伐更新设计文件,由上级主管机关批准后方可采伐,但取消了 1956 年《规程》中关于采伐国有林须申领林木采伐许可证的规定,用伐区拔交验收制度取代了林木采伐许可制度。1973 年,农林部在前两个规程基础上又修订并颁发了《森林采伐更新规程》,将规程的实施范围由国有林扩大到集体林,规定集体林采伐要参照国有林办法;规定将单纯主伐改为森林采伐,对成过熟林实行采育择伐、经营择伐、二次渐伐和小面积皆伐,对中幼龄林实行抚育间伐;森林更新方式为人工更新为主、人工更新和天然更新相结合。1987 年,经国务院批准林业部发布《森林采伐更新管理办法》,针对之前规程中出现的对森林采伐量缺乏有力控制、采伐方式不尽合理等问题作了修订和补充。新的管理办法根据《森林法》,将森林采伐和更新管理纳入到依法治林的轨道,规定全民、集体和个人所有的森林、林木的采伐和更新都必须遵守该《办法》;森林采伐范围、采伐不准超过限额及不准超过采伐证规定数量;要严格控制皆伐,在采伐带、采伐块之间均应保留相当于采伐面积的林带、林块;森林采伐要凭证采伐和对采伐更新进行检查验收。

1987 年的《森林采伐更新管理办法》中建立森林采伐限额制度是森林采运业上一项重大的变革。从 1949 年至 20 世纪 80 年代中期的几十年中,我国木材生产计划很大部分都是通过"层层加码"或者巧立名目的方式进行的,客观上森林采伐处于无计划状态,这不仅造成森林严重过伐,同时也妨碍了国家木材生产和供应的统一计划管理。因此,从客观上需要国家制定统一的木材生产计划,实行全国木材生产计划"一本账"管理。1984 年颁布的《森林法》开始明确规定,年度木材生产计划不得超过批准的年度采伐限额。随后颁布实施的《森林法实施细则》更明确规定,任何单位和个人对自己所有或经营的林木进行任何形式的采伐,都必须纳入到国家的年度木材生产计划。年度木材生产计划经国家批准后下达,是控制全国总采伐量的法定指标。在具体管理措施上,实行林木凭证采伐和木材凭证运输制度。林木凭证采伐,即把单位和个人分散采伐林木的数量纳入到国家年采伐限额和年度木材生产计划中去,采伐许可证由林业主管部门根据采伐林木者的申请,依据现有可采森林资源和木材生产计划发放,采伐者取得采伐许可证后,才可按规定内容进行采伐,并及时完成更新任务。木材凭证运输,即从林区运出的木材,除国家统一调拨木材外,都必须持有林业主管部门发给的运输证件,依法发放的木材运输证从木材起运点到终点全程有效。木材运输许可制度可保障林区木材运输正常秩序,防止非法采伐的木材进入流通领域。林木凭证采伐制度和木材凭证运输制度配合实施,能够较好地监督采伐计划的执行,更好地保护森林资源合理有效利用。

为落实年森林采伐限额制度,国务院先后批准了全国各省(自治区、直辖市)"七五"至今的年森林采伐限额。年森林采伐限额即每年采伐胸径5厘米以上(含)林木蓄积的最大限量。"八五"期间,还照消耗结构将年森林采伐限额分为商品材、农民自用材、培植业用材、烧材等分项限额,以往实行的木材生产计划作为采伐限额总量中的商品材采伐量限额,成为其中的一个组成部分。1998年,针对各地林木采伐年度在时间上的混乱,开始实行统一的林木采伐年度,规定全国统一为每年1月1日至12月31日,森林采伐限额、森林总采伐量计划指标和木材生产限额计划的年度执行期与林木采伐的年度一致,禁止跨年度使用。

1998年特大洪灾之后,针对新形势下保护生态环境和天然林资源的需要,国家开始加强对木材生产计划的管理,严禁超过批准的商品材限额下达木材生产计划和超木材生产计划采伐林木。2000年以后,国家开始实施天然林保护工程,加快推进由采伐利用天然林向采伐利用人工林转变,要求各地切实加强对木材生产计划的管理,严禁超过批准的商品材限额下达木材生产计划和超木材生产计划采伐林木。对列为东北、内蒙等重点国有林区天然林保护工程区的单位,要严格按照方案调减木材产量,坚决停止禁伐区的一切采伐活动;划为限伐区的,严格按照规定的采伐方式和强度作业。对纳入长江上游、黄河上中游天然林保护工程区的单位,严禁任何形式的天然林商品性采伐。2008年,国家开始实施集体林权制度改革。现行的森林采伐管理与落实林农处置权的要求和森林经营的矛盾日益突出,特别是采伐申请程序复杂、渠道不畅,指标分配不合理、不及时等问题日趋明显,为此国家林业局开始开展了森林采伐管理改革试点工作,目前这项工作正在进行之中。1949—2010年全国木材产量(见表15)。

表 15 1949—2010 年全国木材产量

万立方米

年份	产量	年份	产量
1949	567.00	1980	5 359.31
1950	664.44	1981	4 942.31
1951	764.40	1982	5 041.25
1952	1 233.20	1983	5 232.32
1953	1 753.90	1984	6 384.81
1954	2 220.60	1985	6 323.44
1955	2 093.30	1986	6 502.42
1956	2 104.80	1987	6 407.86
1957	2 786.90	1988	6 217.60
1958	3 579.40	1989	5 801.80
1959	4 517.70	1990	5 571.00
1960	4 129.30	1991	5 807.30
1961	2 193.50	1992	6 173.60
1962	2 374.60	1993	6 392.20
1963	3 250.20	1994	6 615.10
1964	3 800.00	1995	6 766.90
1965	3 978.00	1996	6 710.27
1966	4 192.40	1997	6 394.79
1967	3 249.60	1998	5 966.20
1968	2 791.20	1999	5 236.80
1969	3 283.30	2000	4 723.97
1970	3 781.80	2001	4 552.03
1971	4 067.30	2002	4 436.07
1972	4 253.50	2003	4 758.87
1973	4 466.90	2004	5 197.33
1974	4 607.10	2005	5 560.31
1975	4 702.70	2006	6 611.78
1976	4 572.80	2007	6 976.65
1977	4 967.20	2008	8 108.34
1978	5 162.30	2009	7 068.29
1979	5 438.93	2010	8 089.62

时间	产量
1949—1952 年	3 229.00
1953—1957 年(一五)	10 959.50
1958—1962 年(二五)	16 794.50
1963—1965 年(三年调整)	11 028.20
1966—1970 年(三五)	17 298.30
1971—1975 年(四五)	22 097.50
1976—1980 年(五五)	25 500.54
1981—1985 年(六五)	27 924.13
1986—1990 年(七五)	30 500.68
1991—1995 年(八五)	31 755.10
1996—2000 年(九五)	29 032.03
2001—2005 年(十五)	24 504.61
2005—2010 年(十一五)	36 854.68

二、木材加工

木材加工业包括制材、人造板(胶合板、纤维板、刨花板)、家具制造和木制品生产等。在森林工业中,木材加工与林产化工同为森林采伐运输的后续产业,是木材资源综合高效加工利用的重要部门。新中国成立前,我国木材加工业起点很低,全国仅十几家胶合板厂和几家防腐厂,生产规模很小。新中国成立后,我国木材加工业开始发展,逐步形成了木材加工业体系。按历史发展进程来看,从新中国成立到 1958 年是以原木生产为主的阶段,木材加工业只有锯材和少量的胶合板。1959 年开始有了硬质纤维板,1962 年有了刨花板。1978 年改革开放后,随着国外先进技术和设备的引进,我国木材加工业得到长足进步。到 2011 年,我国锯材年产量达 4 460.25万立方米,比 1950 年 344 万立方米增长了十几倍。人造板产量增长更快,1950 年只有胶合板 1 种产品,产量为 1.7 万立方米;2011 年人造板产品包括胶合板、纤维板、刨花板,总产量达 20 919.29 万立方米,增长了 1 万多倍。

1. 锯材

新中国成立前,我国锯材厂(锯木厂)大部分设在东北林区。1948 年东北解放后,东北林务总局把日伪时期遗留下来的 40 多个制材厂,调整合并为 28 个,分别归口林业有关部门管理。此外,还有一部分锯材厂设在沿海大、中城市。新中国成立后,在恢复国民经济和"一五"期间,我国木材加工业主要发展制材工业,生产锯材。1952 年,东北人民政府农林部成立东北制材工业管理局,统一管理制材企业。1953 年,林业部重点抓东北林区旧有制材厂的调整和改造,提高企业的经营管理水平,挖掘生产潜力。同时,在南方重点生产木材省(自治区)建设一批制材厂。各地区和其他工业部门也纷纷建设制材厂,结果使制材能力过剩,制材厂的布局也不尽合理。1954 年,全国制材能力达到 900 万立方米,而当时的加工任务仅700 多万立方米。新建的制材厂有 60% 分布在大、中城市,需要从很远的林区运输原木,浪费很多运输力。针对这个问题,林业部于 1955 年 4 月向国务院写了报告,经国务院批准后,盲目建厂的情况得到基本控制。1956年,对城市制材工业进行了一次整顿。"大跃进"期间,我国木材产量猛增,促使林区的制材工业迅猛发展,仅东北林区就新增锯材生产能力 100万立方米。此后,在国家的计划安排下,林业部先后颁布并适时修订了国家统一的锯材标准,建立健全了各项规章制度,推广合理下锯法,陆续制定了各项经济技术定额指标。1978 年以后,又大力引进了国外先进技术和设备,锯材产业得到长足进步。

2. 纤维板

我国纤维板工业起步于 20 世纪 50 年代末期。1956 年冬,林业部派专家考察团到瑞典、挪威、芬兰三国考察提高木材利用率问题,建议学习三国经验,利用木材采伐和木材加工的剩余物发展人造板生产。1958 年 8 月,国家经济委员会提出大力发展人造板工业的意见;同年,从瑞典引进成套年产 1.8 万立方米的湿法硬质纤维板设备。1959 年,又从波兰引进了 4 套

1.5万立方米湿法硬质纤维板成套设备。这5套设备分别于20世纪60年代中期至70年代初建成投产,成为我国纤维板生产的骨干设备。1959年,林业部确定了发展木材综合利用,并以纤维板为主的技术政策。60年代初,国家组织技术力量以引进的设备和工艺为样板,结合国情自行设计制造了年产2 000立方米和5 000立方米的湿法硬质纤维板成套设备。自1966年投产并在全国迅速推广后,以棉秆、蔗渣、稻草、芦苇和葵花子壳等非木质作物和灌木为原料的年产2 000立方米纤维板亦纷纷建成投产。经过多年生产实践和技术改造后,纤维板工业日益完善,自成体系,从单一产品发展到多品种。在纤维板的深度加工和应用方面,也有了新的发展。1980年起,国家开始有计划、有重点、有步骤地对人造板企业进行技术改造,许多纤维板企业由减法制浆改为热磨机械制浆,相应更新了主机和辅机配套。至1985年,我国建成投产的硬质纤维板厂(车间)达300多个,总设计能力达100万立方米左右。

　　1965年,林业部下达科研任务,在上海建设人造板厂,研制国产年产5 000立方米湿法软质纤维板的生产工艺和设备,并于1971年初正式投产。经过多年实践和改进,至20世纪80年代中期,该厂年产软质纤维板1万立方米。80年代,广州纤维板厂也建成一条生产能力为年产5 000立方米的湿法软质纤维板生产线。

　　此外,我国还于1979年从美国引进一套具有当时国际先进水平的年产5万立方米的中密度纤维板成套设备,建立了福州人造板厂,并于1986年正式投产。从瑞典引进的年产5万立方米中密度纤维板成套设备,部分主机从瑞典引进的年产1.5万立方米的中密度纤维板生产线也于1986年建成投产。经过10年的快速发展,中密度纤维板成为我国纤维板制造业的主要产品,至1996年,我国已投产的中密度纤维板厂48家,生产能力113.8万立方米。

　　3. 刨花板

　　我国刨花板是从1958年开始研制的,自力更生建设了北京市木材厂刨花板车间,1962年开始投产。但由于工艺和设备设有完全过关,加上当时的胶料供应不足,影响了刨花板的发展,至1977年前,我国刨花板的年产量始终徘徊在 2 万～3 万立方米,质量也不稳定。1978 年后,刨花板工业开始长足发展,一方面引进了联邦德国的成套设备和技术;一方面组织力量进行攻关,陆续建成年产 3 万和 5 万立方米的成套设备。1986 年,已经建成的和在建的刨花板生产能力达到 42 万立方米(使用价值相当于增产原木 126 万立方米)。

4. 胶合板

新中国成立前,胶合板技术已经由俄、英、日等国的商人于 20 世纪初在上海、天津、东北等地以办厂的方式传入我国。当时,采用东北的椴木和进口的柳桉和北美黄杉为原料,胶料大部分采用天然蛋白质的血胶和豆胶,生产方式有干冷压法和湿热压法。但生产规模小,产量低,1949 年全国胶合板产量不到 1 万立方米。新中国成立之初,全国 17 家小胶合板厂经过调整改造后,提高了生产能力。1953 和 1954 年,先后又在哈尔滨和北京各新建 1 家胶合板厂。"一五"期间(1953—1957 年),从日本、芬兰、捷克斯洛伐克等国引进胶合板主机,改建、扩建了哈尔滨、长春、北京、成都、天津、上海等地的胶合板厂。采用椴木、水曲柳和桦木为原料,生产方式由冷压转向热压,由湿热压转向干热压,形成了适合我国特点的胶合板工艺和技术,生产能力得到了发展。1957 年,全国胶合板产量已近 7 万立方米,并从 1955 年起开始出口椴木胶合板。20 世纪 50 年代末,我国又生产出合成树脂胶,胶合板材树种也扩大到马尾松、云南松、木荷、海南材等。"二五"期间(1958—1962 年),为了适应出口和国内建设的需要,改建、扩建了一批胶合板厂,并在东北和北京、福建、江西、湖南、广东、广西、云南等省(自治区、直辖市)新建成了一批胶合板厂,提高了胶合板的生产能力。到 1964 年,我国胶合板产量已达 14 万立方米。60 年代,在国民经济"调整、巩固、充实、提高"时期,对已建厂进行了填平补齐的改造。1965 年 12 月,林业部在南京召开木材综合利用技术会议,强调建立样板厂,提高人造板生产技术水平。会上安排建设上海木材一厂的胶合板车间和北京市木材厂的胶合板车间为胶合板样板车间。对胶合板生产连续化、芯板整张化和主要设备的改进做了探索,以求进一步缩小与国外先进水平的差距。"文革"期间,胶合板生产发展较为缓慢。

1978 年以后,林业部根据国民经济调整方针,提出大搞木材综合利用的原则,制定了木材综合利用的发展规划,并把木材综合利用投资专列一项。同时,国家每年拨出技术改造专款,用于木材加工企业的技术改造,扶持发展木材加工工业。1981—1983 年,以提高生产能力、产品质量和经济效益为中心,改造了一批胶合板厂,使胶合板的生产能力提高了一倍。"六五"期间(1981—1985 年),国家又引进了国外先进技术和设备,改造了一批胶合板厂。1985 年,长春胶合板厂引进了日本胶合板生产连续化、芯板整张化和薄表板厚芯板的工艺、技术和设备,进行改造、消化后,以促进我国胶合板生产技术水平和产品质量的提高。通过胶合板厂的技术改造,还开发了胶合板车厢地板和竹材胶合板等新品种。"六五"期间,我国还采用国外先进技术设备,在无锡、青岛与外商合资建厂,在长沙建设了大型胶合板车间。至 1986 年,我国胶合板产量达 61.1 万立方米。20 世纪 90 年代后,我国家胶合板工业通过引进外资、技术改造等方式,又先后新建和扩建了一批大型胶合板生产企业。至 1995 年,我国胶合板年产量达 137.37 万立方米,占人造板产量的 30.5%,胶合板成为人造板工业的主导产品。1949—2010 年全国木材加工主要产品产量(见表 16)。

表 16　1949—2010 年全国木材加工主要产品产量

万立方米

年份	锯材	胶合板	纤维板	刨花板
1949			—	—
1950	1 151.40	4.50		
1951			—	—
1952			—	—
1953	664.00	3.54		—
1954	759.90	4.65		—
1955	678.20	5.18		—
1956	890.80	5.64		—
1957	824.10	6.98		—

年份	锯材	胶合板	纤维板	刨花板
1958	1 187.60	12.57	—	—
1959	1 454.70	15.31	1.16	—
1960	1 622.90	14.76	5.96	—
1961	778.70	7.43	2.15	—
1962	672.80	7.42	1.55	0.54
1963	826.40	10.43	1.86	1.30
1964	1 063.90	11.95	2.80	2.14
1965	1 160.10	13.90	5.02	3.14
1966	1 117.80	15.04	6.24	1.85
1967	1 157.40	12.23	3.46	1.09
1968	909.10	10.59	2.59	0.90
1969	1 004.80	14.67	4.18	1.21
1970	1 100.30	17.07	5.47	1.50
1971	1 104.90	17.21	8.73	1.87
1972	957.80	18.24	10.82	2.68
1973	993.10	18.84	13.14	3.22
1974	1 009.00	17.62	13.34	3.03
1975	1 069.10	19.21	15.49	2.67
1976	1 001.10	18.44	17.02	2.65
1977	1 125.20	20.85	22.13	2.89
1978	1 105.50	25.22	32.88	4.36
1979	1 271.40	29.24	42.93	5.29
1980	1 368.70	32.99	50.62	7.82
1981	1 301.06	35.11	56.83	7.67
1982	1 360.85	39.41	66.99	10.27
1983	1 394.48	45.48	73.45	12.74

续表

年份	锯材	胶合板	纤维板	刨花板
1984	1 508.59	48.97	73.59	16.48
1985	1 590.76	53.87	89.50	18.21
1986	1 505.20	61.08	102.70	21.03
1987	1 471.91	77.63	120.65	37.78
1988	1 468.40	82.69	148.41	48.31
1989	1 393.30	72.78	144.27	44.20
1990	1 284.90	75.87	117.24	42.80
1991	1 141.50	105.40	117.43	61.38
1992	1 118.70	156.47	144.45	115.85
1993	1 401.30	212.45	180.97	157.13
1994	1 294.30	260.62	193.03	168.20
1995	4 183.80	759.26	216.40	435.10
1996	2 442.40	490.32	205.50	338.28
1997	2 012.40	758.45	275.92	360.44
1998	1 787.60	446.52	219.51	266.30
1999	1 585.94	727.64	390.59	240.96
2000	6 34.44	992.54	514.43	286.77
2001	763.83	904.51	570.11	344.53
2002	851.61	1 135.21	767.42	369.31
2003	1 126.87	2 102.35	1 128.33	547.41
2004	1 532.54	2 098.62	1 560.46	642.92
2005	1 790.29	2 514.97	2 060.56	576.08
2006	2 486.46	2 728.78	2 466.60	843.26
2007	2 829.10	3 561.56	2 729.85	829.07
2008	2 840.95	3 540.86	2 906.56	1 142.23
2009	3 229.77	4 451.24	3 488.56	1 431.00
2010	3 722.63	7 139.66	4 354.54	1 264.20

续表

年份	锯材	胶合板	纤维板	刨花板
1949—1952	1 151.40	4.5	—	—
1953—1957(一五)	3 817.00	25.99	—	—
1958—1962(二五)	5 716.70	57.49	10.83	0.54
1963—1965（三年调整）	3 050.40	36.28	9.68	6.59
1966—1970(三五)	5 289.40	69.60	21.94	6.55
1971—1975(四五)	5 133.90	91.13	61.51	13.46
1976—1980(五五)	5 871.90	126.74	165.58	23.00
1981—1985(六五)	7 155.74	222.84	360.36	65.37
1986—1990(七五)	7 123.71	370.05	633.27	194.12
1991—1995(八五)	9 139.60	1 494.20	852.28	937.66
1996—2000(九五)	8 462.78	3 415.47	1 605.95	1 492.75
2001—2005(十五)	6 065.13	8 755.66	6 086.88	2 480.25
2005—2010（十一五）	15 108.92	21 422.11	15 946.12	5 509.76

三、林产化工

林产化工是以林产品为原料进行加工和利用的工业,是森林工业的重要组成部分之一。林产化工的主要产品有松香、栲胶、紫胶、纸浆、纸、纸板、单宁酸、芳香油、活性炭等。新中国成立以来,我国林产化工作为一项工业得到迅速发展。

1. 松香

松香是一种天然化工原料,是我国林产化工业最为重要的产品,广泛应用于轻工、化工、军工、医药等行业。新中国成立之前,我国松香年产量已达16 260吨。新中国成立之后,松香产业迅速发展。1951年,我国松香产量达到22 851吨,1956年产量突破10万吨,1969年突破20万吨,1980年突破30

万吨,2010 年年产量高达 120 多万吨。新中国成立 60 余年,累计生产松香 2 137万多吨。我国是世界第一大松香生产国,也是世界第一大松香出口国。我国松脂加工技术也取得很大进步。在新中国成立之初的三年经济恢复时期,只有一家蒸气法加工厂,其余全是直接火滴水法。至 20 世纪 80 年代初,凡具有一定规模和条件的工厂,基本上已技术改造成为蒸气法加工。

由于松香是我国传统大宗出口商品,为了保护松香资源,保障供给,满足出口和国内需要,1981 年,国家改变了由林业部门管生产、商业部门管国内销售、外贸部门管出口的局面,改为由林业部门统一经营。1987 年,林业部又与国务院其他部委共同研究后,发出了《关于加强松香管理的联合通知》。通知决定:出口和内销计划均实行地方林业部门统一供货;计划确认后各级政府和部门不得层层加码;松香调运实行发放通行证制度;整顿生产企业;发放生产许可证等。同时,林业部专门制定了《脂松香生产许可证实施细则》和《脂松香生产许可证对企业质量保证体系的考核标准》。由于松香生产长期多头经营,抬价抢购,重复建厂,幼树采脂等现象严重,导致产品质量下降,出口的产品甚至因质量发生索赔,国际信誉下降,因而1990 年起,我国松香开始出现积压现象。

1992 年,林业部成立了振兴松香产业工程领导小组,提出了振兴松香产业的指导思想:原料从依靠天然林的次生林为主转变到以高产优质的人工林为主;产品结构从以松香初级产品为主转变为以松香深度加工为主;企业管理从粗放经营为主转变为依靠科学实行集约经营为主。并且,编制了松香产业科技发展规划,共列科研课题 30 项。

时至今日,我国的松香产量与出口量稳居世界第一,却面临着量大而利薄、量大而竞争力不强的窘境。我国松香资源丰富,用于采脂的树种主要有马尾松、云南松、思茅松、湿地松、油松、火炬松等,根据第七次全国森林资源清查结果,资源总面积达 2 106.74 万公顷。我国以脂松香、松节油及其深加工产品、木质活性炭、香精香料等林产化工产品为主的工业体系比较完善。但近些年,受自然灾害、发展人工桉树、过度采脂等多种因素的影响,我国松树资源呈逐年下降趋势,第七次全国森林资源清查间隔期内松树资源面积减少达 395.23 万公顷。适宜并具备采脂条件的资源实际并不充裕。

在深加工产品上,目前我国松香企业生产的产品附加值较低,深加工利用率仅为40%,造成我国天然资源的巨大浪费。相比之下,欧美等发达国家对松香的深加工利用率接近100%。我国松香企业由于技术含量较低,大部分是常规产品如歧化松香、聚合松香、氢化松香、松香甘油酯、松香季戊四醇酯等老产品。我国松香行业很大程度上是低端产品的重复生产,歧化松香、松香树脂等产品的产能严重过剩,企业往往以价格作为竞争手段,从而导致一系列的恶性竞争。目前国内松香加工企业大约有500家,而深加工企业却不足200家。尽管目前我国是脂松香出口量最大的国家,占世界贸易量的60%左右,但许多发达国家从我国进口原料松香,经过一系列加工后产品又高价销售回中国,这对我国的资源保护和经济发展十分不利。

要改变我国松香产业的小而不强、缺乏核心竞争力的局面,只有走科技创新的道路,松香生产企业只有与科研单位加深合作,尽快走出低技术含量、低门槛产品重复生产的局面,松香行业才可能真正变强变大。

2. 栲胶

我国栲胶工业最早开始于1942年陕西石泉县的一个小厂。新中国成立之初,全国也只此一家栲胶厂,设备落后,产量少质量差。1957年,我国栲胶厂增至3家,年产栲胶1 633吨,仅为全国需求量的十分之一,国内使用栲胶基本依赖进口。为了改变这种状况,国家开始有计划地新建栲胶厂。1956年从民主德国引进年产5 000吨的栲胶生产成套设备,并于1960年正式投产。至1967年,全国栲胶厂增至14家,年产栲胶14 320吨。1978年以后,我国栲胶生产又有新的发展,栲胶产区发展到19个省(自治区),其中广西、内蒙古两省(自治区)产量最高。

3. 紫胶

紫胶是紫胶虫吸取寄主树树液后分泌出的紫色天然树脂,也是我国林产化工的重要产品。我国紫胶工业是从新中国成立之后开始发展起来的。1956年,云南昆明虫胶厂建成投产,这是我国第一家紫胶厂。但当时产量少,质量差,国家所用的紫胶主要靠从印度进口。经中国林科院紫胶研究所与四川、广西、广东、福建、江西等省(自治区)林业科技人员的多年努力,紫胶虫越冬保种技术取得成功,紫胶产区由云南扩展到四川、广东、广西、福建、江西等省(自治区),紫胶生产不断扩大。1949—2010 年全国林产化工主要产品产量(见表17)。

表17　1949—2010 年全国林产化工主要产品产量

吨

年份	松香	栲胶	紫胶	年份	松香	栲胶	紫胶
1949				1972	240 074	21 850	1 076
1950				1973	261 467	17 581	1 302
1951	78 056	88	180	1974	289 287	18 085	1 562
1952				1975	266 224	20 861	915
1953	22 267	120	15	1976	237 773	19 066	807
1954	45 905	157	105	1977	259 150	23 959	783
1955	80 091	568	142	1978	282 027	30 130	1 384
1956	109 992	1 275	154	1979	297 034	33 831	2 234
1957	116 799	1 633	143	1980	327 283	36 314	2 134
1958	98 373	3 679	245	1981	406 214	40 159	1 095
1959	79 387	11 266	201	1982	400 784	36 000	1 397
1960	78 429	13 650	245	1983	246 916	34 131	1 045
1961	39 227	6 661	332	1984	307 993	36 523	1 489
1962	33 595	4 800	241	1985	255 736	36 875	2 102
1963	97 982	6 078	180	1986	293 500	42 059	1 661
1964	162 914	9 276	220	1987	395 692	50 306	1 909
1965	167 172	13 064	440	1988	376 482	41 862	1 482
1966	178 943	15 789	640	1989	409 463	26 411	833
1967	166 119	14 320	800	1990	344 003	20 402	829
1968	181 911	13 100	1 400	1991	343 300	19 516	876
1969	204 158	18 969	1 100	1992	419 503	26 141	732
1970	189 288	22 098	1 800	1993	503 681	26 176	931
1971	200 411	23 209	1 873	1994	437 269	18 177	1 001

年份	松香	栲胶	紫胶	年份	松香	栲胶	紫胶
1995	481 264	19 662	1 393	2003	443 306	11 970	1 078
1996	501 221	23 766	1 450	2004	485 863	12 113	1 117
1997	675 758	19 814	579	2005	606 594	7 668	779
1998	416 016	14 081	255	2006	845 959	10 564	3 569
1999	434 528	10 972	294	2007	1 061 658	13 733	3 430
2000	386 760	7 510	778	2008	945 590	9 337	2 891
2001	377 793	9 446	431	2009	1 001 574	11 000	1 992
2002	395 273	9 132	561	2010	1 205 991	10 925	2 080

年份	松香	栲胶	紫胶
1949—1952	78 056	88	180
1953—1957（一五）	375 054	3 753	559
1958—1962（二五）	329 011	40 056	1 264
1963—1965（三年调整）	428 068	28 418	840
1966—1970（三五）	920 419	84 276	5 740
1971—1975（四五）	1 257 463	101 586	6 728
1976—1980（五五）	1 403 267	143 300	7 342
1981—1985（六五）	1 617 643	183 688	7 128
1986—1990（七五）	1 819 140	181 040	6 714
1991—1995（八五）	2 185 017	109 672	4 933
1996—2000（九五）	2 414 283	76 143	3 356
2001—2005（十五）	2 308 829	50 329	3 966
2005—2010（十一五）	5 060 772	55 559	13 962

第四节　其他林业产业

近年来,在传统林业产业发展的同时,森林旅游、花卉、竹林、能源林等非木质产品林产业迅速增长。

一、森林旅游

森林旅游是指利用和依托森林的生态环境和自然条件,在林区内进行的旅行及游憩活动。我国森林旅游资源丰富,截至 2010 年,共建立各类森林公园 2 583 处,总面积 1 677 万公顷,其中国家级森林公园 740 处、国家级森林旅游区 1 处,经营面积 1 152 万公顷;共建立各类自然保护区 2 012 处,总面积 1.237 亿公顷,其中国家级自然保护区 247 处,面积 7 597.42 万公顷。这些森林公园和自然保护区形成了丰富多彩、类型各异的森林旅游资源,为我国森林旅游业的发展奠定了坚实基础,有力地支撑了国家生态建设和自然保护事业的发展。张家界、千岛湖、流溪河、太白山、琅琊山等森林公园已经成为中国著名旅游胜地,吸引了大量的中外游客。仅 2008 年,我国森林公园共接待游客 2.74 亿人次,直接旅游收入达 187.37 亿元。据测算,2008 年度全国森林公园共带动社会综合旅游收入 1 400 多亿元,有 173 处森林公园旅游收入超过 1 000 万元,24 处超亿元,森林旅游产业使全国 2 700 个乡 1.2 万个村近 2 000 万农民受益,带动森林公园周边 4 654 个村脱贫,直接吸纳农业人口就业数量近 50 万个。[①]

作为新兴的林业产业,我国森林旅游起步于 20 世纪 80 年代初期。1980 年 8 月,林业部发出了《关于风景名胜区国营林场保护山林和开展旅

---

① 《充满生机与活力的森林旅游产业》,http://www.forestry.gov.cn/portal/main/s/586/content-211227.html。

游事业的通知》,指出:风景名胜区的国营林场和有条件的自然保护区,可以根据具体情况"采取不同形式积极开展旅游事业"。同年11月,林业部在山东泰安召开了开展森林旅游座谈会,对国营林场开展森林旅游做了部署。1981年6月,国家计委在北京召开有林业部、国家旅游总局等单位参加的座谈会,认为兴建森林公园,开展森林旅游,在我国还是个空白点,应该积极兴办,并明确由林业部门主办,旅游部门大力支持。不久,林业部经过调查和探讨,提出了在有条件的国营林场兴建森林公园的报告,报国家计委批准。从此,拉开了我国森林公园建设和森林旅游业发展的序幕。

1982年9月,我国第一个国家森林公园——张家界国家森林公园建立,成为我国森林旅游业的开端。此后,林业部相继批准建立了一批国家森林公园,至1992年,经过10年建设,我国森林旅游业初步发展起来,经林业部批准建立的森林公园达255个,各地审批建立的97个,森林公园形成接待3 000万人的能力,累计接待中外游客1.1亿人次,拥有接待床位近万张,张家界、千岛湖、嵩山、琅琊山、流溪河等一批较早建立的国家森林公园基本形成交通、通讯、游娱、吃住、购物一条龙服务体系,成为旅游热点。张家界国家森林公园还于1992年通过联合国教科文组织检查,列为世界自然遗产目录,成为世界性的自然风景区。1992年8月,林业部在大连召开全国森林公园暨森林旅游工作会议,总结了森林公园、森林旅游10年的工作情况,并对未来工作作了部署。同年,林业部组建、成立了森林公园管理办公室和中国森林旅游管理服务中心,各省(区、市)也相继成立森林公园(旅游)管理部门,海南、新疆、四川、武汉、大连、重庆、安徽黄山等地林业部门还率先成立了森林旅行社。这一时期也出现了一些在森林旅游区内大规模的修路、盖房和建设许多现代化设施,大量占据土地,破坏景观协调和自然风光的建设性破坏现象,森林公园(旅游)管理上存在一些问题。鉴于此,1994年1月,林业部颁布了《森林公园管理办法》,明确了森林公园的主管机构和各级森林公园的管理机构、管理权限、管理范畴以及建园的基本条件和审批程序,提出森林公园的开发建设方式及基本建设的要求。森林公园(旅游)管理机构的设立,《森林公园管理办法》的颁布实施,对于促进森林公园规范化、法制化管理,推动森林旅游业的发展具有重要意义,我国森林旅游业的也发展也由此迈上一个新的台阶。据统计,"八五"期间,我国森林旅游业得到长足发展,森林公园接待游客近 2 亿人次,旅游业收入 10 多亿元,经济效益明显。森林公园还发挥着保护和改善环境、保护自然历史遗产的作用。张家界国家森林公园连续多年举办了国际森林保护节,唤起了人们保护生态、生存环境的意识,产生了良好的社会影响。

1996 年,全国已建立森林公园 811 处,规划经营面积 720 万公顷,开辟自然保护区的旅游小区 32 处,开放狩猎场、野生动物园等其他森林旅游区 45 处,总经营面积达 900 万公顷,全国成立森林旅行社(公司)36 个。许多地方政府也把森林公园(旅游区)建设纳入当地经济发展计划,森林旅游业快速发展。1997 年,在森林公园(旅游区)硬件设施如公园道路、水电、通讯等基础设施和宾馆、商店、娱乐中心等旅游服务设施全面加强的基础上,林业部开始在全国开展了创建"文明森林公园"活动,对森林公演(旅游区)的软件管理建设提出了更高的要求。1999 年,国家旅游局确定该年为"生态环境旅游年",各地也借机推出了一批生态旅游产品,在我国展开了轰轰烈烈的森林生态旅游实践活动。如湖南张家界国家森林公园举办了国家森林保护节,浙江千岛湖国家森林公园推出"好山好水好空气,千岛碧水生态游"活动,重庆仙女山国家森林公园举办了"重庆市 1999 生态环境游首游式暨新婚夫妇爱之旅"活动,北京绿色度假村、浙江富春江国家森林公园、宁夏六盘山森林公园、黑龙江牡丹峰国家森林公园、陕西太白山国家森林公园、安徽琅琊山国家森林公园等也都相继举行和推出了一系列的活动。我国森林旅游由此获得长足发展,以国家森林公园为骨干,国家、省和市(县)级不同层次的森林公园森林旅游发展框架体系基本形成。据统计,"九五"期间(1996—2000 年),全国森林公园接待的森林旅游人数达到 2.78 亿人次,其中国外旅游者人数由 1996 年的 51 万人次增加到 2000 年的 150 万人次;全国森林公园以门票为主的直接旅游收入达到 45 亿元,是"八五"期间收入 10.4 亿元的 4.3 倍。全国涌现出一批年直接旅游收入超千万的森林公园,各地通过多种方式平均每年筹集直接投入到森林公园建设和森林旅游发展的资金数量超过 10 亿元,平均每年实现森林旅游的社会综合产值达 200 亿元,直接和间接创造各种就业机会约 350 万个。

进入 21 世纪,我国森林公园建设和森林旅游业发展稳步快速推进。2000—2010 年,我国森林公园总量从 1 078 个增加到 2 583 处,翻了一番多,年均增长约 150 个;国家级森林公园从 344 个增加到 740 个,增加了 396 个,年均增长近 40 个。森林公园的快速建设,使我国一大批珍贵的自然文化遗产资源得到有效保护,有力地促进了国家生态建设和自然保护事业的发展。与此同时,我国森林旅游产业发展壮大,据不完全统计,"十五"期间(2001—2005 年),全国森林公园旅游人数达 6.32 亿人次,直接旅游收入达 260 亿元,累计投入资金 250 多亿元;"十一五"期间(2006—2010年),全国森林公园共接待旅客 14.79 亿人次,直接旅游收入 980 多亿元,综合旅游收入 7 700 亿元,提供就业岗位 280 多万个,累计投入建设资金 220 多亿元,有力地促进了不少边远地区道路、交通、通讯、水电和城镇建设的发展。森林公园的综合效益得到社会广泛认可。森林公园逐步成为人们休闲度假、游览观光、回归自然等户外活动的首选目的地,森林旅游产业逐步成为林业产业中最具活力和最具发展前景的新兴产业。此外,在国家实施天然林保护工程后,森林利用方式和发展理念也在迅速转变,我国的森林公园建设和森林旅游事业走出了一条不以消耗森林资源为代价,又能充分发挥森林的社会、经济、生态三大效益,促进林业全面可持续发展的新路子。森林旅游业业已成为林业产业中最具活力和最有希望的新的经济增长点,被誉为正在崛起的"朝阳产业"。2009 年 10 月,国家林业局、国家发改委等单位联合印发的《林业产业振兴规划(2010—2012)》中,明确将森林生态旅游作为今后林业产业发展的重点。目前,国家林业局和国家旅游局正在共同制定《全国森林旅游发展规划》,我国森林旅游业必将迎来新发展高潮。

二、花卉

花卉有狭义、广义之分。狭义的花卉是指可供观赏的鲜花、切花;广义的花卉除了可供观赏的鲜切花之外,还指盆栽、观叶植物、花灌木、地被草坪等。花卉产业即指从事花卉育种、种植、加工、运输、销售,以及与之相关的其他辅助行业。

我国花卉种植、栽培历史悠久。《周礼·天官》就有"园圃毓草木"的记载;《诗经》也有很多花卉描写,如"棠棣之华,鄂不韡韡""芄兰之支,童子佩觿""彼泽之陂,有蒲有荷""维士与女,伊其相谑,赠之以芍药";《楚辞》中提到的花卉也很多,如"白苹兮骋望""播芳椒兮成堂""辛夷楣兮药房""罔薜荔兮为帷""缭之兮杜衡"等。后世更出现众多的花卉植物著作,如晋嵇含《南方草木状》、唐李德裕《平泉山居草木记》、宋周师厚《洛阳花木记》、明王象晋《群芳谱》,这些著作既记载了我国众多的花卉品种,还总结了花卉的栽培种植经验。我国花卉资源丰富,有"世界园林之母"的美誉。原产于我国的观赏植物达 100 多科、500 多属、1 万 ~ 2 万多种,当今世界上许多名花如牡丹、梅花、菊花、百合、山茶、杜鹃、月季等均原产我国。欧洲重要观赏植物杜鹃花,全世界共有 800 多种,而我国就有 600 多种;山茶花全世界常见栽培的只有几种,我国却有 100 余种,仅最稀有的金花茶就有 10 多种;报春花全世界约有 450 种,我国就有 390 种;百合花世界有 100 多种,我国有 60 余种。但是由于历史、社会的诸多原因,历史上我国花卉生产长期处于自发分散状态,没有发展成为比较成规模的商品化生产阶段。

新中国成立之初至改革开放之前,我国的花卉栽培大多也只是在传统产区零散进行,因而发展缓慢。1958 年,中央提出改造自然环境,逐步实现大地园林化,种植观赏植物美化全中国的号召。为迎接 1959 年建国十周年庆,各地园林部门还多方试验,精心培育花卉植物,这成为新中国花卉事业的发轫。1960 年 7 月,在中国园艺学会召开的第一次全国花卉科学技术会议和 1961 年 12 月在北京举办的第一次梅花学术座谈会,明确了花卉植物的意义,确定了花卉生产化、大众化、科学化、多样化的发展方向。在"大跃进"和"文革"期间,花卉事业一度受到"左"倾思想的影响而遭到破坏。十一届三中全会后,我国花卉事业开始恢复。20 世纪 80 年代初,我国农村政策好转,在普遍推行家庭联产承包责任制之际,农民可以在自家责任田上自由种植花卉,此外,一些地方的国营苗圃、林场开始尝试花木经营。到 1984 年,全国花卉生产面积 1.4 万公顷,产值 6 亿元,出口额约

200万美元。但由于当时我国花卉产业处于无组织的传统分散生产状态，因此整个行业规模小、品种杂、产品质量不高。

1984年11月，我国成立了中国花卉协会，主要负责研究花卉生产的方针、政策，统一规划，协调全国花卉生产、销售、科研和出口工作。协会的办事机构设在当时的农牧渔业部。中国花卉协会的成立标志着我国花卉产业进入新的发展阶段。1985年12月，中国花卉协会召开第一次理事会，拟订了花坛科研"七五"规划方案，起草了花卉资源调查提纲，并积极筹建花卉生产基地。此后，林业部成立了林业花卉协会，其他部委和全国各地的花卉协会也相继成立，花卉生产开始进入有组织发展阶段，花卉生产、市场和流通日趋活跃，生产规模、产品质量逐步提高。到1996年，我国花卉种植面积达7.5万公顷，产值48亿元，出口创汇6 000多万美元。

经过十几年的发展，我国形成了苗木、切花、盆花、盆景、观叶植物协调发展的花卉产业格局，中国也成为世界花卉生产和出口国之一，在世界花卉市场上占据一定份额。1996年10月，为了适应发展需要，便于开展工作，中国花卉协会的业务主管部门由农业部转换到了林业部。此外，1995年12月，由中国花卉协会组织以八部委的名义制订并下发了《全国花卉业"九五"计划》。1996年10月，林业部在北京组织召开了首届全国花卉工作会议，全面部署了"九五"期间（1996—2000年）花卉业发展的目标和任务。此后，我国花卉生产快速发展，产品质量稳步提高，区域化布局初步形成，花卉业业已成为一项前景广阔的新兴产业，同时也成为农业产品结构调整、发展高效现代农业的重要途径。到2001年，全国花卉生产面积达24.6万公顷，销售额215.8亿元，出口额8亿美元，鲜切花产量更是由20世纪80年代的空白发展为37亿支。至此，我国花卉业生产面积已居世界第一，占世界生产总面积的三分之一。

进入新世纪以来，随着经济全球化的逐步深入，花卉生产由高成本的发达国家向低成本的发展中国家进一步转移，特别是在我国经济社会不断发展、花卉需求不断扩大的新形势下，花卉生产面积大幅增加。但与此同时，同世界花卉业发达国家相比，我国花卉业也存在着大而不强的问题。首先，我国的花卉品种自主知识产权很低。如云南省是我国选育花卉新品种最多的省份,占全国选育花卉新品种总数的 80% 以上,但成功选育的花卉新品种却只有 145 个,其中 54 个获得了植物新品种权证书,只有 3 个获得国际授权。由于没有自主知识产权,因此我国所生产的花卉,需要向国外育种商缴纳高额种苗费和专利费。其次,我国花卉国内需求不足。每年我国花卉的消费总量 20 亿枝左右,人均年消费不到 2 枝,而发达国家如日本人均每年 300 支,法国 100 支,美国 40 支。由于人均消费量低,因而我国花卉的消费层次也非常低,鲜花消费的品种绝大多数都是常见的玫瑰、康乃馨、百合、非洲菊等,这些品种很多都是国外育种商已使用多年的品种,有的在国外已属于淘汰的品种。基于国内长期、低层次的消费,国内花商和花农也没有尽快更新花卉品种的动力,很多花农多年来都种植同一品种的花卉。再次,我国花卉业与世界主流消费市场尚有一定差距。由于我国花卉产品质量非常低,缺乏国际竞争力,进入不了国际主流消费市场,因而我国花卉年出口额目前也仅为 5 亿美元左右,只占世界花卉消费总额 2 000 多亿美元极小的一部分。鉴于以上种种问题的存在,我国花卉产业目前正处于由数量扩张向质量提高、由资源依赖向创新驱动、由生产推动向消费拉动转变的新的发展时期。

截至 2010 年,我国花卉种植面积 91.8 万公顷,销售额 862 亿元,出口额 4.6 亿美元;花卉市场 2 865 个,花卉企业 5.58 万个,其中大中型企业 1.08 万个;在产业格局上,基本上形成了以云南、北京、上海、广东、四川、河北为主的切花生产区域,以山东、江苏、浙江、四川、广东、福建、海南为主的苗木和观叶植物生产区域,以江苏、广东、浙江、福建、四川为主的盆景生产区域,以四川、云南、上海、辽宁、陕西、甘肃为主的种球(种苗)生产区域;全国现有省级以上花卉研究单位 100 多个,50 多所省属以上的农林院校设置了观赏园艺或园林专业。我国已成为世界最大的花卉生产基地、重要的花卉消费国和花卉进出口贸易国。

三、经济林

经济林是指以生产果品、食用油料、饮料、调料、工业原料和药材等为主要目的的林木。经济林不仅能为人们提供粮食、果品和油料产品,而且还具备净化空气、保持水土、涵养水源等功能,在国民经济中具有重要的作用。

新中国成立之初,国家对经济林采取鼓励、支持政策。1956 年国务院发布的《关于新辟和移植桑园、茶园、果园和其它经济林木减免农业税的规定》,极大地刺激了经济林的发展。至 1957 年,全国共营造经济林 310 多万公顷。此后,由于"大跃进"和"文革"影响,经济林一度被视为"资本主义尾巴",发展建设受到严重挫折。1978 年以后,随着国民经济的全面发展,特别是随着果品等经济林产品市场价格的全面放开,经济林迎来良好发展环境,迅速恢复并发展起来。根据"五五"森林清查,至 1981 年,我国拥有经济林 1 127 万公顷,占有林地面积 10.2%。"六五"期间(1981—1985 年),我国经济林生产由过去以发展木本油料为主转向大力发展新鲜果品、饮料原料生产基地建设,由单纯生产原料开始向生产、贮藏、加工、销售"一条龙"的方向发展。同时,积极开发沙棘、猕猴桃、刺梨、酸枣等野生资源,扩大了经济林生产领域,加快了资源优势向经济优势转化。主要的经济林产品有油茶、油桐、核桃、板栗、红枣、乌桕、柿子、猕猴桃、沙棘、漆树、胡椒、八角等。根据 1980 年不变价格计算,1984 年经济林产品产值 15亿元;经济林创汇由 1981 年的 1.5 亿美元增加到 1985 年的 3 亿多美元。经济林产业成为一些地方农村的主要产业。

1985 年底,林业部召开了全国经济林生产汇报会,并于 1986 年初发出了《关于调整林业结构大力发展经济林的通知》,明确了"七五"期间(1986—1990 年)经济林建设的主要方面,要抓好名特优商品基地建设,实行集约化经营,以内涵扩大再生产为主,产供销加工统一经营。为了搞好经济林名特优商品基地建设,1987 年,林业部发出了《关于编制经济林名特优商品基地建设规划的通知》,并于 1988 年颁布了《1988—2000 年全国经济林名特优商品生产基地建设规划》,同时还从林业贴息贷款中安排6 000 多万用于经济林生产。整个"七五"期间(1986—1990 年),全国共营造经济林 6 000 余万亩,经济林人工造林占人工总造林面积由"六五"期间(1981—1985 年)的 12% 上升到 15.2%;经济林的树种结构中,木本油料占造林面积由 50% 下降到了 15% ,各种果树、木本药材和经济效益较高的林木得到较快发展,沙棘、猕猴桃、黑豆果等野生资源开始得到开发利用,大多数主要经济林产品如板栗、核桃、枣、柿、山楂、生漆、棕片、杏仁、白果、八角、花椒、油茶等产量均比前期有所提高。1991 年,林业部在《1988—2000 年全国经济林名特优商品生产基地建设规划》基础上重新调整和制定了《1991—2000 年全国经济林名特优商品生产基地建设规划》。同时国家还开始加强经济林低产林(园)的改造工作。如 1990 年,林业部在湖南、江西、广西、广东、浙江、福建、湖北等 7 省(区)开展了 100 万亩油茶低产林改造工作,至 1992 年项目结束,共改造低产油茶林 6.9 万公顷,改造后的油茶林生长旺盛,开花结果多,落花落果少,产量明显增加,平均每公顷增产茶油 105 公斤,不少高产示范林甚至可达到每公顷 300 公斤,普遍比改造前增产 2~3 倍。1993—1995 年,林业部开始实施了第二期油茶低产林改造、干果药材调香料高产优质示范基地和名特优经济林高产优质示范基地等 3 个项目建设。“八五”期间(1991—1995 年),全国共营造经济林724.01 万公顷,主要经济林产品中油桐产量为 202.3 万吨,油茶籽产量299.2 万吨,核桃产量 82.3 万吨,板栗产量 94.40 万吨,均比“七五”期间(1986—1990 年)有大幅度提高。此外,随着我国林业各大工程的展开,经济林发展逐渐深入到各大林业工程建设之中,在各大工程的人工造林之中,都占有相当的比例。1996 年,林业部下发《关于加快经济林开发建设的通知》,提出“九五”期间(1996—2000 年),全国经济林建设力争在建成十大经济林开发区和若干经济林建设示范点、名优特经济林基地县。“九五”期间(1996—2000 年),我国 11 种主要经济林产品产量达 1 459 万吨,其中可使用油茶籽、竹笋干、核桃、板栗产量分别达到 389.11 万吨、129.47万吨、134.09 万吨和 232.11 万吨;工业原料中生漆、油桐籽、五倍子、棕片、松脂产量有所增加,分别达到 2.37 万吨、219.73 万吨、5.19 万吨、31.31 万吨和 295.10 万吨;乌桕、紫胶产量有所下降,产量分别为 19.49 万吨和1.09 万吨。2000 年,国家林业局公布了北京市昌平区等 62 个县(市、区)为“全国经济林建设示范县”。2001 年,全国经济林种植面积达 2 700 多万公顷,主要经济林产品总量达 6 900 多万吨。

　　进入 21 世纪,在我国加入世界贸易组织和国家实施林业六大工程的背景之下,我国经济林产业建设开始步入新的发展阶段。第一,经济林产业规模迅速扩大,产量、产值快速增长。尤其是核桃、板栗、大枣、柿子、油茶、香榧、山核桃、枸杞等木本粮油产业发展迅速,规模不断扩大,单位面积产量、种植效益明显提高,已成为山区农民增加收入的重要来源。据初步统计,核桃、板栗面积已超过 200 万公顷,大枣 150 万公顷,并有继续增加的趋势。第二,区域化、规模化、品牌化、产业化生产格局初步形成,名特优新品种、名牌产品数量快速增加,结构调整成效显著。经济林产业示范基地建设成效显著,绿色、无公害和标准化生产技术得到大面积推广应用,各种果品质量、优质果品率明显提高,果品出口量显著增加。自 2001 年以来,国家林业局先后命名了 4 批 300 多个"中国名特优经济林之乡",命名"全国经济林建设示范基地"100 个。第三,经济林产品加工、贮藏保鲜能力增强,品牌化速度加快,带动产业发展能力加强。一大批经济林精深加工、保鲜龙头企业如雨后春笋在经济林主产区纷纷建立起来,"企业 + 基地 + 农户"已成为促进经济林产业发展的有效模式,有力地带动了当地经济林产业的发展。2006 年,国家林业局命名了 40 家全国经济林产业龙头企业。第四,各种经济林合作组织、协会、中介组织纷纷建立,信息技术交流咨询服务、经贸活动频繁,大流通、大发展格局基本形成。为促进产业发展和信息技术资源的交流与合作,在国家林业局植树造林司的组织下,先后成立了大枣、核桃、树莓和蓝莓、香榧和山核桃全国产业发展协作组,近期还将陆续成立板栗、油茶、柿子、枸杞等产业协作组织。省、地、县级产业协会、协作组织发展迅速,据不完全统计,全国涉及经济林产业的各种协会组织已达到 6 700 多个,成员数达 278 万人(个),对促进经济林产业持续快速和健康发展起到很大作用。同时,社会各界发展经济林的积极性空前持续高涨,社会资金投入大幅度增加,在经济林主产省(区)涌现了一大批依靠经济林产业强县富民的先进典型。第五,经济林产业已成为林业生态文化产业的重要内容之一。各种以经济林产业为核心内容的各种文化节如红枣节、板栗节、核桃节、香榧节等已成为各地传承历史文化、丰富群众生活、促进交流与合作、提高经济林产品的社会知名度和产业水平的重要手段。[①] "十五"期间(2001—2005 年),我国经济林总面积每年增加 133 多万公顷,部分地区通过品种结构调整和中、低产林改造,全国经济林产品产量和产值均有明显增长。截至 2010 年,全国经济林栽培面积 3 200 万公顷,其中木本油料(油茶、油桐、核桃、乌桕等)和木本粮食(红枣、柿子、板栗等)的栽培面积分别为 697 万公顷和 642 万公顷;经济林果品产量 1.26 亿吨,总产值 5 158 亿元,从事经济林种植的农业人口 18 284 万人;各类经济林果品加工企业 11 889 家,加工产值 1 142 亿元,各类经济林仓储企业 10 031 家,实现产值 482 亿元。经济林产业已经成为促进区域经济发展的重要支柱产业和农民增加收入的主要途径,在促进我国社会主义新农村建设中发挥着越来越重要的作用。

四、竹林

我国竹资源十分丰富,有竹类植物 34 属 534 种,约占世界竹种的 40%。中国是世界上最早使用竹子、竹文化源远流长的国家。陕西西安半坡村和浙江余姚河姆渡等新石器遗址中就有竹物出土;商周时期的甲骨文、金文中出现了竹旁字 20 多个;春秋战国,竹简已普遍使用;秦代造笔以竹为管;汉司马迁《史记·货殖列传》有"渭川千亩竹"的记载;晋代戴凯之《竹谱》、北魏贾思勰《齐民要术》对竹子的栽培、生长均有全面论述;宋苏易简《纸谱》、赞宁《笋谱》则专门载述了竹子的利用情况。此外,宋苏轼《格致粗谈》,元王祯《农书》《月庵种竹法》,明李时珍《本草纲目》、徐光启《农政全书》,清汪灏等《广群芳谱》等著作中,对竹子的分类、分布、习性、栽培技术、用途等都有较详尽的记载。

新中国成立之初,我国竹林面积大约 200 万公顷,其中毛竹林 130 多万公顷。1950 年,林垦部向全国发布的第一个《春季造林指示》中,就将竹子列为主要造林树种,鼓励大量种植。1956 年,国务院专门发出《关于保

① 《我国经济林产业发展迅速成效显著》,http://www.gov.cn/ztzl/2008 - 05/04/content_960650.htm。

护和发展竹林的通知》,要求各级政府采取有效措施,保护、发展竹林,督促各地制订发展规划,扩大竹林资源。1962 年,林业部在江苏省宜兴县召开了全国竹子生产会议,研究生产问题,部署基地建设,探讨丰产途径,同时抓紧与财经部门商洽,争取国家投资。1963 年,《人民日报》发表了《广种竹子,节约用竹》的社论,号召"竹子产区的各级领导机关,应当把发展竹子生产放在重要地位"。同年 7 月,经国务院批准,由财政部、林业部和中国人民银行发出通知,决定"垦复竹子所必需的生产资金,可以从长期农业贷款中适当解决",并由国家拨出专款在浙江、江西、福建、湖南、湖北、四川和贵州 7 省的 18 个毛竹基地垦复荒芜竹林,适当发展。至 1965 年,全国竹林面积达 237 万公顷,竹林垦复面积约 30 万公顷。"文革"期间,我国竹林生产遭到破坏。

1978 之后,竹林生产逐渐恢复,中央和地方政府加强了毛竹商品生产基地建设。1982 年,国家决定从基本建设费中拨出专款,在湖南、江西、四川、湖北、安徽等省共约 9 300 多公顷林地进行毛竹垦复和丰产林试点。同年 7 月,林业部在北京召开南方 12 省(区)竹林经营利用汇报会,针对竹林经营粗放,单位面积产量低的现状,提出主攻方向,重视内涵发展,要求巩固好一类竹林,提高二类竹林,积极垦复三类竹林,大力挖潜,增进效益。我国竹林生产迅速恢复、发展起来。据第三次全国森林资源清查(1984—1988 年),全国有竹林面积约 354.6 万公顷,比第二次清查 320 万公顷增加了约 35 万公顷,竹林面积超过 500 万亩的有福建、江西、湖南、浙江、四川 5 省,全国竹材产量 1.52 亿根。这一时期,我国竹林生产开始由粗放经营向集约经营发展,一些地方加大了对竹林投资、经营力度,注重采取先进技术培育竹林,竹林产量和质量都有所提高;在竹材加工应用上,也由原来的单一产材向建设笋竹两用基地和竹纸综合经营转变,各地由生产原竹和粗加工品向多层次、深加工系列产品发展,有的地方还形成了一定规模的出口创汇能力。

1991 年 10 月,林业部在杭州召开了全国竹业工作会议,会议确立了今后竹业发展的方针和任务。1992 年 11 月,林业部成立了竹产业管理办公室,加强了对竹产业的管理。同时,林业部还颁布了《毛竹林丰产技术标准》,制定了竹产业"九五"计划和1996—2010年竹林发展规划,并于1993年成立了中国竹产业协会。此外,为了提高竹林产业的科技含量,林业部还于1993—1995年组织有关单位编写了《中国竹林培育》,并于1997年、1999年、2001年分别联合相关单位在浙江安吉、湖南益阳、四川宜宾连续举办了三届中国竹文化节,对于弘扬竹文化、发展竹产业起到了宣传和促进作用。这些措施有力地推动了我国竹业产业的发展。据全国第六次森林资源清查(1999—2003年),我国有竹林面积484.3万公顷,比第五次清查结果增加63.2万公顷,年均增加12.6万公顷;福建、江西、浙江3省竹林面积占全国的一半,南方13个省(区)竹林面积在15万亩以上的县(市)有130多个;中西部省(区)结合退耕还林等林业重点工程建设,建立了一大批竹林培育示范基地,同时竹种结构得到优化,一批优良竹种得到大面积发展和开发利用,形成生态、经济竹林综合发展的新格局。

进入21世纪以后,我国竹业发展提速。2000年,国际竹藤组织总部在中国落户。该组织是第一个落户中国的政府间国际组织机构,对于加快竹产业发展速度,扩大竹产业规模、提高竹资源的质量和数量均有积极意义。2002年10月,中国竹产业发展论坛在福建永安举行,论坛交流和研讨了竹类植物的生物多样性保护、竹林的可持续经营、竹子的加工与利用、竹文化、竹产业的发展趋势等问题,从理论角度对新世纪竹产业的发展提出了合理化建议。2003年、2006年、2011年,国家林业局、国际竹藤中心及相关省级地方政府分别在湖北咸宁、福建武夷山、江西宜春等举办了第四、五、六届中国竹文化节,不仅通过竹业博览会、文艺晚会宣传弘扬了竹文化,而且召开竹产业研讨会研究商讨了竹产业的发展方向,并且在竹文化节中开展项目推介暨经贸洽谈会,为竹产品贸易提供了平台。至2010年,我国拥有竹林面积约538.1万公顷,占全球竹林面积的33%,竹材年产量超过2 000万吨,发展潜力巨大;全国生产竹材已达14.30亿根,竹产业年产值达821亿元,竹产品出口额为15.2亿美元,产品远销30多个国家和地区;竹材加工企业已达数万家,年产值达上亿元的企业超过10家。竹产业已成为中国在国际市场上具有很强竞争力的绿色朝阳产业。

五、能源林

我国从 20 世纪 80 年代初开始实施薪炭林工程。1981 年 3 月,中共中央、国务院颁布的《关于保护森林发展林业若干问题的决定》中指出:"在烧柴困难的地方,要把发展薪炭林作为植树造林的首要任务。"1980—1981年,在国家农委主持下,林业部组织调查了全国薪材资源基本情况,全国年提供薪材 8 858 万吨。1981 年,建立了全国薪炭林发展统计制度;1982 年,薪炭林列入"六五"国家农村能源发展(指导性)计划。"六五"期间(1981—1985 年),全国完成薪炭林种植面积 205 万公顷。1985 年起,国家拨出专项经费,在 24 个省(区、市)的 49 个县开展了营造薪炭林试点,旨在推动各地薪炭林发展和营造技术进步。1989 年,林业部制定了《薪炭林试点检查验收标准》,对薪炭林试点工作提出了要求,并对薪炭林营林技术做了原则规定,提出了单位面积产柴量指标。为了推动全国薪炭林营造技术进步,同年,林业部还监制了《怎样营造薪炭林》推广片,着重介绍了我国薪炭林营林技术和发展薪炭林的先进典型。1984 年起,国家还专门拨出经费,由林业部委托中国林科院等单位进行了薪炭林树种筛选、引种和薪炭林营造技术试验研究,并在"七五"期间(1986—1990 年),将薪炭林研究列入国家科技攻关计划。该研究在全国设置了 13 个试验区 26 个试验点,经过 7 年试验研究,于 1990 年成功地筛选出 60 多个引进和乡土优良薪炭林树种,并提供了科学栽培经营薪炭林技术。至 1990 年,全国营造薪炭林累计面积 357 万多公顷。1991 年,为了加快薪炭林建设,林业部决定"八五"期间(1991—1995 年)在全国新增 50 个薪炭林试点县,由部省共同扶持,规划"八五"期间每试点造林 1 万亩,每年 2000 亩;同时,以薪炭林试点为样板,全县面上营造薪炭林万亩以上。至 1992年,全国薪炭林试点县发展到 100 个,其中财政部农村能源专项经费薪炭林试点和林业基建费"八五"薪炭林试点各 50 个。除上海市外,各省(区、市)都有薪炭林试点县。据 89 个县的统计,1986—1992 年,累计完成试点造林 6.73 万公顷,并在各地带动了面上薪炭林建设的发展。

1995 年,林业部召开了全国薪炭林建设现场会,在总结 15 年薪炭林建设经验和分析形势发展的基础上,提出了建设森林能源工程的目标,计划用 20 年的时间,在我国建立 1 200 万公顷森林能源基地。至 2000 年,全国已经营造 551.3 万公顷的薪炭林,国家新发展的薪炭林年生物量 2 000 万吨,相当于 900 万 ~ 1 100 万吨标准煤。

21 世纪以来,随着化石能源的日益减少,生物质能源逐渐成为重要替代能源之一。我国有着丰富的林业生物质资源。我国尚有宜林荒山荒地 5 400 多万公顷,还有近 1 亿公顷盐碱地、沙地以及矿山、油田复垦地等不适宜农耕的边际性土地,这些地方大都适宜培育特定的能源林。如果仅将不适宜农耕的 5 400 多万公顷宜林荒山荒地中 20% 的土地用来种植能源植物,按照每公顷年生长量 20 吨计,每年产生的生物质量就可达 2 亿吨,相当于 1 亿吨标准煤。此外,我国有种子含油率超过 40% 的木本植物 154 种,油桐、黄连木、文冠果、油茶等现有面积 420 万公顷,果实产量约 559 万吨;全国橡子年产量约为 2 000 万吨,可生产燃料乙醇近 500 万吨。2006 年,国家林业局从国家能源发展的战略需求出发,根据林业的特点和优势,把发展生物质能源作为现代林业的重要内容,制订了《全国能源林建设规划》,初步提出了培育能源林 1 333.33 万公顷,以满足 600 万吨生物柴油和装机容量 1 500 万千瓦年发电原料供应的发展计划。同年,国家林业局选定了首批能源林培育示范基地,在云南、四川、河北等 17 省(区)启动了能源林培育示范基地建设。根据《林业生物柴油原料林基地"十一五"建设方案》,2007 年,国家林业局与中国石油天然气股份有限公司合作,在云南等 7 省(区)开展小桐籽、黄连木、光皮树、文冠果 4 个油料树种生物柴油能源林基地项目建设。2007 年、2008 年两年合作完成生物柴油原料林示范基地造林 12.7 万公顷。2007 年,国家林业局与中国石油合作开展林业生物质能源建设,2007 年、2008 两年合作完成生物柴油原料林示范基地造林 190 万亩。此外,国家还开展了内蒙古毛乌素生物质热电厂、吉林辉南宏日新能源有限公司试点示范企业建设。毛乌素生物质热电厂在毛乌素沙地大力营造沙柳基地,利用沙柳进行生物质发电,2008 年 11 月投产以来已累计发电 6 000 万余度,并带动当地建成 33 万亩沙柳能源林基地。吉林辉南宏日新能源有限公司利用林业剩余物加工成型燃料,已形成年产3万吨成型燃料生产能力。

2010 年,我国制定了《全国林业生物质能源发展规划(2011—2020年)》,方兴未艾的林业生物质能源产业必将迎来更加光明的未来。

第七章

当代中国的林业科技与教育

第一节 林业科技

一、林业科研机构

截至 2010 年,全国共有地(市)级以上林业科研机构 232 个,研究开发人员 1.4 万人,有局级重点实验室 34 个,国家级和局级陆地(森林、湿地、荒漠)生态系统定位观测研究台(站)79 个。

(一)中国林业科学研究院

中国林业科学研究院(简称中国林科院)是国家林业局直属的综合性、多学科、社会公益型国家级科研机构,主要从事林业应用基础研究、战略高技术研究、社会重大公益性研究、技术开发研究和软科学研究,着重解决我国林业发展和生态建设中带有全局性、综合性、关键性和基础性的重大科技问题。中国林科院于 1958 年 10 月在北京原中央林业部林业科学研究所基础上建立,其前身可以追溯到 1912 年由北洋政府农林部创建的林艺试验场,1941 年更名为国民政府农林部中央林业实验所。新中国成立后,中央林业实验所由华北农业研究所接管,1950 年移交中央人民政府林垦部。1953 年 1 月,成立中央林业部林业科学研究所。1958 年 10 月,经国务院科学规划委员会批准正式成立中国林科院。1970 年撤销建制,一部分与中国农科院合并成立了中国农林科学院,一部分下放地方。1978 年 4 月重新恢复建制。建院以来,中国林科院为国家林业发展战略和林业重大工程提供了强有力的科技支撑,对加快林业发展、改善生态环境、维护生态安全、建设生态文明做出了重大贡献。截至 2010 年,中国林科院由 21 个研究所、中心和 16 个共建机构组成(见表 18、表 19)。

表18　中国林科院下属研究所、中心情况

序号	名　　　称	设立时间	所在地
1	中国林科院林业研究所	1953	北京海淀
2	中国林科院资源昆虫研究所	1955	云南昆明
3	中国林科院木材工业研究所	1957	北京海淀
4	国家林业局北京林业机械研究所	1958	北京海淀
5	国家林业局哈尔滨林业机械研究所	1958	黑龙江哈尔滨
6	中国林科院林产化学工业研究所	1960	江苏南京
7	中国林科院热带林业研究所	1962	广东广州
8	中国林科院亚热带林业研究所	1964	浙江富阳
9	中国林科院林业科技信息研究所	1964	北京海淀
10	中国林科院热带林业实验中心	1979	广西凭祥
11	中国林科院亚热带林业实验中心	1979	江西分宜
12	中国林科院沙漠林业实验中心	1979	内蒙古磴口
13	中国林科院资源信息研究所	1984	北京海淀
14	国家林业局泡桐研究开发中心	1984	河南郑州
15	国家林业局竹子研究开发中心	1984	浙江杭州
16	国家林业局桉树研究开发中心	1987	广东湛江
17	中国林科院华北林业实验中心	1995	北京门头沟
18	中国林科院森林生态环境与保护研究所	1998	北京海淀
19	中国林科院林业新技术研究所	2005	北京海淀
20	中国林科院荒漠化研究所	2009	北京海淀
21	中国林科院湿地研究所	2009	北京海淀

表19 中国林科院与其他单位共建机构情况表

序号	名　　称	建立时间	依托单位	所在地
1	中国林科院黑龙江分院	不详	黑龙江林科院	黑龙江哈尔滨
2	高原生态研究所	1995	西藏农牧学院	西藏林芝
3	中国林科院华北林业研究所	1999	山西林科院	山西太原
4	中国林科院大熊猫研究中心	2001	中国保护大熊猫研究中心	四川汶川
5	青藏高原生态林业研究中心	2001	青海省	青海西宁
6	中国林科院内蒙古分院	2004	内蒙古林科院	内蒙古呼和浩特
7	中国林科院新疆分院	2005	新疆林科院	新疆乌鲁木齐
8	甘肃省－中国林科院民勤治沙综合试验站	2007	甘肃省治沙研究所	甘肃民勤
9	中国林科院小陇山科技合作试验基地	2007	甘肃省小陇山林业实验局	甘肃天水
10	中国林科院湖南分院	2007	湖南林科院	湖南长沙
11	中国林科院海西分院	2008	福建林科院	福建福州
12	中国林科院浙江林业研究中心	2008	浙江林科院	浙江杭州
13	种群生态模拟与控制实验室	2009	信阳师范学院	河南信阳
14	中国林科院汪清试验示范基地	2009	汪清林业局	吉林汪清
15	国家油茶科学中心北缘地区育种与栽培实验室	2009	湖北林科院	湖北武汉
16	中国林科院湖北分院	2011	湖北林科院	湖北武汉

　　截至2007年年底,中国林科院拥有科研仪器设备8 000多台(套)。依托中国林科院和院属所、中心,先后建设了江西大岗山、海南尖峰岭和甘肃民勤3个国家级陆地生态系统定位观测站,15个国家林业局陆地生态系统定位观测站(生态站),占地5 000平方米的重点实验楼,林业行业第一个"稳定同位素比率质谱实验室",林业生物质能源国家工程实验室,4

个实验中心,6 个自然保护区。国家林产化学工程技术研究中心已建成植物资源利用、精制活性炭、乳液胶粘剂以及松香松节油深加工等多条中试生产线;木材工业国家工程研究中心建有人造板工程材料、胶粘剂及木材处理剂和木材改性及加工等 3 个中试车间。南方国家级林木种苗示范基地建成了我国林业一流的林木良种研究和繁育基地,具有林木良种选、引、育、繁整体功能;中国林业科学研究院(南京)科技园已建成环氧树脂、聚酰胺固化剂、丙烯酸酯聚合乳液、松香乳液增粘剂、生物柴油 5 条中试示范线。中国林科院还建成了 80 多个拥有自主知识产权的林业科技信息数据库群。2007 年建成了中国林业信息网虚拟专网管理系统,实现了中国林业信息远程接入和授权访问查询。引进了 20 多个国内外数据库,其中全文数据库 17 个。中国林科院的图书馆已与国内 150 个单位、世界上 37 个国家或地区 145 个科研单位、林业院校建立并保持文献交换关系,现有馆藏文献 40 余万册,所收藏的国外林业期刊和图书文献种类均居国内首位。中国林科院还主办有《林业科学研究》《中国林业科技》(英文版)等 23 种中英文林业科技期刊,是支撑现代林业建设与林业科技创新的重要平台。

(二)重点实验室

1. 国家级重点实验室——林木遗传育种国家重点实验室

林木遗传育种实验室是我国林业行业唯一的国家级重点实验室,于 2011 年 4 月由科技部立项。该国家重点实验室由中国林科院与东北林业大学联合,以国家林业局林木培育重点实验室和林木遗传育种与生物技术教育部重点实验室为基础进行共建而成。国家林业局林木培育重点实验室于 1995 年由林业部批准建立,依托中国林科院,1996 年正式对外开放。林木遗传育种与生物技术教育部重点实验室于 2007 年由教育部批准建立,依托东北林业大学。

林木遗传育种国家重点实验室以林木遗传育种国家级重点学科为核心,主要研究林木重要性状形成的分子基础、林木育种目标性状表达的生理学基础、林木种质创新与利用、林木分子育种四大内容。其目标是建成具有世界影响力的创新平台,使之成为林木遗传育种研究的学术中心和人才培养基地,以提高我国林木遗传育种的原始创新能力和国际竞争力。近几年,实验室先后承担了"973""863"、国家自然科学基金等课题 80 余项。在林木遗传育种研究领域取得了一批重要的具有国际先进及领先水平的研究成果,如林业系统目前唯一的国家科技进步特等奖"ABT 生根粉系列的推广",国家科技进步一等奖的"沙棘良种选育""杉木种源试验""木材性质改良""棕榈藤研究""林木菌根化技术",以及占林业系统 60% 以上的国家科技进步二等奖。在新品种培育方面,广泛涉及我国杨树、杉木、落叶松、白桦、马尾松、桉树、红松、樟子松等主要造林树种,其优良品种占我国推广品种的 70% 以上,为我国林业发展战略和林业重大工程提供了强有力的科技支撑,对加快林业发展、改善生态环境、维护生态安全做出了重大贡献。

2. 局级重点实验室

国家林业局重点实验室是我国林业科学研究和科技创新体系的重要组成部分,是组织开展高水平林业科学研究、聚集和培养优秀林业科技人才、开展林业科技国际合作与交流的重要基地。1995 年,林业部首批挂牌成立了 29 个重点实验室,此后又陆续建立了 3 个。截至 2005 年,国家林业局重点实验室总数达 32 个(见表 20)。

表 20　国家林业局重点实验室一览表

序号	实验室名称	依托单位	组建时间
1	林产化学工程重点实验室	中国林科院林产化学工业研究所	1995
2	林木育种与生物技术重点实验室	中国林科院林业研究所	1995
3	木材科学与技术重点实验室	中国林科院木材工业研究所	1995
4	热带林业研究局重点实验室	中国林科院热带林业研究所	1995
5	森林保护学重点实验室	中国林科院森林生态环境与保护研究所	1995
6	森林生态环境重点实验室	中国林科院森林生态环境与保护研究所	1995
7	亚热带林木培育重点实验室	中国林科院亚热带林业研究所	1995

续表

序号	实验室名称	依托单位	组建时间
8	林业遥感与信息技术重点实验室	中国林科院资源信息研究所	1995
9	干旱半干旱地区森林培育及生态系统重点实验室	北京林业大学	1995
10	森林资源和环境管理重点实验室	北京林业大学	1995
11	树木花卉育种与生物工程重点实验室	北京林业大学	1995
12	水土保持与荒漠化防治重点实验室	北京林业大学	1995
13	东北森林资源培育重点实验室	东北林业大学	1995
14	木材科学与工程重点实验室	东北林业大学	1995
15	森林病虫害生物学重点实验室	东北林业大学	1995
16	野生动物保护学重点实验室	东北林业大学	1995
17	林产化学加工重点实验室	南京林业大学	1995
18	林木遗传和基因工程重点实验室	南京林业大学	1995
19	木材加工与人造板工艺重点实验室	南京林业大学	1995
20	生态工程重点实验室	南京林业大学	1995
21	南方山地用材林培育重点实验室	福建林科院	1995
22	森林病虫害生物防治重点实验室	广东林科院	1995
23	中南速生材繁育重点实验室	广西林科院、广西大学林学院	1995
24	制材研究重点实验室	黑龙江林产工业研究所	1995
25	沙地生物资源保护和培育重点实验室	内蒙古林科院、内蒙古农业大学	1995
26	四川森林生态与资源环境研究重点实验室	四川林科院	1995
27	黄土高原林木培育重点实验室	西北农林科技大学林学院	1995
28	云南珍稀濒特森林植物保护和繁育重点实验室	云南林科院	1995
29	经济林育种与栽培重点实验室	中南林学院	1995
30	林业机电工程重点实验室	国家林业局哈尔滨林业机械研究所	2003
31	资源昆虫培育与利用重点实验室	中国林科院资源昆虫研究所	2003
32	竹藤科学与技术重点实验室	国际竹藤网络中心	2005

二、林业科技发展规划

科技发展规划,是国家根据未来一定历史时期内经济社会及科学技术发展的形势与需求,对科技发展的总体思路、发展目标、战略部署、重点项目及实行措施作出的整体布局。新中国成立以来,我国组织编制过多次大规模的全国性科技发展规划,林业作为国民经济的重要部门,也相应组织编制了林业科技发展规划。

1. 1956—1967 年林业科技发展远景规划

新中国成立后不久,为了系统地引导科学研究为国家建设服务,国务院成立了科学规划委员会,组织编制了新中国第一个中长期科技规划《1956—1967 年科学技术发展远景规划纲要(草案)》(又称《十二年科技发展规划》)。该规划第 47 项"扩大森林资源及森林合理经营和合理利用"为专门针对林业的发展远景规划,包括营林和森林工业两个方面的内容:在营林方面,研究各种重要树种和各种森林的特性,不同环境条件下的造林方法,优良种子与苗木的供应,森林火灾和病虫害的预防和控制方法,森林抚育、更新、采伐方式及其组织原则;在森林工业方面,研究不同地区机械化采伐和运材技术,各种木材的材性和用途,及其机械加工与化学加工技术。

2. 1963—1972 年林业科技发展规划

1960 年冬,中央提出了"调整、巩固、充实、提高"八字方针,要求对各行各业的工作进行调整。经中共中央批准,决定在"十二年规划"执行的基础上,根据社会主义建设的任务,参照世界科学技术进展的情况,制订了《1963—1972 年十年科学技术规划(草案)》(简称《十年规划》)。林业包含在大农业范围内,由当时国家科委林业组和林业部共同组织编制。《规划纲要》第四章第三节从经营保护好现有森林,提高现有林的生长量;选育优良树种,提高速生用材林及木本粮油林的丰产培育技术;加速荒山造林、提高水土保持林、固沙林和农田防护林的营造技术及其防护效益;提高营林和木材采运生产机械化的水平等共 4 个方面规定了林业科技发展的方向。具体规划主要内容包括木材采伐运输、木材加工、林产化学、林副特产利用和林业经济等 6 个方面,共 16 个重点研究项目。

3. 1978—1985 年全国林业科技发展规划

"文革"结束后不久,百业待兴。1977 年 11 月,国家科委召开了全国科学技术规划会议,编制了《1978—1985 年全国科学技术发展规划纲要(草案)》(即《八年科学技术发展规划》)。1978 年 3 月,中共中央召开全国科学大会,讨论并通过了规划。规划确定 108 个项目作为全国科学技术研究的重点,其中第九项"研究林木速生丰产优质、森林防火灭火技术,建立现代化综合科学实验基地"和第十项"研究森林资源综合利用的新工艺、新设备、新技术"为林业项目。在这个规划的基础上,1982 年制定了《第六个五年计划科学技术攻关项目计划》,即 38 项国家科技攻关项目,其中第 4 项"速生树种良种选育及木材综合利用研究"为林业项目。

4. 1986—2000 年林业科技发展规划

1983—1984 年,在国务院科技领导小组领导下,由国家计委、国家经委和国家科委组成科技规划办公室,从各行各业抽调 200 多名专家,编制了《1986—2000 年全国科学技术发展规划轮廓设想纲要(草案)》,即 15 年科技发展规划,提出了各传统产业及新兴技术领域共 500 多个重点科技项目。其中,在大农业部分,提出了 8 个林业科技项目。根据规划办公室的统一部署,林业部还编制了《1986—2000 年林业科学技术发展规划轮廓设想》,提出了包括森林生态系统、现有林经营和保护、扩大森林资源、林木速生丰产和木材综合利用等 6 个方面 18 个科技发展项目。

5. 中长期林业科技发展纲要(1990—2000—2020)

1988 年 6 月,国家科委召开国务院各部门负责人会议,部署编制《中长期科学技术发展纲要》(1990—2000—2020)工作,会议决定林业作为全国重点行业之一,独立编制《中长期林业科技发展纲要》(即《中长期科学技术发展纲要之十三》)。《纲要》提出了到 2000 年,林业科技主要领域达到 20 世纪 80 年代初的国际水平,到 2020 年力争达到国际先进水平的战略目标,明确了"现有森林资源经营管理和保护研究""建立短周期工业用材林技术体系研究""生态林业工程研究""木材深度加工及高效利用研究""森林植物资源多效利用研究""软科学在林业科学决策及现代化管理中的应用研究""林业应用基础研究"等7项林业科技发展重点。

6. 林业科技发展"九五"计划和到2010年长期规划

为了全面贯彻《中共中央关于制定国民经济和社会发展"九五"计划和2010年远景目标的建议》,1995年,林业部组织编订了《林业科技发展"九五计划"和到2010年长期规划》,明确提出"九五"林业科技发展的重点是:推广10项系列配套新技术,突破林业生产建设中亟待攻克的六大关键应用技术,切实解决200项重点科学技术难题,引进200项国外、境外先进技术,同时抓好基础研究和高新技术应用研究。

7. 林业科学和技术中长期发展规划(2006—2020年)、林业科学和技术"十一五"发展规划和国家林业科技创新体系建设规划纲要(2006—2020年)

2006年,国家林业局制订了《林业科学和技术中长期发展规划(2006—2020年)》《林业科学和技术"十一五"发展规划》和《国家林业科技创新体系建设规划纲要(2006—2020年)》。《中长期规划》重点是研究提出未来15年内林业科技发展的远景目标,规划和布局我国林业科技发展的11个重点领域(即生物技术与良种培育、森林与环境关系研究、生态体系构建与退化生态系统修复、荒漠化防治、森林灾害防治、森林定向培育与可持续经营、林业生物质材料与资料高效利用、林业生物质能源、信息技术与数字林业、现代林业装备技术和宏观战略与林业政策)和六大科技工程(即生态建设与生态安全、林业生物技术与良种培育、森林生物种质资源保护与利用、林业生物产业发展、数字林业、林业创新能力建设)。《"十一五"规划》是针对《中长期规划》前5年内容的进一步细化,是对"十一五"林业科技工作的具体部署和安排;《创新体系规划纲要》是对《中长期规划》中《国家林业科技创新体系建设》专题的具体化。三个《规划》是相互联系、相辅相成的有机整体,共同构成了对2006—2020年林业科技工作的全面部署。

三、林业科技成就

至 2010 年,我国林业取得各类科技成果约 1.6 万多项,获国家级科技进步奖 254 项,其中特等奖 2 项、一等奖 7 项(见表 21);获国家科技发明奖 43 项(见表 22)。

表 21 国家科技进步奖(特等、一等)林业项目情况

序号	项目名称	主持完成单位	主要完成人	等级	时间
1	黑杨派南方型无性系的引种和推广	南京林业大学、江苏省引种推广协作组、湖北省引种推广协作组、湖南省引种推广协作组	王明庥等	一等	1985
2	杉木第一代种子园研究成果的推广应用	南京林业大学、福建省林业厅林木种苗公司、福建省林业厅洋口林场、福建省三明市官庄林场	陈岳武、黄平江、施季森、刘大林、周材恭、李玉科、张敬源、陈世彬、李寿茂、蒋恕	一等	1987
3	包兰线沙波头地段铁路治沙防护体系的建立	铁道部兰州铁路局、中国科学院兰州沙漠研究所、林业部造林调查设计大队、铁道部第一设计院、中国科学院林业土壤研究所、宁夏回族自治区林业厅治沙协作组、铁道科学研究院、中国科学院兰州沙漠研究所沙坡头研究站、兰州铁路局中卫固沙林场、兰州铁路局中卫工务段	李鸣冈、刘宝山、敖匡之、张宝善、刘媄心、徐怡、翁元庆、王康富、杨健君、赵性存、赵兴梁、马新传、马志彬、陈文瑞、郑振华、张宗朗、蒋谨、高守惠、姬君兆、石庆辉、刘安邦、司连山、刘恕、叶金荣、王汉武、李维孝、赵铭球	特等	1988

续表

序号	项目名称	主持完成单位	主要完成人	等级	时间
4	杉木地理变异和种源区划分	中国林业科学研究院林业研究所、福建省林业科学研究所、广东省林业科学研究所、江苏省林业科学研究所、江西省林业科学研究所、贵州省林业科学研究所、云南省林业科学研究所、安徽省林业科学研究所、陕西省汉中地区林业科学研究所、湖南省林业科学研究所	洪菊生、杨宗武、陈建新、李晓储、吴士侠、曾志光、程政红、刘立德、谭忠良、林协、章敬人、管经粟、赵世远、王泽有、彭振华	一等	1989
5	ABT生根粉系列的推广	中国林业科学研究院	王涛	特等	1996
6	棕榈藤的研究	中国林业科学研究院、中国林业科学研究院热带林业实验中心、广东省高州市林业局、广东省国营南华农场、广东省国营西江林业局、福建省云霄县林业局、海南省国营西联农场	许煌灿、尹光天、蔡则谟、张伟良、范晋渝、弓明钦、陈青度、傅精钢、曾炳山、周再知、张方秋、张国、李意德、陈康泰、刘元福	一等	1996
7	沙棘遗传改良系统研究	中国林业科学研究院林业研究所、黄河水利委员会、阜新市水利局、陕西省水土保持勘测规划研究所、中国林业科学研究院沙漠林业实验中心、黄河水利委员会天水水土保持试验站、青海省农林科学院林业研究所、黄河水利委员会西峰水土保持试验站、内蒙古伊克昭盟水土保持科学研究所、山西省右玉县沙棘研究所	黄铨、赵汉章、佟金权、李忠义、吴永麟、徐永昶、李建雄、李敏、朱长进、江承敬、曹满、王愿昌、李毓祥、高成德、董太祥	一等	1998

续表

序号	项目名称	主持完成单位	主要完成人	等级	时间
8	林木菌根化生物技术研究	中国林业科学研究院、中国林业科学研究院亚热带林业研究所、中国林业科学研究院热带林业研究所、辽宁省林业科学研究院、中国林业科学研究院森林生态环境研究所、中国林业科学研究院亚热带林业实验中心	花晓梅、陈连庆、李文钿、弓明钦、韩瑞兴、王淑清、郑来友、成小飞、栾庆书、刘国龙、裴致达、余良富、陈羽、李玉、张玉东	一等	2001
9	竹质工程材料制造关键技术研究与示范	国际竹藤网络中心、中国林业科学研究院木材工业研究所、南京林业大学、中国林科院林产化学工业研究所	江泽慧、费本华、张齐生、王正、蒋剑春、于文吉、刘君良、任海青、王戈、覃道春、周建斌、蒋明亮、孙正军、邓先伦、余雁	一等	2006

表22 国家科技发明奖林业项目情况

序号	项目名称	主持完成单位	主要完成人	等级	时间
1	湿地松针叶束水培育苗	湖北省荆州地区林业科学研究所	周心铁、杨承桂	二等	1983
2	铅笔板XB生产法	南京林学院、天津铅笔厂	张齐生、陆肖宝、孙乐然、李学义	三等	1984
3	育成桂皱27号、1号、2号、6号4个千年桐高产无性系和全套良种繁育与栽培技术	广西壮族自治区林业科学研究所	凌麓山、覃榜彰	三等	1987
4	小黑杨杂交育种	中国林业科学研究院林业研究所、黑龙江省防护林研究所、吉林省白城地区林业科学研究所、内蒙古赤峰市林业科学研究所、山西省雁北杨树丰产试验局	黄东森等	二等	1988

续表

序号	项目名称	主持完成单位	主要完成人	等级	时间
5	全叶全光扦插育苗自动喷雾装置	吉林铁路分局第一中学	许传森	三等	1988
6	杉木三优及矮秆采重穗圃	浙江省开化林场	周天相、余荣贵	三等	1989
7	"413"白僵菌除治蛀干害虫木蠹蛾	天津市园林绿化研究所	张德林	四等	1989
8	新杂交种——群众杨	中国林业科学研究院林业研究所	徐纬英、马常耕、佟永昌、林静芳、胡长龄、梁彦	二等	1990
9	柳树无性系——苏柳172 和苏柳194	江苏省林业科学研究所	涂忠虞、潘明建	二等	1990
10	植物扦插生根培养装置	中国林业科学研究院林业研究所、山东省青岛市胶南林业科学研究所	王涛、薛宝钧、刘振海、董德明	三等	1990
11	DQJ－1 型激光测距森林罗盘仪	吉林省林业科学研究所、北京大学	赵彤堂、赵绥堂	三等	1990
12	利用斑头陛盾茧蜂防治粗鞘双条杉天牛的新技术	广东省林业科学研究所、国营播杨林场	张连芹、宋世涵、范军祥、曾陈湘、李秀杞	四等	1990
13	新杂交种北京杨	中国林业科学研究院林业研究所	徐纬英、马常耕、佟永昌、林静芳、梁彦、胡长龄	三等	1991
14	泡桐新品种豫杂 1 号选育	河南农业大学、河南省林业科学研究所、中国林业科学研究院林业研究所、河南省许昌地区林业科学研究所	蒋建平、李荣幸、刘廷志、陶栋伟、熊耀国、王槐堂	三等	1991
15	黑颈鹤人工授精繁育新技术	北京动物园	甘声芸、郑锦璋、陈淑琴	三等	1991

续表

序号	项目名称	主持完成单位	主要完成人	等级	时间
16	柳窿杂种桉的培育技术	广西壮族自治区林业科学研究所	苏兴仁、吴世明、韦民	四等	1991
17	木工平刨安全防护新技术	黑龙江省林业科学院	程克义、周勇、王凤山	四等	1992
18	20号人工配合饲料繁殖瓢虫、草蛉幼虫防治日本松干蚧新技术	浙江省林业科学研究所	胡鹤龄、杨牡丹、裘学军	四等	1992
19	利用管氏肿腿蜂防治天牛等钻蛀性害虫新技术	广东省林业科学研究所、广东省化州县林业局、广东省汕头市林业科学技术推广中心	张连芹、宋世涵、范军祥、曾陈湘、李秀杞、许教华	四等	1992
20	白杨派新无性系——窄冠白杨1号、3号、6号	山东省林业学校	庞金宣	三等	1992
21	棒状被膜长效树肥	北京市园林科学研究所	周文珍、李玉和、吴文容	三等	1992
22	蓝色塑料薄膜大棚二氧化碳气肥育苗新技术	北京农学院、哈尔滨工业大学	马世超、李树蓉、赵新民、冷平生、赵文华、郭平	三等	1992
23	防畜啃树剂	东北林业大学、内蒙古自治区巴彦淖尔盟林业处、内蒙古自治区林业局森防站、内蒙古自治区乌拉特前旗森防站、内蒙古自治区乌拉特前旗林业局	王立纯、常正武、李荣亮、张林生、孙兆瑞、焦焕堂	三等	1992
24	朱鹮人工繁殖新技术	北京动物园	李福来、刘斌、王振荣、史森明、刘凌云	二等	1993

序号	项目名称	主持完成单位	主要完成人	等级	时间
25	鼠用植物性复合不育剂应用技术	吉林省黄泥河林业局、东北师范大学、林业部森林病虫害防治总站	赵日良、陈荣海、张春美、吴克有、王大臣、杨春文	三等	1993
26	马尾松花粉的采集及储存技术	中国林业科学研究院亚热带林业研究所	陈炳章、朱德俊、顾培英	四等	1993
27	杨树新品种 NL-80105、NL-80106、NL-80121	南京林业大学	王明麻、吕士仁、徐锡增、邬荣领、许农	四等	1993
28	油松飞播造林应用HL粉剂拌种防止鼠害的技术	辽宁省朝阳县林业局、朝阳市林业局	姚显明、刘天斌、白日、常兴秋	四等	1993
29	筒式蜂窝育苗纸容器制作机和纸筒制造方法	广西壮族自治区林业科学研究所	邹诚、李勇江、覃文能、蒙祥隆、张世富、甘福丁	四等	1993
30	湿法两面光中密度纤维板生产工艺技术	北京林业大学	李光沛、孙立谓、李孔钦、贾荣发、撒潮、王天龙	三等	1995
31	植物活力测定仪	北京林业大学	尹伟伦	三等	1995
32	高效吸水生根增根增肥剂的研制及其应用	吉林省林兴科技开发公司、吉林省林业科学研究院	冯晓光、刘文宗、王继志、李永生、李传俊、胡玉山	四等	1995
33	用于提高根系活力和干旱阳坡造林效果的植物保护助长剂——根宝	山西农业大学、山西省太谷县林业局	常培英、常成、韩有志、刘曼玲、郭来锁、郭晋平	四等	1996
34	一种铅笔杆材料(纸卷铅笔)	贵州省林业科学研究院	雍朝柱、李云莲	四等	1996

续表

序号	项目名称	主持完成单位	主要完成人	等级	时间
35	绿尾虹雉人工饲养繁殖技术	北京濒危动物驯养繁殖中心	程采云、李金录、阮向东、谭玉洁、羿峰、刘兴国	四等	1997
36	测径靠尺和显微测树仪	吉林省林业科学研究院、吉林省林兴科技开发公司、北京大学	赵彤堂、冯晓光、赵绥堂、董晓刚、李凤鸣、刘清玉	二等	1998
37	新型磷氮硼复合木材阻燃剂的合成方法	东北林业大学	李坚、王清文、张世润、刘一星、李淑君、钱学仁	二等	2002
38	转基因741杨	河北农业大学	郑均宝、田颖川、梁海永、高宝嘉、杨敏生、王进茂	二等	2004
39	落叶松单宁酚醛树脂胶粘剂的研究与应用	南京林业大学	张齐生、孙达旺、孙丰文、赵海峰、宋建军、杨文章	二等	2005
40	农林废弃物生物降解制备低聚木糖技术	南京林业大学	余世袁、勇强、徐勇、陈牧、朱汉静、宋向阳	二等	2006
41	刨切微薄竹生产技术与应用	浙江林学院、杭州大庄地板有限公司、杭州强生圣威装饰材料有限公司、维德集团德华建材（苏州）有限公司	李延军,杜春贵,刘志坤,林海,林勇,庄启程	二等	2007
42	人造板优质高效胶粘剂制造及应用关键技术	北京林业大学、永港伟方（北京）科技股份有限公司	李建章、雷得定、于志明、陈红兵、李黎、周文瑞	二等	2009
43	人造板及其制品环境指标的检测技术体系	中国林业科学研究院木材工业研究所	周玉成、程放、井元伟、安源、张星梅、侯晓鹏	二等	2010

第二节　林业教育

新中国成立之前,我国林业教育初具规模,高等教育有 20 所大学和农学院设立森林系,1949 年在校学生 541 人;中等教育有 9 所高、初级农业学校中设有林科,1949 年在校学生 1 300 人。经过 60 多年的发展,我国林业教育已经形成了普通高等林业教育,高、中等林业职业技术教育和林业培训协调发展、较为健全的林业教育培训体系。截至 2010 年,全国独立设置的普通高等林业本科院校 6 所,独立设置的林业(生态)职业技术学院 12 所、中等林业(园林)职业学校 31 所,另有 346 所其他普通高等院校和高等职业院校、587 所中等职业学校招收林科专业学生。此外,国家林业局管理干部学院专门负责林业干部培训工作,设有国家林业局教育培训信息中心、成人教育研究中心、职业教育研究中心、自学考试管理中心。全国共有林业行业关键岗位培训单位 57 个、林业职业技能鉴定站 61 个。截至 2011 年,全国林科类专业在校研究生 1.9 万人,其中本科生和高职、高专生 21.2 万人,中专生 28.2 万人;全行业年培训林业从业人员 300 多万人次,3.8 万人次通过林业行业职业技能鉴定考核,获得国家职业资格证书。

一、高等林业教育

1. 高等林业院校

1949 年新中国成立前夕,我国大陆地区共有 20 所高等院校设有森林系,分别是北平大学(北京大学)农学院、河北农学院、东北大学农学院、浙江大学农学院、中央大学(南京大学)农学院、金陵大学农学院、山东农学院、河南大学农学院、安徽大学农学院、武汉大学农学院、湖北农学院、中正大学(南昌大学)农学院、湖南大学农学院、西北农学院、福建农学院、中山大学农学院、广西大学农学院、四川大学农学院、云南大学农学院和贵州大学农学院,此外,台湾地区的台湾大学农学院和中兴大学农学院也设有森林系。1950 年,新建的平原农学院也设有森林系。1952 年 7 月,高等教育部在北京召开全国农学院院长会议,拟定高等农林院校调整方案,决定成立北京、东北、南京林学院,并在 13 所农学院中保留或增设林学系。新中国成立初期高等林业院校情况(见表 23)。

表 23　新中国成立初期高等林业院校情况

1949 年	1950 年	1952 年
北平大学农学院森林系	北京农业大学森林系	北京林学院
河北农学院森林系	河北农学院森林系	
	平原农学院(新建)森林系①	
东北大学农学院森林系	东北农学院森林系	东北林学院
浙江大学农学院森林系	浙江大学农学院森林系	
中央大学农学院森林系	南京大学农学院森林系	南京林学院
金陵大学农学院森林系	金陵大学农学院森林系	
山东农学院森林系	山东农学院森林系	山东农学院林学系
河南大学农学院森林系	河南大学农学院森林系	河南农学院林学系
安徽大学农学院森林系	安徽大学农学院森林系	安徽农学院林学系
武汉大学农学院森林系	华中农学院森林系	华中农学院林学系
湖北农学院森林系		
中正大学农学院森林系	南昌大学农学院森林系	湖南农学院森林系
湖南大学农业学院森林系	湖南农学院森林系	
西北农学院森林系	西北农学院森林系	西北农学院林学系
福建农学院森林系	福建农学院森林系	福建农学院林学系
中山大学农学院森林系	中山大学农学院森林系	华南农学院林学系
广西大学农学院森林系	广西大学农学院森林系	广西农学院林学系
四川大学农学院森林系	四川大学农学院森林系	四川大学农学院林学系
云南大学农学院森林系	云南大学农学院森林系	云南大学农学院林学系
贵州大学农学院森林系	贵州大学农学院森林系	贵州农学院林学系
		新疆八一农学院林学系(新设)

① 根据 1952 年调整计划,平原农学院森林系与北京农业大学森林系、河北农学院森林系组建北京林学院,但 1952 年北京林学院组建时,平原农学院森林系未参与,直至次年(1953 年)方并入北京林学院。

1958—1960年"高校教育大革命"期间,很多农学院中的林学系分出来独立成立了林学院,一些大专甚至中专升格为大学。至1960年,全国高等林业院校(系)由16所发展为40多所,其中独立的林业院校就达到24所。这种盲目的扩张不符合高等教育的发展规律,严重影响了高等林业教育的发展。1961年开始,国家对高等林业院校进行了调整,林业部直属的北京、东北、南京3所林学院不变,合并湖南林学院与华南农学院林学系成立中南林学院,另外保留福建、内蒙古、吉林、四川和天目林学院。至此,全国高等林业院校调整为9所。1966—1976年"文革"期间,绝大部分林业高等院校被搬迁、撤并,新中国成立以来的高等林业教育成就被一概否定,林业高等教育再次遭到重大挫折甚至停顿不前。1968年末,东北林学院大部分教师和干部被下放到农村插队落户。1969年,北京林学院迁往云南,大批师生被分散安置到云南的14个林业局接受劳动锻炼。1972年,南京林学院被改名为南京林产工业学院。此外,中南、福建、内蒙古、吉林、四川和天目林学院相继撤并。在林业高校搬迁、撤并过程中,很多教职工被遣散改行,校舍被改作他用,教学图书、设备损失惨重。

1978年十一届三中全会之后,我国高等林业教育逐渐得到恢复和发展。北京、东北林学院相继迁回原址重办,南京林学院更回原名,中南、福建、内蒙古、吉林、浙江(原天目)林学院相继恢复,另新成立云南(后改为西南)、西北、河北3所林学院。至1986年,我国高等林业院校发展到11所,其中,北京、东北、南京、中南、西北、西南6所林学院由林业部直属,分别设在我国华北、东北、东南、中南、西北、西南六大行政区。此外,还有18所农业大学或农学院设有林学、园林系。20世纪80年代中期高等林业院校情况(见表24)。

表24　20世纪80年代中期高等林业院校情况

独立设置的高等林业院校	
名称	说　明
北京林学院	林业部属,1985年改名北京林业大学
东北林学院	林业部属,1985年改名东北林业大学

续表

独立设置的高等林业院校	
名称	说　明
南京林学院	林业部属,1985 年改名南京林业大学
中南林学院	林业部属,1978 年复建
福建林学院	福建省属,1975 年复建
内蒙古林学院	内蒙古自治区属,1978 年复建
吉林林学院	吉林省属,1978 年复建
浙江林学院	浙江省属,1979 年复建
西南林学院	林业部属,1979 年建云南林学院,1983 年改今名
西北林学院	林业部属,1979 年由西北农学院林学系组建
河北林学院	河北省属,1985 年新建
农业大学或农学院中的林业系、园林系	
北京农学院林学系	华南农业大学林学系
山西农业大学林学系	广西农学院林学分院
沈阳农业大学林学系	四川农业大学林学系
上海农学院园林系	贵州农学院林学系
安徽农学院林学系	西藏农牧学院林学系
江西农业大学林学系	甘肃农业大学林学系
山东农业大学林学系	宁夏农学院园林系
河南农业大学园林系	新疆八一农学院林学系
华中农业大学林学系	石河子农学院林学系

从 20 世纪 80 年代中期至今,我国高等林业院校与其他高校一样经历了学校改名、大学扩招和高校合并等一系列改革,高等林业教育格局得到重新调整。1985 年,北京、东北、南京 3 所林学院分别改名为林业大学;1995 年,河北林学院并入河北农业大学(下设林学院);1999 年,内蒙古林学院、吉林林学院、西北林学院分别并入新组建的内蒙古农业大学(下设林学院)、北华大学(下设林学院)、西北农林科技大学(下设林学院);2000

年,福建林学院并入新组建的福建农林大学(下设林学院);2006年,中南林学院更名为中南林业科技大学;2010年,西南林学院、浙江林学院分别改名为西南林业大学、浙江农林大学。此外,2000年国家林业局南京人民警察学校升级为南京森林公安高等专科学校,2010年再次升级为南京森林警察学院。至此,迄今我国独立设置的高等林业院校共有6所,即北京林业大学、东北林业大学、南京林业大学、中南林业科技大学、西南林业大学和南京森林警察学院。其中,北京林业大学、东北林业大学由教育部直属,为国家高等教育"211"工程院校;南京林业大学、中南林业科技大学、西南林业大学分别由江苏、湖南、云南、浙江省属;南京森林警察学院为国家林业局直属。此外,我国还有340多所其他普通高等院校和高等职业院校招收林科专业学生。2010年我国独立设置的高等林业院校情况(见表25)。

表25　2010年我国独立设置的高等林业院校情况

高校名称	说　明
北京林业大学	2000年改由教育部属
东北林业大学	2000年改由教育部属
南京林业大学	2000年改由江苏省属
中南林业科技大学	2000年改由湖南省属
西南林业大学	2000年改由云南省属
南京森林警察学院	国家林业局属

2. 高等林业教育专业设置

1952年,我国林业高校院系调整后,参照苏联高校专业目录,开始设置林业专业。1954年,经过高等教育部批准,我国高等林业院校设置造林、森林经营、森林采伐及运输机械化、木材机械加工4个专业。当时,林业部直属的北京林学院设森林经营、造林2个专业;东北林学院设森林经营、森林采伐及运输机械化、木材机械加工3个专业;南京林学院设森林经营、造林、木材机械加工3个专业。随着林业生产建设的发展和高等林业教育体系的日趋完善,院校中又逐步增设了水土保持、城市及居民区绿化、经济林、林产化学加工、林业机械设计及制造 5 个专业。

1958 年以后,受到"高校教育大革命"和"大跃进"的影响,高等林业院校所设专业数量急剧增加至 42 个,但限于办学条件,有的根本无法落实,即便勉强上马也因条件不够而难以保证质量。1961 年,教育部提出对高等院校专业设置全面调整。1963 年,全国高等学校专业调整会议召开,会后国务院颁布了《高等学校通用专业目录》。这是我国第一次由国家统一制定高校专业目录,其中列入目录高等林业院校设置的专业有 16 种,即林业、亚热带林业、森林病虫害防治、水土保持、特用经济林、林区野生动物繁殖与利用、园林、森林采伐运输、木材水运、木材机械加工、林产化学工艺学、林业经济与组织、林业机械、木工机械、治沙、林区道路工程。

"文革"期间,我国高等院校的专业设置变得很混乱。"文革"结束之后,从 1982 年开始,教育部开始组织专业目录的修订工作,这是第二次由国家组织的高校专业目录制定。1984 年,教育部发出《关于修订普通高等学校农科、林科本科专业目录的通知》,要求从实际出发,遵循教育规律,修订林科专业目录,以适用林业建设的需要。1986 年,国家教育委员会公布了修订的《普通高等学校农科、林科本科专业目录》,列入其中的林科专业有 6 类 20 种,即林学基础类(森林生物学、木材学)、营林类(林学、森林保护、经济林)、资源环境类(水土保持、沙漠治理、园林、野生动物保护与利用、自然保护区资源管理)、森林工程类(森林采运工程、森林道路与桥梁工程、林业机械)、林产加工类(木材加工、林产化工、木材保护与改性、家居设计与制造)、经济管理类(林业经济管理、木材贸易、林业信息管理)。

为了进一步适应我国社会和经济发展的需要,1989 年,国家教育委员会开始着手第二次本科专业目录修订,1993 年正式公布了《普通高等学校本科专业目录》。列入其中的林科专业有 4 类 17 种,即林业工程类(森林工程、林业与木工机械、木材加工、林产化工、室内与家具设计)、森林资源类(林学、森林保护、经济林、野生植物资源开发与利用、野生动物保护与利用)、环境保护类(园林、风景园林、水土保持、沙漠治理)、管理类(林业经济管理、自然保护区资源管理、林业信息管理)。随着我国社会主义市场经济体制的建立和完善,现代经济社会的发展对我国高等教育提出了更高的要求,1997年开始,国家教育委员会开始对普通高校本科专业目录进行了第三次修订。1998年正式公布了新修的《普通高等学校本科专业目录》。列入其中的林科专业有4类9种,即林业工程类(森林工程、木材科学与工程、林产化工),森林资源类(林学、森林资源保护与游憩、野生动物与自然保护区管理),环境生态类(园林、水土保持与荒漠化防治),农业经济管理类(农林经济管理)。

进入21世纪以来,1998年公布的《普通高等学校专业目录》已不能适应经济社会发展、社会需求的变化,不能适应高校多类型、人才培养多规格的需要,存在新兴学科和交叉学科专业设置困难,不利于复合型、创新型人才的培养,而且与研究生培养《学科目录》的专业划分衔接不够等诸多问题。因此,教育部组织对普通高校专业目录进行了第四次修订。2012年公布了新修的《普通高等学校本科专业目录》。列入其中的林科专业有4类9种,即林业工程类(森林工程、木材科学与工程、林产化工)、自然保护与环境生态类(野生动物与自然保护区管理、水土保持与荒漠化防治)、林学类(林学、园林、森林保护)、农业经济管理类(农林经济管理)。这4类9种专业涵盖了工学、农学、管理学三大门类。

3. 研究生教育与学科建设

新中国成立之前,我国林科没有研究生教育,林科研究生培养是从新中国成立之后才开始的,但从1949年至1976年"文革"结束,我国林科研究生教育发展非常缓慢,近30年内,仅招收林科专业研究生167人,且都是在"文革"之前招收的,"文革"十年中林科研究生教育甚至一度中断。1977年,国家恢复了研究生招生后,我国林科研究生教育和学科建设才得以恢复和发展。截至2005年,全国共有林科研究生硕士点达183个,博士研究生点达77个(见表26)。

表 26 研究生教育林科学科点分布情况

学科		硕士授权点		博士授权点	
一级学科	二级学科	数量	其中林科院校和科研单位	数量	其中林科院校和科研单位
林学	林木遗传育种	13	6	5	5
	森林培育	25	7	14	5
	森林保护	17	7	7	5
	森林经理	17	6	6	5
	野生动植物保护与利用	13	6	4	4
	园林植物与观赏园艺	27	6		
	水土保持与荒漠化防治	19	5		4
	小计	131	43	47	32
林业工程	森林工程	8	6	5	5
	木材科学与技术	13	7	6	4
	林产化学加工工程	9	5	5	5
	小计	30	18	16	14
农林经济管理	林业经济管理	22	7	14	3
合计		183	68	77	49

注：① 数据来源于《中国林业年鉴》(2005 年)。

② 表中林科院校、科研单位是指独立设置并具有研究生学位授予权的北京林业大学、东北林业大学、南京林业大学、中南林学院、西南林学院、浙江林学院、中国林科院。

我国自 20 世纪 80 年代初开始，先后制定了若干林科研究生培养方案和基本要求，对林业研究生的培养规格、课程设置、论文写作、学习年限等作了规范。1983 年，林业部专门召开会议讨论林科硕士研究生的培养方案。1984 年，根据会议成果，颁发了森林植物学等 19 个学科、专业攻读硕士学位研究生培养方案（试行草案），成为各林科硕士生培养单位参照执行的标准。1994 年,林业部又对 1983 年林科硕士研究生培养方案(实行草案)进行了修订,颁发了造林学等 20 个学科、专业硕士研究生培养方案。1998 年,国家林业局开始组织对 1994 年林科硕士研究生培养方案进行修订。1999 年,正式颁布实施了林木遗传育种学等 14 个学科、专业硕士研究生培养方案。同时,还颁布了《林科博士学位研究生培养基本要求》。我国林科学科、专业硕士研究生培养方案及博士研究生培养基本要求,是林科各学位授予单位加强研究生培养,规范和完善研究生培养制度的执行标准,对提高研究生培养质量,推动林科各学科发展具有重要的指导意义。

伴随着林科研究生教育的发展,我国林业学科也经历了由单一到综合的建设过程,目前我国林业学科分属农学、工学、管理学三大学科门类,形成了以林业学科为特色、生物学学科为基础,管理、人文等学科并存的、层次较完整的多学科体系。1983 年,国务院学位委员会颁布了《高等学校和科研机构授予博士和硕士学位的学科、专业目录(试行草案)》,其中林科研究生的学科有 20 个二级学科,即森林植物学、森林生态学、森林土壤学、林木遗传育种学、造林学、森林经理学、森林保护学、经济林、水土保持、园林植物、园林规划设计、野生动物、林业经济、木材采伐运输、木材加工、林区道路与桥梁工程、林产化学加工、林业机械、森工电气化自动化、木材学。1990 年,国务院在 1983 年目录基础上,修订并重新颁布了《授予博士、硕士学位和培养研究生的学科、专业目录》。其中,林科研究生学科、专业有林学和林业工程 2 个一级学科,下设 16 个二级学科,即林木遗传育种、造林学、森林经理学、森林保护学、经济林、水土保持、园林植物、野生动物、林业经济及管理(以上属林学一级学科)森林采运工程、木材加工与人造板工艺、林产化学加工、林区道路与桥梁工程、林业与木工机械、林业自动化、木材学(以上属林业工程一级学科)。此外,生物学一级学科下的植物学、生态学 2 个二级学科,建筑学一级学科下的风景园林规划与设计二级学科,农学一级学科下的土壤学二级学科为交叉学科,也是属于林学一级学科下的二级学科。1997 年,国务院学位委员会再次对专业目录进行调整,公布了新的《授予博士、硕士学位和培养研究生的学科、专业目录》。其中,林科研究生专业设有林学、林业工程、农林经济管理 3 个一级学科,下设 11 个二级学科,即林木遗传育种、森林培育、森林保护学、森林经理学、野生动植物保护与利用、园林植物与观赏园艺、水土保持与荒漠化防治(以上属于林学一级学科)、森林工程、木材科学与技术、林产化学加工工程(以上属于林业工程一级学科)、林业经济管理(属于农林经济管理一级学科)。此外,生物学一级学科下的植物学、生态学 2 个二级学科,建筑学一级学科下的城市规划与设计(含风景园林规划与设计)二级学科等学科,环境科学与工程一级学科下的环境科学二级学科,农业资源利用一级学科下的土壤学二级学科,一般也被视为林业学科。

截至 2007 年,我国林科 4 个一级学科点、29 个二级学科点被评为国家重点学科,61 个二级学科点被评为国家林业局重点学科(另有重点学科培育点 1 个)(见表 27)。

表 27　国家级、局级林业重点学科情况

一级学科国家级重点学科 (4 个一级学科点,共含 20 个二级学科点①)	
林业工程	东北林业大学
	南京林业大学
林学	北京林业大学
	东北林业大学
二级学科国家级重点学科(9 个)	
植物学	北京林业大学
	东北林业大学
生态学	东北林业大学
	南京林业大学
木材科学与技术	北京林业大学
	中南林业科技大学
林木遗传育种	南京林业大学

---

① 一级学科国家重点学科所覆盖的二级学科均为国家重点学科。

森林培育	中南林业科技大学
森林保护学	南京林业大学
二级学科国家林业局重点学科(61个)	
植物学	中国林业科学研究院
植物学	北京林业大学
植物学	南京林业大学
植物学	华南农业大学
生态学	中国林业科学研究院
生态学	北京林业大学
生态学	中南林业科技大学
生态学	西藏农牧学院
材料加工工程	国际竹藤网络中心
城市规划与设计(含风景园林规划与设计)	中国林业科学研究院
城市规划与设计(含风景园林规划与设计)	北京林业大学
城市规划与设计(含风景园林规划与设计)	南京林业大学
城市规划与设计(含风景园林规划与设计)	西南林学院
森林工程	中国林业科学研究院
森林工程	南京林业大学
木材科学与技术	中国林业科学研究院
木材科学与技术	北京林业大学
木材科学与技术	中南林业科技大学
木材科学与技术	内蒙古农业大学
木材科学与技术	安徽农业大学
林产化学加工工程	中国林业科学研究院
林产化学加工工程	北京林业大学
林产化学加工工程	东北林业大学
林产化学加工工程	中南林业科技大学
环境科学	中国林业科学研究院

续表

土壤学	北京林业大学
林木遗传育种学	中国林业科学研究院
林木遗传育种学	东北林业大学
林木遗传育种学	浙江林学院
森林培育学	中国林业科学研究院
森林培育学	东北林业大学
森林培育学	南京林业大学
森林培育学	西北农林科技大学
森林培育学	河北农业大学
森林培育学	内蒙古农业大学
森林培育学	北华大学
森林培育学	福建农林大学
森林培育学	江西农业大学
森林培育学	河南农业大学
森林培育学	四川农业大学
森林培育学	新疆农业大学
森林保护学	中国林业科学研究院
森林保护学	北京林业大学
森林保护学	南京林业大学
森林保护学	中南林业科技大学
森林保护学	西北农林科技大学
森林经理学	中国林业科学研究院
森林经理学	北京林业大学
森林经理学	东北林业大学
森林经理学	西南林学院
野生动植物保护与利用	中国林业科学研究院
野生动植物保护与利用	北京林业大学
园林植物与观赏园艺	东北林业大学

水土保持与荒漠化防治	中国林业科学研究院
水土保持与荒漠化防治	南京林业大学
水土保持与荒漠化防治	西北农林科技大学
水土保持与荒漠化防治	内蒙古农业大学
林业经济管理	中国林业科学研究院
林业经济管理	北京林业大学
林业经济管理	东北林业大学
林业经济管理	南京林业大学
二级学科国家林业局重点学科培育点	
野生动植物保护与利用	南京森林公安高等专科学院

4. 林业高校教师与学生

我国高等林业教育自 1952 年成立独立林业高等院校以来,经过 60 年的发展,不断充实、提高,已经形成了一支具有较高素质的教师队伍。几十年来,先后有 10 名高等林业院校教师当选为中国工程院院士(见表 28)。

表 28　我国高校中林业中国工程院院士情况

姓　名	林业高校	研究领域	当选时间
王明麻(1932—　)	南京林业大学	林木遗传育种学	1994
马建章(1937—　)	东北林业大学	野生动物学	1995
沈国舫(1933—　)	北京林业大学	林学及生态学	1995
关君蔚(1917—2007)	北京林业大学	水土保持和生态控制系统工程	1995
陈俊愉(1917—2012)	北京林业大学	园林及花卉学	1997
张齐生(1939—　)	南京林业大学	木材加工与人造板工艺学	1997
孟兆祯(1932—　)	北京林业大学	风景园林规划与设计	1999
朱之梯(1929—2005)	北京林业大学	林木育种	1999
尹伟伦(1945—　)	北京林业大学	生物学、森林培育学	2005
李坚(1943—　)	东北林业大学	材料科学与工程	2011

截至2008年,我国7所林业高等院校共有教职工10 965人,其中专任教师6 709人(包括正高级职称925人,副高级职称1 962人,中级职称2 412人,初级职称1 389人,无职称21人)(见表29)。

表29　2008年林业院校专任教师人数情况

高校名称	正高级	副高级	中级	初级	无职称者	各校小计
北京林业大学	157	365	381	68	20	991
东北林业大学	241	422	451	241	1	1 356
南京林业大学	142	279	439	288	0	1 148
浙江林学院	117	276	345	115	0	853
中南林业科技大学	170	417	451	443	0	1 481
西南林学院	86	139	259	151	0	635
南京森林公安高等专科学校	12	64	86	83	0	245
总计	925	1 962	2 412	1 389	21	6 709

注:数据来源于《中国林业年鉴》(2009年)。

1949年至1986年,我国林业高等院校共向社会培养了6.4万名本专科毕业生。1949—1965年,共招收林科类研究生167人;1977年恢复林科研究生招生至1986年,共招收林科研究生1 135人。近20多年来,我国高等林业教育共培养毕业研究生1.95万人和本专科、高职生34.2万人(见表30)。

表30　高等林业教育历年毕业生情况

学年	毕业生数(人)	
	研究生	普通本专科
1988—1989	320	6 189
1989—1990	334	6 676
1990—1991	292	6 840
1991—1992	315	6 832
1992—1993	144	6 874

学年	毕业生数(人)	
	研究生	普通本专科
1993—1994	155	6 515
1994—1995	151	6 978
1995—1996	188	9 560
1996—1997	211	9 924
1997—1998	273	8 533
1998—1999	339	9 788
1999—2000	377	7 313
2000—2001	468	8 191
2001—2002	531	9 569
2002—2003	714	11 586
2003—2004	1 000	19 553
2004—2005	1 329	27 079
2005—2006	1 785	36 954
2006—2007	2 534	40 209
2007—2008	3 543	46 767
2008—2009	4 515	50 413
2009—2010	6 482	54 795
总计	19 518	342 343

注: ① 数据来源于《中国林业年鉴》(历年)。

② 研究生即博士研究生和硕士研究生,包括高等林业院校、其他高等院校(林科)、科研单位所培养的林科研究生。

③ 普通本专科包括高等林业院校、森林公安高等学校和其他高等院校的林科生。

总之,1949 年来,我国高等林业教育取得了巨大的历史成就,独立设置的高等林业院校从无到有,本专科专业设置自成体系,研究生教育与学科建设成就斐然。60 多年来,林业高校领域共成长出 10 名中国工程院院士,并为国家输送了 2 万多名林科研究生和 40 多万名林科本专科和高职毕业生,为新中国的林业和生态建设做出了巨大的贡献。

二、中等林业教育

1949 年新中国成立之前,我国大陆地区仅有 9 所中等专业学校设有林科,分别是张家口农业学校、太原农业技术学校、西北农学院附属郿县林业学校、甘肃高级农业技术学校、兴城农科职业学校、宜兴高级农业学校、贵州高级农业学校、四川高级农业学校、云南昆华农业学校,当年共有在校生 1 300 人。1950 年,国家开始在一些中等农学学校增加林科,当年各地农学学校招收林科生 1 677 人。

从 1952 年后,我国开始设立独立的中等林业学校。1953 年,根据政务院《关于整顿和发展中等技术教育的指示》的精神,高等教育部、农业部、林业部联合提出中等农林学校调整,决定将当时的农业学校林科整合起来,设立中等林业学校。全国经过调整、改建后,共设立中等林业学校 17 所,归林业部统一领导,当年在校学生 6 713 人。经过几年的发展,至 1957 年,我国中等林业学校达到 24 所,改由各省(自治区)林业厅(局)领导,当年在校学生 14 913 人。

1958 年后,在"大跃进"的影响下,我国中等林业学校经历了不切实际的超常规发展。到 1960 年,中等林业学校发展到 200 多所,在校生 4.8 万人,甚至还有 10 多所林业中等学校直接升格为大学。为了纠正错误,从 1961 年开始,林业部对中等林业学校进行调整,仅保留了 1957 年的 24 所基础较好的中等林业学校,除了个别设有森林工业方面的专业外,大部分林业院校只设立林业专业。到 1965 年,全国共有 25 所中等林业学校,在校学生 12 690 人。"文革"期间,我国中等林业教育濒于崩溃,25 所中等林业学校中 21 所被撤销,大部分校舍被挪作他用,图书设备遭到毁损和散失。

改革开放后,1979 年和 1982 年,林业部先后召开了两次全国中等林业教育会议,要求各省、自治区做好中等林业学校的调整、整顿工作,我国中等林业教育开始逐渐恢复。至 1988 年,全国中等林业学校由 1978 年的 24 所发展到 49 所,在校生也由 1978 年的 7 558 人发展到 2.33 万人。此外,还有内蒙古大兴安岭、伊春、牡丹江、黑龙江省大兴安岭 4 所林业师范学校和内蒙古大兴安岭、黑龙江省、黑龙江省大兴安岭 3 所林业卫生学校。

20 世纪 80 年代至 20 世纪末,我国中等林业学校发展比较平稳,一直维持着 50 所左右的规模。进入新世纪后,中等林业学校开始发生较大变化,除了新办少数中等林业(园林)学校外,原来的中等林业学校有的撤销停办,有的并入其他高等院校成为其中专部,有的直接升格为高等院校,使得独立设置的中等林业学校数量急剧下降。截至 2008 年,我国中等林业(园林)学校仅有 13 所。此外,还有 28 所职业高中、职业中专、成人中专、干部学校、广播电视学校等中等林业职业学校。2008 年,这 41 所中等林业(园林)职业学校总计在校学生 4.15 万人。

在专业设置上,1957 年,我国中等林业学校除了个别设有森林工业方面的专业外,大部分只设立林业专业。1989 年,国家教育委员会组织编写了《中等专业学校专业目录》,列入其中的林科专业有:林业、森林保护、经济林、森林调查规划、园林、园林绿化、园林规划设计、森林采运工程、木材加工、林业经济管理、自然保护区资源管理、森林资源综合利用、林业机械、野生植物等。1993 年,国家教委组织修订了《中等专业学校目录》,列入其中的林科专业有:林业、森林保护、经济林、园林、水土保持、沙漠治理、森林防火、森林资源管理、自然保护区资源管理、野生植物栽培与利用、林特产品加工、野生动物保护与饲养、野生动物产品开发利用、森林采运工程、木材加工、林业机械、林产化学、林业财务会计、林业计划统计、林业经济管理、林产品贸易、森林旅游、林业公安等。2000 年,教育部重新修订并公布了《中等职业学校专业目录》,其中,林科专业有林业、园林、木材加工、林特产品加工、森林资源与林政管理、森林采运工程、野生动植物保护、水土保持生态环境、林产化工 9 个专业,以及森林生态旅游和林业公安 2 个专门化专业。

第三节　国际交流与合作

新中国成立初期,林业(垦)部就设立了技术合作科和专家工作室,1957 年成立外事处,1961 年成立对外联络司。"文革"时期,林业部并入农林部,林业外事工作由农林部外事局承担。1979 年恢复林业部后,设立外事局,分别于 1982 年和 1994 年改名为外事司和国际合作司。1998 年林业部改为国家林业局后,林业外事工作归国家林业局国际合作司承担。

1971 年,第 26 届联合国大会恢复了中国的一切合法权利,中国作为最大的发展中国家开始积极参与国际重大活动。1972 年 10 月,我国农林部首次作为正式代表团参加了第七届世界林业大会,这是新中国正式参与林业有关的国际重大活动的嚆矢。但由于当时我国正处于"文革"期间,自顾不暇,很少再参加林业国际活动。1978 年以后,进入改革开放新阶段,我国开始恢复参与林业国际活动,并进一步发展、扩大。30 多年来,林业主管部门代表我国政府先后加入了联合国防治荒漠化公约等国际公约和联合国粮农组织林业委员会等多个国际机构,并同世界上几十个政府间、非政府间的国际组织建立了工作联系和合作关系。我国林业国际活动的扩大,对于发挥我国国际影响,掌握世界动向,发展同各方面的友谊合作产生了重要影响。

一、国际会议

1. 联合国环境与发展大会/可持续发展大会

联合国环境与发展大会于 1992 年 6 月 3 日至 14 日在巴西里约热内卢召开,共有 183 个国家的代表团和联合国及其下属机构等 70 个国际组织的代表出席了会议,102 位国家元首或政府首脑亲自与会。我国由时任国务院总理李鹏带团出席了会议。这次会议是 1972 年联合国人类环境会议之后举行的讨论世界环境与发展问题的筹备时间最长、规模最大、级别最高的一次国际会议,也是人类环境与发展史上影响深远的一次盛会。这次会议不但提高了人们对环境问题认识的广度和深度,而且把环境问题与经济、社会发展结合起来,树立了环境与发展相互协调的观点,找到了在发展中解决环境问题的正确道路,即被普遍接受的"可持续发展战略"。会议通过了《里约热内卢环境与发展宣言》《21 世纪议程》和《关于森林问题的原则声明》,签署了《气候变化框架公约》和《生物多样性公约》。

这次会议以后,林业不再被视为一个狭窄、封闭的产业,而被视为在全球环境与发展格局中具有举足轻重地位和广泛影响的事业。为此,我国于1995 年制订了《中国 21 世纪议程林业行动计划》,确立了 21 世纪中国林业发展的总体目标,该《行动计划》成为制定中国林业中长期发展计划的指导性文件。

2012 年 6 月 20 日至 22 日,联合国可持续发展大会在巴西里约热内卢举行。本次大会是自 1992 年联合国可持续发展领域举行的又一次重要会议,近 130 位国家元首和政府首脑出席会议,来自各国政府、国际组织、新闻机构及主要群体等共 5 万多名代表与会。大会围绕"可持续发展和消除贫困背景下的绿色经济"和"促进可持续发展机制框架"两大主题,就 20 年来国际可持续发展各领域取得的进展和存在的差距进行深入讨论,最终达成了题为《我们憧憬的未来》的成果文件,重申了"共同但有区别的责任"原则,维护了国际发展合作的基础和框架。在这次大会中,森林、生物多样性、荒漠化、土地退化和干旱以及山区发展等议题,凸显了林业在可持续发展中的重要地位。我国国务院总理温家宝亲率中国政府代表团参加了这次大会,并在大会开幕式后首先发表了《共同谱写人类可持续发展新篇章》的演讲,集中表达了中国愿与国际社会一道推进全球可持续发展的立场和主张,宣布了包括帮助发展中国家培训加强生态保护和荒漠化治理等领域的管理和技术人员,向有关国家援助森林保护设备在内的 4 项援助举措。

2. 世界林业大会

世界林业大会(World Forestry Congress)是 1926 年成立的国际林业工作者科学技术性会议,前身是 1900 年和 1913 年先后在法国巴黎举行的国际营林大会。1943 年,联合国粮食及农业组织在美国召开的一次国际会议上提出,世界林业大会作为联合国的一种特别组织,每 6 年定期召开一次(见表 31),其主旨是针对全球生态的热点问题,开展广泛的国际交流与合作,协调各国政府对森林问题的认识。大会以宣言的形式建议采取行动,在相关国家、地区或世界范围内实施。大会成果将提请联合国粮农组织注意。

表 31　历届世界林业大会

届别	时间	地点	大会主题	备注
第一届	1926	意大利罗马	林业调查与统计方法	
第二届	1936	匈牙利布达佩斯	通过国际合作达到木材生产与消费平衡	
第三届	1949	芬兰赫尔辛基	热带林业	
第四届	1954	印度台拉登	森林地区在经济发展上的角色与定位	中国作为特邀代表参加
第五届	1960	美国西雅图	森林多目标利用	
第六届	1966	西班牙马德里	广泛经济变迁下的森林角色	
第七届	1972	阿根廷布宜诺斯艾利斯	森林及社会经济发展	中国首次作为正式代表参加
第八届	1978	印尼雅加达	森林为人类	
第九届	1985	墨西哥墨西哥城	森林资源在社会综合发展中的作用	
第十届	1991	法国巴黎	森林,未来世界的遗产	
第十一届	1997	土耳其安塔利亚	林业可持续发展:迈向 21 世纪	
第十二届	2003	加拿大魁北克	森林:生命之源	
第十三届	2009	阿根廷布宜诺斯艾利斯	森林在人类发展中发挥着至关重要的平衡作用	

　　第十三届世界林业大会于 2009 年 10 月 18 日至 23 日在阿根廷布宜诺斯艾利斯召开,共有来自世界 160 多个国家以及国际组织、科研机构、企业界的代表约 6 000 人出席了大会。联合国粮农组织总干事迪乌夫出席

会议开幕式并代表联合国致开幕词;我国国家林业局局长贾治邦率中国政府林业代表团出席会议,并在开幕式上发表了题为《切实发挥林业制衡作用 促进经济社会协调发展》的讲话。中国共有来自不同部门和地区的80人参加。本次大会主题为"森林在人类发展中发挥着至关重要的平衡作用",并设立了7个专题,即"森林与生物多样性""生产促进发展""森林服务于社会""爱护我们的森林""发展机遇""实施可持续森林管理"和"人与森林和谐相处"。大会召开了7个专题领域的全体大会、2个论坛——"森林与生物质能源"和"森林与气候变化"、7个专题领域下的60多个技术分会、多个墙报分会和边会。此次大会从社会、生态和经济的视角,全方位讨论森林的重要作用,进一步强化森林对人类可持续发展的重要贡献。大会最终形成了一份宣言,包括9项研究结果,强调了27项战略行动。大会认为,通过这些研究结果与战略行动,"森林与发展之间的关键平衡能够得以改进"。同时,大会向《联合国气候变化框架公约》递交了包括12项建议的咨文,呼吁对下述主要问题采取紧急行动:促进森林可持续经营、采取气候变化减缓与适应行动、改进森林监测与评估技术、加强部门之间的合作。

二、国际公约/协定

目前,我国由林业主管部门牵头履约国际公约有4项,即《联合国防治荒漠化公约》《濒危野生动植物种国际贸易公约》《国际湿地公约》和《国际森林文书》。同时,国家林业主管部门还参与了《联合国生物多样性公约》《国际植物新品种保护公约》《联合国气候变化框架公约》及《京都议定书》《国际热带木材协定》等国际公约的履约工作。

1.《联合国防治荒漠化公约》

《联合国防治荒漠化公约》,全称《联合国关于在发生严重干旱和/或荒漠化的国家特别是在非洲防治荒漠化的公约》(英文缩写 UNCCD),是1992年巴西里约热内卢环境与发展大会《21世纪议程》框架下的三大重要环境公约之一。该公约于1994年6月17日在法国巴黎外交大会通过,并

于同年 10 月 14 日、15 日在巴黎开放签署,1996 年 12 月 26 日生效。公约
常设秘书处设在德国波恩,截至 2009 年 8 月,已有 193 个缔约方。公约的
宗旨和原则是在发生严重干旱和/或荒漠化的国家,尤其是在非洲防治荒
漠化和缓解干旱影响,在各级采取有效措施,并在符合《21 世纪议程》的基
础上建立国际合作和伙伴关系,以期协助受影响地区实现可持续发展。公
约定期举行缔约方大会。公约缔约方大会也是公约的最高决策机构。从
1997 年至 2001 年,每年举行一届公约缔约方大会;2002 年以后,每两年举
行一届缔约方大会。2001 年第五次缔约方大会设立公约履约审查委员
会,负责审查、督促缔约国履行公约,每年举行一届会议(见表 32)。

　　中国政府代表于 1994 年 10 月 14 日在法国巴黎签署了了该公约,全国
人大常委会于 1996 年 12 月 30 日批准,1997 年 2 月 18 日交存加入书,同
年 5 月 9 日公约对我国生效。自 1997 年公约缔约方第一届大会以来,我
国林业主管部门代表中国政府连续参加了九届公约缔约方大会。

表 32 《联合国防治荒漠化公约》历届缔约方会议情况

届别	时间	地点
第一届	1997.09	意大利罗马
第二届	1998.11—12	塞内加尔达喀尔
第三届	1999.11	巴西累西腓
第四届	2000.12	德国波恩
第五届	2001.10	瑞士日内瓦
第六届	2003.08—09	古巴哈瓦那
第七届	2005.10	肯尼亚内罗毕
第八届	2007.09	西班牙马德里
第九届	2009.09—10	阿根廷布宜诺斯艾利斯
第十届	2011.10	韩国昌原
第十一届	2013.09	纳米比亚温得和克

　　防治荒漠化公约历届缔约国大会开得都较为艰难,原因在于发达国家
和发展中国的矛盾,双方在资金和技术援助问题上严重对立。发达国家对

履约进程持消极态度并一味强调发展中国家应依靠自身的力量防治荒漠化,发展中国家则要求发达国家提供履约所需的资金和技术,一致呼吁发达国家兑现承诺,确保公约的全球机制能进行实质性运作。

2.《濒危野生动植物种国际贸易公约》

《濒危野生动植物种国际贸易公约》(英文简称 CITES),因在华盛顿签署,又称《华盛顿公约》。二战以后,世界范围内的野生动植物贸易不断发展,对野生动植物保护产生了十分不利的影响。1972 年 6 月在瑞典首都斯德哥尔摩召开的联合国人类环境大会,提议由各国签署一项旨在保护濒危野生动植物种的国际贸易公约。1973 年 3 月 3 日,有 21 个国家的全权代表受命在华盛顿签署了《濒危野生动植物种国际贸易公约》,1975 年 7 月 1 日该公约正式生效。到 2009 年,已有 175 个缔约方加入。

《公约》的宗旨是通过各缔约国政府间采取的有效措施,加强贸易控制来切实保护濒危野生动植物种,确保野生动植物种的持续利用不会因国际贸易而受到影响,并通过许可制度控制濒危物种及其产品的国际贸易,从而使《公约》成为打击濒危野生动植物非法贸易、限制过度利用的有效手段。《公约》还运用经济手段促进该公约的执行,对不遵守该《公约》条款或大会决议的国家,采取限定、暂停或号召其他国家终止与其贸易,或由缔约国大会、常委会强制执行的措施。缔约国大会是《公约》最高机构,大会每两三年召开一届,至今已召开了 15 届(见表 33)。主要任务是:讨论各缔约国提交的对公约附录所列物种进行修订的提案,调整有关贸易的管制范围;讨论公约在执行过程中遇到的各种问题,在此基础上修订和制定一系列决议和决定;对公约缔约国大会下设的常务委员会、动物委员会、植物委员会、命名委员会等进行改选等。从第一届大会形成的几十项决议扩大到今天的 500 多项决议,涉及范围越来越广泛,各项规定越来越严格;从初始管制的数百个物种扩大到将 3.3 万多种动植物列入公约附录①,使世

---

① 《公约》将其管制的动植物种分为三类,分别列入三个附录中,采取不同的管理办法。其中,附录 I 包括所有受到和可能受到贸易影响而有灭绝危险的物种;附录 II 包括所有目前虽未濒临灭绝,但如对其贸易不严加管理,就可能变成有灭绝危险的物种;附录 III 包括成员国认为属其管辖范围内,应该进行管理以防止或限制开发利用,而需要其他成员国合作控制的物种。

界范围 60%～65% 的野生动植物贸易得到有效管制。

我国在 1979 年以观察员的身份参加了公约缔约国第二届大会；1981 年正式加入公约，成为第 63 个缔约国；1983 年第一次以成员国身份出席了缔约国第四届大会。2000 年至今，我国一直被选举为公约常委会副主席国和亚洲地区代表，在参与公约各项工作、协调亚洲地区缔约国履约等方面做了大量工作。

表 33　《濒危野生动植物种国际贸易公约》历届缔约方会议情况

届别	时间	地点
第一届	1976.11	瑞士伯尔尼
第二届	1979.03	哥斯达黎加
第三届	1981.02	印度新德里
第四届	1983.04	博茨瓦纳
第五届	1985.04	阿根廷布宜诺斯艾利斯
第六届	1987.07	加拿大渥太华
第七届	1989.10	瑞士洛桑
第八届	1992.03	日本东京
第九届	1994.11	美国劳德代尔堡
第十届	1997.06	津巴布韦哈拉雷
第十一届	2000.04	肯尼亚内罗毕
第十二届	2002.11	智利圣地亚哥
第十三届	2004.10	泰国曼谷
第十四届	2007.06	荷兰海牙
第十五届	2010.03	卡塔尔多哈
第十六届	2013.03	泰国曼谷

该《公约》发展迅速，组织体系和实施机制不断健全和完善，并逐渐与政治、经济、文化融为一体，在保护野生动植物资源方面取得的成就及享有的权威和影响举世公认，已成为当今世界最具影响力、最有成效的环境保护公约之一。

3. 《国际湿地公约》

《国际湿地公约》（英文简称 RAMSAR），全称为《关于特别是作为水禽栖息地的国际重要湿地公约》。由于人口增长和人类经济活动,世界各地的大片湿地被开垦,多种水鸟丧失了栖息之地。1962 年 11 月,当时的国际自然及自然资源保护联盟（即今世界自然保护联盟的前身）、国际水鸟与湿地研究局（即今湿地国际的前身）、国际鸟类保护理事会（即今国际鸟类组织的前身）第一次在法国召开会议,讨论湿地的保护。随后,经过长达 8 年的多次会议协商,最终形成了《国际湿地公约》文本。不过,当时文本的核心内容是保护水禽。1971 年 2 月 2 日,来自 18 个国家的代表在伊朗南部海滨小城拉姆萨尔召开国际会议,签署了《关于特别是作为水禽栖息地的国际重要湿地公约》。根据公约规定,只有当第 7 个缔约国递交批准书后 4 个月,公约才生效。于是,在希腊递交批准书后,《公约》于 1975 年 12 月正式生效。至 2009 年,《国际湿地公约》缔约方达 158 个,全球有 1 831 块在生态学、植物学、动物学、湖沼学或水文学方面具有独特意义的湿地被列入国际重要湿地名录,《公约》成为国际重要的自然保护公约之一。公约最高机构为缔约方会议,每三年举行一次（见表 34）,审议成员国和国际组织共同关心的湿地保护问题,通过决议或决定的方式,确定工作计划和努力方向。

表 34 《国际湿地公约》历届缔约方会议情况

届别	时间	地点	备注
第一届	1980.11	意大利卡利亚里	
第二届	1984.05	荷兰	
第三届	1987.05	加拿大	
第四届	1990.07	瑞士蒙特勒	
第五届	1993.06	日本钏路	中国首次以缔约方身份参加
第六届	1996.03	澳大利亚布里斯班	
第七届	1999.05	哥斯达黎加圣何塞	大会主题为:"人与湿地,息息相关"
第八届	2002.11	西班牙瓦伦西亚	

续表

届别	时间	地点	备注
第九届	2005.11	乌干达坎帕	大会主题为："湿地与水—— 人类可持续发展的生命线"
第十届	2008.10	韩国昌原	大会主题为："健康的湿地， 健康的人类"
第十一届	2012.07	罗马尼亚 布加勒斯特	大会主题为："湿地、 旅游和休闲"

我国于 1992 年 7 月 31 日正式参加湿地公约，并于 1993 年首次以缔约国身份出席了第五届缔约国大会。2005 年，我国首次以亚洲地区代表当选为常务理事国。自加入《公约》以来，我国积极履行公约，于 2006 年颁布了《中华人民共和国濒危物种进出口管理条例》作为履约的国家法规。至 2008 年年底，我国已建立了 550 多处湿地自然保护区、80 处湿地公园和 36 处国际重要湿地，基本形成了以湿地自然保护区为主体，国际重要湿地、湿地公园等相结合的湿地保护网络体系，1 790 万公顷、约 49% 的自然湿地得到了有效保护。

4.《国际森林文书》

《国际森林文书》，全称为《关于所有类型森林的无法律约束力文书》。在《国际森林文书》通过之前，国际上有几十项与森林有关的具有或不具有法律约束力的文书和进程，但这些文书和进程只是国家或地区级别的，在森林问题的处理上各自为政，缺乏协调，不利于林业的可持续发展。为推动林业可持续发展，在政府间森林问题工作组（IPF）和政府间森林论坛（IFF）进行了 10 年的政策对话的基础上，联合国经济和社会理事会于 2000 年通过决议，成立了专门的联合国森林论坛。又经过 7 年的艰苦谈判，2007 年 4 月，联合国森林论坛第七次会议通过了《国际森林文书》。2007 年 12 月 17 日，第 62 届联合国大会审议并通过了《国际森林文书》。这是第一个关于森林可持续经营的综合性全球协定，也是联合国第一次把森林可持续经营和全球粮食危机、气候变化放在了同等高度，因此意义重大。

《国际森林文书》的宗旨在于在处理森林问题方面增进国家和国际合作,共设立了争取到 2015 年要实现的 4 个全球目标:(1)通过可持续森林管理,包括保护、恢复、植树造林和再造林,扭转世界各地森林覆盖丧失的趋势,更加努力地防止森林退化;(2)增强森林的经济、社会和环境效益,方法包括改善依靠森林为生者的生计;(3)大幅增加世界各地保护森林和其他可持续经营森林的面积以及可持续经营森林林产品所占比例;(4)扭转在可持续森林管理方面官方发展援助减少的趋势,从各种来源大幅增加新的和额外的金融资源,用于实行可持续森林经营。为实现上述目标,《国际森林文书》提出了通过国家行动和国际合作方式履约,其中国家行动涉及政策、法律、造林、资源管理、教育、能力建设等方面 25 项条款,国际合作涉及 19 项条款。

我国作为世界上具有影响力的林业大国,积极参与国际森林论坛的谈判工作,对《国际森林文书》的形成起到了作用。《文书》形成后,我国积极履约,国家林业局于 2009 年 4 月专门成立了国际森林文书履约处,负责协调国内相关机构落实《国际森林文书》,开展国际合作示范项目,组织国内林业发展与国际森林问题研究,参与联合国森林论坛国际森林问题谈判等工作。

5.《联合国生物多样性公约》

《联合国生物多样性公约》(英文简称 CBD)是一项保护地球生物资源的国际性公约,于 1992 年 6 月在巴西里约热内卢召开的世界环境与发展大会上由 150 多个国家签署,并于 1993 年 12 月 29 日正式生效。该公约具有法律约束力,旨在保护濒临灭绝的动植物和地球上的多种多样的生物资源。公约主要目标有三个:(1)保护生物多样性;(2)生物多样性组成成分的可持续利用;(3)以公平合理的方式共享遗传资源的商业利益和其他形式的利用。截至 2010 年,《公约》已有 193 个缔约方。公约最高权力机构是公约缔约方大会。2000 年、2010 年分别在公约缔约方大会上通过了《卡塔赫纳生物安全议定书》和《名古屋议定书》,作为公约的补充协定。

我国于 1992 年 6 月 11 日签署该公约,同年 11 月 7 日获全国人大常委会批准。1993 年 1 月 5 日交存批准书,同年 12 月 29 日《公约》正式对我国生效。

6.《联合国气候变化框架公约》

《联合国气候变化框架公约》(英文简称 UNFCCC),是世界上第一个为全面控制二氧化碳等温室气体排放,以应对全球气候变暖给人类经济和社会带来不利影响的国际公约,也是国际社会在应对全球气候变化问题上进行国际合作的一个基本框架。《公约》于 1992 年 5 月在联合国纽约总部通过,同年 6 月在巴西里约热内卢举行的联合国环境与发展大会期间开放签署,1994 年 3 月 21 日正式生效。《公约》的最终目标是将大气中温室气体的浓度稳定在防止气候系统受到危险的人为干扰的水平上。截至 2009 年,《公约》已有 192 个缔约方。《公约》最高权力机构是公约缔约方大会。我国于 1992 年联合国环境与发展大会期间签署了《联合国气候变化框架公约》,1993 年 1 月 5 日批准该公约,1994 年 3 月 21 日正式对我国生效。

1997 年 12 月,在日本京都举行的联合国气候变化框架公约第三届缔约方大会上,通过了著名的《京都议定书》。《京都议定书》是《联合国气候变化框架公约》的补充,两者最主要区别是:《公约》鼓励发达国家减排,但它没有设定强制性减排目标;而《议定书》强制要求发达国家减排,具有法律约束力。《京都议定书》对 2012 年前主要发达国家减排温室气体的种类、减排时间表和额度等作出了具体规定,于 2005 年 2 月开始生效。根据《议定书》,从 2008 年到 2012 年第一承诺期间,主要工业发达国家的温室气体[①]排放量要在 1990 年的基础上平均减少 5.2%,其中欧盟作为一个整体要将温室气体的排放量削减 8%,美国削减 7%,日本和加拿大各削减 6%。截至 2009 年,已有 184 个联合国气候变化框架公约缔约方签署《京都议定书》[②]。1998 年 5 月,我国签署并于 2002 年 8 月核准

---

① 《京都议定书》规定了 6 种温室气体:二氧化碳、甲烷、氧化亚氮、六氟化硫、氢氟碳化物和全氟化碳。

② 美国政府于 2001 年 3 月宣布退出《京都议定书》,也是目前唯一游离于议定书之外的发达国家。

了《京都议定书》。

7.《国际植物新品种保护公约》

《国际植物新品种保护公约》（英文简称 UPOV），是旨在保护育种者权益的重要国际协定，是国际开展优良品种的研究开发、技术转让、合作交流和新产品贸易的基本框架。《公约》通过建立植物品种保护的有效机制，来保护植物新品种的知识产权，鼓励植物新品种的开发。《公约》于 1961 年 12 月 2 日在法国巴黎通过，1968 年 8 月 10 日生效。随着植物繁育技术的提高和新的进展，《公约》分别于 1972 年、1978 年和 1991 年作了修订。截至 2011 年 7 月，《公约》已有 70 个缔约方，其中，绝大多数公约缔约国执行的是 1978 年文本和 1991 年文本。1978 年文本对植物新品种保护范围、权力内容和保护期限的要求较低，易于实施；而 1991 年文本保护品种的范围宽、保护力度大，加入的条件也较严格。根据规定，自 1999 年 4 月起，所有新加入公约的国家均须按 1991 年文本要求制定或修订本国法律。

我国于 1999 年 4 月 23 日在日内瓦向国际植物新品种保护联盟递交了加入《国际植物新品种保护公约（1978 年文本）》的文书，成为国际植物新品种保护联盟的第 39 个成员国。

8.《国际热带木材协定》

《国际热带木材协定》（英文简称 ITTA），是国际社会为保护热带森林生态系统，实现可持续利用和养护热带森林及其遗传资源而订立的国际法律文件。该协定于 1983 年 11 月 18 日在日内瓦通过，1985 年 4 月 1 日生效。随着国际木材贸易的发展，《协定》分别于 1994 年、2006 年作了修订。协定的实施与管理机构是总部设在日本神户的国际热带木材组织。我国于 1986 年 7 月 2 日加入国际热带木材组织，执行《国际热带木材协定》。

三、国际合作组织

目前，由我国林业部门代表中国政府加入的国际组织有联合国森林论坛、湿地国际、国际竹藤组织、国际林联、亚太森林组织等。此外，我国还同联合国粮农组织、联合国开发计划署、联合国教科文组织、联合国工发组织、世界粮食计划署、世界银行、亚洲开发银行、国际热带木材组织、全球环境基金、国际农业发展基金、亚太经济合作组织等国际组织建立了良好的合作关系。同时,同世界自然基金会、世界自然保护联盟、保护国际、国际野生动物保护理事会、国际爱护动物基金会、野生救援、大自然保护协会、国际林业研究中心、森林管理理事会等主要国际非政府组织也有着密切的合作。其中,我国政府发起的有国际竹藤组织和亚太森林恢复与可持续管理网络两个国际性组织。

1. 国际竹藤组织

国际竹藤组织是(INBAR)第一个总部设在中国的独立的非营利性政府间全球性国际组织,总部设在北京。1997 年 11 月 6 日成立,由中国、加拿大、孟加拉国、印度尼西亚、缅甸、尼泊尔、菲律宾、秘鲁和坦桑尼亚等 9 国共同发起而签署《国际竹藤组织成立协定》。组织已与世界 50 多个国家的政府、私人和非营利机构建立了广泛的联系,形成了一个覆盖全球的网络。国际竹藤组织通过确定和实施以竹藤资源的可持续发展为基础的全球性战略,提高竹藤资源的社会、经济及环境效益。

2. 亚太森林恢复与可持续管理网络

亚太森林恢复与可持续管理网(APFNet)是由中国于 2007 年 9 月在澳大利亚举行的亚太经济合作组织第 15 次领导人非正式会议上倡议,得到与会国的一致支持,写入了会议通过的《悉尼宣言》及其行动计划后建立的。该倡议旨在通过信息共享、政策对话、能力建设、示范项目,促进亚太地区森林的恢复与可持续经营,增强森林生态系统的生产能力和生态功能,充分发挥森林在减缓气候变暖中的作用。2008 年,中、美、澳三方在北京组织前期发展的框架文件,组织秘书处投入运行。经过初期的筹备和发展,2011 年 4 月,亚太森林恢复与可持续管理网在中国正式注册为国际性组织。同年 9 月,在首届亚太经合组织林业部长级会议上,中、美、澳三方和亚太经合组织代表正式为亚太森林组织揭牌。

附　录

附录一 国家级自然保护区名录(319处)

省(区、市)	保护区名称	面积(平方公里)
北京	百花山国家级自然保护区	217.43
	松山国家级自然保护区	46.6
天津	古海岸与湿地国家级自然保护区	359.13
	蓟县中、上元古界国家级自然保护区	9
	八仙山国家级自然保护区	53.6
河北	昌黎黄金海岸国家级自然保护区	300
	柳江盆地地质遗迹国家级自然保护区	13.95
	小五台山国家级自然保护区	218.33
	泥河湾国家级自然保护区	10.15
	大海陀国家级自然保护区	112.25
	雾灵山国家级自然保护区	142.47
	茅荆坝国家级自然保护区	400.38
	塞罕坝国家级自然保护区	200.3
	围场红松洼国家级自然保护区	79.7
	滦河上游国家级自然保护区	506.37
	衡水湖国家级自然保护区	187.87
山西	阳城蟒河猕猴国家级自然保护区	55.73
	历山国家级自然保护区	242
	芦芽山国家级自然保护区	214.53
	五鹿山国家级自然保护区	206.17
	庞泉沟国家级自然保护区	104.44
内蒙古	大青山国家级自然保护区	3 885.77

省(区、市)	保护区名称	面积(平方公里)
内蒙古	阿鲁科尔沁国家级自然保护区	1 367.94
	赛罕乌拉国家级自然保护区	1 004
	达里诺尔国家级自然保护区	1 194.13
	白音敖包国家级自然保护区	138.62
	黑里河国家级自然保护区	276.38
	大黑山国家级自然保护区	867.99
	大青沟国家级自然保护区	81.83
	鄂尔多斯遗鸥国家级自然保护区	147.7
	鄂托克恐龙遗迹化石国家级自然保护区	464.1
	西鄂尔多斯国家级自然保护区	4 746.88
	辉河国家级自然保护区	3 468.48
	红花尔基樟子松林国家级自然保护区	200.85
	达赉湖国家级自然保护区	7 400
	额尔古纳国家级自然保护区	1 245.27
	大兴安岭汗马国家级自然保护区	1 073.48
	科尔沁国家级自然保护区	1 269.87
	图牧吉国家级自然保护区	948.3
	锡林郭勒草原国家级自然保护区	5 800
	腾套海国家级自然保护区	1 236
	乌拉特梭梭林—蒙古野驴国家级自然保护区	1 318
	贺兰山国家级自然保护区	677.1
	额济纳胡杨林国家级自然保护区	262.53
辽宁	大连斑海豹国家级自然保护区	6 722.75
	蛇岛老铁山国家级自然保护区	145.95
	城山头海滨地貌国家级自然保护区	13.5
	仙人洞国家级自然保护区	35.75
	老秃顶子国家级自然保护区	152.17

续表

省(区、市)	保护区名称	面积(平方公里)
辽宁	丹东鸭绿江口湿地国家级自然保护区	1 010
	白石砬子国家级自然保护区	74.67
	医巫闾山国家级自然保护区	114.59
	海棠山国家级自然保护区	110.03
	双台河口国家级自然保护区	800
	努鲁儿虎山国家级自然保护区	138.32
	北票鸟化石国家级自然保护区	46.3
吉林	伊通火山群国家级自然保护区	7.65
	龙湾国家级自然保护区	150.61
	鸭绿江上游国家级自然保护区	203.06
	查干湖国家级自然保护区	506.84
	大布苏国家级自然保护区	110
	莫莫格国家级自然保护区	1 440
	向海国家级自然保护区	1 054.67
	雁鸣湖国家级自然保护区	539.4
	珲春东北虎国家级自然保护区	1 087
	天佛指山国家级自然保护区	773.17
	长白山国家级自然保护区	1 964.65
	松花江三湖国家级自然保护区	1 152.53
	哈泥国家级自然保护区	222.3
黑龙江	扎龙国家级自然保护区	2 100
	凤凰山国家级自然保护区	265.7
	珍宝岛湿地国家级自然保护区	443.64
	兴凯湖国家级自然保护区	2 224.88
	宝清七星河国家级自然保护区	230
	饶河东北黑蜂国家级自然保护区	2 700
	丰林国家级自然保护区	181.65

省(区、市)	保护区名称	面积(平方公里)
黑龙江	凉水国家级自然保护区	121.33
	乌伊岭国家级自然保护区	438.24
	红星湿地国家级自然保护区	1 119.95
	三江国家级自然保护区	1 980
	洪河国家级自然保护区	218.36
	八岔岛国家级自然保护区	230
	挠力河国家级自然保护区	1 605.95
	牡丹峰国家级自然保护区	196.48
	胜山国家级自然保护区	600
	五大连池国家级自然保护区	1 008
	双河国家级自然保护区	888.49
	呼中国家级自然保护区	1 672.13
	南瓮河国家级自然保护区	2 295.23
	东方红湿地国家级自然保护区	315.16
	大沾河湿地国家级自然保护区	2 116.18
	穆棱东北红豆杉国家级自然保护区	356.48
上海	九段沙湿地国家级自然保护区	420.2
	崇明东滩鸟类国家级自然保护区	241.55
江苏	盐城湿地珍禽国家级自然保护区	2 841.79
	大丰麋鹿国家级自然保护区	780
	泗洪洪泽湖湿地国家级自然保护区	493.65
浙江	临安清凉峰国家级自然保护区	112.52
	天目山国家级自然保护区	42.84
	南麂列岛国家级自然保护区	196
	乌岩岭国家级自然保护区	188.62
	长兴地质遗迹国家级自然保护区	2.75
	大盘山国家级自然保护区	45.58

续表

省(区、市)	保护区名称	面积(平方公里)
浙江	古田山国家级自然保护区	81.07
	九龙山国家级自然保护区	55.25
	凤阳山—百山祖国家级自然保护区	260.52
安徽	铜陵淡水豚国家级自然保护区	315.18
	鹞落坪国家级自然保护区	123
	牯牛降国家级自然保护区	67.13
	天马国家级自然保护区	289.14
	升金湖国家级自然保护区	334
	扬子鳄国家级自然保护区	185.65
福建	厦门珍稀海洋物种国家级自然保护区	330.88
	君子峰国家级自然保护区	180.605
	龙栖山国家级自然保护区	156.93
	闽江源国家级自然保护区	130.22
	天宝岩国家级自然保护区	110.15
	戴云山国家级自然保护区	134.72
	深沪湾海底古森林遗迹国家级自然保护区	31
	漳江口红树林国家级自然保护区	23.6
	虎伯寮国家级自然保护区	30.01
	武夷山国家级自然保护区	565.27
	梁野山国家级自然保护区	143.65
	梅花山国家级自然保护区	221.68
江西	鄱阳湖南矶湿地国家级自然保护区	333
	鄱阳湖国家级自然保护区	224
	桃红岭梅花鹿国家级自然保护区	125
	九连山国家级自然保护区	134.12
	井冈山国家级自然保护区	214.99
	官山国家级自然保护区	115

省（区、市）	保护区名称	面积（平方公里）
江西	马头山国家级自然保护区	138.67
	武夷山国家级自然保护区	160.07
山东	马山国家级自然保护区	7.74
	黄河三角洲国家级自然保护区	1 530
	昆嵛山国家级自然保护区	154.17
	长岛国家级自然保护区	50.15
	山旺古生物化石国家级自然保护区	1.2
	荣成大天鹅国家级自然保护区	16.75
	滨州贝壳堤岛与湿地国家级自然保护区	804.8
河南	新乡黄河湿地鸟类国家级自然保护区	227.8
	黄河湿地国家级自然保护区	680
	小秦岭国家级自然保护区	151.6
	南阳恐龙蛋化石群国家级自然保护区	780.15
	伏牛山国家级自然保护区	560
	内乡宝天曼国家级自然保护区	54.13
	丹江湿地国家级自然保护区	640
	鸡公山国家级自然保护区	29.17
	董寨国家级自然保护区	468
	连康山国家级自然保护区	105.8
	太行山猕猴国家级自然保护区	566
湖北	青龙山恐龙蛋化石群国家级自然保护区	2.05
	神农架国家级自然保护区	704.68
	五峰后河国家级自然保护区	409.65
	石首麋鹿国家级自然保护区	15.67
	长江天鹅洲白鳍豚国家级自然保护区	20
	长江新螺段白鳍豚国家级自然保护区	135
	九宫山国家级自然保护区	166.09

省(区、市)	保护区名称	面积(平方公里)
湖北	星斗山国家级自然保护区	683.39
	七姊妹山国家级自然保护区	345.5
	龙感湖国家级自然保护区	223.22
湖南	桃源洞国家级自然保护区	237.86
	南岳衡山国家级自然保护区	119.92
	黄桑国家级自然保护区	125.9
	东洞庭湖国家级自然保护区	1 900
	乌云界国家级自然保护区	338.18
	壶瓶山国家级自然保护区	665.68
	张家界大鲵国家级自然保护区	142.85
	八大公山国家级自然保护区	200
	莽山国家级自然保护区	198.33
	八面山国家级自然保护区	109.74
	永州都庞岭国家级自然保护区	200.66
	借母溪国家级自然保护区	130.41
	鹰嘴界国家级自然保护区	159
	小溪国家级自然保护区	248
	阳明山国家级自然保护区	127.95
	六步溪国家级自然保护区	142.39
	舜皇山国家级自然保护区	217.2
广东	南岭国家级自然保护区	583.68
	车八岭国家级自然保护区	75.45
	丹霞山国家级自然保护区	280
	内伶仃—福田国家级自然保护区	9.22
	珠江口中华白海豚国家级自然保护区	460
	湛江红树林国家级自然保护区	193
	徐闻珊瑚礁国家级自然保护区	143.79

省(区、市)	保护区名称	面积(平方公里)
广东	雷州珍稀海洋生物国家级自然保护区	468.65
	鼎湖山国家级自然保护区	11.33
	象头山国家级自然保护区	106.97
	惠东港口海龟国家级自然保护区	18
广西	大明山国家级自然保护区	169.94
	千家洞国家级自然保护区	122.31
	花坪国家级自然保护区	151.33
	猫儿山国家级自然保护区	170.09
	合浦营盘港—英罗港儒艮国家级自然保护区	350
	山口红树林国家级自然保护区	80
	北仑河口国家级自然保护区	30
	防城金花茶国家级自然保护区	91.95
	十万大山国家级自然保护区	582.77
	岑王老山国家级自然保护区	189.94
	金钟山黑颈长尾雉国家级自然保护区	209.24
	九万山国家级自然保护区	252.13
	木论国家级自然保护区	108.3
	大瑶山国家级自然保护区	255.95
	弄岗国家级自然保护区	103.69
	雅长兰科植物国家级自然保护区	220.62
海南	东寨港国家级自然保护区	33.37
	三亚珊瑚礁国家级自然保护区	40
	铜鼓岭国家级自然保护区	44
	大洲岛国家级自然保护区	70
	大田国家级自然保护区	13.14
	霸王岭国家级自然保护区	299.8
	尖峰岭国家级自然保护区	201.7

省（区、市）	保护区名称	面积（平方公里）
海南	吊罗山国家级自然保护区	183.89
	五指山国家级自然保护区	134.36
重庆	缙云山国家级自然保护区	76
	大巴山国家级自然保护区	1 360.17
	金佛山国家级自然保护区	418.5
四川	龙溪—虹口国家级自然保护区	310
	白水河国家级自然保护区	301.5
	攀枝花苏铁国家级自然保护区	13.58
	长江上游珍稀、特有鱼类国家级自然保护区	331.74
	画稿溪国家级自然保护区	238.27
	王朗国家级自然保护区	322.97
	雪宝顶国家级自然保护区	636.15
	米仓山国家级自然保护区	234
	唐家河国家级自然保护区	400
	马边大风顶国家级自然保护区	301.64
	长宁竹海国家级自然保护区	358
	花萼山国家级自然保护区	482.03
	蜂桶寨国家级自然保护区	390.39
	卧龙国家级自然保护区	2 000
	九寨沟国家级自然保护区	720
	小金四姑娘山国家级自然保护区	560
	若尔盖湿地国家级自然保护区	1 665.67
	贡嘎山国家级自然保护区	4 091.43
	察青松多白唇鹿国家级自然保护区	1 436.83
	海子山国家级自然保护区	4 591.61
	亚丁国家级自然保护区	1 457.5
	美姑大风顶国家级自然保护区	506.55

省(区、市)	保护区名称	面积(平方公里)
四川	长沙贡玛国家级自然保护区	6 698
贵州	宽阔水国家级自然保护区	262.31
	习水国家级自然保护区	519.11
	赤水桫椤国家级自然保护区	133
	梵净山国家级自然保护区	434.14
	麻阳河国家级自然保护区	311.13
	威宁草海国家级自然保护区	96
	雷公山国家级自然保护区	473
	茂兰国家级自然保护区	212.85
云南	会泽黑颈鹤国家级自然保护区	129.11
	哀牢山国家级自然保护区	677
	高黎贡山国家级自然保护区	4 055.49
	大山包黑颈鹤国家级自然保护区	192
	药山国家级自然保护区	201.41
	大围山国家级自然保护区	439.93
	金平分水岭国家级自然保护区	420.27
	黄连山国家级自然保护区	650.58
	文山国家级自然保护区	268.67
	无量山国家级自然保护区	309.38
	西双版纳国家级自然保护区	2 425.1
	纳板河流域国家级自然保护区	266
	苍山洱海国家级自然保护区	797
	白马雪山国家级自然保护区	2 764
	永德大雪山国家级自然保护区	175.41
	南滚河国家级自然保护区	508.87
西藏	拉鲁湿地国家级自然保护区	12.2
	雅鲁藏布江中游河谷黑颈鹤国家级自然保护区	6 143.5

续表

省(区、市)	保护区名称	面积(平方公里)
西藏	类乌齐马鹿国家级自然保护区	1 206.15
	芒康滇金丝猴国家级自然保护区	1 853
	珠穆朗玛峰国家级自然保护区	33 810
	羌塘国家级自然保护区	298 000
	色林错国家级自然保护区	18 936.3
	雅鲁藏布大峡谷国家级自然保护区	9 168
	察隅慈巴沟国家级自然保护区	1 014
陕西	周至国家级自然保护区	563.93
	太白山国家级自然保护区	563.25
	子午岭国家级自然保护区	406.21
	长青国家级自然保护区	299.06
	汉中朱鹮国家级自然保护区	375.49
	佛坪国家级自然保护区	292.4
	天华山国家级自然保护区	254.85
	化龙山国家级自然保护区	281.03
	牛背梁国家级自然保护区	164.18
	桑园国家级自然保护区	138.06
	青木川国家级自然保护区	102
	陇县秦岭细鳞鲑国家级自然保护区	65.59
甘肃	连城国家级自然保护区	479.3
	兴隆山国家级自然保护区	296
	连古城国家级自然保护区	3 898.83
	太统—崆峒山国家级自然保护区	162.83
	祁连山国家级自然保护区	2 360
	安西极旱荒漠国家级自然保护区	8 000
	盐池湾国家级自然保护区	13 600
	安南坝野骆驼国家级自然保护区	3 960

续表

省(区、市)	保护区名称	面积(平方公里)
甘肃	敦煌西湖国家级自然保护区	6 600
	小陇山国家级自然保护区	319.38
	白水江国家级自然保护区	1 837.99
	莲花山国家级自然保护区	126
	尕海—则岔国家级自然保护区	2 474.31
	洮河自然保护区	2 877.59
	敦煌阳关自然保护区	881.78
青海	循化孟达国家级自然保护区	172.9
	青海湖国家级自然保护区	4 952
	可可西里国家级自然保护区	45 000
	三江源国家级自然保护区	152 342.04
	隆宝国家级自然保护区	100
宁夏	贺兰山国家级自然保护区	2 062.66
	灵武白芨滩国家级自然保护区	748.43
	沙坡头国家级自然保护区	140.43
	哈巴湖国家级自然保护区	840
	罗山国家级自然保护区	337.1
	六盘山国家级自然保护区	678.6
新疆	艾比湖湿地国家级自然保护区	2 670.85
	塔里木胡杨国家级自然保护区	3 954.2
	阿尔金山国家级自然保护区	45 000
	罗布泊野骆驼国家级自然保护区	78 000
	巴音布鲁克国家级自然保护区	1 486.89
	托木尔峰国家级自然保护区	2 376.38
	西天山国家级自然保护区	312.17
	甘家湖梭梭林国家级自然保护区	546.67
	哈纳斯国家级自然保护区	2 201.62

附录二 国家级森林公园名录(738 处)

公园名称	面积 (平方公里)	公园名称	面积 (平方公里)
北京西山国家森林公园	59.26	山西云岗国家森林公园	159.67
北京上方山国家森林公园	3.37	山西龙泉国家森林公园	243.8
北京蟒山国家森林公园	85.82	山西禹王洞国家森林公园	73.33
北京云蒙山国家森林公园	22.08	山西赵杲观国家森林公园	46.67
北京小龙门国家森林公园	15.95	山西方山国家森林公园	33.33
北京鹫峰国家森林公园	7.75	山西交城山国家森林公园	153.33
北京大兴古桑国家森林公园	11.65	山西太岳山国家森林公园	600
北京大杨山国家森林公园	21.07	山西五老峰国家森林公园	104
北京八达岭国家森林公园	29.4	山西老顶山国家森林公园	22
北京北宫国家森林公园	9.15	山西乌金山国家森林公园	36.67
北京霞云岭国家森林公园	214.87	山西中条山国家森林公园	463.01
北京黄松峪国家森林公园	42.74	山西太行峡谷国家森林公园	40
北京崎峰山国家森林公园	42.9	山西黄崖洞国家森林公园	60
北京天门山国家森林公园	6.69	内蒙古红山国家森林公园	43.33
天津九龙山国家森林公园	21.26	内蒙古黑大门国家森林公园	36
河北海滨国家森林公园	16.67	内蒙古察尔森国家森林公园	121.33
河北塞罕坝国家森林公园	940	内蒙古海拉尔国家森林公园	140.62
河北磐槌峰国家森林公园	40.2	内蒙古乌拉山国家森林公园	930.42
河北翔云岛国家森林公园	24	内蒙古乌素图国家森林公园	800
河北石佛国家森林公园	2.93	内蒙古马鞍山国家森林公园	35
山西管涔山国家森林公园	434.4	内蒙古二龙什台国家森林公园	96
山西恒山国家森林公园	279.6	内蒙古兴隆国家森林公园	27.01

续表

公园名称	面积 （平方公里）	公园名称	面积 （平方公里）
内蒙古黄岗梁国家森林公园	1 033.33	吉林半拉山国家森林公园	92.99
内蒙古贺兰山国家森林公园	34.55	吉林三仙夹国家森林公园	8.8
辽宁仙人洞国家森林公园	35.75	吉林大安国家森林公园	6.67
大连大赫山国家森林公园	37.59	吉林临江国家森林公园	180
辽宁长山群岛国家海岛森林公园	46.31	黑龙江一面坡国家森林公园	234.08
辽宁普兰店国家森林公园	110	黑龙江龙凤国家森林公园	218.4
辽宁大黑山国家森林公园	30.31	黑龙江金泉国家森林公园	40
辽宁沈阳国家森林公园	9.33	黑龙江乌苏里江国家森林公园	250.69
辽宁猴石国家森林公园	56.75	黑龙江驿马山国家森林公园	4.58
辽宁本溪环城国家森林公园	198.76	黑龙江三道关国家森林公园	80
辽宁冰砬山国家森林公园	22.59	黑龙江绥芬河国家森林公园	9.71
辽宁金龙寺国家森林公园	21.38	黑龙江五顶山国家森林公园	20.46
辽宁千山仙人台国家森林公园	29.31	黑龙江茅兰沟国家森林公园	60
辽宁清原红河谷国家森林公园	91.12	黑龙江龙江三峡国家森林公园	85.69
大连天门山国家森林公园	31	黑龙江鹤岗国家森林公园	26.36
辽宁三块石国家森林公园	72.12	黑龙江勃利国家森林公园	393.24
辽宁章古台沙地国家森林公园	113.41	黑龙江丹清河国家森林公园	28.5
大连银石滩国家森林公园	5.7	黑龙江石龙山国家森林公园	63.08
大连西郊国家森林公园	59.58	黑龙江望龙山国家森林公园	21.52
吉林净月潭国家森林公园	83.3	黑龙江胜山要塞国家森林公园	138.28
吉林五女峰国家森林公园	68.67	黑龙江五大连池国家森林公园	123.8
吉林龙湾群国家森林公园	81.33	黑龙江完达山国家森林公园	423.99
吉林白鸡峰国家森林公园	33.33	黑龙江威虎山国家森林公园	4 147.56
吉林帽儿山国家森林公园	11		

公园名称	面积 （平方公里）	公园名称	面积 （平方公里）
黑龙江五营国家森林公园	141.41	浙江九龙山国家森林公园	6.13
黑龙江亚布力国家森林公园	120.46	浙江双龙洞国家森林公园	7.77
黑龙江桃山国家森林公园	1 000	浙江华顶国家森林公园	38.67
黑龙江日月峡国家森林公园	297.08	浙江青山湖国家森林公园	26.76
黑龙江八里湾国家森林公园	410	安徽紫蓬山国家森林公园	10.02
江苏上方山国家森林公园	5	安徽皇甫山国家森林公园	35.52
江苏徐州环城国家森林公园	13.33	安徽天堂寨国家森林公园	120
江苏宜兴国家森林公园	34	安徽鸡笼山国家森林公园	45
江苏惠山国家森林公园	9.36	安徽冶父山国家森林公园	8.1
江苏东吴国家森林公园	12	安徽太湖山国家森林公园	18.14
江苏云台山国家森林公园	20	安徽神山国家森林公园	22.22
江苏盱眙第一山国家森林公园	14	安徽妙道山国家森林公园	7.52
江苏南山国家森林公园	10	安徽天井山国家森林公园	12
江苏宝华山国家森林公园	17	安徽舜耕山国家森林公园	25.33
江苏西山国家森林公园	60	安徽浮山国家森林公园	38.34
江苏铁山寺国家森林公园	70.58	安徽石莲洞国家森林公园	14.79
南京紫金山国家森林公园	30.09	安徽齐云山国家森林公园	60
浙江千岛湖国家森林公园	950	安徽韭山国家森林公园	55.33
浙江大奇山国家森林公园	7	安徽横山国家森林公园	10
浙江兰亭国家森林公园	2.3	安徽敬亭山国家森林公园	20.09
浙江午潮山国家森林公园	2.53	安徽八公山国家森林公园	27.59
浙江富春江国家森林公园	84.67	安徽万佛山国家森林公园	20
浙江竹乡国家森林公园	166	安徽水西国家森林公园	21.47
浙江天童国家森林公园	4.3	安徽青龙湾国家森林公园	27.3
浙江雁荡山国家森林公园	8.41	安徽上窑国家森林公园	10.4
浙江溪口国家森林公园	1.89	福建福州国家森林公园	418.15

续表

公园名称	面积 （平方公里）	公园名称	面积 （平方公里）
福建天柱山国家森林公园	30.81	江西瑶里国家森林公园	44.71
福建平潭海岛国家森林公园	12.96	江西峰山国家森林公园	207.35
福建华安国家森林公园	81.53	江西清凉山国家森林公园	33.98
福建猫儿山国家森林公园	25.6	江西九岭山国家森林公园	12.66
江西泰和国家森林公园	30	山东鲁山国家森林公园	41.33
江西鹅湖山国家森林公园	79.5	山东岠嵎山国家森林公园	12.04
江西龟峰国家森林公园	74	山东五莲山国家森林公园	68
江西上清国家森林公园	118	山东莱芜华山国家森林公园	46.03
江西梅关国家森林公园	53	山东艾山国家森林公园	25.79
江西永丰国家森林公园	76	山东龙口南山国家森林公园	9.49
江西阁皂山国家森林公园	68.6	山东新泰莲花山国家森林公园	21.64
江西三叠泉国家森林公园	16.51	山东牙山国家森林公园	101.4
江西武功山国家森林公园	241.9	山东招虎山国家森林公园	17.63
江西铜钹山国家森林公园	195	河南嵩山国家森林公园	115.82
江西阳岭国家森林公园	68.9	河南寺山国家森林公园	56
江西天花井国家森林公园	6.85	河南风穴寺国家森林公园	7.67
江西五指峰国家森林公园	245.33	河南石漫滩国家森林公园	53.33
江西柘林湖国家森林公园	164.5	河南薄山国家森林公园	60.67
江西陡水湖国家森林公园	226.67	河南开封国家森林公园	8.82
江西万安国家森林公园	163.33	河南亚武山国家森林公园	151.33
江西三湾国家森林公园	155.13	河南花果山国家森林公园	42
江西安源国家森林公园	78.66	河南云台山国家森林公园	3.6
江西景德镇国家森林公园	37.96	河南白云山国家森林公园	81.33
江西云碧峰国家森林公园	8.73	河南龙峪湾国家森林公园	18.33
江西九连山国家森林公园	200.63	河南五龙洞国家森林公园	25.27
江西岩泉国家森林公园	48.85	河南南湾国家森林公园	28.1

公园名称	面积（平方公里）	公园名称	面积（平方公里）
河南甘山国家森林公园	38	湖南舜皇山国家森林公园	145.48
河南淮河源国家森林公园	49.24	广东石门国家森林公园	26.36
湖北八岭山国家森林公园	6.67	广东圭峰山国家森林公园	35.5
湖北浥水国家森林公园	286	广东英德国家森林公园	1 070
湖北三角山国家森林公园	64.52	广东广宁竹海国家森林公园	85
湖北中华山国家森林公园	51.4	广东北峰山国家森林公园	11.62
湖北太子山国家森林公园	79.3	广东大王山国家森林公园	8.06
湖北红安天台山国家森林公园	60	广东御景峰国家森林公园	13.33
湖北坪坝营国家森林公园	132.38	广东神光山国家森林公园	6.75
湖北吴家山国家森林公园	58.73	广东观音山国家森林公园	6.57
湖北千佛洞国家森林公园	6.66	广东三岭山国家森林公园	7.39
湖北双峰山国家森林公园	14	广东雁鸣湖国家森林公园	7.7
湖北大洪山国家森林公园	17.56	广西桂林国家森林公园	5.76
湖南张家界国家森林公园	24.67	广西良凤江国家森林公园	2.48
湖南神农谷国家森林公园	100	广西三门江国家森林公园	124.76
湖南莽山国家森林公园	198.33	广西龙潭国家森林公园	78
湖南大围山国家森林公园	37.03	广西大桂山国家森林公园	30
湖南云山国家森林公园	31.1	广西元宝山国家森林公园	250
湖南九疑山国家森林公园	82.27	广西八角寨国家森林公园	840
湖南阳明山国家森林公园	117.33	广西十万大山国家森林公园	88.1
湖南南华山国家森林公园	22.43	广西龙胜温泉国家森林公园	4.2
湖南黄山头国家森林公园	6.67	广西姑婆山国家森林公园	80
湖南桃花源国家森林公园	2.33	广西大瑶山国家森林公园	111.24
湖南天门山国家森林公园	7.33	广西黄猄洞天坑国家森林公园	138.8
湖南天际岭国家森林公园	1.4	广西飞龙湖国家森林公园	120.98
湖南天鹅山国家森林公园	7.07	广西太平狮山国家森林公园	55.5

续表

公园名称	面积 （平方公里）	公园名称	面积 （平方公里）
广西大容山国家森林公园	48.25	四川五峰山国家森林公园	8.76
重庆歌乐山国家森林公园	14.03	贵州赫章夜郎国家森林公园	47.33
重庆玉龙山国家森林公园	35.17	贵州青云湖国家森林公园	29.8
重庆茶山竹海国家森林公园	99.79	贵州大板水国家森林公园	31.32
重庆黑山国家森林公园	26.52	贵州毕节国家森林公园	41.33
重庆九重山国家森林公园	100.89	贵州仙鹤坪国家森林公园	90.65
重庆大园洞国家森林公园	34.59	贵州龙架山国家森林公园	60.79
重庆南山国家森林公园	30.8	贵州九道水国家森林公园	12.45
重庆观音峡国家森林公园	16.15	云南巍宝山国家森林公园	12.55
四川都江堰国家森林公园	295.48	云南天星国家森林公园	74.2
四川剑门关国家森林公园	30.47	云南清华洞国家森林公园	98.56
四川瓦屋山国家森林公园	658.7	云南东山国家森林公园	62.82
四川高山国家森林公园	8.38	云南来凤山国家森林公园	64.67
四川西岭国家森林公园	486.5	云南花鱼洞国家森林公园	31.43
四川二滩国家森林公园	545.47	云南磨盘山国家森林公园	242
四川海螺沟国家森林公园	185.98	云南龙泉国家森林公园	10
四川七曲山国家森林公园	20	云南菜阳河国家森林公园	66.67
四川九寨国家森林公园	370	云南金殿国家森林公园	19.7
四川天台山国家森林公园	13.28	云南章凤国家森林公园	70
四川福宝国家森林公园	110	云南十八连山国家森林公园	20.78
四川黑竹沟国家森林公园	281.54	云南鲁布格国家森林公园	48.67
四川夹金山国家森林公园	883.32	云南珠江源国家森林公园	43.76
四川龙苍沟国家森林公园	75.74	云南五峰山国家森林公园	24.92
四川美女峰国家森林公园	19	云南钟灵山国家森林公园	5.4
四川白水河国家森林公园	22.72	云南棋盘山国家森林公园	9.2
四川华蓥山国家森林公园	80.91	云南灵宝山国家森林公园	8.11

续表

公园名称	面积 (平方公里)	公园名称	面积 (平方公里)
云南铜锣坝国家森林公园	32.37	甘肃冶力关国家森林公园	794
陕西汉中天台国家森林公园	36.74	新疆白哈巴国家森林公园	483.76
陕西黎坪国家森林公园	94	新疆奇台南山国家森林公园	293.06
陕西金丝大峡谷国家森林公园	17.9	新疆唐布拉国家森林公园	342.37
陕西通天河国家森林公园	52.35	新疆科桑溶洞国家森林公园	164
陕西木王国家森林公园	36.16	北京喇叭沟门国家森林公园	111.72
陕西榆林沙漠国家森林公园	8.71	河北木兰围场国家森林公园	53.51
陕西劳山国家森林公园	19.33	河北蝎子沟国家森林公园	46.34
陕西太平国家森林公园	60.85	河北仙台山国家森林公园	15.22
陕西鬼谷岭国家森林公园	51.35	河北丰宁国家森林公园	88.39
陕西蟒头山国家森林公园	21.2	辽宁医巫闾山国家森林公园	14.82
陕西玉华宫国家森林公园	32	辽宁和睦国家森林公园	13.68
陕西千家坪国家森林公园	21.45	吉林白石山国家森林公园	74.74
四陕西上坝河国家森林公园	45.26	吉林松江河国家森林公园	60.18
陕西黑河国家森林公园	74.62	黑龙江横头山国家森林公园	85.15
陕西洪庆山国家森林公园	30	黑龙江仙翁山国家森林公园	105.55
甘肃吐鲁沟国家森林公园	58.48	黑龙江加格达奇国家森林公园	146.32
甘肃石佛沟国家森林公园	63.76	浙江大竹海国家森林公园	31.27
甘肃松鸣岩国家森林公园	26.67	浙江仙居国家森林公园	29.8
甘肃云崖寺国家森林公园	148.91	浙江桐庐瑶琳国家森林公园	9.49
甘肃徐家山国家森林公园	1.71	安徽马仁山国家森林公园	7.12
甘肃贵清山国家森林公园	62	福建天星山国家森林公园	18.62
甘肃麦积国家森林公园	84.42	福建闽江源国家森林公园	11.83
甘肃鸡峰山国家森林公园	42	福建九龙竹海国家森林公园	17.05
甘肃渭河源国家森林公园	79.17	福建董奉山国家森林公园	11.21
甘肃天祝三峡国家森林公园	1 387.06	江西岑山国家森林公园	9.55

公园名称	面积 (平方公里)	公园名称	面积 (平方公里)
江西五府山国家森林公园	17.15	河北茅荆坝国家森林公园	194
江西军峰山国家森林公园	12.17	河北响堂山国家森林公园	63.49
江西碧湖潭国家森林公园	68	河北野三坡国家森林公园	228.5
江苏大阳山国家森林公园	10.3	河北六里坪国家森林公园	22.5
吉林三岔子国家森林公园	71.26	河北白石山国家森林公园	34.78
吉林湾沟国家森林公园	57.32	河北易州国家森林公园	84.46
湖北安陆古银杏国家森林公园	24.13	河北古北岳国家森林公园	48.73
西藏尼木国家森林公园	61.92	河北武安国家森林公园	405
内蒙古河套国家森林公园	96.52	河北前南峪国家森林公园	26
浙江诸暨香榧国家森林公园	28.76	河北驼梁山国家森林公园	158.7
江西圣水堂国家森林公园	40.6	山西五台山国家森林公园	191.33
湖南天堂山国家森林公园	59.33	山西天龙山国家森林公园	179.66
湖南九龙江国家森林公园	84.36	山西关帝山国家森林公园	684.48
内蒙古宝格达乌拉国家森林公园	325.63	内蒙古旺业甸国家森林公园	254
		内蒙古好森沟国家森林公园	379.96
福建南靖土楼国家森林公园	22.34	内蒙古额济纳胡杨国家森林公园	56.36
湖南天泉山国家森林公园	35.38		
陕西石门山国家森林公园	88.56	内蒙古桦木沟国家森林公园	400
		内蒙古五当召国家森林公园	18
新疆阿尔泰山温泉国家森林公园	887.93	内蒙古红花尔基樟子松国家森林公园	67.26
河北清东陵国家森林公园	22.33	内蒙古喇嘛山国家森林公园	93.79
河北辽河源国家森林公园	118.86	内蒙古莫尔道嘎国家森林公园	1 483.24
河北山海关国家森林公园	48.53	内蒙古阿尔山国家森林公园	1 031.49
河北五岳寨国家森林公园	44	内蒙古达尔滨湖国家森林公园	220.81
河北白草洼国家森林公园	53.96		
河北天生桥国家森林公园	116	内蒙古伊克萨玛国家森林公园	158.9
河北黄羊山国家森林公园	21.07		

续表

公园名称	面积（平方公里）	公园名称	面积（平方公里）
内蒙古乌尔旗汉国家森林公园	369.22	吉林红石国家森林公园	285.75
内蒙古兴安国家森林公园	192.17	吉林江源国家森林公园	146.36
内蒙古绰源国家森林公园	528.58	吉林鸡冠山国家森林公园	29.04
内蒙古阿里河国家森林公园	24.86	吉林长白国家森林公园	270
辽宁旅顺口国家森林公园	27.41	吉林泉阳泉国家森林公园	49.77
辽宁海棠山国家森林公园	15.3	黑龙江牡丹峰国家森林公园	194.67
辽宁大孤山国家森林公园	20	黑龙江火山口国家森林公园	669.33
辽宁首山国家森林公园	8	黑龙江大亮子河国家森林公园	71.33
辽宁凤凰山国家森林公园	13.33	黑龙江乌龙国家森林公园	280
辽宁桓仁国家森林公园	156.67	黑龙江哈尔滨国家森林公园	1.36
辽宁本溪国家森林公园	66.66	黑龙江街津山国家森林公园	133.33
辽宁陨石山国家森林公园	20	黑龙江齐齐哈尔国家森林公园	46.66
辽宁盖州国家森林公园	16	黑龙江北极村国家森林公园	363.76
辽宁元帅林国家森林公园	69.59	黑龙江长寿国家森林公园	24.83
吉林拉法山国家森林公园	341.94	黑龙江大庆国家森林公园	54.66
吉林图们江国家森林公园	326.78	黑龙江梅花山国家森林公园	78.15
吉林朱雀山国家森林公园	56.62	黑龙江凤凰山国家森林公园	500
吉林图们江源国家森林公园	126.36	黑龙江兴隆国家森林公园	268.12
吉林延边仙峰国家森林公园	191.02	黑龙江雪乡国家森林公园	1 860
吉林官马莲花山国家森林公园	51.46	黑龙江青山国家森林公园	280
吉林肇大鸡山国家森林公园	141.28	黑龙江大沾河国家森林公园	162.7
吉林寒葱顶国家森林公园	74.8	黑龙江廻龙湾国家森林公园	63.26
吉林满天星国家森林公园	170.57	黑龙江金山屯国家森林公园	122.83
吉林吊水壶国家森林公园	47.85	黑龙江小兴安岭石林国家森林公园	190.07
吉林露水河国家森林公园	257.87	黑龙江方正龙山国家森林公园	661.01
吉林通化石湖国家森林公园	23.37	黑龙江溪水国家森林公园	45.8

续表

公园名称	面积 （平方公里）	公园名称	面积 （平方公里）
黑龙江镜泊湖国家森林公园	650	浙江松阳卯山国家森林公园	13.85
黑龙江六峰山国家森林公园	346.4	浙江牛头山国家森林公园	13.28
黑龙江佛手山国家森林公园	167.27	浙江三衢国家森林公园	10.68
黑龙江珍宝岛国家森林公园	134.29	浙江径山（山沟沟）国家森林公园	53.75
黑龙江伊春兴安国家森林公园	45.15		
黑龙江红松林国家森林公园	190	浙江南山湖国家森林公园	21.89
黑龙江七星峰国家森林公园	152.6	安徽黄山国家森林公园	116.87
黑龙江呼中国家森林公园	1 153.4	安徽琅琊山国家森林公园	48.67
上海佘山国家森林公园	4.01	安徽天柱山国家森林公园	20.48
上海东平国家森林公园	3.55	安徽九华山国家森林公园	143.33
上海海湾国家森林公园	10.65	安徽皇藏峪国家森林公园	22.76
上海共青国家森林公园	1.31	安徽徽州国家森林公园	53.14
江苏虞山国家森林公园	14.67	安徽大龙山国家森林公园	14.47
浙江玉苍山国家森林公园	23.79	福建三元国家森林公园	45.72
浙江钱江源国家森林公园	45	福建龙岩国家森林公园	22
浙江紫微山国家森林公园	55	福建旗山国家森林公园	35.87
浙江铜铃山国家森林公园	27.55	福建灵石山国家森林公园	22.75
浙江花岩国家森林公园	26.4	福建东山国家森林公园	8.75
浙江龙湾潭国家森林公园	15.62	福建德化石牛山国家森林公园	84.11
浙江遂昌国家森林公园	239.53	福建三明仙人谷国家森林公园	14.88
浙江五泄国家森林公园	7.33	福建将乐天阶山国家森林公园	9.39
浙江石门洞国家森林公园	42.95	福建厦门莲花国家森林公园	38.24
浙江四明山国家森林公园	62.51	福建上杭国家森林公园	46.73
浙江双峰国家森林公园	22.81	福建武夷山国家森林公园	30.85
浙江仙霞国家森林公园	34.49	福建乌山国家森林公园	69.2
浙江大溪国家森林公园	33.75	福建漳平天台国家森林公园	38.51
		福建王寿山国家森林公园	15.35

公园名称	面积（平方公里）	公园名称	面积（平方公里）
福建九龙谷国家森林公园	10.92	山东刘公岛国家森林公园	2.48
福建支提山国家森林公园	23	山东槎山国家森林公园	1.07
江西三爪仑国家森林公园	121.33	山东药乡国家森林公园	14.64
江西庐山山南国家森林公园	33.47	山东原山国家森林公园	17.06
江西梅岭国家森林公园	111.73	山东灵山湾国家森林公园	6.67
江西三百山国家森林公园	33.3	山东双岛国家森林公园	24.77
江西马祖山国家森林公园	6.67	山东蒙山国家森林公园	36.76
江西鄱阳湖口国家森林公园	12.8	山东腊山国家森林公园	7.23
江西灵岩洞国家森林公园	30	山东仰天山国家森林公园	24
江西明月山国家森林公园	78.42	山东伟德山国家森林公园	83.62
江西翠微峰国家森林公园	78.67	山东珠山国家森林公园	40
江西天柱峰国家森林公园	207.57	山东牛山国家森林公园	30
山东崂山国家森林公园	74.67	河南神灵寨国家森林公园	53
山东抱犊崮国家森林公园	6.67	河南铜山湖国家森林公园	19.96
山东黄河口国家森林公园	509.33	河南黄河故道国家森林公园	8.38
山东昆嵛山国家森林公园	47.33	河南郁山国家森林公园	21.33
山东罗山国家森林公园	4.8	河南玉皇山国家森林公园	29.82
山东长岛国家森林公园	57	河南金兰山国家森林公园	33.33
山东沂山国家森林公园	64.67	河南嵖岈山国家森林公园	23.4
山东尼山国家森林公园	5.9	河南天池山国家森林公园	17.16
山东泰山国家森林公园	120	河南始祖山国家森林公园	46.67
山东徂徕山国家森林公园	90	河南黄柏山国家森林公园	40.1
山东日照海滨国家森林公园	7.89	河南燕子山国家森林公园	47.76
山东鹤伴山国家森林公园	4.8	河南棠溪源国家森林公园	38
山东孟良崮国家森林公园	8	湖北九峰国家森林公园	3.33
山东柳埠国家森林公园	24.66	湖北鹿门寺国家森林公园	18.67

公园名称	面积 （平方公里）	公园名称	面积 （平方公里）
湖北玉泉寺国家森林公园	96.67	广东小坑国家森林公园	167
湖北大老岭国家森林公园	60	广东南澳海岛国家森林公园	13.73
湖北大口国家森林公园	63.33	广东南岭国家森林公园	273.33
湖北神农架国家森林公园	133.33	广东新丰江国家森林公园	44.79
湖北龙门河国家森林公园	46.44	广东韶关国家森林公园	20.11
湖北薤山国家森林公园	45.33	广东东海岛国家森林公园	6.67
湖北清江国家森林公园	498.8	广东流溪河国家森林公园	93.33
湖北大别山国家森林公园	574.27	广东南昆山国家森林公园	20
湖北柴埠溪国家森林公园	66.67	广东西樵山国家森林公园	14
湖北潜山国家森林公园	2.06	广西九龙瀑布群国家森林公园	16.4
湖南东台山国家森林公园	3.36	广西平天山国家森林公园	16.76
湖南夹山国家森林公园	15.3	广西红茶沟国家森林公园	18.96
湖南不二门国家森林公园	53.37	广西阳朔国家森林公园	43.56
湖南河洑国家森林公园	3.33	海南尖峰岭国家森林公园	466.67
湖南岣嵝峰国家森林公园	20.67	海南蓝洋温泉国家森林公园	56.6
湖南大云山国家森林公园	11.8	海南吊罗山国家森林公园	379
湖南花岩溪国家森林公园	40	海南海口火山国家森林公园	20
湖南云阳国家森林公园	86.89	海南七仙岭温泉国家森林公园	22
湖南大熊山国家森林公园	76.23	海南黎母山国家森林公园	128.89
湖南中坡国家森林公园	16.88	海南海上国家森林公园	5.26
湖南幕阜山国家森林公园	17.01	海南霸王岭国家森林公园	84.44
湖南金洞国家森林公园	25	重庆双桂山国家森林公园	1.02
湖南百里龙山国家森林公园	131.21	重庆小三峡国家森林公园	20
湖南千家峒国家森林公园	44.31	重庆金佛山国家森林公园	60.82
广东梧桐山国家森林公园	6.78	重庆黄水国家森林公园	42
广东镇山国家森林公园	21.77	重庆仙女山国家森林公园	23.4

续表

公园名称	面积 （平方公里）	公园名称	面积 （平方公里）
重庆茂云山国家森林公园	19.1	贵州尧人山国家森林公园	47.87
重庆武陵山国家森林公园	16.33	贵州燕子岩国家森林公园	104
重庆青龙湖国家森林公园	52.36	贵州玉舍国家森林公园	9.24
重庆黔江国家森林公园	128	贵州雷公山国家森林公园	43.55
重庆梁平东山国家森林公园	37.8	贵州习水国家森林公园	140.27
重庆桥口坝国家森林公园	76.55	贵州黎平国家森林公园	54.75
重庆铁峰山国家森林公园	91	贵州朱家山国家森林公园	48.88
重庆红池坝国家森林公园	242	贵州紫林山国家森林公园	35.29
重庆雪宝山国家森林公园	97.72	贵州潕阳湖国家森林公园	214.72
四川千佛山国家森林公园	78	云南小白龙国家森林公园	6.25
四川措普国家森林公园	480	云南五老山国家森林公园	36.04
四川米仓山国家森林公园	401.55	云南紫金山国家森林公园	17
四川天曌山国家森林公园	13.34	云南飞来寺国家森林公园	34.31
四川镇龙山国家森林公园	25.53	云南圭山国家森林公园	32.06
四川二郎山国家森林公园	575.17	云南新生桥国家森林公园	26.16
四川雅克夏国家森林公园	448.89	云南宝台山国家森林公园	10.47
四川天马山国家森林公园	22.97	云南西双版纳国家森林公园	18.02
四川空山国家森林公园	115.11	西藏巴松湖国家森林公园	4 100
四川云湖国家森林公园	10.13	西藏色季拉国家森林公园	4 000
四川铁山国家森林公园	26.67	西藏玛旁雍错国家森林公园	3 105.52
四川荷花海国家森林公园	54.17	西藏班公湖国家森林公园	481.59
贵州百里杜鹃国家森林公园	180	西藏然乌湖国家森林公园	1 161.5
贵州竹海国家森林公园	112	西藏热振国家森林公园	74.63
贵州九龙山国家森林公园	125	西藏姐德秀国家森林公园	84.98
贵州凤凰山国家森林公园	10.62	陕西太白山国家森林公园	29.49
贵州长坡岭国家森林公园	10.75	陕西延安国家森林公园	54.47

公园名称	面积 （平方公里）	公园名称	面积 （平方公里）
陕西楼观台国家森林公园	274.87	青海群加国家森林公园	58.49
陕西终南山国家森林公园	76.75	青海仙米国家森林公园	1 480.25
陕西天台山国家森林公园	81	青海哈里哈图国家森林公园	51.71
陕西天华山国家森林公园	60	青海麦秀国家森林公园	15.35
陕西朱雀国家森林公园	26.21	新疆照壁山国家森林公园	823.94
陕西南宫山国家森林公园	31	新疆天池国家森林公园	446.27
陕西王顺山国家森林公园	36.33	新疆那拉提国家森林公园	60.25
陕西五龙洞国家森林公园	58	新疆巩乃斯国家森林公园	731.04
陕西骊山国家森林公园	18.73	新疆贾登峪国家森林公园	389.85
甘肃官鹅沟国家森林公园	419.96	新疆金湖杨国家森林公园	20
甘肃沙滩国家森林公园	174.15	新疆巩留恰西国家森林公园	556
甘肃腊子口国家森林公园	278.97	新疆哈密天山国家森林公园	1 604.62
甘肃大峪国家森林公园	276.25	新疆哈日图热格国家森林公园	268.48
甘肃小陇山国家森林公园	196.7	江西怀玉山国家森林公园	33.54
甘肃文县天池国家森林公园	143.38	山东寿阳山国家森林公园	20.06
甘肃莲花山国家森林公园	48.73	河南大鸿寨国家森林公园	33
甘肃周祖陵国家森林公园	6.14	湖北虎爪山国家森林公园	26
甘肃寿鹿山国家森林公园	10.86	湖北五脑山国家森林公园	21.53
甘肃大峡沟国家森林公园	40.7	湖北沧浪山国家森林公园	74.67
宁夏六盘山国家森林公园	79	湖南两江峡谷国家森林公园	63.36
宁夏苏峪口国家森林公园	95.87	湖南雪峰山国家森林公园	34.78
宁夏花马寺国家森林公园	50	湖南五尖山国家森林公园	28.8
宁夏火石寨国家森林公园	61	湖南桃花江国家森林公园	31.53
青海坎布拉国家森林公园	152.47	湖南蓝山国家森林公园	70.47
青海北山国家森林公园	1 127.23	湖南月岩国家森林公园	39.37
青海大通国家森林公园	47.47	湖南峰峦溪国家森林公园	22.17

公园名称	面积 （平方公里）	公园名称	面积 （平方公里）
广东天井山国家森林公园	55.64	江西仰天岗国家森林公园	13.34
广东大北山国家森林公园	30.67	湖南柘溪国家森林公园	85.79
广西龙滩大峡谷国家森林公园	41.73	河北黑龙山国家森林公园	70.34
重庆天池山国家森林公园	9.53	黑龙江呼兰国家森林公园	100
重庆金银山国家森林公园	27.34	福建匡山国家森林公园	21.75
四川凌云山国家森林公园	11.16	湖北牛头山国家森林公园	18.4
陕西牛背梁国家森林公园	21.24	湖南凤凰山国家森林公园	21.59
陕西天竺山国家森林公园	18.09	广东南台山国家森林公园	20.73
陕西紫柏山国家森林公园	46.62	福建龙湖山国家森林公园	26.97
陕西少华山国家森林公园	63	湖南嵩云山国家森林公园	33.5
新疆乌苏佛山国家森林公园	375.83	重庆巴尔盖国家森林公园	36.44
内蒙古滦河源国家森林公园	126.67	新疆哈巴河白桦国家森林公园	247.01
吉林临江瀑布群国家森林公园	40.85	新疆夏塔古道国家森林公园	385.07

附录三 建设部命名的十三批国家园林城市（城区）

批次	城市（城区）
第一批（1992 年）	北京市、合肥市、珠海市
第二批（1994 年）	杭州市、深圳市
第三批（1996 年）	马鞍山市、威海市、中山市
第四批（1997 年）	大连市、南京市、厦门市、南宁市
第五批（1999 年）	青岛市、濮阳市、十堰市、佛山市、三明市、秦皇岛市、烟台市、上海浦东区
第六批（2002 年）	江门市、惠州市、茂名市、肇庆市、海口市、三亚市、襄樊市、石河子市、常熟市、长春市、上海市闵行区
第七批（2003 年）	上海市、宁波市、福州市、唐山市、吉林市、无锡市、扬州市、苏州市、绍兴市、桂林市、绵阳市、荣成市、张家港市、昆山市、富阳市、开平市、都江堰市
第八批（2005 年）	武汉市、郑州市、邯郸市、廊城市、长治市、晋城市、包头市、伊春市、日照市、淄博市、寿光市、新泰市、胶南市、徐州市、镇江市、吴江市、宜兴市、安庆市、嘉兴市、泉州市、漳州市、许昌市、南阳市、宜昌市、岳阳市、湛江市、安宁市、遵义市、乐山市、宝鸡市、库尔勒市
第九批（2006 年）	成都市、焦作市、黄山市、淮北市、湖州市、广安市、青州市、偃师市、太仓市、诸暨市、临海市、桐乡市、宜春市、景德镇市
第十批（2007 年）	石家庄市、迁安市、沈阳市、调兵山市、四平市、松原市、常州市、南通市、江阴市、衢州市、义乌市、淮南市、铜陵市、永安市、南昌市、新余市、莱芜市、胶州市、乳山市、文登市、新乡市、济源市、舞钢市、登封市、黄石市、株洲市、广州市、东莞市、潮州市、贵阳市、银川市、克拉玛依市、昌吉市、奎屯市和天津塘沽区、重庆南岸区、重庆渝北区
第十一批（2008 年）	敦化市、淮安市、上虞市、赣州市、长沙市、宜都市、南充市、西宁市

续表

批次	城市（城区）
第十二批（2009 年）	重庆市、承德市、武安市、太原市、潞城市、侯马市、铁岭市、开原市、宿迁市、泰州市、金坛市、台州市、平湖市、海宁市、池州市、萍乡市、吉安市、潍坊市、临沂市、泰安市、章丘市、肥城市、三门峡市、安阳市、商丘市、平顶山市、巩义市、鄂州市、湘潭市、韶关市、梅州市、汕头市、柳州市、遂宁市、昆明市、玉溪市、景洪市、西安市、青铜峡市、哈密市、伊宁市
第十三批（2010 年）	信阳市、余姚市、延吉市

后　记

呈现在大家面前的这本《当代中国的林业建设与开发》，由我和贺俊杰博士合作完成。这是一部"缘分"之作。

第一个是我跟南京林业大学的缘分。我大学本科在一所农业高校念园林专业，毕业时，认为园林规划设计中缺少文化内涵，于是跨专业报考了南京大学历史学的硕士研究生，理想化地设想，等到受过传统历史文化的熏陶后，再回头做有文化的园林学。然而，三年先秦史方向的硕士读完，已与园林毫不相关；紧接着又攻读了六朝史和历史地理方向的博士研究生。直到 2009 年博士毕业，我已在历史学的领域徜徉了 6 年。此时的我，似乎已经与本科时的园林专业渐行渐远，以为这一辈子再也不可能回去了。未曾想，找工作时，却又机缘巧合地进了南京林业大学任教。于是，在从园林专业出发，经过 6 年历史学学习之后，我又回到了林业高校。历史，似乎在这里画了一个圈。而这，不正是我与南京林业大学的缘分吗？正是因为到南林工作，才使我有机会重温园林，才激起我对林业（园林）史研究的兴趣。

第二个是我与李良玉教授的缘分。最早听闻李教授的大名，是到南京大学不久后读到一篇先生关于南大前校长匡亚明的文章，文字恣肆而隽永，道出了匡老与南大的艰辛和坚韧，更展现了两代知识分子间的惺惺相惜。后来，更进一步感受李教授是通过先生的弟子们。与他们的交往，使我渐渐感受到了李门之风貌，也间接了解了先生为师之谨严、为学之精博。再后来，与先生的直接接触，则正是通过这本书的编写。2009 年我博士毕业时，得闻先生正与江苏大学出版社合作推出一套有关新中国农村建设的丛书，当时我恰好进入南林工作，便有心一试。经贺俊杰博士的引荐，先生居然同意将其中"林业建设"主题的写作给了我。后来出版计划精简，先生将自己学生的计划减掉，却保留了我的这本。如此信任与厚爱，怎不让我感动与感激？要知道，我虽然对先生神往已久，但先生之于我，却是素未交往的呀。在编写过程中,先生又时时提点、处处关照,从书稿提纲的拟定到最后文字的修订,都做了大量的工作。我甚至一厢情愿地认为,通过这部书的编写,我已成先生的私淑弟子了。当然,若非我之愚钝,换作别人,在先生的提携之下,一定会做得更好。

第三个是我与贺俊杰博士的缘分。2003 年,我与贺博士同年入南京大学读硕士研究生。当时我们被分在同一间宿舍,而我们这间宿舍 5 个人分别来自历史系不同的专业(贺是中国近代史,我是中国古代史,另外三人分别是世界史、国际关系史和考古,几乎占全了当时南大历史系的硕士专业)。宿舍远离历史系学生集中的二楼而孤悬于五楼,与其他理工科学生杂处。同年入南大历史系就读已是缘分,同住一间宿舍又是缘分,况且还是从不同专业单挑出来同住一间,更是缘分。贺博士长我 3 岁,在读硕、博的 6 年里,如长兄般关照于我,自不待细说。2006 年,他考取了李良玉教授的博士研究生;2009 年,又是在他的引荐之下,我方才有了这本书的编写缘起。2011 年底,我的工作岗位变动后,杂事陡增,难以集中精力完成最后的书稿。在万难之际,贺博士毅然接过了后面的工作,如同之前一样地、一如既往地关照于我。因此,作为本书的缘起之人和完稿之人,贺博士作为第二作者是当之无愧的。

总之,若非工作在南京林业大学之“缘”,若非李良玉教授关爱提携之“缘”,若非与贺俊杰博士十年友情之“缘”,便不会有此书的问世。三“缘”交会,命运待我何其之厚哉!

本书的编写分工如下:编写提纲由胡运宏博士初拟,李良玉教授核定;第一章、第二章、第三章第一节、第四章、第五章、第六章、第七章由胡运宏博士完成;第三章第二节、第三节由贺俊杰博士完成;最后文字经贺俊杰博士统稿,李良玉教授修订。这里,还要感谢江苏大学出版社编辑的辛勤工作,他们提出的若干内容和文字上的修改意见为本书增色不少。当然,囿于笔者才疏学浅,本书肯定有诸多的不当之处,敬请读者朋友批评指正!

胡运宏

2013 年 10 月 8 日